Die Wissenschaft der Logik

逻辑学

哲学全书·第一部分

Enzyklopädie der philosophischen
Wissenschaften im Grundrisse. Drster Teil.

[德]黑格尔 著 梁志学 译

人民出版社

Georg Wilhelm Friedrich Hegel

Enzyklopädie der philosophischen Wissenschaften im Grundrisse ·

Erster Teil · Die Wissenschaft der Logik

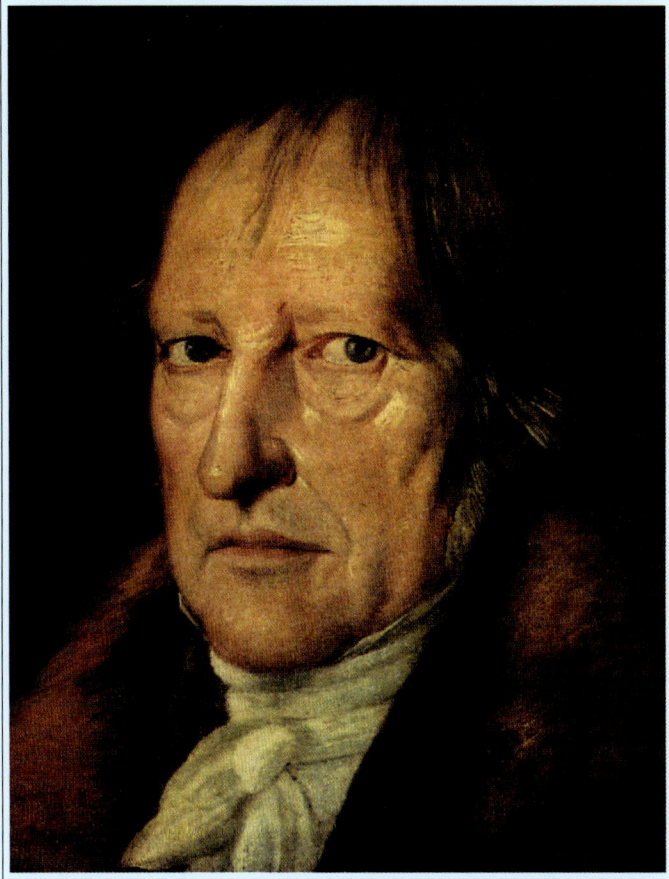

乔治·威廉·弗里德里希·黑格尔（1770-1831）

目　　录

哲学全书·第一部分
逻辑学

中 文 版 序

张世英

　　黑格尔是德国古典唯心主义之集大成者,他结束了西方传统形而上学的旧时代。黑格尔死后,西方现当代哲学家大多对黑格尔哲学采取批评的态度,但正如他们当中一些人所说的那样,现当代哲学离不开黑格尔,甚至其中许多伟大的东西都源于黑格尔。在中国,自20世纪初就有些学者致力于黑格尔哲学的介绍、翻译与评论。1949年中华人民共和国成立以后到1976年所谓"文化大革命"结束,大家所广为传播的观点是按照列宁的说法把黑格尔哲学看成是马克思主义的"三个来源"之一,一方面批判黑格尔哲学,一方面又强调吸取其"合理内核",黑格尔是当时最受重视的西方哲学家。1976年以来,哲学界由重视西方古典哲学转而注意西方现当代哲学的介绍与评论,黑格尔哲学更多地遭到批评,其总体地位远不如从前了,但不少学者对黑格尔哲学的兴趣与研究却比以前更加深沉、更多创新。"文化大革命"前大家所熟悉的黑格尔重要著作《小逻辑》今天第一次按德文原版翻译出版,便是一个明证。黑格尔无论在西方还是在中国,其名声的浮沉,其思想影响的起伏,正说明他的哲学在人类思想史上所占的历史地位时刻不容忽视,即使是在它遭到反对的时候。他的哲学体系之庞大,著述之宏富,思想内容之广博和深邃,在中西哲学史上都是罕见的;黑格尔特别熟悉人类思想史,他的哲学像一片汪洋大海,融会了前人几乎全部的思想精华;他的著作又往往不是以完成的形态出现;未发表的手稿和听众的课堂笔记层出不穷;加上他生活在人们常说的"德国不幸的岁月"里,不得不采取中国人所说的"为人宜直""为文宜曲"的风格,写出一些讳莫如深、模棱两可的文字;当然还有他个人文笔的晦涩——所有这些都增加了我们对黑格尔哲学作整体把握的难度。对于我们中国读者特别是不通德文的读者来说,这种难度当然要更大一些。但只要我们耐心琢磨,仔细玩味,这气象万千的世界必能给我们提供各式各样的启迪和收益,包括一些因受黑格尔思想的启发而提出的反对意见和观点。对于一个作为辩证法大师的黑格尔来说,如果他死而有知,他一定会因为今人在不断变迁的时代里对他的观点和结论提出异议而感到欣慰的。

黑格尔的哲学体系分为逻辑学、自然哲学和精神哲学三部分。关于逻辑学的部分,黑格尔写过两部著作:第一部是他早期出版的《逻辑科学》,第二部是后来出版的《哲学百科全书》中的第一部分逻辑学。后者因篇幅较前者小了一半,被人们称之为《小逻辑》,以别于《大逻辑》,《大逻辑》是后人对《逻辑科学》一书的称呼。《小逻辑》大体上是《大逻辑》的提要。两者的主要差别在于:一、《大逻辑》"量论"部分有很多关于数学方面的材料在《小逻辑》中被删减了。二、《小逻辑》中论哲学和逻辑学的性质与方法部分比《大逻辑》更为详细,而关于西方近代哲学的主题——思维与存在的关系问题亦即黑格尔在《小逻辑》中所说的"思想与客观的对立问题"——的内容则是《大逻辑》所缺乏的。三、在思想观点方面,《小逻辑》比《大逻辑》显得更为成熟;在内容和行文上《小逻辑》比《大逻辑》更为简洁,特别是各节的附释大多是他的学生的笔记,文字上尤为通俗易懂、生动活泼。《小逻辑》的这些特点和优点使它更能广为读者所接受和喜爱。

大家都知道,黑格尔的逻辑学不是形式逻辑。他的逻辑学名为逻辑,实为形而上学或本体论,亦即关于存在本身的理论和研究,或者用黑格尔自己的语言来说,就是研究"事物的本质"的学问。黑格尔认为,万事万物(一切自然现象和精神现象都包括在内)之本质或根底是概念(理念),概念是万事万物都具有的"最一般的、最基本的规定、范畴"(黑格尔语,下同),如有、无、变、一、多、质、量、度、本质、现象、原因、结果、相互作用等等,它们是一切具体事物之所以可能的逻辑前提或理由,用西方哲学的一个专门术语来说,它们是"逻辑上在先"的。黑格尔的逻辑学就是研究这样一系列"纯粹概念"("纯粹理念")的科学。所谓"纯粹",就是说,这样的概念不是具体的特殊的感性事物的概念,如桌子的概念、马的概念,而是指一切事物都具有的"最简单的、最基本的,而且是人人最熟知的概念",也可以说,它们是最普遍的、最抽象的概念,但它们又是"逻辑上在先的"。

但是,黑格尔是一个很重视现实的哲学家,他正确地看到,在现实世界中,"一""多""质""量"……等概念总是同感性事物结合在一起的,现实世界中决没有离开感性事物的概念,例如,没有离开一块石头、一棵树、一匹马的所谓纯粹的"一",没有离开多块石头、多棵树、多匹马的所谓纯粹的"多",没有离开石头、树木、马匹的所谓纯粹的"质",没有离开石头、树木、马匹的所谓纯粹的"量",如此等等。逻辑学所讲的"纯粹概念"如果脱离感性事物,则逻辑学只能是一个不现实的、抽象的"阴影的王国"。因此,黑格尔认为哲学不能仅仅停留于逻辑学,它必须前进到自然哲学以至于精神哲学,这也就是说,逻辑学的"纯粹概念"必然表现于万事万物之中,黑格尔把这种向外的表现叫作"外化"。"外化"并不是指时间上先有"纯粹概念",只是到后来的某个时候,"纯粹概念"才一变而为自然事物。相反,黑格尔明白承认,尽管理念是"逻辑上在先"的,或者用他自己的话说,是"绝对在先"的,但另一方面,"自然在时间上是最先的东西。"①

① 黑格尔:《自然哲学》,商务印书馆 1980 年版,第 28 页。

"外化"的意思不过是说,"纯粹概念"是万事万物的根本和核心,是万事万物之所以可能的前提,但是单有可能性,还不是现实性,单有核心,没有外表,还不是真实的事物,只有通过"外化",事物才是结合核心与外表、本质与现象于一体的现实的真实的事物。黑格尔说:"包含在单纯逻辑理念中的认识,只是我们思想中的认识的概念,而不是认识的现成的本来的面貌,不是现实的精神,只是现实精神的单纯可能性"①。我们说"纯粹概念"是"逻辑上在先",这就表明"纯粹概念"只是从逻辑上讲,从道理上讲是"在先"的、根本的、第一位的,但它们本身并不是现实的事物。关于这一点,英国黑格尔学者瓦拉士(W.Wallace)讲得很好,"纯思想的领域只是理念的幽灵——知识的统一性和实在性的幽灵,它必须再赋予血肉。逻辑的世界仅仅是(用康德的话来说)自然和精神的可能性。它是第一位的。"②黑格尔把逻辑学看成是讲事物的"灵魂"的哲学,把自然哲学和精神哲学看成是"应用逻辑学",这正是就"纯粹概念"比起自然现象与精神现象来是"逻辑上在先"而言,但离开了自然现象与精神现象的"纯粹概念",则失去其为灵魂的意义,而成为无血无肉、无所依附的幽灵。

黑格尔在《小逻辑》中说:"自然哲学,研究他在的或异在的理念的科学。"③这句话的意思无非是说,自然现象中潜存着理念,潜存着"有""无""一""多""质""量""本质""现象""原因""结果"……等等概念,自然现象不过是理念之表现。例如,"一"这个"纯粹概念"在自然现象中就表现为一块石头、一棵树、一匹马,"多"这个"纯粹概念"在自然现象中就表现为多块石头、多棵树、多匹马,如此等等。概念是一种精神性的东西,只不过在自然现象中,概念是以一种无意识的、"冥顽化"的形式而存

① 黑格尔:《精神哲学》,《黑格尔全集》,格罗克纳德文本,斯图加特1929年版,第10卷,第20页。

② 瓦拉士:《黑格尔的精神哲学》,牛津1894年版,第12页。

③ 黑格尔:《小逻辑》,第18节,见本书第49页。

在的,只有人的意识活动才把概念从自然事物中解脱出来,也就是说,只有人的思想意识才能从现实的自然事物中抽象出概念。

在自然界的发展过程中,逻辑理念这种精神性的东西能逐步克服自然现象的外在性,逐步克服自己在自然阶段中所处的无意识的、"冥顽化"的状态,从而达到有意识的状态,这就产生了人,产生了精神。"精神是自然的真理性和终极目的,是理念的真正现实。"①"精神是从自然界发展出来的。"②"自然恰恰不是一种自身固定不变的、已经完成的独立东西,它即使离开精神也能持续存在,相反地,自然只有在精神里才达到自己的目标与真理。同样,精神在自己方面也并不单纯是自然的一个抽象的彼岸东西,相反地,只有精神把自然作为扬弃了的东西包含到自身,精神才是真正的精神,才证实自身是精神。"③可以看到,黑格尔是承认"自然在时间上是最先的东西"的事实的。不过,黑格尔又并不停留于这一简单事实的承认,作为一个客观唯心主义者,他认为,精神不仅仅表现为它的抽象形态——逻辑理念,"不仅仅是自然界的形而上学理念",因而不仅仅逻辑上"存在于自然界之先",④而且精神作为有能动性的东西,有能力克服和扬弃它的否定面——自然事物,它是"自然界的目标"⑤,或者说"目的和真理",而精神作为预悬的目标,也可说是在自然界之先的。当然,这里的"在先",不是指经验上的,而只是指精神暗藏或包含在自然界之中,自然界预先以精神为自己发展的终极目的。所以黑格尔说:"自由的精神作为自然界的目标是先于自然的,自然界是由精神产生的,然而不是以经验的方式产生的,而是这样产生的,即精神以自然界为自己的前提,总是已经包含于自然之中。"④

---

① 黑格尔:《自然哲学》,第34页。

②④⑤ 同上书,第617页。

③ 黑格尔:《小逻辑》,第96节,见本书第181页。

④ 黑格尔:《自然哲学》,第617页。

黑格尔认为,精神不仅先于自然(就其作为自然界预悬的目标而言),而且就下述意义而言还先于逻辑理念:按照黑格尔哲学的基本理论和方法,他的每一个三一体都是一个对立面的统一体,都是"具体真理",其中的正与反分开来看各自都是抽象的、片面的,而合则是正与反的"真理",——是具体的和现实的东西,在这个意义下,合比起正与反来,是"在先"的。同理,精神是逻辑理念与自然界的合与统一,因而精神先于逻辑理念和自然。逻辑理念是精神的抽象形态,是未发现于外的精神,不是现实中存在着的精神,因而是片面的;自然本身的特点是外在性,没有统一性,它是抽象精神的反面,因而也是片面的。在人的精神中,精神从自然的外在性中又回复到了自己,不过不是简单回复到原来的逻辑理念的抽象状态,而是进一步达到了具体的、现实的状态。"精神哲学,研究由他在返回到自身的理念。"①人一方面是自然的一部分,一方面又是有理性的,所以人是自然和理念的统一。黑格尔说:"对于我们来说,精神以自然为其前提,而精神乃是自然的真理,从而是自然的绝对第一者(absolut Erstes,绝对在先者)。"②"关于精神的知识是最具体的,因而是最高的和最困难的"③。这里所说的"关于精神的知识",就是指精神哲学。黑格尔在这里明确地告诉我们,精神是万事万物的"真理",是最具体、最现实的东西,而精神哲学——关于人的学问则是"最高"的学问。这里所谓"最高",就是指它的对象——精神,比起逻辑学和自然学的对象——逻辑理念和自然来,是最具体、最现实的东西。

黑格尔认为,精神的特点是自由,所谓自由,不是任性。"自由正是精神在其他物中即在其自身中,是精神自己依赖自己,是精神自己规定自

---

① 黑格尔:《小逻辑》,第 18 节,见本书第 49 页。
② 黑格尔:《精神哲学》,《黑格尔全集》,格罗克纳本,第 10 卷,第 19 页。
③ 同上书,第 9 页。

己"①。所以精神乃是克服分离性、对立性和外在性,达到对立面的统一;在精神中,主体即是客体,客体即是主体,主体没有外在的客体的束缚和限制。整个自然界的发展就是趋向于这种统一和自由的境界,这就是精神出于自然而又高于自然之所在,也是精神哲学之所以是最高的学问之所在。

根据以上所说,逻辑学、自然哲学与精神哲学三者间的关系可以概括为以下三点:

一、从"逻辑上"说,理念是在先的东西(即所谓"逻辑在先"),在这个意义下,逻辑学是讲事物的"灵魂"的哲学,自然哲学和精神哲学不过是"应用逻辑学"。

二、从时间上说,自然是最先的东西,它先于人的精神,先于逻辑理念。

三、从自然预先以精神为自己发展的目标来说,精神先于自然;从精神是理念和自然的统一与"真理",是最现实、最具体的东西来说,精神更是"绝对在先者"。精神哲学是最高的科学。

以上这些,既说明了黑格尔哲学体系三部分的关系,也说明了逻辑学在黑格尔哲学体系中所处的地位。我以为只有明白了这些,才能理解黑格尔的逻辑学之为本体论的意义。

我们平常都说,黑格尔的逻辑学既是本体论,又是认识论,三者是统一的。他的逻辑学之为本体论的意义已如上述。下面谈谈他的逻辑学之为认识论的意义。这主要是就其逻辑学中概念系列推移转化的过程与人的实际认识过程相一致而言的。

黑格尔在他的著作《精神哲学》中直接描述了个人的实际认识过程,即"按照时间的次序"人由最低级的感性认识到对事物"形成概念"的认

---

① 黑格尔:《小逻辑》,第 24 节附释 2,见本书第 69 页。

识过程。逻辑学中的概念体系就是经过精神哲学所描述的实际认识过程才达到的。但逻辑学中一系列"纯粹概念"本身的进展又是以《精神哲学》中漫长的经验认识过程为依据的,也就是说,逻辑学中"纯粹概念"的发展序列同《精神哲学》中经验认识各阶段的发展序列大体上是相应的。逻辑学不过是以逻辑的"纯粹概念"的方式表达人的实际认识过程的学说。我们平常说,黑格尔的逻辑学就是认识论,这只是在上述意义下来说的,但二者还不能完全等同。逻辑学是关于思想、概念的学说,它只是以思想、概念的方式表述人的实际认识过程,至于直接地具体地描述人的认识过程,则是精神哲学的任务。①

逻辑学中概念系列之按照人的实际认识过程而推移转化的具体情况大体如下:逻辑学第一部分"存在论"所讲的概念如有、无、变、质、量、度等是指直接性的认识阶段,尚未深入认识到直接的东西的背后,所以这一部分中诸概念的推移转化乃是指从一个直接的东西"过渡"到另一个直接的东西。第二部分"本质论"所讲的概念如本质、现象、现实、原因、结果、相互作用等是指间接性的认识阶段,即深入到直接表面东西背后的底层的认识,所以这一部分中诸概念的推移转化不再是指从此一直接表面到彼一直接表面的"过渡",而是表层与底层相互"反思"("反映"、"反射")的关系,这里的概念都是两个对立面(如本质与现象)成双成对地联袂而来。第三部分"概念论"中的概念是直接性与间接性、存在与本质的统一,是包含间接性在内的更高一级的直接性。"概念论"中诸概念范畴间的推移转化不同于"过渡"和"反思",而是"发展"。"发展"是对"反思"关系中对立双方间的相互外在性的超越和克服。"概念论"中的诸概念范畴是相互区别的东西融合成为一个有机的、内在的整体,"发展"乃

① 详见拙著:《论黑格尔的精神哲学》,上海人民出版社1986年版,第79—88页。

是这同一个整体所包含的各种潜在因素的发挥与实现。所以"概念论"中的概念不再有先前的"本质论"中的那种相互限制性(外在性),而是达到了自由。"概念是自由的原则"。"概念论"的最高范畴,即"绝对理念",就是绝对的自由。

逻辑学中概念的全部推移转化过程和黑格尔《精神哲学》所描述的认识过程一样(也和他的整个哲学体系一样),是主体不断克服其与客体的对立性和外在性而达到主客统一的过程,也是一个从必然转化为自由的过程。这是黑格尔逻辑学和认识论的共同特点。

关于哲学所属门类的划分法,哲学史上各家异说纷纭,莫衷一是。当前一般最流行的看法是把哲学的内容分为本体论、认识论(包括方法论)和价值论(伦理学、美学等)。而本体论和认识论乃是一种哲学的基本观点之所在。黑格尔的逻辑学既是本体论,也是认识论,所以读者如能理解黑格尔的逻辑学,也就掌握了黑格尔哲学的基本思想观点和基本内容。

*　　　　*　　　　*

尽管黑格尔强调概念的具体性,强调逻辑概念不能脱离具体事物,强调无时间性的"纯粹概念"不能脱离有时间性的人类历史(西方现当代人文主义思想家们一般都继承了黑格尔思想的这一方面而主张人与世界的交融合一,强调超越"主体—客体"的框架),但只要承认和允许有一个无时间性的逻辑概念的王国,那就始终会面临一个有时间性的环节(认识过程、历史过程)如何与无时间性的环节(纯粹概念)统一起来的问题,或者用黑格尔《自然哲学》中的话语来说,也就是有时间性的"持久性"与无时间性的"永恒性"之间的鸿沟如何填平的问题。① 无论黑格尔怎样强调

---

① 详见拙著:《自我实现的历程——解读黑格尔〈精神现象学〉》,山东人民出版社 2001 年版,第 190—192 页。并参阅黑格尔《自然哲学》"导论"。

认识和历史的"持久性"多么漫长、曲折,最终还是回避不了如何由"持久性"一跃而到"永恒性"、如何由现实的具体事物一跃而到抽象的逻辑概念的问题。黑格尔由于最终把抽象的"永恒性"的"纯粹概念"奉为哲学的最高原则,用普遍概念的王国压制了在时间中具有"持久性"的现实世界,他的哲学被西方现当代哲学家贬称为"概念哲学"或"传统形而上学"的集大成者。但无论如何,黑格尔哲学既是传统形而上学的顶峰,又蕴含和预示了传统形而上学的倾覆和现当代哲学的某些重要思想(例如上述超越主客式的人与世界融合为一的思想),现当代许多批评黑格尔哲学的大家们往往是踩着黑格尔的肩膀起飞的。可以说,不懂黑格尔哲学特别是他的逻辑学,就既难于理解西方古典哲学,也难于理解西方现当代哲学,它是通达西方哲学以至整个西方思想文化的一把钥匙。

张世英

2002 年 4 月 26 日

于北京大学中关园

第一版序言

给我的听众提供一本理解我的哲学讲演的入门书的需要，最近促使我让这个哲学全书纲要比我原来预想的更早地出版问世。

纲要的性质不仅排除了对于理念按照其内容作出详尽阐述，而且也特别限制了对于理念的系统推演作出阐述，而这种推演必定包含着我们在其他科学中理解为证明的东西，对科学哲学不可或缺的东西。哲学全书纲要这个书名，一方面可以表示整个哲学体系，一方面可以表示把各个细节留给口头讲述的意图。

但是，当那种要以有意压缩的方式提出来的东西是业已假定和熟知的内容时，在纲要中注意的就主要是编排这种内容的外在合目的性。因为当前的陈述不属于这类情况，而是要提出对于哲学按照一种方法所作的新的改造，而这种方法如我希望的，还会被承认为唯一真正的、与内容一致的方法，所以，假如外在情况允许我先写出关于哲学的其他两个部分的详细著作，它们类似于我已经提供给读者的那部关于整个哲学体系第一部分、即逻辑学的著作[1]，我也许可以认为这对读者更为方便。此外，我还认为，虽然在当前的陈述中那个容易理解表象和经验认识的内容的方面一定会受到限制，但从各种过渡——它们只能是由概念产生的中介——来看，则已经让人很明显地看出，进展的方法既与其他科学所寻求 的单纯外在编排方式有足够的区别，也与这样一种在哲学课题中业已变得习以为常的手法有足够的区别,这种手法假定了一套格式,像外在编排方式做的那样,用这套格式把各种材料外在地、并且更加随意地并列起来,而且由于最奇特的误解,以为用结合的偶然性与随意性就满足了概念的必然性。

我们看到,同样的随意性也支配着哲学的内容,走向思想上的冒险,并且在一个时期里使诚实可靠的、致力于哲学的人们表示敬佩,但是在其他场合也被看成一种简直达到疯狂程度的胡思乱想。尽管这种随意性令人敬佩或使人疯狂,但它的内容实际上常常使人看出是人所共知的浅薄无聊的东西;同样,它的形式也使人看出是有目的、有计划地谈吐容易得到的和特意拼凑的诙谐妙语,表示矫揉造作的乖僻观点的单纯手法;并且整个说来,在它的严肃认真的外貌背后也使人看出它的自欺欺人的实质。我们在另一方面又看到,一种肤浅性与此相反,把自己的思想贫乏[2]标榜为一种本身聪明的怀疑主义和彬彬有礼的批判主义,并且用空洞的理念在同样的程度上增强自己的虚骄之气和自命不凡。这两种思想倾向在相当长的一段时期里愚弄了德国人的严肃认真,抑制了他们很强烈的哲学要求,并且导致了对哲学科学抱一种淡漠的甚至十分蔑视的态度,以致现在居然也有一种自命谦虚的人以为可以肆意妄为,对极其高深的哲学问题大放厥词,而否认理性认识——它的形式我们在以前理解为证明——有权过问这样的问题。

我们提到的前一种现象可以部分地被看作新时期里青年人的兴致,它就像在政治领域里那样,也已经在科学领域里迸发出来。当它以蹒跚步伐迎接新生精神的朝霞,不经过深沉劳作就直接去欣赏理念的美妙,在一个时期陶醉于理念所展示的种种希望和远景时,理念是很容易对它的放荡不羁的狂想表示谅解的,因为它是以一个核心为基础的,它围绕这个核心喷吐出来的浮泛云雾必定会自行消散。但另一种现象却很令人讨厌,因为它使人认出它的软弱无力,而它却力图以一种压倒千古大哲,误解他们,并且通常是误解自己的虚骄之气来掩盖这种软弱无力。

　　但是,更令人愉快的是注意并再提到,哲学兴趣以及对于高级知识的认真爱好如何与这两种现象相反,没有偏见、毫不虚骄地保持了自身。如果说这种兴趣有时主要是投向了直接知识或情感的形式,那么,这也反而表明了寻求理性见识的内在的、持续的冲动,唯有这种见识才能给予人以人的尊严,而这主要是因为对于哲学兴趣本身来说,直接知识或情感的观点仅仅是作为哲学知识的结果形成的,因此,那种好像鄙弃哲学知识的东西就被这种兴趣至少承认为达到哲学知识的条件。我们奉献给这种认识真理的兴趣的是写出一本满足这种兴趣的导论或纲要的尝试;但愿这样一个目的可以为认识真理的兴趣顺利地接受。

　　　　　　　　　　　　　　　　　　　海德堡,1817 年 5 月

第二版序言

可敬的读者在这一新版里将会看出,许多部分已经重新改写,并发挥为更确切的规定;同时,我已经尽力削弱与减少讲演的措词,并通过详尽的、通俗的说明,使一些抽象概念更接近于对它们的通常了解和具体表象。但是,纲要所必需的那种压缩本来艰深晦涩的材料的方式却把第一版曾经具有的同样的目的保留给了这个第二版,即作为一本必须通过口头讲述获得其必要解释的讲义来使用。哲学全书这个书名虽然在开始的时候可能会给不太严格的科学方法和外在的编排方法留有余地,但事情的本质却使逻辑的联系必须始终作为本书的基础。

也许存在太多的原因和刺激,它们看来促使我必须说明我的哲学思维对现代文化中的精神活动和无精神活动的外在态度,而这只要用写序言的通俗方式就能做到;因为这些活动虽然与哲学有某种关系,但不从科学方面参与哲学工作,所以就根本不参与哲学工作,而是从外面或在外面讲自己的废话的。走到这样一块对科学陌生的土地上是不受欢迎的,甚至是令人不快的,因为这样的解释和研讨并不会促进那种只能以达到真正认识为目的的理解力。不过评论一些现象也许是有用的或必要的。

整个来说,我在我的哲学探索中过去和现在努力达到的目的,都是对于真理的科学认识。这种认识的过程是一条极其艰难的道路,但是,一俟精神走上思想的道路,不在这条道路上陷入虚浮,而是保持着追求真理的意志和勇气,就唯有这条道路才能够对精神具有兴趣和价值;精神立即发现,只有方法才能够规范思想,指导思想去把握实质,并在实质中保持自身。这样的进展表明自身不是别的东西,而正是恢复思想最初力求超出和离开的绝对内容,不过这是精神最独特、最自由的要素的恢复。 Ⅵ,Ⅷ

一种无拘无束的、表面上幸运的状况还过去不太久,在这种状况中,哲学跟科学和文化携手并进,温和的知性启蒙可以同时满足认识的需要和宗教的信仰,同样,天赋法权可以跟国家和政治相安无事,并且经验物理学采取了自然哲学的名称。但这种和平是极其表面的,尤其是那种认识跟宗教就像天赋法权跟国家一样,实际上有内在矛盾。后来产生了分离,矛盾发展起来;但在哲学里,精神却热烈庆贺了自己的自相调和,所以这门科学就唯独与那类矛盾本身及其掩饰处于矛盾地位。以为哲学与感性的经验知识、法律的合理现实以及淳朴的宗教虔诚处于对立的地位,这是一种很坏的成见;其实这些形态都为哲学所承认,甚至被哲学证明是有理的;更确切地说,思维的官能深入到这些形态的内容中,就像在自然、历史和艺术的伟大直观里那样,在它们当中得到教益,增进力量;因为这种纯粹的内容只要被思想所把握,就是思辨理念本身。它们之所以与哲学发生冲突,仅仅是由于这块土地失去了自己特有的性质,自己的内容被统摄到范畴里,被弄成了依赖于范畴的,而没有把范畴引至概念,成全为理念。

一般科学文化中的知性导致的重要否定性结果,是在有限概念的道路上决不可能有任何与真理的中介,这往往得出一个与此中直接包含的结论恰好相反的结论。就是说,这种知性的信念不是把有限关系从认识中排除出去,而是取消了研究范畴的兴趣,取消了对于应用范畴的注意和留心,而范畴的应用也就像在绝望状况下那样,变得更无掩饰、更不自觉 Ⅵ,ⅩⅣ 和更无批判态度了。认为有限范畴不足以达到真理就意味着客观知识的不可能性,这纯属误解,从这种误解得出的结论,是根据情感和主观意见去说出或否认对于知识的论证，并且取代证明的是一些关于在意识中作为事实存在的东西的保证和叙述，而这种东西越没有经过批判，就越被认为是纯粹的。精神的最高要求居然被认为是寄托在诸如直接性这样贫乏的范畴上的，是由这样贫乏的范畴决定的，而对这一类范畴并未进一步加以研究。尤其是在讨论宗教对象的场合，我们可以看到，在这里哲学思维被明显地搁到一边，好像这样一来，便排除了一切邪恶，获得了抵制错误与欺骗的保证，于是，对于真理的探讨就是根据从随便什么地方得出的前提，通过形式推论来进行的，就是说，是应用本质与现象、根据与结论、原因与结果之类的通常思维规定，以作出符合于这些和那些有限性关系的通常推论的方式来进行的。"他们丢掉了恶，而恶依然存在"³，并且这个恶比原先要坏十倍，因为它是在没有经过任何怀疑和批判的情况下受到信任的。哲学就像那种被认为排除了的恶一样，似乎是某种别的东西，而不是对于真理的探讨，但这种探讨却意识到了结合和规定一切内容的思维关系的本性和价值。

当人们装模作样研究哲学，一方面要理解它，一方面要评论它时，哲学本身在这些人手里一定会遭遇到最坏的命运。正是物质生活或精神生活的、尤其是宗教生活的事实，会遭到那种无法理解事实的反思的歪曲。然而这种理解方式本身也具有首先把事实提高为所知的意义，而它的困难在于这种由反思造成的从事实到认识的过渡。这种困难在科学本身已经不再存在。因为哲学的事实是已经备有的认识，并且这样一来，哲学的理解方式本当仅仅是一种随后思考的意义上的反思，而只有作出评论才需要一种通常意义上的反思。但是，那种非批判的知性却证明它自身同样不依靠对明确说出的理念的毫不粉饰的理解，它对它包含的固定前提很少表示不快或怀疑，所以它甚至无法复述哲学理念的纯粹事实。这种知性不可思议地把两个方面统一于它自身之内，一方面，使它感到异常的是理念与它对范畴的应用完全不一致，甚至有明显的矛盾，但另一方面，它同时决没有怀疑，一种与它的思维方式不同的思维方式是存在的，并且正在加以使用，因此它应该在这里采取与过去不同的思维方式。这样就出现一个结果，即思辨哲学的理念立刻被固定在它的抽象定义里，以为一个定义必须看起来自身明白和无可置疑，只有在假定的观念里才有其范导者和试金石，而至少不知道定义的意蕴与必然性证明唯独在于定义的发展过程，并且在于定义是作为结果从这个发展过程产生出来的。更确切地说，理念根本是具体的、精神的统一，而知性则在于仅仅理解抽象的、因而片面的和有限的概念规定，所以，那种统一就被当作抽象的、没有精神的同一，因而在这种同一中不存在差别，反而一切都是同一的，尤其是善和恶也是一样的东西。因此，同一体系、同一哲学这样的名称已经变成一个大家共同接受的表示思辨哲学的名称。⁴当一个人自述他的宗教信仰，说"我相信天父上帝是天的创造者和地的创造者"时，如果另一个人只把这句话的前一部分孤立地抽出来，说这位自述者只相信上帝是天的创造者，因此认为地不是创造出来的，而物质是永恒的，我们便一定会感到奇怪。那个人在他的自述中说他相信上帝是天的创造者，这个事实是 VI, XVI 不错的，但它像另一个人所理解的那样，则完全错了。它甚至错到这样的地步，以致这个事例必定会被看作是不可信的和微不足道的；然而，理解哲学理念的情形也有这种将任何对象都强行分为两半的做法，所以，人们为了不至于误解那种被确保为思辨哲学原则的同一具有什么样的性质，便接着作出明确的劝导或分别的反驳，例如说，主体是与客体不同的，同样，有限事物是与无限事物不同的，好像具体的、精神的统一在自身没有任何规定，也在自身不包含差别，好像谁都不知道主体与客体、有限事物与无限事物是不同的，或者，好像在学校里深入钻研自己的书本知识的哲学应该想到在学校之外还有一种知识，对这种知识来说，那类差别是某种熟知的东西。

当哲学在那个被认为是它所不熟悉的差异性方面遭到相当明确的诋

毁,说它因而也抹煞了善和恶的差别时,往往有人乐于对它表示公平合理和宽宏大量的态度,承认"哲学家在他们的阐述里并没有常常发挥出与他们的原则结合起来的败坏道德的结论(而他们之所以没有发挥出来,也许是因为这样的结论不属于他们)"*。哲学对于人们愿意赐予它的这

----

* 托鲁克[5]先生的话,见《东方神秘主义选集》第13页。在这里,连这位感受很深的托鲁克也让自己在对哲学的理解中受到误导,跟着别人去走世俗大众的道路。他说,知性只能以下述两种方式进行推理:或者有一个制约一切的原始根据,因此我自己的最后根据也包含在这个原始根据中,我的存在和自由行动都不过是幻像;或者我真是一个与原始根据不同的存在者,其行动不受原始根据的制约和影响,因此原始根据决不是绝对的、制约一切的存在者,所以没有什么无限的上帝,而只有一群神灵等等。托鲁克认为,一切思想深刻和锐敏的哲学家都拥护前一个命题(我恰恰不知道,为什么前一个片面的命题被托鲁克认为比后一个片面的命题更为深刻和锐敏!);得出的结论是说,"连人的伦理标准也不是绝对真的,相反地,善和恶真正说来(着重点是作者自己加的)是一样的,只是在外貌上看起来不相同",然而按照以上所述,哲学家们却并非总是发挥出这样的结论。只要一个人在情感的一切深处还在很大程度上拘泥于知性的片面性,仅仅是要认识一个原始根据——在这个原始根据里,个人的存在及其自由不过是幻像——和个人绝对独立性的非此即彼,而丝毫体察不到托鲁克先生所说的危险的两难推论中的这两个片面性的非此非彼,那么这个人完全不谈哲学,总会更好一些。虽然托鲁克在该书第14页上谈到一些有思想的人,而且这些人可能就是真正的哲学家,他们接受第二个命题(这与前面所说的第一个命题毕竟是一样的),并通过融合一切各自对立的无差别原始存在,去扬弃无条件存在与有条件存在的对立;但是,托鲁克先生在这样说的时候毕竟没有察觉,这种被他认为融合了对立的无差别原始存在与那种被他认为在片面性方面得到扬弃的无条件存在实际上完全是同一个东西,他反而一口气说出了那种片面性在一种恰好是这种片面性的东西中得到扬弃,因此,他不是说出了片面性的扬弃,而是说出了片面性的保留,难道不是这样吗?当我们想说有思想的人所做的事情的时候,我们必须有能力用精神去把握事实;否则,那事实就在人手里变成了错误的。——我还想顺便说几句多余的话。在这里和以后我对于托鲁克先生的哲学观念所作的评述,可以说不可能、并且也不应该是单独针对他个人的;在千百本书籍中,尤其是在神学家所写的前言中,大家都会看到这样的观念。我之所以援引托鲁克先生的陈述,一方面是由于我偶然接触到它,一方面是由于他的深刻感似乎把他的著作置于知性神学的完全不同的方面,最接近于深刻的思维方式;因为这种思维方式的根本规定,即调和,不是无条件的原始存在和类似的抽象东西,而是这样一个内容本身,这个内容是思辨理念,并且是由思辨理念用思维活动表达的,对于这个内容,那种深刻的思维方式是至少在理念中一定不会认错的。

种怜悯必须表示蔑视,因为哲学不可以对自己的各个原则造成的实际后果缺乏认识,也不能让这些原则缺乏明确的结论,因而也就不需要这种怜悯为自己作道德辩护。我想扼要说明那种认为哲学把善恶差别当作单纯假象的所谓推论,主要是为了用一个事例来表明这种对于哲学的理解是空洞的,而不是为了给哲学作辩护。为了这个目的,我只想考察斯宾诺莎学说[8],在这种哲学中上帝仅仅被规定为实体,而不是被规定为主体和精神。这个区别涉及对于统一的规定;只有这个规定才是关键所在,虽然它是事实,但那些常常把哲学称为同一体系的人们对它毫无所知,他们甚至 Ⅵ,ⅩⅧ
于还想说,在哲学看来一切事物都是同一的,善与恶也是一样的。凡此种种都是最坏的统一方式,思辨哲学并不谈这种统一方式,而只有还很粗野的思维才会把它应用于理念。至于谈到这样的陈述,即在斯宾诺莎哲学中善恶区别就其本身来说或真正来说是无效的,那么,我们要问这个“真正来说”究竟是什么意思?如果它指的是上帝的本性,那么,毕竟没有必要把恶转移到上帝的本性中;善与恶的实体性的统一是善本身,恶不过是一分为二的活动;因此,在善与恶的统一中包含的无非是善与恶的合而为 Ⅵ,ⅩⅨ
一,而恶是被排除了的。因此,在上帝本身同样没有善恶的区别,因为这种区别仅仅存在于一分为二的东西中,而恶本身就存在于这种一分为二

　　但是,托鲁克先生在这里像在他的著作的其他一切地方一样,却让人把他的说法也归入通常关于泛神论所发的议论,而关于泛神论,我在《哲学全书》最后加的一个说明(§.573)中已有很详细的讨论。我在这里只想指出托鲁克先生所具有的独特愚蠢和犯的独特错误。当他把原初根据置于他的所谓哲学两难推理的一个方面,后来在第33和38页把这方面称为泛神论时,他把另一方面形容为索齐尼派[6]、贝拉基派[7]和通俗哲学家的方面,说在这个方面“没有什么无限的上帝,而是有大量的神灵,这个数量包括所有那些不同于所谓原始根据而有自己的存在和行动的存在者,此外也包括所谓原始根据”。实际上,在两难推理的这个方面不仅有大量神灵,而且一切事物(所有有限事物在这里都被认为有自己的存在)都是神灵;因此,托鲁克先生实际上是在这个方面,而不是在前面那个方面明确得到自己的万物皆神论,自己的泛神论,而在前面那个方面则明确地认为上帝是唯一的原始根据,所以在那里只有一神论。

的东西中。其次,在斯宾诺莎学说里也出现了区别,即人区别于上帝。从这方面来看,他的体系不会在理论上令人满意,因为人和整个有限事物尽管在后来也被降低为样式,但在他的看法中仅仅处于与实体并列的地位。在这里,在区别存在着的时候,在人身上区别实质上也是作为善恶区别而存在的,并且在这里只有区别真正地存在着,恶才存在,因为只有在这里才有恶的独特用途。如果我们在斯宾诺莎体系里仅仅注目于实体,则在实体中当然不会有什么善恶区别,因为从这种观点看来,恶就像整个有限事物和世界(参看 §.50"说明")一样是根本不存在的。但如果我们着眼于这样一种观点,这种观点认为在斯宾诺莎体系里也出现了人以及人和实体的关系,并且认为恶只有在恶与善的区别中才能有其地位,那么,我们必须阅读完他的伦理学讨论人、情感、人的奴役和人的自由的各个部分,才能说出他的体系的道德结论。毫无疑问,我们既确信这种以上帝的真挚的爱为原则的道德是高度纯洁的,也确信道德的这种纯洁性是他的体系的必然归宿。莱辛当时曾说,人们对待斯宾诺莎好像对待一条死狗[9];当我们看到那些介绍和评论斯宾诺莎体系以及思辨哲学的人们未曾费力去正确认识、规定和陈述事实时,我们也不能说在现代对待斯宾诺莎体系以及一般对待思辨哲学的态度会更好一些。正确认识、规定和陈述事实应该说是最低限度的公正态度,而思辨哲学无论如何可以要求这么做。

VI, XX　　哲学的历史是发现关于绝对的思想的历史,而绝对就是哲学研究的对象。例如,我们可以说,苏格拉底发现了目的这个规定,它后来由柏拉图尤其是亚里士多德加以发挥而得到明确认识。布鲁克尔的哲学史著作[10],不仅从外在的史实来看,而且从思想的陈述来看,都是很没有批判精神的,所以,我们看到他从古代希腊哲学家那里举出了二十条、三十条和更多的命题作为他们的哲学论断,但其中没有任何一条是真正属于他们的。有些结论是布鲁克尔按照当时的坏形而上学作出的,他却把它们作为古代希腊哲学家的论断强加给他们。他的结论有两类，一类仅仅是对原则的更详尽的阐述，另一类则是向更深刻的原则的追溯；他的研究中的历史成分就在于指明哪些单个的哲学家这样进一步深化和揭示了思想。但这种做法是不合适的，这不单纯是因为那些古代哲学家并没有亲自得出，因而也完全没有明确说出布鲁克尔认为包含在他们的原则里的结论，而且主要是因为布鲁克尔简直令人觉得古代哲学家在这样作出推理时承认和应用了有限性的思想关系，但这些思想关系却与过去具有思辨精神的哲学家们的思维方式是背道而驰的，确切地说，不过是玷污和篡改哲学理念罢了。如果说在涉及我们只得知其少数命题的古代哲学时，这样的篡改手法具有给布鲁克尔误以为正确的推理作辩解的作用，那么，在涉及一种既把自己的理念表述为确定的思想，又明确探讨和规定过范畴的价值的哲学时，如果有人还仍然对理念作断章取义的理解，从理念的表述中仅仅挑出一个环节（如同一性），把它冒充为总体，并且按照当下遇到的最佳方式，毫无拘束地搜罗各个片面虚妄而通行于日常意识的范畴，这种篡改手法就会彻底破产。对于思想关系的有素养的认识是正确把握哲学事实的首要条件。直接知识的原则不仅明确地认为粗鲁的思想 VI, XXI 是有道理的，而且明确地把它当作规律，但思想的认识以及主观思维的修养，就像任何一种科学或艺术和技能一样，并不是直接的知识。

宗教是一种意识方式，就像真理对于所有的人、对于有各种不同教养的人那样；但对真理的科学认识是意识到真理的一种特殊方式，寻求这种认识的工作并不是所有的人，而是只有少数人能够胜任的。两者的内容是一样的，但如果像荷马说的，有些事物有两个名称，一个是在神灵的语言里，另一个是在凡人的语言里[11]，那么，表示这个内容的语言就有两种，一种是情感、表象和寓于有限范畴与片面抽象中的知性思维的语言，另一种是具体概念的语言。如果人们想超出宗教，也谈论和评论哲学，对于他们的要求就超出了单纯地拥有日常意识的习惯语言。科学认识的基础是内在的内容,即寓于万物的理念以及活跃在精神中的理念的生命力,就像宗教在不小的程度上是一种经过陶冶的情感、一种被唤起来从事沉思的精神、一种已经得到发展的内容一样。在现代,宗教已经日益缩小其内容的既定外延,而退守其虔诚或情感的内涵,并且常常退守一种表现得很贫乏、很空洞的内容的内涵。只要宗教有一个信条,一个学理,一个教义,它就拥有哲学可以研究的东西,并且在这种东西中哲学本身可以和宗教结合起来。然而,这却不能又按照分离的、单调的知性来看待,现代宗教观念束缚于这种知性中,而且按照这种知性来看,哲学与宗教被认为是相互排斥的,或者说,它们根本可以分离到这种地步,以致它们只有从外面结合起来。确切地说,以上所述也包含着这样的意思,即宗教诚然可以没有

哲学,但哲学不可没有宗教,而是自身就包含着宗教。真正的宗教,精神的宗教,必须拥有这样一个信条,一种内容;精神实质上是意识,因而拥有在对象中形成的内容;但精神作为情感,则是没有对象的内容本身(用雅可布·波墨的话**12**来说,只是痛苦),并且只是意识发展的最低阶段,甚至采取了那种与动物共同具有的灵魂形式。只有思维才使动物也赋有的灵魂成为精神,哲学不过是对那种内容、即精神与其真理的意识,并且也采取了那种把精神与动物区别开的、使精神能够从事宗教的本质的形态与方式。高度概括、深入人心的宗教观念必须使心灵懊悔不迭、备受折磨的状态成为心灵再生的重要环节;但它也必须同时想到,它是在与精神的心灵打交道,精神已经被指定为支配心灵的力量,只有精神本身获得再生,这种力量才能存在。精神之所以能摆脱天然的无知与天然的谬误而获得这种再生,是由于教育,是由于精神的验证产生了对于客观真理这种内容的信仰。此外,精神的这种再生也直接是心灵摆脱片面知性的虚妄而获得的再生,这种片面的知性自夸它知道有限事物与无限事物不同,知道哲学必定不是成为多神论,便是在思想锐敏的人那里成为泛神论,如此等等;就是说,精神的再生也直接是心灵摆脱这样一种可怜的见解的再生,

依据这种见解,虔诚恭顺的人走上了反对哲学与神学知识的道路。如果宗教观念老停留在它的没有拓展的、因而没有精神的内涵中,它当然只能知道它的这种业已变得狭隘的、并且还在变得狭隘的形式是与宗教教义和哲学学说在精神上的拓展对立的*。但是,思维的精神不仅不会以纯粹的、素朴的宗教观念为满足,而且认为这种观点是从反思和形式推论产

Ⅵ,ⅩⅩⅢ

---

　　*　如果我们再返回来讨论这位可以看作虔诚派的热情代表的托鲁克先生,那么,他的著作《论罪恶学说》第二版(我刚看到这本书)就足以表示他缺乏一种学说。他在他的著作《晚期东方的三位一体思辨学说》中对于三位一体学说的讨论,引起了我的注意,关于他辛勤提供的历史札记,我应该向他表示诚挚的谢忱;他称这个学说为经院哲学的学说;无论如何,它比我们所谓的经院哲学要早得多;他只从一个臆想的单纯历史起源的外在方面,考察了它起源于对圣经的一些章节的思辨认识以及它受过柏拉图和亚里士多德哲学的影响(第41页)。但在他的论罪恶的著作里,我们可以说,他 cavalièrement〔傲慢地〕讨论了这条教义,因为他说这条教义只能当作一个格架,让人们将信仰学说(哪一种?)安排到其中(第220页),甚至人们也必须这么表述(第219页)这条教义,即它对于站在海岸上(也许是精神的沙滩上吧?)的人显得是 Fata Morgana〔海市蜃楼〕。但是,三位一体学说却"绝不再是信仰所能依据的基础(托鲁克先生在同书第221页提到三脚架时这么说)。"试问,这个学说作为最神圣的学说,不是自古以来或至少很久以来就构成作为信条的信仰本身的主要内容吗?并且,这个信条不是同时就构成主观信仰的基础吗?如果没有这条教义,托鲁克先生在我们援引的著作中那样费力地试图用以激动人的情感的和解说,怎么能有一种胜过道德或异教——如果人们愿意这么说——的意义呢?怎么能有一种基督教的意义呢?而且关于其他比较专门的教义,这本著作并没有作任何讨论;例如,托鲁克先生总是向他的读者仅仅说到基督的受难和死,而没有说到基督复活升天,坐在天父右侧,也没有说到圣灵降临。和解说的一个主要规定是对罪恶的惩罚;这种惩罚按照托鲁克先生在第119页以下讲的,就是身负重担的自我意识和与此相关的不幸,一切在上帝之外生活的人都有这种不幸,上帝则是极乐和圣洁的唯一源泉;所以,罪恶、犯罪意识和不幸是不能设想为彼此分离的(因此在这里我们也考虑到,他在第120页上指出这些规定都是从上帝的本性流出来的)。对罪恶的惩罚这个规定就是人们所谓的对罪恶的自然惩罚,并且(像对三位一体学说采取的漠视态度那样)是托鲁克先生在其他方面很厌恶的理性与启蒙的学说和结果。——前些时候,英国国会上院否决了一项处罚单一宗的法案;借着这个机会,一家英国报纸评论了在欧洲与美洲人数众多的单一宗,然后补充说,"在欧洲大陆上,新教和单一宗现在大多是同义词"。神学家们可以判定,托鲁克先生的教学学是否除了在一两点上以外,而且如果更仔细地加以考察,甚至连在这一两点上,也与通常的启蒙理论没有更多的区别。

VI, XXIV　生出来的结论；借助于肤浅的知性，这种观点获得了这种狂妄的、几乎摆脱一切学说的自由，并且在用感染过它的思维去激昂地反对哲学时，它强烈地把自身保持在抽象情感状态的乏味的、没有内容的顶点上。说到这里，我不禁要从弗兰茨·冯·巴德尔[13]先生的《知识要素》第五卷序言第Ⅸ页以下扼要援引他对这样的虔诚态度所提出的忠告。

　　他说，"只要宗教及其教义没有再从科学方面获得一种基于自由研究的、因而基于真正信念的尊重，那么，你们无论虔诚还是不虔诚，都无法依靠你们的一切信条和戒律、你们的一切言论和行动就消除掉祸害，并且这种不受尊重的宗教也不会变得令人喜欢，因为人们毕竟只能衷心地和真诚地喜欢他们看到受人真诚尊重的和他们无疑认为可以尊重的东西，而且人们也只能以这样一种 amor generosus〔普遍的爱〕为宗教服务。换句话说，如果你们想要宗教实践再繁荣昌盛起来，你们则必须操心我们再获得一种合乎理性的宗教理论，而切不可用一类没有理性的和亵渎神明的论断给你们的反对者（无神论者）留有余地，这类论断认为，这样的宗教理论是不可能的事情，因而是完全不可思议的，宗教是单纯心灵方面的事情，我们的头脑可能不宜、甚至必定不宜过问这样的事情。"*

VI, XXV　　关于宗教内容的贫乏性，我们还可以指出，这只能说是宗教在一个特殊时期的外在情况的表现。如果有必要，我们可以责难这样一个时期仅仅产生了高贵的雅可比曾经迫切要求的那种对于上帝的单纯信仰[14]，并且也仅仅是进一步再唤起了一种浓厚的基督教情感；同时我们也不可无

* 托鲁克先生多次引用安瑟尔谟[15]《书稿 · 为什么上帝与人同形?》中的话，并在《论罪恶学说》第 127 页上称赞"这位伟大思想家深刻的恭顺思想"；但（我在《哲学全书》§.77 中引用的）那句话，即 "Negligentiae mihi videtur, si…non studemus quod credimus, intelligere〔如果……不努力理解我们所信仰的对象，在我看来，这是由于懈怠〕"，他为什么没有考虑，而且也没有从这本书中引用呢？——当然，如果信条被勉强缩减为若干条款，那么，要理解的材料就会所剩无几，而且也很少能够从知识里产生出来。

视那些甚至在其中显示出来的更高原则(参看《逻辑学》"绪论"§.64"说明")。但在科学出现以前,已经存在着千百年来提供给认识活动的丰富内容,而且这个内容在科学出现以前并不是作为某种历史的东西存在的,它似乎仅仅曾经为他人所有,而对我们已属过去,它似乎仅仅是一种供人了解记忆的事情,是供给感觉敏锐的人叙述批评的,而不是供给精神的认识者和真理的关切者的。最崇高、最深邃、最内在的东西已经在宗教、哲学和艺术作品中被揭示出来,采取了纯粹的或不纯粹的、清楚的或模糊的、甚至常常很可怕的形态。应该视为弗兰茨·冯·巴德尔先生的特殊功绩的,是他不仅不断地让人回忆这些形态,而且不断地以深刻的思辨精神使它们的内容获得科学的荣誉,因为他能够用它们去阐述和证明哲学理念。雅可布·波墨的深刻思想特别给这件工作提供了机会和形式。这位才智非凡的人物理应荣膺 philosophus teutonicus〔条顿民族哲学家〕的称号。一方面,他把宗教内容本身扩大为一般的理念,在宗教内容里他构想出理性的最高问题,试图在其中把握范围和形态都很确定的精神和自然,因为他的前提在于,人的精神和一切事物都是按照上帝——当然只能是三位一体的上帝——的肖像创造的,而且唯有这样的生命才能使那些一般理念的原像的缺失得以弥补;另一方面,他又反过来强行把自然事物的形式(硫磺、硝石等等,酸土、苦土等等)转变为精神形式和思想形式。冯·巴德尔先生的神秘直觉与诸如此类的形式结合起来,是激励和促进哲学兴趣的一种独特方式;它既有力地反对安于启蒙派的内容空洞的抽象观点,也有力地反对想要仅仅在内涵方面保持不变的宗教虔诚。冯·巴德尔先生同时在自己的一切著作中表明,他远未将这种神秘直觉视为认识的唯一方式。这种神秘的直觉本身有它的难题,它的形而上学一直促使它不去考察范畴本身,不去从方法方面发挥内容;它的毛病在于它认为概念不适合于这样一些原始的或富有精神的形式或形态;整个说来,它的毛病在于它以绝对的内容为前提,并由这个前提作

VI,XXVI

出解释、论证和反驳。*

Ⅵ，ⅩⅩⅦ　　　　可以说，在宗教和神话里，在古代和近代力倡直觉和神秘的哲学里，我们得到的比较纯粹和比较模糊的真理形态已经足够了，并且过多了；我们可以高兴的是要在这些形态中揭示理念，由此得到满足，认识到哲学真理并不是某种单纯孤独的东西，而是其中已经有哲学真理的效力，至少是发酵作用。但是，不成熟的人们如果像冯·巴德尔先生的一位模仿者曾经做过的那样，以虚骄之气重新鼓吹发酵的这种创造作用，那就很容易由于自身秉性怠惰和没有能力从事科学思维而把这样的直觉提高为唯一的认识方式，因为沉湎于这样一些幻想的产物，把武断的哲学命题同它们牵强附会地结合起来，较之接受概念的发展，使自己的思维和自己的情感服

---

　　* 无论通过冯·巴德尔先生最近发表的许多著作的内容，还是在他指名道姓地提到我的许多命题的地方，都能看出概念与这些形态的一致，这肯定会符合于我的期望；关于他所反对的大部分内容或者甚至全部内容，可以说我不难与他取得一致，即指出这类内容其实与他的看法并无出入。我只想提到一点龃龉，它出现于《论我们时代的一些反对宗教的哲学命题》（1824 年，第 5 页，并参看第 56 页以下）。在这本书里，他谈到一种哲学命题，它产生于自然哲学学派，提出了错误的物质概念，"因为它主张这个世界的变化无常、隐含退化的存在物过去和现在都是直接地、不断地从上帝产生出来的，作为上帝的不断外出（外化）不断地制约着（作为精神的）上帝的不断复归。"关于这个观念的前一部分，即物质从上帝的产生（这根本不是我使用的范畴，因为它只是形象的表述，而不是什么范畴），我所看到的无非是这个命题已经包含在上帝是世界的创造者的定义里；但关于后一部分，即上帝的不断外出制约着作为精神的上帝的复归，冯·巴德尔先生则在这个地方提出一个制约范畴，它本身有些不恰当，我同样没有用它表示这类关系。我在这里要再次提到我在上文中关于非批判地调换思想规定作过的说明。但是，研讨物质直接或间接的产生，只能导致极其形式的定义。冯·巴德尔先生本人在第 54 页以下关于物质概念所作的陈述，我并不认为与我的物质定义有出入；冯·巴德尔先生在第 58 页作出一个陈述，即物质"不是统一体的直接产物，而是物质为了造化而唤来的一些元素（其全权代表为埃洛希姆[16]）的直接产物"，我也同样不理解，这句话对于解决那个把世界的造化作为概念来把握的绝对课题有什么补救。如果这句话的意思（因为它按文法关系说是不完全清楚的）是说物质是这些元素的产物，或物质唤来这些埃洛希姆，又被这些埃洛希姆创造出来，那么，这些埃洛希姆或这整个圆圈就必定会被认为与上帝有关系，而这种关系由于插入埃洛希姆便无法加以说明了。

从于概念的逻辑必然性,并不需要费什么力气。此外,怀有虚骄之气的人也很容易把自己从别人那里学来的东西算作自己的发现,而且当他反对或贬低别人时,他就更容易相信那类东西是他自己的发现,或更确切地说,他之所以激动起来反对别人,是因为他从别人那里汲取了他讲的观点。

正像思维的不懈追求虽然遭到歪曲,但表现在我们这篇前言所考虑 Ⅵ,ⅩⅩⅧ 过的时代现象里一样,对于发展到精神顶点的思想本身,对于这种思想存在的时代,就其本身而言也有一种需要,而这种需要唯独为我们的科学所重视,那就是:从前作为神秘内容被启示出来,现在则在其启示中采取比较纯粹的、主要是比较模糊的形态,依然对形式思维是极其神秘的东西,须被启示给思维本身,这种思维以其自由的绝对权利坚持着自身只与纯粹的内容相和解的顽强性,因为这种内容已经意识到要得出一种同时最受其自身重视的形态,即概念或必然性的形态,这种形态把一切东西,把内容和思想都结合起来,并恰恰在结合过程中使一切东西都成为自由的。如果旧的东西——即旧的形态,因为内容本身是万古常青的——要得到更新,那么理念的形态,如柏拉图赋予理念的形态[17]和亚里士多德在更深刻的意义上赋予理念的形态[18],则是无限地值得回忆的,因为把理念吸收到我们的思想形成过程中,从而揭示出理念,这简直不仅是对理念的理解,也是科学本身的进步。但要理解理念的这样一些形式,却不可像把握基督教直觉主义者和犹太教神秘主义者的幻象那样,同样停留在表面上,而且要深入研修这样一些形式,以这些类似于理念的东西作出提示或暗示,也很少会自行完成。

正像有人曾经正确地说过真理是 index sui et falsi〔判定它自身和错误的标准〕[19],而根据错误无法知道真理一样,概念也是对概念本身和无概念的形态的理解,而无概念的形态根据自己内部的真理也无法理解概念。科学能理解情感和信仰,但科学却只能根据自己所依赖的概念加以评判,因为科学是概念的自我发展,所以根据概念对科学所作的评判不仅是对科学的评判,而且是科学与概念的共同进展。我必定会希望也对本书所作的尝试有这样的评判,并且我只能注意和重视这样一种评判。

柏林,1827 年 5 月 25 日

第三版序言

在这第三版里,有时作了很多改进,特别是注意了把阐述变得更加明白和确定。然而,本书以当作纲要使用为宗旨,所以行文必须依然保持紧凑、正规和概括的方式;本书保留了自己的特点,那就是读者只有听过口头演讲,才能获得必要的解释。

自本书第二版以来,出现了许多评判我的哲学思维的意见,它们绝大部分都已经表明自己不能胜任这样的工作;对于经过多年的透彻思考,以认真考察对象和满足科学要求的态度细心写成的著作所发表的这样一些轻浮的反驳意见,从它们不禁冒出的傲慢、虚骄、嫉妒、讽刺等等不良情绪来看,既不会给人以任何愉快的印象,也更不会给人以有所教益的东西。西塞罗在《图斯库兰讨论集》[20]第Ⅱ卷中说,“Est philosophia paucis contenta judicibus, *multitudinem* consulto ipsa fugiens, eique ipsi et *invisa* et *suspecta*; ut, si quis universam velit vituperare, *secundo id populo* facere possit 〔哲学是满足少数评判者的,甚至有意避开群众,而在群众看来又是可疑的和可憎的,所以,如果有人想整个谴责哲学,他确实会得到民众的赞助〕”。所以,对于哲学的责骂愈缺乏见解和彻底性,就愈会得到民众的赞扬;这种狭隘的、敌对的情绪在它于别人那里所遇到的反响当中是不难了解的,而且它对哲学的无知是与别人对哲学同样的了解同时结合在一起的。其他的对象属于感性的范围,或者说,在整个直观中呈现在表象面前;为了能够讨论它们,人们觉得自己必须具有关于它们的某种程度——尽管是很低的——的认识;同时,它们也比较容易让人注意健康的人类理智,因为它们就处于当前熟知的、固定的环境中。但那些缺乏这一切——必要知识和人类理智——的人们却肆无忌惮地反对哲学,或者更确切地说,反对那种无知的人给哲学想象和杜撰出来的某个幻想的、空洞的形象;这种对哲学无知的人没有任何能够据以给自己确定方向的目标,于是VI,XXX　完全徘徊于模糊的、空洞的、因而无意义的东西中。——我在别处曾经承担过一件令人不快的、毫无收获的工作,去将若干诸如此类的、用情绪和无知编造的现象毫无掩饰地揭露出来[21]。

　　不久以前,还可能有一种假象,似乎从神学、甚至宗教观念的基地出发,在一个更广阔的范围里从科学方面掀起了一场关于上帝、神圣事物和理性的认真探讨[22]。但是,这场运动一开始就令人不能抱有这样的希望;因为这场运动的起因是从人格问题出发的,无论提出控诉的虔诚信仰派的口实,还是自由理性派的遭到攻击的口实,都没有提到探讨事情的实质的高度,更没有意识到要研讨事情的实质,便一定要进入哲学的基地。那种基于很具体的宗教外表的人身攻击,抱着惊人的妄自尊大态度,表示想用自己的绝对权威去否认个人的基督教信仰,从而给个人盖上在尘世里永远离经叛道的印记。但丁[23]曾经藐视一切,胆敢靠神曲鼓舞的力量,运用彼得的钥匙,把他的许多——当然已经死亡——同时代人,甚至教皇与皇帝,都指名道姓地判处到地狱里去受罪。一种近代哲学[24]遭到了使自己声名狼藉的攻击,说在这种哲学中个人把自己确立为上帝;但是,与这种属于错误结论的攻击相反,把自己乔装为世界的裁判者,要判决个人的基督教信仰,从而宣布个人在内心深处就离经叛道,这才是一种全然不同的、真正的妄自尊大。这种绝对权威的口令是我主基督的名字,是保证我主居住在这类裁判者的心中。基督说(《马太福音》第7章第20段),"你们必须凭他们的果实去认识他们",但这种判定离经叛道和该下地狱的

惊人的妄自尊大态度决不是好的果实。基督又说，"并不是所有向我叫
'主呀，主呀！'的人都可以进入天国；在那一天许多人将向我说，'主呀，
主呀，我们不是曾用你的名字宣道吗？我们不是曾用你的名字驱走魔鬼　Ⅵ, ⅩⅩⅪ
吗？我们不是曾用你的名字作出许多业迹吗？'我将明白告诉他们，'我
还不认识你们；大家离开我吧，你们这些作恶的人！'"那些自信独占了基
督教真理，要求别人接受这种信仰的人们，远未做出驱逐魔鬼的业迹，倒
不如说，他们之中的许多人就像相信普雷沃斯特的女先知[25]的人们一样，
竟以善于同一伙幽灵相处并对它们表示敬畏而自鸣得意，却没有驱除这
种违反基督教的、带有奴隶性的迷信的谎言。同样，他们表明自己没有能
力说出智慧，并且完全没有能力做出增进知识和科学的伟大业迹，而这却
应该是他们的使命和职责。博闻强记还不是科学。当他们对信仰中大量
互不相关的外在东西作详尽研究时，在信仰本身的含义和内容方面，他们
反而很枯燥地停留在我主基督的名字上，蓄意用挖苦的语言鄙视学理的
发挥，但学理的发挥却是基督教会的信仰的基础，因为具有精神、思考周
密和内容科学的阐述会动摇、甚至制止与消除他们主观地坚持一个没有
精神、结果不妙和只有恶果的保证的自负态度，而这个保证说的是他们拥
有基督教真理，并且独占了基督教真理。这种具有精神的阐述在圣经里
是与单纯的信仰极其明确地这么区别开的，即单纯的信仰只有通过这种
阐述才会成为真理。基督说（《约翰福音》第 7 章第 38 段），"谁完全信仰
我，就会从谁的躯体涌出生命之水的洪流"。这句话立刻在第 39 段里被
解释和规定为这样，即单纯信仰时间上的、有感性的和在现世的基督的人
格并不会有这种结果，这种信仰还不是真理本身；在下文（第 39 段）里，
信仰被规定为这样，即基督是向那些信仰他的人们，就他们应当接受的圣
灵说那句话的；因为在那时圣灵还不存在，耶稣还没有被神化；而这个尚　Ⅵ, ⅩⅩⅫ
未神化的基督的形象就是那时以感性方式出现在现世里的人格，或者说，
就是后来被这么想象的、具有相同内容的人格，它构成信仰的直接对象。

在这个现世中，基督曾经把他那达到上帝与他自身、世人与他的和解的永恒本性和永恒使命，把解救之道和道德教训，亲口启示给他的门徒们，而他的门徒们对他所抱的信仰也在自身包含了这一切。无论如何，这种丝毫不缺少最大的确实性的信仰，只能被解释为开端和起决定作用的基础，被解释为尚未臻于完善的东西；具有这样的信仰的人们还没有得到圣灵，而只是应该接受圣灵，这圣灵就是真理本身，这圣灵在后来才成为导致一切真理的信仰。但他们总是停留在那样的确实性上，停留在起决定作用的条件上，而那样的确实性本身仅仅是主观的，只能在形式方面产生那个保证的主观结果，然后在其中产生虚骄、诽谤和诅咒的主观结果。他们违背圣经，仅仅坚持着那种反对圣灵的确实性，然而圣灵却是知识的拓展，并且圣灵才是真理。

这个虔诚信仰派与它直接当作它控诉和诅咒的对象的知性启蒙派，都缺乏科学的和完全精神的内容。知性启蒙派通过自己的形式的、抽象的、没有内容的思维，挖空了宗教的一切内容，正像虔诚信仰派通过自己那种把信仰归结为"主呀，主呀！"的口令的方法，挖空了宗教的一切内容一样。两者在这方面谁都不比谁更胜一筹。当它们聚在一起争辩时，并不存在它们讨论的任何材料，而用这种材料，它们便会获得它们进行探讨，进而达到知识和真理的共同的基础与可能的途径。启蒙神学坚持自己的形式主义，即呼吁良心自由、思想自由和教学自由，甚至呼吁理性和科学。这样的自由无疑属于精神的无限权利的范畴，而且是附加到那个首要条件——信仰——上的另一个达到真理的特殊条件。但是，真正的、自由的良心究竟包含着什么合理的规定和规律，自由的信仰和思维究竟拥有和教导什么内容，启蒙神学却对这些实质性的问题不想加以讨论，而停留于那种专谈反面东西的形式主义和随心所欲、任意妄为的自由，以致内容本身整个说来似乎都是无关宏旨的。这种启蒙神学之所以不能接近真理的内容，还因为基督教共同体必定是通过一种教义、一种信条的纽带联合起来的,而久滞发臭、没有生命的唯理主义知性之水中的抽象空洞东西则总是与自身确定、得到发展的基督教内容和教义不相容。在另一方面,虔诚信仰派则坚持着"主呀! 主呀!"的名字,直言不讳地蔑视那种把信仰完善为精神、内容和真理的工作。

所以,虚骄、愤恨、人格攻击以及空泛言论虽然被弄得甚嚣尘上,但都以毫无成果而被打败,未能把握事情的实质,未能达到内容和认识。哲学对于自己被置于这场游戏之外可以表示满意;哲学是处于人格攻击和抽象空论的那种自负所统治的地盘之外的,假使自己也被牵涉进这个地盘里,则只能遇到令人不快和毫无裨益的事情。

当人类天性的最伟大的、无条件的兴趣丧失深刻丰富的内容,虔诚信仰派和抽象反思派共同具有的宗教观念得到毫无内容的最高满足时,哲学也就变成了偶然的、主观的需要。那种无条件的兴趣在这两种宗教观念中,而且无非是在这两种形式推理中,已经被安排成这样,即要满足那种兴趣,是不再需要哲学的;哲学甚至被认为,而且不无理由地被认为会破坏那种重新创造出来的满足和这种已经变得狭隘的满足。这样一来,哲学就被完全交给了主体的自由需要来处理;对于主体决不存在任何强迫从事哲学的情况,倒不如说,这种需要在其存在的地方也是要去抵制怀疑和讥评的。但是,这种需要仅仅是作为一种比主体更加强烈的内在必需而存在的,这种必需无休止地把主体的精神推动起来,"以便它能制胜"[26],并给理性的不懈追求筹备值得享受的东西。所以,在哲学没有得到任何一种鼓励,甚至没有得到宗教权威的鼓励,反而被宣告为多余的东西,被宣告为危险的或至少可疑的奢侈品时,对这门科学的研究也就更加自由地唯独基于对事情的实质和真理的兴趣了。如果像亚里士多德说的,理论是给人以极乐的东西,是美好事物中的最佳东西[27],那么,那些分享过这种乐趣的人就会知道他们所享有的是对他们的精神本性的必需的满足;他们不再会在这件事情上强求别人,而会让别人保留自己的需要,

Ⅵ,ⅩⅩⅩⅣ

留下别人为这些需要而给自己找到的满足。我们以上所说的是外行干预哲学工作的做法;如果说这种做法闹得越嘈杂,就越不适合于参与哲学工作,那么,比较彻底、比较深入地参与研究工作则是苦心孤诣的和对外不宣的;自命不凡和浅薄无聊的做法很快就会结束,因而促使自身不得不尽快说出自己的意见;但是,严肃认真的态度以一项本身伟大的事业为对象,这项事业仅以经过长期艰苦的劳作所完成的发展过程为满足,所以严肃认真的态度是长期专注于沉默地从事这项事业的活动的。

　　这个哲学全书纲要按照它的以上指出的特点,并不会使哲学研究工作变得容易,但它的第二版能很快售完,却使我感到满意,看到除了浅薄无聊和自命不凡的喧嚣以外,对于哲学研究还有一种沉默的、值得酬劳的参与,这也就是现在我对这个新版所企盼的。

柏林,1830 年 9 月 19 日

开 讲 辞

——1818 年 10 月 22 日柏林大学

诸位先生:

当我今天初次到本大学就任国王陛下委派给我的哲学教师职务的时候,请允许我就此先讲一句话,那就是我认为,不仅恰好在这个时刻,而且在这个位置上参加广泛地展开的大学教学活动,对我来说是特别值得向往的和令人高兴的。就时刻来说,看来现在已经出现了这样一些情况,在这些情况下,如果几乎默不作声的哲学愿意再提高自己的声音,这门科学就可望又引起人们的注意和爱好。因为在不久以前,一方面,时代的困苦曾经赋予那种对日常生活的琐屑兴趣以一种很大的重要性,另一方面,改变现实的高尚兴趣,即首先恢复和拯救民族生存和国家危亡的整个政局的兴趣与斗争,对精神的一切能力、一切阶层的力量和外在的手段曾经提出了很多的要求,以致精神的内在生活无法得到宁静。在那时,世界精神在很大程度上忙碌于现实,被拉向外部,而没有面向内部,返回其自身,在其固有的家园里怡然自得。现在,在这种现实潮流已经中断,整个德意志民族已经拯救了自己的独立,拯救了一切有生气的生活的根基以后,出现了在国家甲除了现实世界的治理以外,自由的思想领域也独立地繁荣昌盛起来的时期。并且整个来说,精神的力量已经发挥了很广泛的效力,以致只有理念和符合于理念的东西才是现在能够保存自己的东西,而要发挥效力的东西则必须在见识和思想面前证明自己是正确的[1]。尤其是这个现在吸收了我作为其成员的国家,由于在精神上拥有优势,从而提高了它在现实世界和政局中的影响,就力量和独立性来说,已经与那些曾经在外在手段方面胜过它的国家居于同等地位。在这里,教育和科学的繁荣昌盛是国家生活本身的重要环节之一。在我们这所作为大学核心的大学里,一切精神教养、一切科学和真理的中心,即哲学,也必须得到自己的地位和优先的关照。——但是,不仅整个精神生活构成这个国家生存的一种根本要素,而且更具体地说,为了独立,为了消灭外来的冷酷的暴君统治,为了心情舒展,民众与其君主联合起来进行过的那场伟大斗争,也开创了自己的一个更高的起点。精神的道德力量感受到了自己的潜能,举起了自己的旗帜,并且这种感受作为改变现实的威力发挥了效力。我们这个世代的人就是以这种感受而生活、行动和发挥作用的,一切正义感、道德感和宗教感都集中于这种感受中,我们必须把这视为不可估量的。在这种深刻的、广泛的作用中,精神会把自己提高到自己本当享有的地位,而平庸的生活和无聊的兴趣都会毁灭,肤浅的见解和意见也会暴露其弱点而烟消云散。这种很深刻的严肃性已经进入整个心灵中,也是哲学的真正基地。与哲学对峙的,一方面是沉湎于对迫切需要和日常生活的兴趣,另一方面是坚持空虚而自负的意见。心灵在被这种空虚自负占据以后,就不会给理性留下任何活动余地,因而理性也就寻找不到自己的东西了。如果致力于实质性的内容已成为人的必需,并且事情进展到了很远的程度,以致只有实质性的内容才能发挥作用,这种空虚自负便一定会消逝得无影无踪。而在这样的实质性的内容里,我们便看到了我们的时代,看到了一个核心的形成,这个核心向一切方面,向政治、道德、宗教和科学方面的进一步发展,都已托付给了我们的时代。

VI, XXXVII

　　我们的使命和任务是从事于这个已经重新变得年轻和得到加强的实质性基础在哲学上的发展。这个基础变得年轻的过程过去在政治现实中显示出了最直接的作用和表现，现在也进一步表现于更重要的伦理和宗教的严肃性，表现于对一切生活情况提出的彻底性和坚实性的要求。最坚实的严肃性就其本身而言是认识真理的严肃性。这种需求使人的精神本性区别于单纯感觉的和享受的本性，正因为如此才是精神中最深邃的东西，它本身是普遍的需求。在一方面，各个时代的严肃性深深地引起了这种需求，在另一方面，这种严肃性则是德意志精神的一个很明显的特点**2**。就德意志人在哲学文化中的优异之处而言，其他民族的哲学研究的状况和哲学名称的意义也同样表明，这个名称虽然还在他们那里保留下来，但它的意思已经改变，哲学的实质已经变坏和消失，以致对它的某种 Ⅵ，ⅩⅩⅩⅧ 记忆和预感也几乎没有存留下来。哲学这门科学已经躲到德意志人这里，唯独还在他们之中继续活着。保存这种神圣的光明的工作托付给了我们，我们的使命就是保护它，培育它，留心人能拥有的至高无上的东西，即留心人的本质的自我意识不要湮灭和沦落。但是，甚至在德国，在它复兴以前的时期，思想肤浅的人们已经达到很远的地步，以致他们以为自己发现和证明了根本不存在任何真理的认识，并且对此作出了保证。在他们看来，上帝，即世界和精神的本质，是一个不可理解、不可把握的东西；精神必须停留在宗教里，宗教必须停留在信仰、情感和预感里，而不必有理性知识**3**。在他们看来，认识并不涉及绝对和上帝的本性，不涉及那种在自然界和精神中是真的和绝对的东西的本性；相反地，认识在一方面只涉及否定的东西，就是说，没有任何真理是被认识到的，而唯独不真的、世俗的和短暂的东西仿佛享有被认识到的优先权，另一方面，真正属于这种认识范围的是外在的东西，即历史的东西、偶然的情况，所谓的认识就表现在这些东西当中，并且正是这样的认识应该仅仅被当作某种历史的东西，从那些外在的方面用批判的、研究的态度予以对待，而从这种东西的内容中是得不出任何重要的东西来的。那些思想肤浅的人们像罗马巡抚彼拉多**4**那样，已经达到很远的地步；当他从耶稣口里听到真理这个名词时,他反问道:真理是什么东西? 他的意思是说,他是一个从来都不理会这个名词,并且知道决不存在任何真理的认识的人。所以,放弃对真理的认识——这自古以来就被认为是最卑鄙可耻的、最有失体面的事情——现在已经被我们的时代奉为精神的最高凯旋了。像过去达到的那种对理性的绝望,还与痛苦和伤感结合起来,但是在现在,宗教和伦理中的轻浮任性以及随之而来的知识中的庸俗浅薄——这自命为启蒙——不久就直言不讳地承认了自己的无能为力,并以根本忘却高尚的兴趣而高傲自大;最后,所谓的批判哲学把这种对于永恒的、神圣的东西的无知当成了一种良知,因为它作出保证说,已经证明,对于永恒的、神圣的东西是不可能有任何认识的。这种臆想的认识甚至给自己冠以哲学的名称,并且对于知识浅薄的人和性格软弱的人来说,决没有任何东西比这种断言无知的学说更受欢迎,也决没有任何东西比这种学说更让他们乐于接受,因此,正是这种浅薄空疏被宣称为最杰出的东西,被宣称为一切理智努力的目标和结果。于是,在哲学里曾经广为传播的,并且在我们时代还在广为传播和大吹大擂的,就是这种不知道真理,而只去认识世俗东西和偶然东西,只去认识虚浮东西的虚浮习气。我们的确可以说,自从哲学在德国开始出现以来,这门科学的情况从来都没有如此不幸,以致这样一种观点、这样一种放弃理性认识的做法竟然达到这样骄横和这样蔓延的地步,而这种观点依然从以前的时期蹒跚地走过来,与真诚的情感、新的实体性精神处于颇为矛盾的境地。对于真诚精神的这道曙光,我祝贺,我呼吁,我要关切的仅仅是这种精神,因为我曾经主张哲学必须有真实内容,因为我将会把这种内容在你们面前发挥出来。但我在这里要特别呼吁青春的精神,因为青春是生命的美好时期,生命在这时还没有被束缚于迫切需要的整套狭隘目的,并且自身能有从事淡泊名利的科学工作的自由;同样,青年人还没有受到喜欢虚荣的否定精神的束缚,还没有受到一种单纯致力于批判工作的空洞思想的束缚。一个内心依然健康的人还有追求真理的

VI,XXXIX

VI,XL

勇气,而真理的王国就是哲学居于其中、加以构筑和我们通过哲学研究成为其一员的王国。凡是在生活中真实、伟大和神圣的东西,只有通过理念才是这样的东西;哲学的目标是把握理念的真正形态和普遍性。自然界是为此而注定了只用必然性实现理性的;但精神的领域是自由的领域。一切维系人类生活、具有价值和能行得通的东西,都有精神的本性,而这个精神领域也唯有通过对真理和正义的意识,通过对理念的把握,才是现实存在的。

　　我可以祝愿和希望,在我所走的道路上,我已经赢得你们的信任,并且值得你们信任。但是,除了首先要求你们信任科学,相信理性,信任和相信你们自己,我不可提任何要求。追求真理的勇气,相信精神的力量,是从事哲学研究的首要条件;人应该尊重自己,应该认为自己配得上至高无上的东西。关于精神的宏伟和力量,无论人们能设想得多么高大,都不够高大。宇宙的隐而不露的本质在自身没有任何能够抵抗勇敢的认识者的力量,它必定会在他面前开放,把它的财富和它的奥妙摆在他眼前,让他享用[5]。

导　　论

§.1

哲学缺乏其他科学享有的方便,即不可能像它们那样把自己的各个对象假定为表象直接认可的,并且不可能像它们那样把认识的方法在开端和进程里假定为业已采用的。诚然,哲学与宗教首先具有共同的对象。两者都以真理为它们的对象,而这是从真理的最高意义上,即从上帝就是真理,并且唯独上帝才是真理这个意义上来说的。其次,两者都研究有限事物领域,即研究自然界和人的精神、它们彼此的关系以及它们与那个作为它们的真理的上帝的关系。因此,哲学就像本来以关注自己的各个对象为前提那样,确实能够、甚至必定以熟知自己的各个对象为前提[1],因为意识从时间上说构成对象的表象比构成对象的概念更早,连思维的精神也只有通过表象活动,并求助于表象活动,才进展到思维的认识和把握。

但在思维的考察活动中却可以立刻看出,这种活动本身包含着一个要求,即表明考察的内容的必然性,既证明考察的各个对象的存在,也证明它们的规定。于是那种熟知对象便显得是不充分的,作出或承认那些假定和保证也显得是不允许的。但与此同时就出现了确定一个开端的困难,因为开端作为直接的东西构成开端的前提,或更确切地说,开端本身就是一个这样的前提。

§.2

在目前哲学可以一般地被规定为对于各个对象的思维考察。但如果说人由于思维而异于动物是正确的(并且也确实是正确的),那么,所有人的生存之所以是属于人的,则是由于、并且仅仅是由于人的生存为思维所促成。然而,因为哲学是一种独特的思维方式,通过这种方式,思维就成为认识活动,成为用概念进行的认识活动,所以,哲学的思维尽管与那类在所有人的生存中能动的、甚至促成人的生存的人性的思维是同一的,亦即本身只是同一种思维,也会与那类思维有差别。这种差别与一种情况有联系,即以思维为基础的、属于人的意识内容首先不是以思想的形式表现出来的,而是作为情感、直观和表象表现出来的,这些形式必须与作为形式的思维区别开。

〔说明〕认为人由于思维而异于动物,这是一个古老的信念,是一个业已变得平凡的说法;这个信念虽然可能显得平凡,但假如需要重提这样的古老信念,也必定会显得奇特。而重提这样的信念现在可以被认为是需要的,因为在现今的时代有一种信念,它把情感与思维截然分开,以致认为它们是对立的,甚至是敌对的,因而认为情感、尤其是宗教情感为思维所玷污和颠倒,甚至完全毁灭,而宗教与宗教热忱也似乎根本不在思维中有其起源与地位。作这样的分离,就是忘记了只有人才能够有宗教,而 Ⅵ,5
动物则像没有法律和道德一样,也没有任何宗教。

人们在坚持宗教与思维的那种分离的时候,通常在心里想到的是一种可以称为反思的思维,即一种以思想本身为其内容并使思想本身得到意识的反思的思维。他们不了解和不注意这种从哲学思维方面明确指出的差别,恰恰引起了对于哲学的许多最粗陋的想法与责难。因为只有人才有宗教、法律与伦理,而且这仅仅是由于人是能思维的存在者,所以,在宗教、法律与伦理的领域——这可以是情感和信仰,或者表象——里思维整个说来并不是没有能动性的;思维的活动与产物是出现和包含在这些领域里的。不过,具有这样一些为思维所决定和浸透的情感与表象是一回事,而具有关于这些情感与表象的思想则是另一回事。由反思产生的关于那些意识方式的思想,既包括了反省、形式推理等等,也同样包括了哲学。

在这方面现在已经出现并且还常常流行着一种误解,即声言这样的反思是我们达到永恒与真理的观念和确信的条件,甚至于是唯一途径。例如,(现在已经过时的)上帝存在的形而上学证明已被宣称为这样的途径,似乎了解与确信这些证明,就能从根本上完全导致对上帝存在的信仰与确信。也许可以说,这类说法无异于断言我们在获得关于食物的化学、植物学或动物学性质的知识以前,就不能饮食,我们在完成解剖学和生理学研究以前,就不会消化。假若事情真是如此,这些科学在它们各自的领域里就像哲学在其领域里那样,当然会赢得很大的实用价值,甚至它们的实用价值会上升到绝对的和普遍的不可或缺的程度;但在这种情况下,所有这些科学与其说是不可或缺的,倒不如说是完全不会存在的。

Ⅵ,6

§.3

充满我们的意识的内容,无论属于哪一类,都构成情感、直观、想象、表象、目的、义务等等的规定性,构成思想与概念的规定性。就此而言,情感、直观、想象等等是这样一种内容的表现形式,这种内容无论是被感觉、被直观、被表象和被希求的,无论是单纯地被感觉的,还是混合着思想被感觉、被直观的,或十分纯粹地被思考的,都依然是同一个内容。在这些形式的任何一个形式中,或在许多形式的混合中,这内容都是意识的对象。但在内容成为意识的对象时,这些形式的规定性也渗透到内容里;因此,从这些形式的每个形式来看,都似乎形成了一个特殊的对象,而本来同一的东西也可以看作是一种有差别的内容。

〔说明〕因为我们所意识到的情感、直观、欲求、意志等等的规定性被统称为表象,所以我们一般可以说,哲学是以思想、范畴代替表象,或更确切地说,是以概念代替表象。各种表象一般都可以被看作思想和概念的比喻。但人们具有表象,还未必了解表象对于思维的意义,还未必了解表 Ⅵ,7 象所表现的思想和概念。反过来说,具有思想和概念,同知道符合于思想与概念的表象、直观和情感是什么,这也是两回事。——一般人所谓的哲学难懂,在某个方面是与用概念代替表象有关的。哲学之所以难懂的一部分原因在于没有能力——这种无能本身只不过是不习惯——作抽象思维,即紧紧抓住纯粹的思想并活动于纯粹的思想之中。在我们通常的意识里,思想是用流行的感性材料与精神材料蒙盖起来才与它们结合在一起的,而且在反思、反省和形式推理里,我们也把情感、直观与表象同思想混合起来(在每个具有完全感性的内容的命题中,例如在"这片树叶是绿的"中,就已经掺杂了存在和个体性两个范畴)。但把思想本身纯粹当作思考的对象却是另一回事。——哲学之所以难懂的另一部分原因在于一般人没有耐心,他们急于想用表象的方式,把作为思想和概念而包含在意识中的东西呈现在自己面前。所以经常出现一种说法,即他们不知道他们用一个抓住的概念该思考什么;实际上,用一个概念思考的无非是概念本身。而那种说法的意思却是渴望得到一个业已熟知的、流行的表象;对于意识来说,它与表象方式一起,仿佛失去了它过去据以获得其坚实的、熟悉的立脚点的基地。意识在察觉自己被置于纯粹的概念领域时,就不知道自己处于世界的什么地方。——因此,著作家、传教士和演说家等人被认为是最容易理解的,他们对他们的读者或听众所说的东西,他们的读者或听众已经熟知,习以为常,是不言自明的**²**。

§.4

在涉及我们的普通意识时,哲学首先应该说明、或者甚至大声唤起对其独特的认识方式的需要。但在涉及宗教对象,涉及真理本身时,哲学则应该表明从自身出发,认识这些对象和真理的能力;在涉及哲学与宗教观念之间出现的差异时,哲学应该证明自己那些不同于宗教观念的规定是正确的。

§.5

与我们已经指明的差别有关的见解认为,我们意识的真正内容在意识转换为思想和概念的形式的时候,仍然能够保持不变,甚至在这个时候才得到其独特的阐明;为了对这种差别和见解有一个初步的了解,还可以提到另一个古老的信念,即要想知道在对象和事件中,甚至在情感、直观、意见、表象等等中,究竟什么是真理,就务须有反思。而反思无论如何至少会把情感、表象等等转化为思想。

〔说明〕因为哲学要求用来完成它的任务的独特形式仅仅是思维,然而每个人生来就能思维,所以,由于这种忽视§.3指出的差别的抽象思维,就出现了另一种看法,而这种看法是与那种刚才提到过的对哲学难懂的抱怨恰好相反的。这门科学经常遭到轻视,连未曾致力于这门科学的人们也可以高谈阔论,好像本来就了解哲学的情况似的,并且他们能够就

像接受日常教养那样,特别依据宗教情感,毫不迟疑地讨论哲学,评论哲　　Ⅵ,9
学。大家都承认,要了解其他科学,就必须首先研究它们,而且只有根据
这样一种了解,才有资格对它们作出评论。大家都承认,虽然每个人在自
己的脚上都有做鞋的尺度,每个人都有从事这项必要工作的双手和天赋
能力,但要做鞋,却必须首先学习与练习做鞋的技术[3]。然而,唯独对于作
哲学思考本身,这样的研究、学习和努力却被认为是不必要的。——这种
惬意的看法最近得到了直接知识说或直观知识说的确认。

§.6

在另一方面,同样重要的是哲学应该理解,它的内容也只能是这样一
种内容,这种内容在活生生的精神领域里原来是被创造出来的,并且现在
也在创造着自己,已经成为世界,即意识的外部世界与内部世界;或者换
句话说,哲学的内容就是现实。对这种内容的最初的意识,我们称为经
验。对世界所作的深思熟虑的考察,肯定能够辨别什么东西在外部的特
定存在与内部的特定存在的广阔领域里仅仅是现象,是倏忽即逝和无足
轻重的,什么东西本身是真正理应冠以现实的名称的。既然哲学仅仅就
形式而言,才不同于意识到这同一种内容的其他活动,所以哲学与现实和
经验的一致是必然的。进一步说,这种一致可以被看作是哲学真理的一
个起码的外在试金石;同样,通过对这种一致的认识,产生出自觉理性与
现存理性,即与现实的和解,这也应该看作是这门科学的最高目的。　　Ⅵ,10

〔**说明**〕在我的《法哲学》序言里有这样两句话:

凡是合理的东西都是现实的,
凡是现实的东西都是合理的[4]。

这两句简单的话使许多人感到诧异,并且遭到反对,甚至遭到那些不想否认自己拥有哲学、尤其是拥有宗教的人们的反对。在这方面不必援引宗教,因为关于神圣的世界主宰的宗教学说已经非常肯定地说出了这两句话的意思。但说到这两句话的哲学含义,我们则必须假定人们需要颇有教养,他们才能不仅知道上帝是现实的,上帝是最现实的,唯独上帝才是真正现实的,而且在这两句话的形式方面,他们也知道特定存在一般说来部分地是现象,而只有一部分是现实。在日常生活中,人们把任何偶想、谬误、罪恶以及诸如此类的东西,把一切甚至很枯萎的、暂时的现实存在,都随便称为现实。但是,即使对于有普通感觉的人来说,偶然的现实存在也不配享有现实东西的美名;偶然的东西是这样一种现实存在,这种现实存在并不比可能的东西具有更大的价值,并且也是可有可无的。但是,在我说到现实的时候,那些人们似乎应该自然地想到我是在什么意义上使用这个词汇的,因为我在一部详尽的《逻辑学》里也讨论过现实[5],我不仅把它立刻与那种毕竟也有现实存在的偶然东西准确地区别开,而且把它进一步与特定存在、现实存在以及其他范畴都准确地区别开。——与那种认为合理东西具有现实性的看法相对立的是这样一种观念,这种观念既认为理念、理想都只不过是幻想,哲学是这样一些幻想组成的体系,又

VI,11　反过来认为理念和理想是某种太卓越无比的东西,以至于没有现实性,或同样也是某种太软弱无力的东西,以致得不到实现。但是,现实与理念的这种分离特别为知性所喜欢,它把它那种抽象思维的梦想当作某种真实的东西,以它那种主要也是在政治领域中喜欢规定的应当来自命不凡,好像这个世界正在等候着它的指点,以便知道世界应该是怎么样的,而不是怎么样的;假如这个世界是世界应该是的那样,在什么地方还会有知性的应当所表露的早熟睿智呢?如果知性用它的这种应当去反对琐屑的、表面的和暂时的对象、设施和状况等等,而这些对象、设施和状况也可能在某个时期和特殊领域里具有一种巨大的、相对的重要性,那么,它就会是

正确的,并且还会在这样的情况下发现许多不符合于普遍的、正确的规定的东西;谁没有一些聪明,看到自己周围的许多事物实际上并不是它们应该是的那样呢? 但是,如果以为研究这样一些对象以及它们的应当,自己就会处于哲学科学关注的范围之内,这种聪明则是不正确的。哲学科学研究的仅仅是理念,而理念并不是如此软弱无力,以致只是应当而不是现实的;因此,哲学科学研究的是现实,而上述对象、设施和状况等等只不过是现实的表面的外在方面罢了。

§.7

因为反思一般首先包含了哲学的原则(这个原则也有开端的含义),并且以它的独立性又在近代(路德宗教改革时期以后)繁荣昌盛起来,所以,它一开始就不像在希腊哲学初期那样,单纯执著于抽象活动,而是同时投向现象世界的显得无限的材料,因此,哲学这个名称就被赋予了所有这样一种知识,这种知识在个体经验事物的海洋中从事于对固定尺度与普遍东西的认识,在无穷偶然事物的貌似无序的状态中从事于对必然东西与各种规律的认识,因而同时也就从自身对外部东西与内部东西的直观和知觉中,从当前的自然界中,以及从当前的精神和人心中,获得了自己的内容[6]。

〔说明〕经验原则包含着一个无限重要的规定,那就是为了承认和确信一种内容,人本身必须与这种内容接触,或更确切地说,人应该发现这样的内容与人本身的那种确信是一致的和结合起来的。人必须亲自接触这种内容,无论是只用他的外部感官也好,还是再用他的深邃的心灵、他的真切的自我意识也好。——正是这条原则,现今被称为信仰、直接知识以及在外部世界、主要是在人自身的内部世界中出现的启示。那些被称为哲学的科学,我们根据它们所采取的出发点,叫作经验科学。但这些经验科学想要达到和创造出来的主要东西,却是一些规律、普遍原理或一种理论,换句话说,是一些关于现存事物的思想。所以,牛顿物理学被称为自然哲学;另一方面,例如胡果·格劳秀斯[7]梳理了历史上各个民族相互采取过的行为,根据通常的形式推理方法,提出了一些普遍原则,提出了一种理论,它也可以被称为国际公法哲学。——直到现在,哲学这个名称

VI,13　在英国人当中一般还有这种意思,牛顿一直享有最伟大的哲学家的声誉;这个名称甚至被贬低到仪器制造商的价目单的地位,凡是那些不能概括到特殊的电磁装置项目里的仪器,诸如温度计、气压表之类,都被叫作哲学的仪器或工具;不用说,应该被称为哲学的工具的并不是木头、铁片之类的组合,而唯独是思维*。——因此,那种发生于近代的政治经济学科学,也特别叫作哲学,而我们则习惯于把这门科学称为理性国家经济学或理智国家经济学**。

---

　　* 汤姆生[8]主编的刊物也叫作《哲学纪事,或化学、矿物学、力学、博物学、农学和技艺杂志》。我们可以从这个名称很自然而然地想到,这里所谓哲学题材的内容究竟性质如何。最近我在一份英文报纸的新书广告栏看到如下的文字: The Art of preserving the Hair on philosophical principles, neatly printed in post 8., price 7 sh.〔《以哲学原理为基础的护发术》,精印八开本,定价七先令〕。[9]这里所谓保护头发的哲学原理,其实大概是指化学原理、生理学原理等等。

　　** 在英国国务活动家的口头言谈中,甚至在他们的公开报告中,关于普通政治经济学原理也常常使用哲学原理这个词汇。在1825年(2月2日)的议会会议上,布鲁厄姆[10]借着回答英王致辞的演说的机会,曾经谈到"受国务活动家尊重的自由贸易哲学原理——因为这些原理无疑是哲学的——,而关于接受自由贸易的哲学原理,今日英王陛下已对议会表示祝贺"。但是,不仅这个反对派分子如此使用哲学这个名称,而且在以首相利物浦伯爵为主席、以国务秘书坎宁和军需部长查理·朗爵士[11]为辅佐的船主公会(在同月)举行的年度宴会上,国务秘书坎宁在回答向他提出的祝酒辞时也说,"不久以前,已开始了一个时期,在这个时期中,大臣们必须在自己的权限内,应用深邃的哲学的正确准则,来治理这个国家。"尽管英国哲学与德国哲学不同,但是,当哲学这个名称在其他地方仅仅被用作绰号和嘲笑人的东西,或用作某种令人生厌的东西时,在英国大臣的口头言谈中还看到这个名称受到尊重,这总是令人高兴的。

§.8

无论这种知识在其领域里最初多么令人满意,但第一,还有另一个范围的对象,即自由、精神和上帝,它们并未在这种知识中得到把握。它们之所以在经验知识的土地上不能找到,并不是因为它们不应当属于经验——它们虽然在感性中不能被经验到,但在一般意识中存在的东西却能被经验到;这甚至是一个同语反复的句子——,而是因为这些对象就其内容而言立即表现为无限的。

〔**说明**〕有一个古老的命题,它常常被误认为是亚里士多德的,好像表示了他的哲学的立场,那就是:"nihil est in intellectu,quod non fuerit in sensu"——在思维中,没有一样不是已经在感性、经验中的[12]。如果说思辨哲学不想承认这个命题,那么这只是出于误解。但反过来,思辨哲学也同样主张:"nihil est in sensu,quod non fuerit in intellectu"〔在感性、经验中,没有一样不是已经在思维中的〕[13];广义而言,这个命题是指νοῦζ〔心灵〕和精神(它有更加深刻的意义)是世界的原因,狭义而言(参看 §.2),是指法律的、伦理的和宗教的情感是一种具有这样的内容的情感,这内容仅仅在思维中有其起源和位置,因而那些情感也是一种具有这样的内容的经验。

§.9

第二,就形式而言,主观理性要求自己的进一步的满足;这种形式就是一般的**必然性**(参看 §.1)。但在经验知识的方式里,一方面,它所包含

的普遍东西、种类等等本身是不确定的,与特殊东西并无联系,反而两者
是相互外在的和偶然的,同样,联结起来的各个特殊性本身也是彼此外在
的和偶然的。另一方面,经验知识的基础到处都是直接性、现成材料与假
设。在这两种情况下,必然性的形式都得不到满足。所以,凡是旨在满足
这种需要的反思就是真正哲学的思维,即思辨的思维。这样,思辨的思维
作为与上述第一种反思既有共同性同时又有差别的反思,除了具有共同
的形式,也有独特的形式,而这些独特形式中的普遍东西就是概念。

　　〔说明〕思辨科学与其他科学的关系仅仅在于:思辨科学对于其他科
学的经验内容并不是置之不理,而是承认和利用它;思辨科学同样承认经
验科学中的普遍东西,即规律与种类等等,并把它们用作其自身的内容;
但思辨科学还进一步把其他科学的范畴引入自己的范畴,使之通行有效。
就此而言,思辨科学与其他科学的差别唯独涉及范畴的这种改变。思辨
逻辑包含了以前的逻辑和形而上学,保存了同样的思想形式、规律与对
象,但同时又用更广泛的范畴去进一步发挥与改造它们。

　　必须与思辨意义上的概念区别开的是通常所谓的概念。正是在这后
者的片面的意义上,那种认为无限不可能由概念加以把握的主张被提出
来,千百次加以重复,并被弄成一种成见。

§.10

　　哲学认识方式的这种思维,既需要按其必然性得到理解,也需要按其
认识绝对对象的能力得到证明。但这样一种见解就是哲学认识,因此,哲
学认识只有在哲学之内进行。这样,一种暂先的解释也许就是没有哲学
本色的解释,可能不过是一套假设、保证和形式推理,即一套偶然的论断,
但用同样的理由,与此相反的偶然论断也可以得到保证。

〔**说明**〕批判哲学的主要观点在于：在去认识上帝、事物本质以前，必须先考察认识能力本身，看它是否能完成这样的工作；人们在从事那种要用工具进行的工作以前，必须先认识工具；如果工具不完善，过去的一切辛劳都会徒劳无谓地浪费掉。这个想法看来很可信，以致它引起极大的钦佩与赞同，而认识活动也从关注对象与研究对象转向了自身，转向了形式方面。然而，如果大家不想用词句欺骗自己，则不难看出，其他工具诚然可以用别的方式加以考察和评判，而不必从事须用工具去做的特殊工作。但对认识的考察却只能在认识过程中进行；考察这种所谓的工具无非意味着对认识进行认识。但想在进行认识以前，就从事认识，这正像那个在冒险下水以前要学会游泳的学究的聪明打算一样，是荒唐可笑的。

赖因霍尔德[14]看出了充满这种举措的混乱，他提出一个补救办法，那就是暂先从一种假定性的、试探性的哲学思维开始，以这种哲学思维在谁也不晓得如何的情况下不断进行下去，直至最后出现一个结果，即人们终于用这种方法达到了原始真理。仔细加以考察，这种方法仍然流于通常　Ⅵ，17
的方法，即流于对一种经验基础的分析，或对一种被当成定义的暂先假定的分析。毋庸否认，把假定与暂先说明的通常进程解释为假定性的、试探性的做法，确实包含着正确的见识；但是，这种正确的见识并未改变那种做法的性质，而是立刻表现出了那种做法的不足之处。

§.11

哲学的需要可以进一步被规定为这样：因为精神作为能感觉与能直观的精神，以感性事物为对象，作为想象，以形象为对象，作为意志，以目的为对象，所以，精神就与它的特定存在和对象的这些形式相反或单纯不同，也给予它的最高内在本质、即思维以满足，并获得思维为它的对象。

这样,精神从最深的意义上说,就是在回到它自身,因为它的本原、它的真纯自性是思维。但在精神的这种活动中,思维陷于矛盾,即耽于思想的固定的不同一性,因而未达到其自身,反而仍然为其反面所束缚。精神的更高需要是与单纯知性的思维所达到的这个结果相反的,其基础在于思维并不离开它自身,而是也在它的独自存在的这种被意识到的丧失过程中依然忠于它自身,"以便它克敌制胜",即在思维本身完成解决它自身的矛盾的工作。

　　〔**说明**〕我们看到思维自身的本性是辩证法,思维作为知性必然陷于

VI,18　对其自身的否定,必然陷于矛盾,这个见解构成逻辑学的一个主要方面。思维在对于能够靠自身的力量解决它自身所遇到的矛盾表示失望时,就返回到了精神用自己的其他方式和形式所得到的解决办法和恬静态度。然而,思维在这种返回中却似乎没有必要沉迷于柏拉图亲自见到过的那种厌恶论理的态度[15],采取自己敌视自己的行为,就像在认为所谓直接知识是认识真理的唯一形式的主张里出现的那种情形。

§.12

　　由上述需要产生的哲学形成过程是以经验,即以直接的和形式推理的意识为出发点。在受到这种作为刺激的经验的激励以后,思维在实质上采取了这样的行为:它超越自然的、感性的与形式推理的意识,把自己提高为它自身的真纯成分,从而首先提供了一种对于经验开端的疏远的、否定的态度。于是,思维在它自身中,在这种现象的普遍本质的理念中,首先寻得它的满足,而这个理念(绝对、上帝)可以或多或少地是抽象的。反之,经验科学也从自身产生一种刺激,克服那种把丰富的经验科学内容呈现为单纯直接的和发现的、彼此并列的和多种多样的、因而完全偶然的

东西的形式,并把这内容提高到必然性,——这种刺激使思维从抽象的普遍性和自身感受到的满足里超脱出来,推动思维从自身出发去发展。这种发展一方面仅仅是吸取经验内容以及它所提供的各个规定,另一方面也同时赋予这种内容以一种形态,即自由地按照原始思维的意义,只根据事情本身的必然性发展出来。　　VI,19

〔**说明**〕关于在意识中的直接性与间接性的关系,应作明确的和更加详细的讨论。在这里只须暂先提请大家注意,虽然这两个环节表现为不相同的东西,但两者中没有一个可以或缺,它们是不可分离地结合起来的。——所以,关于上帝以及一切超感性事物的知识就在本质上包含着一种超越感官感觉和直观的提高,因而它包含着对于这种最初的东西的否定态度,但在这里也包含着间接性。因为间接性是达到一种直接的东西的起点和进展,所以这种直接的东西只有从一个与它相反的他物回到它自身,才会存在。但关于上帝的知识并未因此就对那种经验方面没有独立性,甚至可以说,这种知识在本质上是通过这种否定与提高而拥有其独立性的。——如果间接性被弄成制约性,并片面加以强调,大家则可以说(不过这种说法并不多)哲学应该把它最初的形成过程归功于经验(后天成分)——其实思维在本质上就是对直接现存的东西的否定——,正如大家应该把饮食归功于食物,因为没有食物,大家就无法饮食;当然在这种关系中饮食可以被设想为不知感恩的,因为饮食就是对饮食本身应该感激的东西的消耗。从这种意义上说,思维也是同样不知感恩的。

但是,思维的固有的、在自身得到反省的、因而在自身得到中介的直接性(先天成分)就是普遍性,就是思维的一般独自存在;在这种普遍性中,思维在自身得到满足,就此而言,思维对特殊化过程采取了漠视态度,从而对自己的发展过程也采取了漠视态度。正如宗教,无论是比较发达　　VI,20
的还是草昧未开的,无论是业已发展为科学意识还是依然保持在质朴的信念与心灵中,都具有同样的求得满足与愉悦的内涵本性。如果思维停留于理念的普遍性,就像在最初的哲学思想(例如爱利亚学派的存在、赫拉克利特的变易等等)里必然会有的那类情形,那么,思维就可以正确地被斥责为形式主义;即使在一种已经发达的哲学里,也会出现一种情形,即只有一些抽象的命题或规定,例如"在绝对中一切都是一"或"主观东西与客观东西的同一"**16**,才得到理解,并且在研究特殊东西时也不过是这些抽象的命题或规定被重复而已。关于思维的最初的抽象普遍性,说哲学的发展应归功于经验,这有正确的与深刻的意义。一方面,经验科学并不停留在对于现象的个别性的知觉上,而是发现普遍的规定、种类与规律,从而以思维的方式给哲学加工了材料;这样,经验科学就准备了特殊东西的那种内容,以便这种内容能够被吸收到哲学中。另一方面,经验科学也因此而包含着对思维的迫切要求,以便把自身发展为这种具体的规定。在经验内容中,思维扬弃那依然粘附的直接性与给予的材料,吸收这种内容同时也就是思维基于其自身的发展。因为哲学是这样把自己的发展归功于经验科学的,所以哲学赋予经验科学的内容的就是思维的自由(先天成分)这种最本质的形态和必然性的可靠证明,而不是对发现的东

VI,21 西与经验的事实的认可,因此经验事实就变成了原始的和完全独立的思维活动的表现和模仿。

§.13

在外部历史的独特形态里,哲学的形成和发展被表现为这门科学的历史。这种形态给理念的各个发展阶段提供的是各个原则及其在哲学中的发挥的偶然先后相继与迥然彼此有别的形式。但几千年来,进行这项工作的巨匠却是那唯一的活生生的精神,它的能思维的本质就在于使它意识到它所是的东西,并在它的本质这样成为对象时,同时使它所是的东

西上升到这个阶段之上，而在自身成为一个更高的阶段。哲学的历史一方面表明，各种不同的表现出来的哲学仅仅是处于各个不同发展阶段的同一种哲学，另一方面表明，那些为各个体系奠定过基础的特殊原则仅仅是同一个整体的一些分支。在时间上最后的哲学是所有以前的哲学发展的结果，因而必定包含着所有以前的哲学的各个原则；所以，真正名副其实的哲学必定是最发达、最丰富和最具体的哲学。

〔说明〕鉴于在表面上有这么多不同的哲学，普遍东西与特殊东西就必须按照其真正的规定而加以区别。普遍的东西如果从形式方面来看，并且与特殊的东西加以并列，本身也会变为某种特殊的东西。这样的并列办法在应用于日常生活的东西时，也会让人觉得不适宜和不明智。例如，有人只要水果却不要樱桃、梨、葡萄等等，因为它们是樱桃、梨、葡萄而不是水果，就属于这类情况[17]。但关于哲学，人们则允许为拒绝哲学作辩护，其理由在于，存在着许多颇为不同的哲学，每种哲学只是一种哲学，而 Ⅵ,22
不是哲学本身，这种说法就好像在说樱桃并不是水果似的。还出现一种情况，那就是把一种以普遍东西为原则的哲学与一种以特殊东西为原则的哲学并列起来，甚至与那些断言根本不存在任何哲学的学说并列起来，而作出这类并列的意思是：这两种哲学只是对哲学的不同看法，也许就像把光明与黑暗仅仅称为两种不同的光一样。

§.14

在哲学的历史里表现的同一个思维发展过程，也表现在哲学本身，不过摆脱了那历史的外在性，是纯粹以思维的要素存在的。自由的、真正的思想本身是具体的，因而它是理念，并且在它的全部普遍性中都是理念或绝对。关于理念或绝对的科学在本质上是一个体系，因为真理作为具体的东西,仅仅在自身展开其自身,联结和聚合为一个统一体,也就是说,是一个总体[18];只有通过真理的各个不同环节的区分与规定,这些环节的必然性与整体的自由才可能存在。

〔**说明**〕没有体系的哲学思维决不会是科学的东西;这样的哲学思维除了为其自身而更多地表示主观看法以外,就其内容而言则是偶然的。一种内容只有作为整体的环节,才得到其正确性的证明,在这个整体之外,则是毫无根据的假设或主观的确信;许多哲学著作都局限于以这样的方式说出一些信念与意见。——一种体系常常被错误地理解为这样一种哲学,这种哲学具有一个狭隘的、与其他原则不同的原则;其实与此相反,

VI,23　正是真正的哲学的原则把一切特殊的原则都包括到自身之内。

§.15

哲学的每个部分都是一个哲学整体,一个自身封闭的圆圈,但在这圆圈里哲学的理念是以一个特殊的规定性或要素存在的。单个的圆圈在自身就是总体,所以也打破它的要素的界限,而建立起一个更广阔的领域;因此,整体就表现为一个由许多圆圈组成的圆圈,这许多圆圈中的每一个圆圈都是一个必然的环节,以致它们的独特要素所组成的体系构成了完整的理念,而这理念也同样表现在每一个别环节之中。

§.16

作为百科全书的科学不是在其特殊部分的详细发挥中得到阐述的,而是仅仅限于阐明这些特殊科学的基础与基本概念。

〔说明〕构成一门特殊科学,需要多少特殊部分,这是不确定的,因为一个部分不仅必须是一个孤立的环节,而且要成为真理,本身必须是一个总体。因此,哲学这个整体就真正构成一门科学,不过哲学也可以被看作是由许多特殊科学组成的整体。——哲学全书不同于另一种常见的百科全书,因为常见的百科全书大致可以说是各门科学的一种堆集,各门科学是用偶然的与经验的方式加以收集的,而且其中还有这样一些科学,它们徒有科学之名,但本身一向是知识的单纯汇集。因为各门科学是以外在的方式加以收集的,所以,在这样的堆集中把它们联结成的统一体就同样是一种外在的统一体,一种编排。由于同样的原因,加以材料也有偶然的性质,这种编排就必定依然是一类尝试,并且总是显示出一些排列得不适当的方面。——哲学全书则不然。第一,它排除了知识的单纯堆集,例如语言学中的那类现象。第二,它也排除了那些以单纯的任意性为其根据的知识,例如纹章学;这类科学是彻底实证的。第三,其他的科学也可以称为实证的,然而它们具有一种合理的根据和基础。这些合理的组成部分属于哲学,而实证的方面则依然为它们所特有。这些科学的实证方面有不同的种类。1.它们会把普遍的东西归结为经验的个别性与现实性,因而它们那本身合理的基础转变成了偶然的东西。在这个可变性与偶然性的领域里,能被视为有效的并不是概念,而只是一些理由。例如,法律科学或直接税和间接税制度务必有最终的、准确的判决条文,但这些判决条文却是在概念的自在自为地得到规定的存在之外,因而就允许决定有伸缩的余地,决定可以按照一种理由这样作出,也可以按照另一种理由那样作出,而不能有任何可靠的最终根据。同样,自然界这个理念在其个别化过程中也流于偶然性,并且博物学、地理学和医学等等都囿于现实存在的规定,囿于种类与区别,而决定这些东西的是外在的偶然事件与自然界的游戏,并不是理性。历史学也属于这类科学,因为理念虽然构成历史的本质,但历史的现象却在偶然性和任意性的领域里。2.有些科学并不认

Ⅵ,24

VI,25 为它们的范畴是有限的,也没有揭示出这些范畴及其整个领域向一个更高领域的过渡,而认为这些范畴绝对有效,就此而言,这些科学也是实证的。就像前一种科学是在质料方面有限一样,这类科学是在形式方面有限。与这种形式的有限性相联系的是 3.认识根据的有限性,这类认识根据一部分是形式推理,一部分是情感、信仰与别人的权威,总而言之,是内部直观或外部直观的权威。那种想建立在人类学、意识事实、内部直观或外部经验上的哲学,也属于这类科学。〔4.〕还会有一种情况,即科学表述的形式虽然单纯是经验的,但富有意义的直观却把那些仅仅是现象的东西编排得像概念的内在序列那样。这样的经验知识具有一种特长,即通过排列起来的现象的对立与多样性,扬弃制约它的条件的外在偶然情况,从而使普遍东西得到洞察。——一门深思熟虑的实验物理学、历史学等等,将以这种方式,用外在的、反映概念的形象表述研究自然与人世间的事情的理性科学。

§.17

谈到哲学必须确定的开端,看来它一般也像其他科学那样,是从一个主观的假定开始的,即从一个特殊的对象开始的;如果说在数学领域里必须把空间、数等等作为研究的对象,那么在哲学里看来则必须把思维作为思维的对象。不过,正是思维的自由活动把思维摆在这样一个立场上,在这个立场上思维是独立自为的,因而自己创造和提供自己的对象本身。

VI,26 其次,这个如此显得直接的立场还必须在哲学科学之内使自己成为结果,即成为这门科学的最终结果,在这个结果里哲学科学又达到其开端,回归到自身。这样,哲学就表明自己是一个返回自身的圆圈,这圆圈决没有其他科学意义上的开端,因而哲学的开端仅仅与决意作哲学思维的主体有关,而不是与这门科学本身有关。换个意思相同的说法,哲学科学的概念、亦即最基本的概念——哲学科学的概念是最基本的,因此包含着一种分离,即思维是一种(仿佛外在的)进行哲学思维的主体的对象——必须由这门科学本身加以把握。达到哲学科学的概念的概念,从而达到这门科学的回归与满足,这甚至是这门科学唯一的目的、工作和目标。

§.18

关于哲学,我们是无法提出一个暂先的、概括的观念的,因为只有这门科学的整体才是理念的表述,同样,这门科学的划分也只有从理念的表述出发,才能够加以理解;这门科学的划分正像由以得出这种划分的理念的表述一样,是某种预想的东西。但理念表明自身是绝对自相同一的思维,而这种思维同时也表现为这样的活动:思维为了成为自为的,便使自己与它自身相对立,并在这个他物里仅仅存在于它自身。因此,哲学科学可以分为三个部分:

Ⅰ.逻辑学,研究自在自为的理念的科学;

Ⅱ.自然哲学,研究他在的或异在的理念的科学;

Ⅲ.精神哲学,研究由他在返回到自身的理念。

上面§.15曾经说过,各门特殊哲学科学的区别只是理念自身的各个规定,而这一理念也只是表现在这些不同的要素里。在自然界中所能认识的无非是理念,不过这个理念是以外化的形式存在的;在精神中所能认识的也是同一个理念,而这个理念是自为地存在着的,并且是自在自为地变化的。显现理念的这样一种规定同时也是一种流逝着的环节;因此,一门具体科学既须要认识到自己的内容是现实存在着的对象,也须要直接从此中认识到这内容向其更高的圆圈的过渡。科学划分的观念之所以

Ⅵ,27

引起误解，其原因在于认为这种划分就是把各个特殊的部分或科学彼此并列在一起，似乎它们像种类那样，仅仅是一些静止不变的、在它们的分化过程中带有实体性的部分。

黑格尔在演讲,藏雷克拉姆出版社

哲学全书·第一部分

逻辑学

绪　论

§.19

逻辑学是研究纯粹理念，即研究以抽象思维要素存在的理念的科学。

〔**说明**〕适用于这个规定和包含在这篇绪论中的其他规定的说明，也同样适用于我们就全部哲学预先提出的各个概念，所以这些规定是根据整个哲学的梗概创制的规定。

我们虽然可以说逻辑是研究思维、思维的规定和规律的科学，但思维本身仅仅构成理念作为逻辑理念借以存在的普遍规定性或要素。理念是思维，这思维并不是形式的思维，而是思维的各个独特规定与规律所组成的自身发展的总体，这些规定和规律是思维自身给出的，而不是思维已经具有的和在自身发现的。

逻辑学是最难的科学，因为它不研究直观，甚至也不像几何学那样研究抽象感性表象，而是研究纯粹的抽象思维，并且需要有一种回到纯粹思想、抓住纯粹思想和活动于纯粹思想的能力和技巧。另一方面，逻辑学也可以被看作最容易的科学，因为它的内容无非是我们自己的思维及其常
见的规定，而这些规定同时是最简单的和初步的东西。这些规定也是最熟知的东西，如存在、无等等，规定性、大小等等，自在存在、自为存在、一、

多等等。但是,这种熟知反而加重了逻辑学研究的困难;一方面,人们很容易认为不值得花费力量,再去研究这样的熟知的东西,另一方面,问题在于,逻辑学要去认识熟知的东西的方式是与人们业已认识这种东西的方式迥然不同的,甚至相反的。

逻辑学的用途涉及它与学习者的关系,涉及学习者在何种范围内能获得某种达到其他目的的教养。学习者通过逻辑学所获得的教养,在于学习者的思维受到训练,因为这门科学是关于思维的思维,并且在于学习者在头脑中获得思想,而且还是获得真纯的思想。——但是,就逻辑东西是真理的绝对形式而言,尤其是就逻辑东西还进而是纯粹真理本身而言,它与某种单纯有用的东西相比,是某种完全不同的东西。然而,如同最卓越、最自由和最独立的东西也是最有用的东西一样,逻辑东西也可以被理解为是最有用的。在这种情况下,它的用途就不单纯是对思维的形式训练,而是还必须另外加以评价。

〔附释1〕第一个问题是:什么是我们的科学的对象?对这个问题最简单、最明了的答复是:真理就是它的对象。真理是一个崇高的字眼,并且是很崇高的事业。如果一个人的精神和情感还健康,则在提到这个字眼时他必定会立刻热忱满腔。但在这种情况下也会立刻出现异议,质问我们是否有能力认识真理。在我们这些有限的人与自在自为存在着的真理之间似乎有一种不协调,而且发生了关于有限与无限之间的桥梁问题。上帝是真理;但我们应该如何认识它呢?谦卑与谦逊的美德似乎与这样的打算是矛盾的。——在这种情况下有人就会提出真理是否能够被认识的疑问,以便为他们继续过他们那种目的有限的平庸生活寻找辩解。这样的谦卑是不顶用的。"我这个尘世的可怜虫怎么能认识真理呢?"这样的说法已经成为过去;代之而起的是自负与傲慢,而且有人自命不凡,以为自己直接生活在真理的气氛之中。——有人已经使青年人相信,他们生来就现成地拥有(宗教和伦理中的)真理。尤其是,有人又以同样的观

Ⅵ,30

点说,所有的成年人都已经在虚妄谬误的生活中堕落、麻木和僵化了。似乎出现在青年人面前的是朝霞,而老辈的人则处于白日的泥潭与沼泽之中。人们虽然认为各门具体科学是某种必须加以掌握的东西,但又把它们视为达到外在生活目的的单纯手段。因此,在这里阻碍认识与研究真理的就不是谦逊,而是这种认为自己本来已经拥有真理的自信。老辈的人现在当然寄托其希望于青年人,因为青年人应该继续推动世界和科学前进。但是,只有青年人不固步自封,停滞不前,而担负起艰苦的精神工作,这希望才寄托给他们。

事实上还有另一种对待真理的谦逊态度。这就是对待真理的贵族式态度,它是我们在彼拉多向基督的提问中看到的。彼拉多问道,"真理是什么东西?"意思是说,一切都已被他看透,对他来说没有任何东西再有什么意义。他的意思就是所罗门所说的"一切都是虚幻的"[1]。在这里剩下来的不过是主观的虚幻而已。

VI,31

此外,畏缩情绪也阻碍着对于真理的认识。思想懒惰的人容易异想天开,说什么不要以为应该对哲学研究严肃认真。他们虽然也乐于听逻辑学课程,但据说听了这门课程以后,他们也依然如故。他们以为,思维在超出日常的表象范围时,便会走向魔窟;他们好像寄身于一个海洋,在那里让思想的波浪冲来冲去,末了又毕竟回到他们过去徒劳无益地离开的这个无常世界的沙岸。这种看法的后果如何,我们在这个世界中就可以看得出来。人们可以学到各式各样的技能和知识,成为照章办事的官员,并另外为其特殊目的而提高自己。但是,人们为崇高的事业而培养自己的精神,并致力于这一事业,却是另一回事。我们可以期望,在我们的时代,青年人心中已激起了对于更美好的事物的渴求,他们并不想单纯满足于外在知识的糠皮。

〔附释2〕大家都普遍同意,思维是逻辑学的对象。但大家对于思维的评价,可以很低,也可以很高。所以,一方面有人说,这不过是一个思想罢了;这里的意思是说,思想只是主观的、任意的和偶然的,而不是事情本身,不是真实的和现实的东西。但另一方面,我们也可以对思想有很高的评价,认为只有思想才能达到至高无上的东西,达到上帝的本质,而凭感官则对上帝毫无所知。大家说,上帝是精神,上帝须以精神和真理的地位受到崇敬。不过我们承认,感觉到的东西或感性的东西并不是精神事物,相反地,精神事物的最内在的核心是思想,并且只有精神才能认识精神。虽然精神也可以把自身表现为感觉(例如在宗教中),但感觉本身或感觉的方式是一回事,感觉的内容是另一回事。感觉本身一般是感性东西的形式,这是我们与动物所共有的。这种形式虽然也能把握具体内容,但这种内容却与感觉的形式不符合。感觉的形式是把握精神内容的最低级的形式。精神内容或上帝本身,只有在思维中,并作为思维,才有其真理性。因此,从这个意义上说,思想不仅是单纯的思想,而且是能够把握永恒的东西和自在自为地存在着的东西的最高方式,并且严格说来,是把握这种东西的唯一方式。

对于研究思想的科学,像对于思想一样,大家也可以有很高或很低的评价。有人以为,无论是谁,不必学习逻辑学也能思维,就像不必研究生理学都能消化一样。似乎即使人研究了逻辑学,他的思维也毕竟依然如故,也许更加讲究方法,然而变化不大。假如逻辑学除了使人熟悉单纯形式思维的活动以外,就没有任何其他任务,那么,逻辑学当然不会产生我们在以前也不会同样很好地得出的任何结果。旧日的逻辑学实际上也只有这种地位。此外,即使了解作为单纯主观活动的思维,也一定会让人感到荣幸,有令人感兴趣的东西;人之所以不同于动物,是由于人知道自己是什么和自己做什么。——但另一方面,逻辑学作为研究思维的科学,现在却占有很高的地位,因为唯有思想才能得知至高无上的东西,得知真理。所以,如果逻辑科学考察的是思维的活动和产物(思维并不是没有内容的活动,因为思维能产生各种思想,产生所需的特定思想),那么,逻辑科学的内容一般说来就是超感性世界,而研究逻辑科学也就是遨游于这个世界。数学研究数和空间这些抽象东西;但数和空间还是一种感性东西,虽说是抽象的感性东西和没有特定存在的东西。思想还要脱离开这种最后的感性东西,而在其自身自由地存在,从而舍弃外在的和内在的感性世界,排除掉一切特殊的兴趣和偏好。就逻辑学有了这种基础而言,我们与人们通常设想的相比,必定会认为逻辑学有更高的价值。

〔**附释3**〕从一种比单纯形式思维科学的意义更深刻的意义上去理解逻辑学的需要,是由宗教、政治、法律和伦理的兴趣引起的。在很早以前,人们都没有因为思维而受到丝毫损害,他们作过活泼自由的思考。他们思考上帝、自然和国家,他们深信,只有通过思想,而不是通过感官和偶然的表象与意见,才能认识什么是真理。但在他们这样不断地思考时,却产生了一个结果,即生活中最崇高的关系的名声因此遭受到了损害。实定的东西因为思维而失去其威力。国家宪法成为思想的牺牲品;宗教受到思想的打击,一些历来完全被认为是天启的牢固的宗教观念,也被思想逐渐破坏了,旧的信仰在许多人的心目中被推翻了。例如,希腊哲学家与旧宗教相对峙,毁灭了旧宗教的观念。因此,哲学家便由于推翻在本质上相互联系的宗教和国家而被驱逐和处死。这样,思维就在现实中表现出了自己的力量,发挥了异常大的作用。于是,有人就注意思维的这种威力,开始详细考察思维的权能,试图发现思维自诩过甚而未能完成自己担负 VI,34
的工作。思维似乎并未认识上帝、自然和精神的本质,总而言之,并未认识真理,反而把国家和宗教推翻了。所以,看来亟须就思维的结果论证思维的正确性,而在近代大部分构成哲学的兴趣的也正是对思维的本质和思维的权能的研究。

§.20

　　如果我们从思维的最浅显的观念来看思维,那么,它 α)首先是在它通常的主观意义上表现为一种精神活动或能力,与此并列的是其他的精神活动或能力,即感性、直观、想象等等,欲求、意志等等。思维的产物、思想的规定性或形式,一般说来是普遍东西、抽象东西。所以,作为活动的思维是能动的普遍东西,具体地说,是实现自身的普遍东西,因为活动的功绩、产生的结果正是普遍东西。思维作为主体来看是能思维者,并且现实存在的主体作为能思维者的简称就是自我。

　　〔**说明**〕在这一节和以下各节所提出的一些规定,不可认为是关于思维的什么主张或我的意见;然而,因为在这种初步讨论里不可能有任何推演或证明,所以那些规定可以算是 Facta〔事实的陈述〕,以致每个人如果具有并且考察各种思想,就会在他的意识中用经验方式发现他的思想中已经有普遍性的特性,因而同样有以后的各种规定。当然,要观察他的意识和他的表象中的 Factis〔事实〕,就要求他业已对注意力和抽象思维具有某种训练。

　　在这个初步的说明里已经谈到感性东西、表象与思想的差别;这种差别对把握认识的本质和种类有深刻的影响;因此,在这里就让大家注意这种差别,将有助于我们的解释。——关于感性东西,首先要解释的是它的外在起源,是感官或感觉器官。单独列举感觉器官的名称,是对它所把握的内容提不出什么规定的。感性东西与思想的区别在于感性东西的规定是个别性,并且因为个别东西(最抽象的个别东西是原子[2])也处于联系之中,所以感性东西是一种相互外在的东西,它的进一步的抽象形式是彼此并列与先后相继。——表象就是以这样的感性材料为内容,但这样的

VI,35

感性材料被设定为我的东西的规定,因而这样的内容存在于我之内,并且这样的材料被设定为普遍性、自相关联与简单性的规定。——然而,除了感性东西以外,表象也以那种出自自觉思维的材料为内容,如关于法律的、伦理的和宗教的东西的表象,甚至关于思维本身的表象,而且要在这里分清这样的表象与这样的内容的思想,看来也并不那么容易。在这里既有思想内容,也有普遍性形式,而要一种内容在我之内存在,或一般地说,要一种内容成为表象,这肯定需要普遍性。但即使从这方面来看,表象的独特性也一般在于这样的内容在表象中是同样个别化了的。权利、法律规定以及类似的规定诚然不存在于空间的相互外在的感性东西中。Ⅵ,36就时间而言,这些规定虽然表现为先后相继的,然而它们的内容本身却不可被认为是依附于时间的、在时间中消逝与变化的。不过,这样的潜在的精神规定在一般表象活动的内在抽象普遍性的广阔基地中也同样是个别化了的。它在这种个别化中是简单的,例如权利、义务与上帝。在这种情况下,表象或者停留在权利是权利、上帝是上帝这样的说法上,或者在得到较大的拓展以后提出一些规定来,例如说上帝是世界的创造者,是全知全能的,如此等等;在这里许多个别化的、简单的规定同样被勉强连缀在一起,不管那种在它们的主词中给它们指定的联系如何,而仍然是相互外在的。表象在这里是与知性相会的,知性与表象的不同仅仅是由于知性设定了普遍与特殊、原因与结果等等的关系,从而在表象的孤立规定中设定了必然性的关系,而表象则让这些规定在其模糊的空间中仍然原封不变地用单纯的也字彼此并列地结合起来。——表象与思想的差别具有更明显的重要性,因为完全可以说,哲学所做的工作无非是把表象转变为思想,当然,还要在往后把单纯的思想转变为概念。

　　此外,如果已经就感性东西指出了个别性与相互外在东西的规定,那么还可以补充说,即使这些规定本身也是思想和普遍东西;在逻辑学里将表明,思想和普遍东西既是思想本身,又是思想的他物,思想统摄了自己

的他物,没有任何东西逃出思想的范围。因为语言是思想的产物,所以在
语言中也不可能说出任何没有普遍性的东西。我单纯意谓的东西是我
的,是属于我这个特殊的个人的;但如果语言只表达普遍东西,那么,我就
不可能说出我单纯意谓的东西。不可言说的东西,如情感与感觉,并不是
最卓越、最真实的东西,而是最无意义、最不真实的东西。如果我说的是
"个别东西",如"这一个别东西"、"这里"和"现在",那么,所有这些东西
都是普遍性;一切东西和任何东西都是个别东西,都是这个东西(即使它
是感性的)、这里、现在。同样,如果我说的是"自我",则我意谓的是作为
这个能排除一切其他事物的东西的自我;而我所说的东西,即自我,正是
任何自我,是从自身排除一切其他事物的自我。——康德曾经用笨拙的
表达方式说,自我伴随着我的一切表象以及感觉、欲求、行为等等[3]。自我
是自在自为的普遍东西,而共同性也是一种普遍性,不过是普遍性的一种
外在形式。所有其他的人都与我共同是自我,正像我的一切感觉、表象等
等都共同是我的。但自我抽象地作为自我,是纯粹的自相关联,在这种关
联中自我撇开了表象活动、感觉活动、任何心理状态以及天性、才能与经
验等等的任何特殊性。就此而言,自我是完全抽象的普遍性的现实存在,
是抽象自由的东西。因此,自我是作为主体的思维,并且因为自我同时存
在于我的一切感觉、表象、心理状态等等,所以思想无所不在,并且作为范
畴贯串于这一切规定。

〔**附释**〕在我们说到思维时,思维首先显得是一种主观活动,是我们
拥有的许多能力——诸如记忆、表象、意志力等等——之一。假如思维单
纯是一种主观活动,并且作为这样的活动是逻辑学的对象,那么,逻辑学
就会像其他科学那样,有其确定的对象。于是,人们把思维,而不另把意
志、想象等等作为一门特殊科学的对象,就可能显得是随意的。思维之所
以能获得这个荣誉,其根据可能在于人们承认思维有某种权威,把思维视
为人的真正东西,视为人与动物的区别的关键所在。——即使把思维单

纯认为是主观活动,这也无不有趣。这样,思维的详细规定就可以是我们通过经验认识到的规则与规律。在这方面按照思维的规律所考察的思维,是过去通常构成逻辑学的内容的东西。亚里士多德是这门科学的创始人。他有能力给思维确定属于思维本身的东西。我们的思维很具体,但在各种各样的内容中,哪些属于思维,哪些属于抽象活动形式,则必须加以区别。思维活动这个细微的精神纽带,把所有这些内容都编织到了一起,这个纽带、这个形式本身,是亚里士多德强调指出和精确规定过的。亚里士多德的逻辑学直到现在还是基本的逻辑学,它只不过有进一步的扩充,而这主要是中世纪经院哲学家做的。经院哲学家也没有增加什么东西,而是仅仅进一步阐述了原来的东西。近代关于逻辑学所做的工作主要在于:一方面放弃亚里士多德和经院哲学家制定的许多逻辑规定,另一方面增添许多心理学材料。这门科学的兴趣是认识有限思维的方式,这门科学如果符合于自己假定的对象,就是正确的。研究这门形式逻辑,无疑有其用途;如大家常说的,这会使头脑清楚;人们学习集中思想,学习抽象思维,而在通常意识里人们则须应付错综复杂、混乱不清的感性表象。但在抽象思维中精神却集中于一点,这会养成研究内心活动的习惯。人们可以把对有限思维形式的认识,作为创立按这种形式进行研究的经验科学的工具来使用,而且人们已经在这个意义上把逻辑学称为工具逻辑。诚然,人们现在可以做得更自由一些,并且说研究逻辑学不是为了实用,而是为了逻辑学本身,因为探究卓越的东西并不是为了单纯的实用。这个说法虽然一方面完全正确,但另一方面,卓越的东西也是最有用的东西,因为卓越的东西是实体性的东西,它独立自主,确定不移,因而是它所促进和实现的特殊目的的支柱。大家切不可将特殊目的视为首要东西,相反地,卓越的东西才毕竟促进着特殊目的。例如,宗教在自身就有其绝对价值;同时,其他目的也为宗教所支持和坚持。基督说,"如果你们先寻求天国,其他东西也就会加给你们"[4]。只有达到自在自为地存在着的

VI,39

东西,才能达到特殊的目的。

§.21

β)既然思维被认为在它与对象的关系中是能动的,是对于某物的反思,那么,普遍东西作为它的活动的这样的产物就包含着事物的价值,即本质东西、内在东西和真实东西。

〔**说明**〕在§.5 里曾经提到一种古老的信念,它认为,对象、性状和事件中的真实东西,即内在东西、本质东西和一切事物所依赖的实质,都不是直接出现在意识里,也不是最初的外观和偶然的想象所呈现的那样,相反地,要达到对象的真正性状,就必须首先反思对象,而且通过反思,才能够达到这种性状。

〔**附释**〕在儿童身上就已经出现反思。例如,儿童懂得把形容词同实体名词结合起来。在这里他必须注意观察和区别异同;他必须记住一条规则,用它处理特殊情况。规则无非是普遍东西,儿童要使特殊东西符合于这种普遍东西。——其次,我们在生活中抱有目的。我们反思我们能达到目的的方法。目的在这里是普遍东西,是起支配作用的东西,我们拥有手段与工具,我们根据目的规定它们的活动。——同样,反思在道德关系里也起作用。在这里反思意味着记住权利与义务,我们必须按照这种作为固定规则的普遍东西,在当前的情况中调整我们的特殊行为。在我们的特殊行为里,普遍规定必须是可以认识的,是包含进来的。——甚至在我们对待自然现象的态度中,我们也发现反思。例如,我们观察闪电雷鸣。这种自然现象是我们熟习的,我们常常察觉到它。但人并不满足于单纯的熟知,不满足于单纯的感性现象,而是想深入到背后,想知道这种现象是什么,想理解这种现象。所以,人们进行反思,想知道原因,把它作

Ⅵ,40

为与这种现象本身不同的东西,作为与单纯外部东西不同的内部东西。这样,人们就把现象弄成两个东西,分为内部东西与外部东西、力和表现、原因和结果。在这里内部东西、力又是普遍的、持久的东西,不是这次或那次闪电、这个或那个植物,而是在所有这些特殊东西中不变的东西。感性东西是个别的、消逝的东西;我们通过反思认识其中的持久东西。自然界向我们显示出无限多的个别形态和现象。我们需要把这各种各样的东西统一起来;因此,我们进行比较,力求认识每个特殊东西中的普遍东西。各个个体会产生与消逝,类属则是其中持久的东西,是再现于一切个体的东西,并且仅仅是对反思存在的。规律也是这样,例如天体运动的规律。我们看到星球今天在这里,明天在那里;这种无序状态对精神来说是一种不堪信赖的、令人不快的事情,因为精神相信秩序,相信简单、恒定与普遍的规定。精神抱着这种信念,将其反思活动转到这个现象,并认识了它的规律,以普遍的方式确定了天体的运动,从而使人能根据这条规律预先规定与认识天体位置的任何变化。——那些支配样式无限的人类行为的力量也是如此。即使在这里人也相信一种起支配作用的普遍东西。——从所有这些事例可以看出,反思总是寻求固定的、持久的、自身确定的和支配特殊东西的东西。这种普遍东西不能用感官来把握,它是本质东西和真理。例如,义务和权利是行为中的本质东西,它们的真理性在于符合那些普遍规定。

当我们这样规定普遍东西时,我们发现,普遍东西形成一个他物的对立面,这个他物是单纯直接的、外部的和个别的东西,它与得到中介的、内部的和普遍的东西相对立。这普遍东西不是以外在方式作为普遍东西存在的。类属本身不能加以知觉;天体运动的规律并没有写在天上。因此,普遍东西不是人们听到和看见的,而是仅仅对精神存在的。宗教把我们引向一个统摄一切其他东西的普遍东西,一个产生一切其他东西的绝对,这个绝对不是对感官存在的,而是仅仅对精神和思想存在的。

Ⅵ,41

Ⅵ,42

§.22

γ)通过反思，在感觉、直观和表象最初包含内容的那种方式方面，某种东西会有改变；因此，只有借助于一种改变，对象的真正本性才得到意识。

〔附释〕在反思中产生的东西是我们思维的产物。例如，梭伦为雅典人所立的法律就是从他的头脑里产生出来的。与此相反，另一种情况在于，我们把法律这种普遍的东西又看作单纯主观东西的反面，并在其中认识到事物的本质的、真实的和客观的东西。为了得知什么是事物中的真实东西，靠单纯的注意力无济于事，而是需要我们的主观活动，它会改变直接现存的东西的形态。这乍看起来似乎是完全颠倒的，是与认识活动所涉及的目的背道而驰的。尽管如此，我们也仍然可以说，唯有借助反思促成对直接东西的加工改造，才能达到实体性的东西，这已经是一切时代的信念。主要是在近代，人们才引起对这个信念的怀疑，并坚持我们思维的产物与事物自身之间的差别。有人说，事物的自在东西与我们由事物造成的东西迥然不同。这种分离的观点特别由批判哲学表现出来[5]，而反对整个以前的时代那种认为事实与思想的符合是某种毋庸置疑的事情的信念。近代哲学的兴趣就是围绕着这个对立旋转的。但人的质朴信念却认为这个对立决不是什么真实的对立。在日常生活中我们进行反思，而不特别考虑由此产生出真理；我们毫不犹豫地进行思考，坚信思想与事实的符合，这种信念有极大的重要性。正是我们时代的弊病引起了一种绝望的心理，以为我们的认识仅仅是主观东西，而且这种主观东西就是终极的东西。但是，真理却是客观东西，并且真理应该是衡量一切人的信念的准则，个人的信念不符合这个准则，便是不好的。与此相反，按照近代的

VI,43

看法,信念本身,即信念的单纯形式——不管内容如何,因为决不存在衡量内容的真理性的标准——就已经是好的[6]。——如果说我们以前说过,精神的使命在于认识真理,这是人类的古老信念,那么,这还包含着另一层意思,即各种对象,无论外在自然还是内在天性,总而言之,自在存在的客体,都是像它们作为所思的东西存在那样存在的,因此思维是各种客观东西的真理。哲学的任务仅仅在于使人类自古以来在考虑到思维时认为有价值的东西明确地得到意识。所以,哲学并没有提供任何新的东西;我们在这里通过我们的反思所提出的看法,已经是人人具有的直接信念。　Ⅵ,44

§.23

δ)既然在反思中正像这种思维是我的活动一样,显示出事物的真实本性,那么,事物的真实本性也就同样是我的精神的产物,具体地说,是能思维的主体的产物,并且就我的简单普遍性而言是我的产物,是完全自在存在的自我的或我的自由的产物。

〔**说明**〕我们经常可以听到独立思维这个说法[7],好像它道出了某种重要的意义。其实,没有任何人能够替别人思维,正像没有人能够替别人饮食一样;因此,那类说法是一个赘语。——在思维中直接包含着自由,因为思维是普遍东西的活动,因而是抽象的自相联系,是就主观性而言没有任何规定的自在存在,这种自在存在就内容而言,同时仅仅包含在事实及其各个规定中。因此,如果说到哲学思维方面的谦卑或谦逊和骄傲,而这谦卑或谦逊在于不认为哲学思维的主观性具有属性与行动中的任何特殊东西,那么,哲学思维至少可以说是摆脱了骄傲;因为就内容而言,只有思维深入到事实之内,就形式而言,也不是主体的一种特殊存在或行动,相反地,思维恰恰在于意识表现为抽象的自我,表现为摆脱其他属性、状态等等的一切特殊性的自我,并且只涉及自己与一切个体共同具有的普遍东西,思维才是真实的。——如果说亚里士多德要求保持这样一种表现的尊严[8],那么,这种自觉的尊严就恰好在于略去特殊的意见和见解,而使自己受事实的支配。

Ⅵ,45

§.24

按照这些规定,思想可以叫作客观的思想,甚至那些最初经常在普通逻辑学里加以考察,而只被当作自觉思维形式的形式,也可以算作客观的思想。因此,逻辑学与形而上学,即与研究思想所把握的事物的科学,便会合起来了,而思想被认为是表达事物的本质的。

〔说明〕像概念、判断和推理这样的形式与诸如因果性等等的其他形式的关系,只能在逻辑学本身的范围内得出来。但即使在当前也能看出很多这样的关系,那就是在思想试图对事物造成一个概念时,这个概念(以及它的直接形式,即判断和推理)是不能由那些对事物陌生的、在事物之外的规定和关系构成的。如上所说,反思导致事物中的普遍东西,但这普遍东西本身是概念的一个环节。说知性和理性存在于世界中,这与客观思想这个词汇的含义是相同的。这个词汇之所以不方便,恰恰是因为思想一词过分习惯于仅仅在属于精神、意识的意义上加以使用,而客观东西一词也照样最初仅仅是用于表示非精神事物的。

〔附释1〕当我们说思想作为客观思想是世界的内在东西时,可能令人觉得这似乎是认为自然事物有意识。我们对于把事物的内在活动理解为思维感到抵触,因为我们说人是由于思维而不同于自然事物的。因此,

Ⅵ,46

我们应当说自然界是由无意识的思想组成的系统,是一种理智,它像谢林说的,是一种僵化的理智[9]。所以,为了避免误解,最好是说思维规定,而

不用思想这个词汇。——根据以上所述,逻辑东西应该作为一个由思维规定组成的系统来探求,在这个系统中(通常意义上的)主观东西与客观东西的对立是消除了的。当古代人说voûç〔理性〕统治世界,或我们说理性存在于世界中时,思维及其规定的这个意义在这类说法中得到了更确切的表达,而我们把这理解为:理性是世界的灵魂,寓于世界之中,是世界的内在东西,是世界最固有、最深邃的本性,是世界的普遍东西。一个比较切近的事例是我们在谈到一个特定的动物时,就说这是动物。动物本身是不能指出的,而能指出的仅仅总是一个特定的动物。动物本身并不具体存在,存在的是各个个别动物的普遍本性,并且每个具体存在着的动物都是一个很具体的特定东西,一个特殊的东西。但类属作为普遍东西既然是动物,那就属于特定的动物,并构成特定动物的特定本质。我们如果去掉狗的动物性,则无法说出它是什么。一切事物都有一种持久的、内在的本性和一种外部的特定存在。一切事物都有生存和死亡、形成和消逝;它们的本质、它们的普遍性就是类属,而类属是不可单纯理解为一种共同的东西的。

思维就像构成外部事物的实体那样,也是精神事物的普遍实体。在人的一切直观中都有思维;同样,思维也是一切表象、记忆中的普遍东西,总而言之,也是每种精神活动、一切意志、愿望等等中的普遍东西。这一切不过是思维进一步的特殊化。当我们这样理解思维时,较之我们单纯说除了直观、表象、意志等等其他能力,我们还有思维能力,思维就显得有一种不同的情况。如果我们把思维看作一切自然事物和一切精神的真实普遍东西,思维就是统摄这一切事物的,并且是这一切事物的基础。我们首先可以把主观意义上的思维跟对客观意义上的思维(voûç)的这种理解结合起来。我们先说人是能思维的;但同时我们也说人是能直观、有意志的等等。人是能思维的,是普遍的东西,但人之所以能思维,仅仅是因为普遍东西是对于人存在的。动物也在自身是普遍的东西,但对于动物

Ⅵ,47

来说普遍东西不是作为普遍东西存在的,而仅仅总是个别东西。动物可以看到个别东西,例如它的食物、一个人等等。但这一切对于动物只是个别东西。同样,感官的感觉涉及的也仅仅总是个别东西(这个痛苦、这个美味等等)。自然界不能使νοῦς〔理性〕得到意识;只有人才使自己成为双重的东西,是认识普遍东西的普遍东西。当人知道自己是自我时,情况首先就是如此。当我说自我时,我所指的是我这个个别的、完全确定的人。但实际上我用这种方式并没有说出我的任何特殊东西。自我也是任何其他人,并且在我称自己为自我时,我虽然是指我这个个别东西,然而同时也说出了一个完全普遍的东西。自我是否定与扬弃了一切特殊东西的纯粹自为存在,是意识的这个最后的、简单的和纯粹的东西。我们可以说,自我与思维是同一个东西,或更确切地说,自我是作为能思维者的思维。我在我的意识中具有的东西是为我而存在的。自我就是这种虚空的东西,是一切事物与每个事物的容器,一切东西都为这个容器而存在,这个容器在自身保存着一切东西。每个人都是许多表象组成的一个完整的世界,这许多表象都埋葬在自我的黑夜中。由此可见,自我是抽掉了一切特殊事物,但同时又潜藏着一切事物的普遍东西[10]。所以,自我不是单纯抽象的普遍性,而是在自身包含一切事物的普遍性。我们最初是在完全平凡的意义上使用自我这个词汇的,只有哲学反思才使自我成为考察的对象。在自我中我们有完全纯粹的、现实的思想。动物不可能说出自我,而只有人能说出自我,因为人是思维。在自我中有各式各样的内在内容与外在内容,由于这种内容的性状不同,我们自己也就表现为能进行感性直观的、能进行表象活动的、能记忆的等等。但在这一切表现中都有自我,或者说,在这一切表现中都有思维。因此,人总是能思维的,即使人仅仅进行直观;如果人考察某种东西,那么,人总是把它作为一种普遍的东西加以考察,注意这一个别东西,强调这一个别东西,从而使自己的注意力远离开其他事物,把这个被考察的东西当作抽象的与普遍的,哪怕仅仅

VI,48

是形式上普遍的。

在我们的表象里发生了双重的情况：或者内容是所思的内容，而形式不是；或者相反，形式属于思想，而内容不属于。例如，如果我说忿怒、玫瑰花和希望，那么这一切对我来说都是在感觉方面已知的，而我用普遍的方式，用思想的形式，把这个内容说出来了；我在这里舍弃了许多特殊东西，只把内容作为普遍的东西提出来，但内容依然是感性的。反之，如果我表象上帝，那么，内容虽然是纯粹所思的东西，但形式还是感性的，就像我在我之内直接发现这种形式一样。因此，在表象中内容并不像在观察中那样单纯是感性的，而是或者内容为感性的，但形式属于思维，或者相反。在前一种情况下，材料是给予的，形式属于思维；在后一种情况下，思维是内容的源泉，但内容通过形式变成了被给予的东西，因而这种东西是在外部达到精神的。　Ⅵ,49

〔**附释2**〕在逻辑学里，我们研究纯粹的思想或纯粹的思维规定。在通常意义的思想里，我们总是表象着某种并非单纯是纯粹思想的东西，因为我们所指的是所思的东西，而这种东西的内容是经验的东西。在逻辑学里各个思想则被理解为这样，即它们除了一种属于思维本身，由思维产生出来的内容以外，就没有任何其他内容。所以，各个思想是纯粹的思想，并且精神是纯粹在其自身的，因而是自由的，因为自由正是精神在其他物中即在其自身中，是精神自己依赖自己，是精神自己规定自己。在一切冲动中，我都是从一个他物，从一个对我外在的东西开始的。于是，在这种场合下我们谈的是依赖性。自由仅仅存在于没有任何他物对我存在的地方，而我本身并不是他物。那种仅仅由自己的冲动规定的自然人并不在其自身中，即使他仍然颇为固执己见，他的意志与意见的内容也毕竟不是他自己的，他的自由仅仅是一种形式上的自由。在我思维时，我放弃了我的主观特殊性，深入到事实的内部，让思维独立地发展，而在我附加了我的某种东西时，我则不会很好地思维。

如果我们依据以上的所述，把逻辑学看作由纯粹思维规定组成的体系，其他哲学科学，即自然哲学和精神哲学就会显得仿佛是应用逻辑学，因为逻辑学是在其他哲学科学中赋予生气的灵魂。于是，其他科学的兴趣仅仅是在自然和精神的各种形态中认识逻辑形式，而这些形态也不过是纯粹思维形式的特殊表现方式。例如，拿推理（不是旧形式逻辑意义上的，而是有其真理性的）来说，它就是这样一种规定，即特殊是把普遍与个别这两个端项结合起来的中项。这种推理形式是一切事物的普遍形式。一切事物都是特殊东西，它作为普遍东西而同个别东西结合起来。但自然界的软弱无力却在这种情况下使得不能纯粹表现逻辑形式。例如，磁体就是推理的这样一种软弱无力的表现。磁体在中项里，在其无差别的点中，把自己的两极结合起来，从而这两极在其差别中直接就是一个东西。在物理学中我们也认识到普遍东西或本质，差别仅仅在于，自然哲学使我们意识到的是自然事物中真正的概念形式[11]。——由此可见，逻辑学是在一切科学中赋予生气的精神，逻辑学的思维规定是一些纯粹的精神；它们是最内在的东西，但同时又是我们经常口头提到的东西，因此显得是某种完全熟知的东西。但这样的熟知的东西通常是最不熟知的东西。例如，存在本来是纯粹的思维规定，然而我们从来都没有想到把这个存在作为我们考察的对象。我们通常以为绝对必定远在彼岸，但绝对恰恰是完全当前的东西，我们作为能思维者即使对它没有明确的意识，也始终带有和使用着这种东西。这样的思维规定主要是沉积在语言中，所以，给儿童讲授的文法课程就有一个用处，即我们可以使儿童不知不觉地去注意思维的差别。

大家通常都说，逻辑学仅仅研究形式，而从别处取来它的内容。然而，各个逻辑思想与所有其他内容相比，决不是什么仅仅形式的东西，而是所有其他内容与逻辑思想相比，才不过是一种仅仅形式的东西[12]。各个逻辑思想是一切事物的自在自为地存在着的根据。——把自己的兴趣转向这样一些纯粹规定,肯定需要在教养方面有更高的见地。这些纯粹规定的自在自为的自我考察还有进一步的意义,那就是我们从思维本身推演出这些规定,并根据这些规定本身去看它们是否真实。我们并不是在外部捡来这些规定,然后给它们下定义,或把它们与它们在意识里呈现的情况加以比较,指出它们的价值和效用。如果这样,我们就会从观察与经验出发,例如,我们会说,我们习惯于用力这个字眼在如此这般的情形下表示如此这般的东西。如果这样的定义符合于在我们通常意识中关于它的对象所出现的表象,我就称它为正确的。但用这样的方式,一个概念并不是自在自为地得到规定的,而是按照一个前提得到规定的,而这个前提后来则是判断这一概念的正确性的标准或尺度。然而在这里,我们不必使用这样的尺度,而是让那自身活生生的规定去独立发展。关于思想规定的真理性问题必定很少出现在通常意识面前,因为思想规定只有应用于各个给定的对象,看起来才获得真理性,因此,如果没有这种应用而去探求思想规定的真理性,似乎就没有任何意义。但这个问题正是关键所在。在这里我们当然必须知道应该如何理解真理。我们通常把真理称为对象与我们的表象的符合。在这种情况下我们以对象为前提,认为我们关于对象的表象应该符合于对象。——与此相反,从哲学的意义上说,　Ⅵ,52
真理若加以抽象概括,则是内容与其自身的符合。因此,与以上提到的真理的意义相比,这是真理的一种全然不同的意义。此外,甚至在通常的用语中,也已经部分地包含着真理的更深刻的(哲学)意义。例如,我们说到一位真朋友,把他理解为他的行为方式符合于友谊概念的人;我们也在同样的意义上谈到真艺术作品。于是,不真就相当于不好,或自身不相符合。从这个意义上说,不好的政府就是不真的政府,不好与不真一般在于规定或概念与对象的现实存在之间发生的矛盾。对于这样一种不好的对象,我们可以作出正确的表象,然而这种表象的内容却是一个自身不真的东西。这类正确而同时不真的表象,我们在头脑里可以有很多。——唯独上帝是概念与实在的真正符合;但一切有限事物都在自身有不真实性,它们虽然有概念与现实存在,但这种现实存在不符合于自己的概念。因此,一切有限事物都必定会灭亡,它们的概念与它们的现实存在的不符合都由此表现出来。作为个别东西的动物在其类属中拥有其概念,类属通过死亡而从这种个别性中解脱出来。

对这里解释的意义上的真理,即内容与其自身的符合所作的考察,构成逻辑学的真正兴趣。在通常的意识里根本不出现关于思维规定的真理性问题。逻辑学的任务也可以这样表述:在逻辑学里加以考察的是思维规定在何种程度上能够把握真理。所以,这个问题可以归结为:什么是无限事物的形式,什么是有限事物的形式。在通常的意识里,大家对有限思维规定决没有任何怀疑,而毫不犹豫地承认它们。但一切迷误却都是来源于按照有限规定而思维和行动。

〔**附释3**〕大家可以用各种不同的方式认识真理,而这些认识方式只能认为是一些形式。人们当然可以通过经验认识真理,但这经验仅仅是一种形式。在经验中重要的问题在于人们用什么思想方法去把握现实。伟大的思想方法创造伟大的经验,在五光十色、纷然杂陈的现象中洞见到有决定意义的东西。理念是在当前存在的和现实的,而不是某种在现象之外和现象之后存在的东西。伟大的思想方法,例如像歌德这类人的思想方法,透视自然和历史,创造伟大的经验,洞见到合理的东西,并把它陈述出来。此外还有另一种认识方式,那就是人们也可以用反思认识真理,并用思想的关系规定真理。但这两种方式还不是表达自在自为的真理的真正形式。认识的最完善的方式是使用纯粹的思维形式的方式。人在这里的举止方式是完全自由的。思维的形式是绝对的形式,真理像它自在自为地存在着那样,以这种形式表现出来,这就是哲学的一般主张。这个主张的证明首先有一种意义,即表明认识的上述其他形式都是有限的形式。高尚的古代怀疑论指出了所有上述形式在自身都包含矛盾,从而完

VI,53

成了这项工作。但在这种怀疑论也开始涉及理性形式时，它却把某种有
限东西偷偷塞给理性形式，以期就这类东西把握这种形式。有限思维的　Ⅵ,54
全部形式都将出现在逻辑发展过程里，而且是按照必然性出现的，但在这
里(在绪论里)它们则不得不以非科学的方式首先被当作某种给定的东
西。在逻辑研究本身，不仅这些形式的否定方面，而且它们的肯定方面也
会被指出来。

　　当我们把各种不同的认识形式加以相互比较时，第一种认识形式，即
直接知识的形式，可能容易令人觉得是最适合、最美妙和最高级的。属于
这种形式的是所有在道德方面称为天真无邪的东西。此外还有宗教情
感、纯朴信赖、友爱忠诚以及自然信仰。而其他两种形式，首先是反思认
识形式，其次是哲学认识，则超出了那种直接的天然的统一。因为这两种
形式彼此有这个共同点，所以，想通过思维去把握真理的方式就可能容易
令人觉得是想靠自己的力量去认识真理的人的骄傲。这种观点作为普遍
分离的观点，当然会被视为一切弊端与一切恶行的起源，被视为原始的罪
行，因而要归真返璞和达到和解，似乎必须放弃思维和认识。在这里就离
开自然统一来说，精神事物在自身的这种奇异分裂自古以来就是各个民
族的意识的对象。在自然界里则没有出现这样的内部分裂，自然事物也
没有任何恶行。叙述原罪的摩西神话给我们提供了一个关于这种分裂的
起源和后果的古老观念。这个神话的内容形成了一种重要信仰学说的基
础，即关于人类天生有罪和需要得到解救的学说的基础。在逻辑学的开　Ⅵ,55
头考察这个关于原罪的神话，看来是适宜的，因为逻辑学以认识为研究对
象，而这个神话也涉及认识，涉及认识的起源和意义。哲学不可回避宗
教，也不可采取这样一种态度，好像宗教只要宽容哲学，哲学就一定会心
满意足；但另一方面，也应排除这样一种看法，好像这类神话与宗教叙述
是某种业已丧失意义的东西，因为它们实际上享有各个民族几千年的
尊敬。

如果我们现在进一步考察关于原罪的神话,我们就会像以前所说的,发现其中表达了认识与精神生活的普遍关系。精神生活在其直接性中首先表现为天真无邪和纯朴信赖;但现在精神的本质却导致这种直接状态被扬弃,因为精神生活之所以不同于自然生活,进而不同于动物生活,是由于精神生活并不停留在自在存在中,而是自为地存在的。这种分裂的立场将来同样必须扬弃,精神要靠自己的力量返回到统一。于是,这种统一是精神的统一,而那复归的本原就在思维本身。正是这种思维,造成创伤又医治创伤。——在我们的神话中说,亚当和夏娃这两个最初的人或一般的人,曾经被安置在一个果园里,园中有一棵生命之树和一棵善恶知识之树。据说上帝曾经禁止这两个人吃善恶知识之树上的果实;关于生命之树,最初则没有另外说到。因此,这里的意思显然是说人不应该获得VI,56　知识,而应该停留在天真无邪的状态中。即使在具有比较深刻的意识的其他民族中,我们也发现一种观念,它认为人类的最初状态是天真无邪和统一和谐的状态。在这个观念里包含着正确的看法,即认为我们确实不可安于我们发现一切人类事物所处的分裂状态;但以为这种直接的自然的统一就是人间正道,则是错误的。精神不单纯是直接的东西,而且本质上在自身包含着中介的环节。儿童的天真无邪诚然是某种令人向往和动人心弦的东西,但这也只有在它使我们想到精神应该创造的那种东西的限度内。我们在儿童身上作为天然统一而观察到的那种统一,应该是精神的劳动和教养的结果。——基督说过"如果你不变成像儿童那样"等等[13],但这并不是说我们永远应该是儿童。——在我们的摩西神话里我们进一步发现,促使人脱离那种统一的原因是一种对人的外在诱力(蛇)。然而,进入对立和意识觉醒的原因实际上在人本身,而且这是在每个人身上都能重演的历史。蛇认为分辨善恶的知识是神性,实际上这种知识正是人所分享的,因为人已经与他那直接的存在的统一决裂,享用了禁果。觉醒的意识最初的反思在于人们察觉自己赤身裸体。这是一个很质朴、很根本的特征。在羞耻中就包含着人与其天然感性存在的分离。因此，没有进展到这种分离的动物就不知羞耻。于是，在人的羞耻感中也可以找到服饰的精神的、伦理的起源；反之，单纯的肉体需要则只是某种次要的原因。——下一步接着而来的是上帝加给人的所谓惩罚。在这种 Ⅵ,57 惩罚中特别强调的东西主要是涉及人与自然的对立。男子应该汗流满面去劳动，女子应该忍受痛苦去生育。至于在这里详细地说到劳动，那么，它既是人与自然的分裂的结果，也是对这种分裂的克服。动物能直接找到它用以满足其需要的东西；反之，人与满足其需要的资料的关系则是人与他所创造和铸成的东西的关系。即使在这个外部世界中，人与其自身的关系也是如此。——摩西神话并未以亚当和夏娃被逐出乐园而结束。它还进一步这么讲："上帝说，看呀，亚当也变得像我们当中的一个成员了，因为他知道什么是善，什么是恶"[14]。——认识在这里被说成是神圣的东西，而不像以前那样，被说成是不应该有的东西。于是，在这里也有对于那种认为哲学只属于精神的有限性的陈词滥调的反驳；哲学是认识，只有通过认识，人成为上帝的肖像这一原始使命才会得到实现。——如果说摩西神话中还讲到上帝把人从伊甸园里驱逐出去，是为了让人也不能吃生命之树，那么，这就说出了人虽然在其自然方面是有限的和有死的，但在认识中却是无限的。

　　大家熟知的教会教义认为，人生来就是恶的，并且这种天生的恶被称为原始罪恶。但在这里我们却必须放弃　种肤浅的观念，即认为原始罪恶仅仅是在最初的人们偶然的行为里有其产生的根据。实际上，在精神 Ⅵ,58 的概念里就有人生来是恶的这个意思，我们不必设想事实还可能是别样。如果人是自然存在者，并且表现为自然存在者，这就是一种不应该有的情形。精神应该是自由的，并且应该通过它自身而成为它所是的东西。自然界对人来说仅仅是人应该改造的出发点。与深刻的宗教原罪教义相对峙的是现代启蒙运动的学说，它主张人生来就是善的，因而必须永远忠于自己的这种天性。人超出自己的自然存在，这就是人作为一种自觉的存在而与外部世界区别开。但在这种情况下，这种属于精神概念的分离立场也不是人应该停留的地方。思维与意志的全部有限性都属于这种分裂的立场。在这里，人从自身给自己制定目的，并从自身给自己提取自己行动的素材。当人把这类目的推向最高峰，只知道和只希求自己那种排除了普遍东西的特殊性时，人就是恶的，而且这种恶是人的主观性。乍看起来，我们在这里似乎有一种双重的恶；但这两者其实是同一个东西。就人是精神而言，人并不是自然存在者；就人表现为自然存在者，并顺从欲求的目的而言，人则希望成为自然存在者。因此，人类的天然的恶不同于动物的天然的存在。于是，更确切地说，自然性有这样的规定，即自然的人是个别的人本身，因为自然界一般说来是处于个别化的纽带中的。所以，就人希求自己的自然性而言，人在希求个别性。在这种情况下，与这种属于自然个别性的、出自冲动与偏好的行为相反，也确实出现了规律或普遍

VI,59　规定。这种规律可以是外在的威力，或者可以具有神圣权威的形式。只要人停留在他的自然状态中，他就是规律的奴隶。人在他的偏好与情感中虽然也有超出自我的个别性状，对人表现善意和进行社会交往的偏好，即同情心、友爱等等，但如果这些偏好是直接的，那么，它们的潜在地普遍的内容就毕竟具有主观性的形式，而在这里自私自利和偶然性总是起着支配作用。

§.25

客观思想这个词汇是表示真理的，这真理应该是哲学研究的绝对对象，而不应该单纯是哲学追求的目标。但这个词汇也一般立刻显示出一种对立，具体地说，显示出这样一种对立，围绕着这种对立的规定和效用

旋转的是现代哲学观点的兴趣和关于真理及其知识的问题。如果各个思维规定带有固定的对立,也就是说,如果它们只具有有限的性质,那么,它们就不适合于把握绝对自在自为地存在着的真理,而真理也不可能进入思维。只产生有限规定并活动于这类规定的思维,叫作知性(就这个字眼的比较严格的意义而言)。确切地说,思维规定的有限性必须用双重方式来理解:一种方式在于,这些思维规定只是主观的,并且在客观事物中具有永存的对立面;另一种方式在于,它们作为一般具有有限内容的思维规定,既彼此僵持在对立里,也更加与绝对僵持在对立里。为了说明和发挥这里给逻辑学提供的意义与观点,思维对客观性所抱有的各种态度现在应该加以考察,作为逻辑学更详细的绪论**15**。

〔说明〕在我的《精神现象学》里采取了这样的进程,即从最初步、最　　Ⅵ,60
简单的精神现象,从直接意识开始,阐明直接意识到哲学科学观点的辩证
发展,哲学科学观点的必然性是通过这个进程指出的,因此这本书在出版
时被称为科学体系的第一部分。但要阐明这种辩证发展,就不能停留在
单纯意识的形式东西里;因为哲学知识的观点本身同时也是内容最丰富
和最具体的观点;所以,哲学知识的观点在作为结果产生出来时,也以意
识的各个具体形态,诸如道德、伦理、艺术和宗教的形态,为自己的前提。
因此,内容的发展,即哲学科学各个特殊部门的对象的发展,同时也属于
那种最初似乎仅仅局限于形式东西的意识发展过程,可以说,内容的发展
必须在意识的背后进行,因为内容表现为对于意识而言的潜在东西。所
以,我们的阐述就变得比较复杂,而那种属于哲学科学具体部门的内容也
已经部分地搁到了哲学全书的导言里。——在这里首先要作的考察还有
很多不方便的地方,即只能采取历史的和形式推理的方式;不过,这种考
察将会特别有助于了解,人们在有关认识的本性、信仰等等的观念中所遇
到的、并且认为是完全具体的问题,实际上可以归结为一些简单的思维规
定,而这些思维规定在逻辑学里才获得其真正的解决。

A.
思想对客观性的第一种态度
形而上学

§.26

　　第一种态度是素朴的态度,它还没有意识到思维在自身和对自身的对立,而包含着一种信念,以为通过反思就可以认识到真理,使真正是客体的东西呈现在意识面前。思维抱着这种信念,径直去把握各种对象,从自身把感觉和直观的内容复制为思想的一种内容,并满足于这种内容,把它作为真理。一切初期的哲学,一切科学,甚至于日常的行为和意识的冲动,都是靠这种信念生存的。

§.27

　　这种思维由于没有意识到自己的对立,所以,既可以就其内容而言是真正的、思辨的哲学思维,也可以停留在有限的思维规定里,即停留在尚未解决的对立里。在这里,在这篇绪论里,我们的兴趣只能是就思维的界限考察思维的这种态度,因而首先考察后一种哲学思维。——这种哲学思维的最明确的、离我们最近的发展形态,就是像在康德哲学以前在我们当中存在的那种过去的形而上学。然而,这种形而上学只有在哲学史方面才是某种过去的东西;就它本身而言,它一般总是现实存在的,它是关于各个理性对象的单纯知性观点。因此,对它的方式方法和主要内容的详细考察同时也有更进一步的现实兴趣。

§.28

VI,62

这种形而上学把思维规定看成事物的根本规定;它假定存在的东西在加以思考的同时,自身是可以认识的,所以它比后来的批判哲学思维站得更高。但是,1.那些抽象的思维规定被认为是自身有效的,被认为是能够做表达真理的谓词的。这种形而上学一般都假定,给绝对附加谓词,就能得到关于绝对的认识,它既没有研究过知性规定的独特内容与价值,也没有研究过这种用附加谓词来规定绝对的形式。

〔说明〕例如,属于这样的谓词的是:"上帝有特定存在"这个命题中的特定存在,世界是有限的还是无限的问题中的有限或无限,"灵魂是简单的"这个命题中的简单或复合,以及"事物是太一、全体"等等。——人们并没有研究过这样的谓词就其本身来说能否是某种真理,也没有研究过判断的形式能否是表达真理的形式。

〔附释〕旧形而上学的前提是一般素朴信念的前提,即认为思维可以把握事物中自在的东西,事物的真实性质不过是所思考的那样。人心和自然是永远变化莫测的普罗丢斯[16],而且正是很明显的反思认为,直接呈现的事物并不是事物本身。——这里提到的旧形而上学观点是批判哲学当作结果的东西的反面。我们很可以说,这个结果好像是教人单靠糠秕去充饥似的。

但是,至于现在详细谈到这种旧形而上学的方法,我们则必须说,这　VI,63
种形而上学并没有超出单纯知性的思维。它直接采取了一些抽象的思维规定,以为它们做表达真理的谓词是有效的。我们在谈到思维时,必须把有限的、单纯知性的思维与无限的、理性的思维区别开。直接地、个别地存在的思维规定是有限的规定。但真理却是本身无限的东西,它是不能通过有限东西使自己表示出来和得到意识的。如果我们坚持近代的观念,以为思维总是有局限的,无限的思维这个词汇就会显得令人奇怪。但实际上,思维就其本质而言是本身无限的。从形式方面来说,有限是指这样一种东西,这种东西有终结,这种东西是存在的,但在与自己的他物联系起来,从而受到自己的他物的限制时,就不再存在了。所以,有限东西存在于它与它的他物的关系中,这个他物是它的否定,并且把自身表现为它的界限。但思维却存在于其自身,与其自身相关,以其自身为对象。当我以一个思想为对象时,我便存在于我自身。因此,我、思维就是无限的,因为我、思维在思维中与一个对象相关联,而这个对象就是思维本身。一般说来,对象是一个他物,一个否定我的东西。如果思维思考它自身,它就有一个对象,这个对象却同时不是什么对象,这就是说,是一个被扬弃的、观念性的对象。因此,纯粹的思维在自身决没有任何局限。只有在思维停留在一些有局限的规定里,认为它们是至极的东西时,思维才是有限的。反之,无限的或思辨的思维虽然也同样是得到规定的,但在进行规定

Ⅵ,64 和限定的过程中却又扬弃了这种缺陷。无限性并不像在通常的观念或表象中那样,可以被理解为一种抽象的超出界限和不绝的超出界限,而是必须用我们以前说明超出界限的那种简单方式来理解。

旧形而上学的思维是有限的思维,因为旧形而上学活动于这样一些思维规定,这些思维规定的局限在它看来是某种固定不变的、不能再加以否定的东西。例如,"上帝有特定存在吗?"在过去就是这样提问的;在这里特定存在被视为一种纯粹肯定的东西,一种至极的、卓越的东西。但我们在以后会看到,特定存在决不是一种单纯肯定的东西,而是一个过于低级,以致不配表示理念和上帝的规定。——人们曾经进一步追问,世界是

有限的还是无限的。在这里无限性同有限性被固定地对立起来,但我们很容易看出,在这两者被相互对立起来时,这种毕竟应该是整体的无限性就显得仅仅是一个方面,而为有限东西所限定。——但受到限定的无限性却不过是一种有限东西而已。在同样的意义上,有人问过,灵魂是简单的还是复合的。于是,连简单性也被认为是一种能够把握真理的至极规定。但是,像特定存在这样一个很贫乏、很抽象和很片面的规定却是简单的,关于这个规定,我们以后将看到,它本身是不真实的,是不能把握真理的。如果灵魂仅仅被视为简单的,它就会被这样的抽象思维规定为片面的和有限的。

因此,旧形而上学曾经有兴趣去认识,上述那类谓词是否可以附加到自己的各个对象上。但这些谓词却是一些有局限的知性规定,它们只表示限制,而不表示真理。——此外,在这里还应特别提到,这种方法在于把一些谓词附加给需要认识的对象,例如上帝。但这是一种对于对象的外在反思,因为各个规定(谓词)在我的表象里是现成的,只不过从外面附加给对象而已。反之,对于一个对象的真正认识则应当是这样的:对象自己规定自己,而不是从外面获得自己的谓词。如果用附加谓词的方式认识对象,精神在这里就会感觉到这样的谓词无法穷尽对象。因此,东方人基于这个观点,完全正确地把上帝称为具有许多名称的东西或具有无限多名称的东西。心灵决不会满足于任何一个那样的有限规定,所以东方人的认识就在于孜孜不倦地寻找这样的谓词[17]。就有限事物而言,无疑有一种情形,即这类事物必须用有限谓词加以规定,而且在这方面知性有其活动的适当场地。本身有限的知性也仅仅能认识有限事物的性质。例如,我称一种行为是偷窃,就用这个谓词规定了这种行为的根本内容,对于法官来说,认识到这一点也就足够了。同样,如果有限事物显现为原因与结果、力与其表现,并且是按这些规定加以把握的,那么,认识到的就是这些事物的有限性。但是,理性对象却不能用这样的有限谓词加以规

VI,65

定,而力求做到这一点就是旧形而上学的缺陷。

§.29

诸如此类的谓词就它们本身而言都是有局限的内容,并且已经表明它们自身是不适合于表达(关于上帝、自然和精神等等的)表象的丰富内容的,而且也决不能穷尽这样的丰富内容。其次,这些谓词都是一个主词的谓词,因而彼此有联系,但由于它们的内容,它们又有差别,以致它们都是互不相关地从外面拾取来的。

〔**说明**〕对于第一种缺陷,举例说,东方人在规定上帝时曾经试图用他们附加给上帝的许多名称去补救;但同时他们也认为名称有无限多。

§.30

2.这种形而上学的对象诚然是一些总体,它们本身都属于理性,属于自身具体的普遍东西的思维,它们是灵魂、世界和上帝;但这种形而上学却把它们从表象中拾取来,在将知性规定应用到它们上面时,以它们为根据,把它们当作现成的、给定的主词,而只在那种表象中拥有判定谓词是否恰当和充分的标准。

§.31

关于灵魂、世界和上帝的表象最初显得能给思维提供一个坚固据点。

但除此以外,它们还掺杂了特殊主观性的性质,因而它们可能有颇为不同的意义,所以,它们倒需要首先通过思维获得固定的规定。这是每个命题都能表明的,因为在每个命题里都应该首先通过谓词(在哲学里就是通过思维规定)指明主词、即最初的表象是什么。

〔**说明**〕在命题"上帝是永恒的等等"中,是以"上帝"这个表象为开端;但上帝是什么,还不知道;只有谓词才说出上帝是什么。因此,在内容唯独取决于思想形式的逻辑东西里把这些规定当作那些好像以上帝或比较模糊的绝对为主词的命题的谓词,不仅是多余的,而且还可能有一个缺点,即除了思想本身的性质以外,使人想到另一个标准。——无论怎样,命题的形式,或更确切地说,判断的形式,总是不适合于表示具体东西——真理是具体的——和思辨东西;判断由于其形式使然,总是片面的,就此而言也是假的**18**。 VI,67

〔**附释**〕这种形而上学决不是自由的和客观的思维,因为它不让客体自由地自己规定自己,而是把客体假定为现成的。——至于说到自由的思维,希腊哲学曾经是自由地思考的,经院哲学则不是自由地思考的,因为经院哲学同样把自己的内容作为一种给定的、即由教会给定的内容来采纳。——我们近代人通过我们的整个文化教养,已经知道一些表象,它们是极难超越的,因为它们有极其深邃的内容。我们应该把古代哲学家设想为这样一些人,这些人完全处于感性直观中,除了头上的天空和周围的大地,就不再有任何前提,因为神话的观念或表象已经被抛在一边。在这种客观的环境中,思想是自由的和回到自身的,是摆脱一切材料的和纯粹独自存在的。这种纯粹的独自存在就属于自由的思维,属于到太空航行,在这里没有任何东西在我们上面和我们下面,我们只是孤独地伫立在那里。

§.32

3.这种形而上学变成了独断论,因为按照有限规定的本性,这种形而上学必然会假定,在类似于那些命题的两个对立的论断中,一个论断必定是真的,另一个论断则必定是假的。

〔附释〕独断论首先在怀疑论中有其对立面。古代的怀疑论者把每一种提出明确的学理的哲学都一概称为独断论的。从这种比较广泛的意义上说,真正的思辨哲学对于怀疑论也算独断论的。但在这以后,狭义的独断论却在于坚持片面的知性规定,而排除对立的知性规定。一般说来,这种方式就是严格的非此即彼,例如,按照这种非此即彼的方式说,世界或者是有限的,或者是无限的,而只能二者择一。反之,真正的、思辨的东西恰恰是这样一种东西,这种东西在自身决没有任何这样的片面规定,也不能被片面规定所穷尽,而是作为总体包含着许多自身统一的规定,它们在分离开的情况下被独断论视为固定的、真正的东西。——在哲学里常常有一种情形,即把片面性与总体性相并列,而主张有一种与总体相对立的特殊的、固定的东西。但实际上,片面的东西并不是固定的、独自持续存在的东西,而是作为被扬弃了的东西,包含在整体之内。知性形而上学的独断论在于坚持孤立的、片面的思想规定,反之,思辨哲学的唯心论则拥有总体性原则,并表明自己能够超越抽象知性规定的片面性。所以唯心论说,灵魂既不是仅仅有限的,也不是仅仅无限的,反之,灵魂在本质上既是有限的,也是无限的,因而也就既不是有限的,也不是无限的,这就是说,这样一些规定在它们孤立的情况下是无效的,而只有作为被扬弃了的规定才是有效的。——甚至在我们的通常意识里,也已经出现了唯心论。我们按照唯心论说,感性事物是可变的,即感性事物既有存在又有非存

VI,68

在。——对于知性规定，人们比较固执。这类规定作为思维规定，被认为
是比较固定的东西，甚至于是绝对固定的东西。人们认为它们已被一条
无限的鸿沟相互分离开，以致这些相互对峙的规定决不可能联系起来。　Ⅵ,69
理性的斗争就在于克服知性已经固定起来的东西。

§.33

构成这种形态井然有序的形而上学的第一部分的是本体论，即关于
本质的抽象规定的学说。这些规定的多样性与有限效用缺乏一个根本原
则；因此，它们必须在经验中用偶然的方式列举出来，它们的详细内容也
只能以表象、保证为根据，甚至以词源为根据，而这种保证宣称，我们用某
个词汇表示的正是这个内容。旧形而上学的这一部分所能研究的，单纯
是符合于语言用法的分析的正确性和经验的完备性，而不是这样一些规
定的自在自为的真理性和必然性。

〔说明〕如果有人以为，只能谈一个命题的真理性，只能问一个概念
是否可以按照真理附加给一个主词（像人们称呼的那样），那么，关于存
在、特定存在或有限性、简单性、复合性等等是不是自在自为的真概念的
问题，就必定是令人奇怪的；不真似乎取决于在作为主词的表象与作为谓
词附加给主词的概念之间存在的矛盾。但是，总而言之，作为具体东西的
概念，甚至每个规定性，本质上在其自身都是各个不同的规定组成的统一
体。因此，假使真理无非是没有矛盾，那么，就必须对每个概念首先考察
它本身是否还包含这样一种内在矛盾。

§.34

Ⅵ,70　　　这种形而上学的第二部分是理性心理学或灵魂学，它研究灵魂的、即作为一种物的精神的形而上的本性。

〔说明〕这种研究曾经在复合性、时间性、质的变化和量的增减占有其地位的范围里，去寻找灵魂不灭。

〔附释〕这种心理学与考察灵魂的表现的经验方式相反，叫作理性的。理性心理学曾经考察过抽象思维所规定的灵魂的形而上的本性。它想认识灵魂的内在本性，认识灵魂本身是怎样的，灵魂对思想来说是怎样的。——现今在哲学里很少谈到灵魂，而主要谈精神。精神不同于灵魂，灵魂仿佛是肉体与精神之间的中介，或者说，是这两者之间的纽带。作为灵魂的精神沉浸于肉体中，灵魂是赋予躯体以生命的东西。

旧形而上学把灵魂视为物。但"物"是一个很模棱两可的词汇。我们最初把物理解为一种直接现实存在着的、我们可以用感官表象的东西，而人们也在这个意义上谈论过灵魂。因此，有人就问灵魂居住在什么地方。但既然灵魂有一个居住的地方，灵魂便是在空间中，并且可以用感官加以表象。同样，如果问灵魂是简单的还是复合的，这也属于把灵魂视为一种物的观点。这个问题与灵魂不灭有特别重要的关系，因为灵魂不灭曾经被认为是受灵魂的简单性制约的。但现在看来，这种抽象的简单性实际上是一个像复合性的规定那样，不符合于灵魂本质的规定。

至于谈到理性心理学与经验心理学的关系，那么，前者比后者更高
Ⅵ,71　级，因为理性心理学是以通过思维认识精神并证明所思的东西为己任，而经验心理学则是从知觉出发，仅仅列举并描述知觉提供的东西。但是，大家如果想思考精神，则对精神的特殊性完全不必这么冷淡。经院哲学家

曾经说上帝是绝对的活动[19]，精神就是这种意义上的活动。但既然精神是能动的，那么，这就包含着它会表现自己的意思。因此，大家不可把精神看作旧形而上学里出现的那种没有过程的 ens〔存在者〕，而旧形而上学是曾经把精神的没有过程的内在性与精神的外在性分离开的。精神主要应该在它的具体现实性中，在它的能动力量中加以考察，具体地说，就是应该认识到精神的表现取决于精神的内在性。

§.35

这种形而上学的第三部分，即宇宙论，探讨世界，即探讨世界的偶然性、必然性、永恒性、在空间与时间中被限定的存在、世界变化的形式规律以及人的自由与恶的起源。

〔**说明**〕在宇宙论中认为绝对对立的主要是：偶然性与必然性；外在必然性与内在必然性；致动因与目的因，或一般因果性与目的；本质或实体与现象；自由与必然；幸福与痛苦；善与恶。

〔**附释**〕宇宙论在过去既以自然界为对象，也以精神的外部复杂表现、精神的现象为对象，因此，就是整个以特定存在、有限事物的总和为对象。但宇宙论却未曾把自己的这类对象视为具体的整体，而是仅仅按照抽象的规定考察它。所以，举例说，在宇宙论里探讨过这样的问题：偶然性在世界中占支配地位，还是必然性在世界中占支配地位；世界是永恒的，还是被创造出来的。于是，这门学科的主要兴趣在于制定所谓的普遍宇宙学规律，例如说，在自然界没有任何飞跃。这里所说的飞跃相当于质的差别和质的变化，它们表现为没有得到中介的，反之，（量的）逐渐变化则表现为得到中介的东西。　　Ⅵ,72

关于表现在世界里的精神，宇宙论探讨过的主要是人的自由和恶的起源的问题。这在现在无疑是极其有趣的问题。然而,要对这类问题作出充分的答复,却首先需要人们不把抽象知性规定作为至极的东西加以坚持,以为两个对立规定中的任何一个似乎本身都能持续存在,好像在其孤立的情况中也可以被看作实体性的和真理性的东西。但这却是旧形而上学的观点,即使在宇宙论研讨里一般也是如此,因此,这种研讨并不能合乎它理解世界现象的目的。例如,自由与必然性的差别就是这么加以考察的,而且这两个规定被这样应用于自然与精神,即人们认为自然在其活动中服从于必然性,精神则是自由的。这种差别现在诚然是重要的,并且在精神本身的最内在的东西中有其根据;但是,彼此抽象地对立的自由和必然性仅仅属于有限世界,也只有在有限世界的基地上才有其效用。不包含必然性的自由和没有自由的单纯必然性是一些抽象的、因而不真

Ⅵ,73　实的规定。自由在本质上是具体的、永远在自身得到规定的,因而也同时是必然的。当谈到必然性时,人们往往把它首先仅仅理解为外来的决定性,例如说,在有限力学里,一个物体只有受到另一物体的碰撞,才运动起来,而且是在这种碰撞传递给它的方向上运动的。然而,这是一种单纯外在的必然性,而不是真正内在的必然性,因为真正内在的必然性就是自由。——善与恶的对立,即这个在其自身业已深化的现代世界的对立,也是如此。如果我们把恶视为本身固定的东西,它不是善,那么,这完全是正确的,并且必须承认善与恶的对立,因为这个对立的表面性与相对性不可被理解为恶与善似乎在绝对中是同一的,就像人们近来所说的那样,某物之所以成为恶,只是由于我们的看法使然。但是,人们把恶视为固定的肯定东西,这却是错误的,相反地,恶是否定东西,它本身决不能持续存在,而是仅仅想要独立存在,其实它也不过是否定性在其自身的绝对显现。

§.36

这种形而上学的第四部分,即自然神学或理性神学,考察上帝概念或其可能性,考察上帝存在的证明和上帝的属性。

〔说明〕a)在知性对上帝所作的这种考察中,问题主要在于哪些谓词适合于或不适合于我们自己表象的上帝。在这里实在性与否定性的对立显得是绝对的;因此,给知性采取的上帝概念最后剩下的就仅仅是不确定的存在者、纯粹的实在性或肯定性的空洞抽象,即现代启蒙思想的僵死产物。b)有限认识对上帝存在的证明一般都显得本末倒置,即这种证明要指出上帝存在的客观根据,但这样一来,上帝的存在却表现为一个以另一 VI,74 种存在为中介的东西。这种以知性同一性为准则的证明陷于从有限东西过渡到无限东西的困难。于是,这种证明或者是不能使上帝摆脱特定存在的世界的肯定持久的有限性,以致上帝必然会把自己规定为这个世界的直接实体(泛神论),或者是上帝依然是一个与主体对峙的客体,这样,上帝也就依然是一个有限东西(二元论)。c)上帝的各个属性既然毕竟应该是确定的和不同的,所以实际上就沉没到了关于纯粹的实在性、不确定的存在者的抽象概念中。但如果在表象中有限世界依然是真实的存在,而上帝与它相对峙,那么也就会出现关于上帝与有限世界的不同关系的表象,而这些关系在被规定为上帝的属性以后,一方面作为上帝与有限情况的关系,本身必然具有有限的性质(例如说,上帝是公正的、仁慈的、威严的、智慧的等等),但另一方面却同时应该是无限的。按照这个观点,这一矛盾只能用增加属性数量的办法,得到模糊的解决,即迫使上帝的属性成为毫无规定的东西,成为 sensum eminentiorem〔益臻完善的感性东西〕[20]。但这样一来,上帝的属性实际上就被毁灭殆尽,而只给它留下一个名称。

〔**附释**〕旧形而上学的这个部分研究的问题,是确定理性本身在何种程度上能认识上帝。通过理性去认识上帝,现在当然是科学的最高课题。宗教最初包含着一些关于上帝的表象;汇集在信条中的这些表象作为宗教的教义,从我们年幼时起就被传授给我们,而个人如果相信这些教义,认为它们是真理,便具备了做基督徒的条件。但神学是研究这种信仰的科学。如果神学只是一些宗教教义的外在列举和汇集,那它还不是科学。即使对神学的对象作现今颇为令人满意的单纯历史研究(例如叙述这个或那个教父说过的东西),也还不能使神学获得科学性的特点。只有前进到用概念进行的思维,神学才获得科学性的特点,而进行这样的思维就是哲学的任务。所以,真正的神学在本质上同时就是宗教哲学,即使在中世纪,真正的神学也是宗教哲学。

VI,75

至于详细说到旧形而上学的理性神学,那么,它并不是关于上帝的理性科学,而是关于上帝的知性科学,它的思维仅仅活动于抽象的思想规定中。——在理性神学过去探讨上帝概念时,正是关于上帝的表象构成认识上帝的标准。但思维却必须自由地活动于其自身,不过在这里我们也必须同时看到,自由思维的结果与基督教的内容是一致的,因为基督教就是理性的启示。但那种理性神学并未达到这样的一致。因为理性神学从事于用思维去规定关于上帝的表象,所以,作为上帝概念得出来的仅仅是关于一般肯定性或实在性的抽象概念,而排除了否定性,因而上帝就被定义为最实在的存在者。但现在却容易看出,这个最实在的存在者排除了否定性,因而恰好就是它应该是的东西的反面,是知性以为必须在它那里得到的东西的反面;由于知性的抽象观点的缘故,它不是最丰富、最充实的东西,而是最贫乏、最空洞的东西。心灵正当地要求具体的内容;但这样一种内容只有在自身包含着规定性,即包含着否定性,才是现实存在的。如果上帝概念被单纯理解为关于抽象的或最实在的存在者的概念,

VI,76

那么上帝就对我们成了一个单纯的彼岸世界,而我们也无法再谈对上帝的认识;因为凡在没有什么规定性的地方,也就不可能有什么知识。纯粹的光明就是纯粹的黑暗。

这种理性神学感兴趣的第二个问题涉及上帝存在的证明。这里的主要之点在于,知性所做的证明过程是一个规定对另一个规定的依存关系。人们在这个证明中有一个预先假定的、固定不变的东西,由这个东西得出了一个他物。因此,在这里表明的是一个规定对一个前提的依存关系。但如果上帝存在用这种方式加以证明,这就会有一层含义,即上帝的存在应该依存于一些其他的规定,因而这些规定构成上帝存在的根据。在这里我们立刻可以看出,必定会出现某种错误,因为上帝恰好全然应该是一切事物的根据,因而是不应该依存于他物的。近代有人就这个方面说过,上帝存在是不能证明的,而必须直接加以认识。但理性所理解的证明却完全不同于知性所理解的证明,甚至健全的常识也是像理性这样理解证明的。理性的证明虽然也以一个不同于上帝的他物为自己的出发点,但在自己的进程中却不把这个他物作为直接的和现存的东西留下来,而是表明这个他物为经过中介的和过去设定的东西,从而同时得出结论说,上帝必须被视为包含着中介的、在自身得到扬弃的存在者,被视为真正直接的、原始的和以自身为依据的存在者。——如果有人说,"观察自然,自然将把你引向上帝,你将察觉一个绝对的终极目的",那么,这并不是说上帝是经过中介的东西,而是说只有我们能完成从他物到上帝的进程,我们采取的方式在于,作为最后结果的上帝同时也是那最初的东西的绝对根据,因而本末位置颠倒过来,那表现为最后结果的东西也表明自身是根据,而那最初表现为根据的东西则被降为最后结果。理性证明的进程也就是这样。 Ⅵ,77

我们如果根据以上所作的研讨,再看一下这种形而上学的整个方法,则可得出结论说,这种方法就在于旧形而上学用抽象的、有限的知性规定表达各个理性对象,把抽象的同一性当作原则。但这种知性的无限性,这种纯粹的存在者,本身也不过是一个有限的东西,因为特殊性是从知性无限性中排除出来的,是限制和否定知性无限性的。这种形而上学没有达到具体的同一性,而是坚持着抽象的同一性;但它的优点却在于意识到唯有思想是现存的事物的本质。早期的哲学家、尤其是经院哲学家给这种形而上学提供了材料。在思辨哲学里知性虽然是一个阶段,但却是一个不可在那里停滞不前的阶段。柏拉图决不是这样的形而上学家,亚里士多德更不是,虽然人们通常以为他们是这样的形而上学家。

Ⅵ,78

B.
思想对客观性的第二种态度

Ⅰ.经 验 主 义

§.37

在这种情况下,一方面需要有具体内容,以反对那种自身无法从自己的普遍性进展到特殊化与规定性的知性的抽象理论,另一方面需要有坚固据点,以反对那种在知性领域里按照有限规定的方法就会证明一切事物的可能性,这两方面的需要首先导致经验主义,而经验主义并不是在思想本身寻求真理,而是从经验中,从外在的和内在的当前现象中攫取真理。

〔附释〕经验主义把它的根源归因于上面所述的那种对具体内容和坚固据点的需要,而这种需要是抽象的知性形而上学不能满足的。至于这里说到内容中的具体东西,那么它一般是指意识的各个对象应该被认为是在自身得到规定的,被认为是各个不同的规定组成的统一体。但如我们已经看到的,在知性形而上学里,按照知性原则来说,情况却决不是这样。单纯知性的思维局限于抽象普遍东西的形式,而不能进展到这种普遍东西的特殊化。例如,旧形而上学曾经从事于用思维查明什么是灵魂的本质或根本规定,然后回答说灵魂是简单的。在这里,这种认为灵魂具有的简单性只有抽象简单性的意义,而排除了差别,差别则被认为是复合性,是肉体以及物质本身的根本规定。但抽象的简单性是一个很贫乏的规定,灵魂以及精神的丰富内容是决不能用它来把握的。当抽象形而上学的思维这样表明其自身不充分时,人们就觉得自己不得不到经验心理学里去寻求出路。理性物理学的情况也是如此。例如,当它说空间是无限的,自然界没有飞跃[21]等等的时候,这与自然界的丰富内容和蓬勃生命相比,是完全不能令人满意的。 Ⅵ,79

§.38

一方面,当形而上学为了证实其定义——包括前提和比较确定的内容——而同样把表象、即最初来源于经验的内容当作保证时,经验主义与形而上学本身具有这个共同的起源。另一方面,单个的知觉不同于经验,并且经验主义把属于知觉、感觉和直观的内容提高为普遍的表象、命题和规律等等的形式。然而,这仅仅是在这样的意义上发生的,那就是这些普遍的规定(例如力的范畴)除了从知觉得到的意义与效用以外,本身决不会有任何其他的意义与效用,并且除了在现象中能够加以证实的联系以外,任何联系都决不会有存在的根据。意识在知觉中拥有其自身的直接的现实性与确实性,在这种情况下经验认识从主观方面获得了坚固的据点。

〔**说明**〕在经验主义里包含着一条伟大的原则，即凡是真的东西都必
VI,80　定存在于现实世界中，并且必定是在那里为知觉而存在的。这条原则是
与应当对立的，而反思则依靠应当的原则，趾高气扬，抱着轻蔑的态度，用
一个彼岸世界去反对现实世界和当代世界，这个彼岸世界据说仅仅在主
观知性里有其处所与确定的存在。像经验主义一样，哲学也只认识(§.
7)存在的东西；它并不知道那种仅仅应当存在、因而实际上并不存在的
东西。——从主观方面来说，同样必须承认经验主义所包含的重要的自
由原则，即人必须亲眼看到、亲身经历他在自己的知识中定然会承认的东
西。——但经验主义就它的内容而言却局限于有限事物，因而它的彻底
发挥否认了整个超感性事物，或者说，至少是否认了超感性事物的知识与
规定性，而只承认思维有抽象性、形式普遍性和形式同一性。——科学经
验主义的根本迷误往往在于它使用了形而上学关于物质、力以及一、多、
普遍性、无限性等等的范畴，进而依靠这样一些范畴的线索不断进行推
论，因而又假定和应用了推论的形式，而且无论如何也不知道它本身就这
样包含了形而上学，从事着形而上学工作，以一种完全非批判的和无意识
的方式使用着那些形而上学范畴及其结合。

〔**附释**〕从经验主义发出了这样的呼声：不要再驰骋于空洞的抽象思
维，而要睁开你的眼睛，把握你面前存在于这里的人和自然，享受现在的
时刻。不容否认，在这个呼声里包含了一种基本上合理的成分。确实应
该用这里、现在和此岸世界去代替空洞的彼岸世界，代替抽象知性的胡思
乱想和模糊形象。这样也就获得了旧形而上学所憧憬而未能得到的坚固
VI,81　据点，即无限规定。知性仅仅筛选出一些有限规定；这些规定本身是无根
据的和不坚实的，在它们上面建立起来的大厦也必定会倒坍。要发现一
种无限的规定，这在过去一般是理性的冲动；但在那时要在思维中发现这
样的规定，还不到时候。于是，理性的冲动就抓住了现在、这里和此岸世

界,它们确实有潜在的无限形式,虽然没有这种形式的真正的现实存在。
外在东西本身是真正的东西,因为真正的东西是现实的,而且必定现实地
存在着。所以,这种理性寻找的无限规定也存在于世界中,虽然是存在于
感性的个别形态中,而不是存在于自己的真理中。——进一步说,经验主
义以为知觉是理解世界的形式,而这就是经验主义的缺点。知觉本身总
是个别的、瞬息即逝的东西,然而认识却不停留在这种东西上,而是在知
觉到的个别东西中寻求普遍的、持久的东西,而这就是从单纯的知觉进展
到经验的过程。——为了创造经验,经验主义使用的主要是分析的形式。
在知觉中人们得到一种多重性的具体东西,它的各个规定是应该被剥离
开的,就像我们剥葱皮那样。因此,这种分解就有这样的意思,即人们体
解、拆散各个成长在一起的规定,只不过施加了主观的分解活动而已。但
分析却是从知觉的直接性进展到思想的过程,因为所分析的对象在自身
包含的联结起来的各个规定,经过分离,就获得了普遍性的形式。经验主
义在分析各个对象时犯了一个错误,那就是它以为它能让这些对象原封
不变,但实际上它在这里却把具体的东西转变成了抽象的东西。这样一　VI,82
来,同时也就发生了一种现象,即活生生的东西遭到了扼杀,因为只有具
体东西、统一整体才是活生生的。为了理解对象,虽然必须有那种分解活
动,而且精神本身本来就是分解活动,但这只是事情的一个方面,主要的
事情还在于把分解开的东西联合起来。因为这种分析是停留在分解的立
场上的,所以对于它来说诗人的这样一段话[22]是适用的:

化学以 encheiresin naturae〔自然分析〕自命,

它是在开自己的玩笑,

而且还莫明其妙。

它手里虽然抓着各个部分,

只可惜没有维系它们的精神。

分析从具体东西出发,并且掌握了这种材料,远远胜过了旧形而上学的抽象思维。这种分析坚持各种区分,这有很大的重要性;但这些区分本身又仅仅是一些抽象规定,即抽象思想。因为这些思想被认为是对象本身,所以这又是旧形而上学的前提,即认为在思维中有事物的真理。

如果我们现在进一步从内容方面把经验主义的观点同旧形而上学的观点加以比较,那么,如我们在以前看到的,旧形而上学是以那些普遍的理性对象,即上帝、灵魂和世界为其内容;这种内容是从表象接受来的,哲学的任务在于把它归结为思想的形式。经院哲学也用了类似的方式;对于这种哲学来说,基督教会的各种信条构成假定的内容,它的任务是用思维详细规定和系统化这类内容。——经验主义假定的内容有完全不同的性质。它所假定的是自然界的感性内容和有限精神的内容。因此,人们在这里遇到的是有限的材料,而在旧形而上学中遇到的则是无限的材料。这种无限的内容后来由有限的知性形式变成了有限的。在经验主义里我们得到了形式的同样的有限性,而且内容也还是有限的。此外,两种哲学思维方式都从某种固定不变的前提出发,就此而言,两者的方法是相同的。经验主义认为,外在的东西一般都是真实的东西,即使超感性的事物得到了承认,但对这种事物的认识据说也是不可能发生的,相反地,大家必须仅仅坚持属于知觉的东西。但这个根本原则在彻底贯彻下去的时候,就产生了大家后来称为唯物论的那类东西。这类唯物论认为,物质本身是真正客观的东西。但物质本身肯定是一个抽象概念,这个概念本身是无法知觉的。因此,我们可以说,决不存在什么物质;因为就存在着物质来说,它总是一个特定的、具体的东西。尽管如此,抽象物质概念仍然被认为是一切感性事物的基础,是感性事物一般,是在自身绝对个别化的过程,因而是相互外在地存在着的东西。因为经验主义认为感性事物总是一种给定的东西,所以经验主义就是一种主张不自由的学说,因为自由恰恰在于我没有任何与我对立的绝对的他物,而是依赖于一种内容,这内

容就是我自己。进一步说,在经验主义观点看来,理性与非理性也都仅仅
是主观的,就是说,我们必须如实接受给定的东西,我们无权过问这种东
西本身是否合理,在何种限度内合理。

§.39

关于经验主义的原则,已经首先作出了正确的反思,认为在那种被称
为经验的、必须与个别事实的单纯个别知觉区别开的东西中有两种成分,　Ⅵ,84
一种是自身业已个别化的、无限多样的材料,另一种是形式,即普遍性和
必然性的规定。经验诚然揭示出许许多多的、也许多得不可胜数的相同
的知觉;但普遍性却是某种完全不同于一大堆知觉的东西。同样,经验诚
然提供了关于先后相继的变化或彼此并列的对象的许多知觉,但是却没
有提供一种必然性联系。因为知觉据说永远构成那种被认为是真理的东
西的基础,所以普遍性与必然性就表现为某种没有根据的东西,一种主观
的偶然性,一种单纯的习惯,它的内容既可以是这种性质的,也可以是另
一种性质的。

〔**说明**〕由此产生的一个重要后果,是法律的和伦理的规定和规律以
及宗教的内容都以这种经验方式表现为某种偶然的东西,而失掉了它们
的客观性和内在真理性。

此外,作为上述反思的主要出发点的休谟的怀疑论,必须与希腊的怀
疑论很清楚地区分开。休谟的怀疑论以经验、感觉和直观的真理性为基
础,由此出发否认了普遍的规定和规律,其原因在于这些普遍的规定与规
律通过感性知觉得不到能够成立的根据。古代怀疑论则远未将感觉、直
观当作真理的原则,倒不如说,它首先转而反对感性事物。(关于近代怀
疑论与古代怀疑论的比较,请参看谢林与黑格尔编的《哲学评论杂志》

1802 年第 I 卷第 2 期。）²³

VI,85

II.批 判 哲 学

§.40

批判哲学与经验主义相同,假定经验是知识的唯一基础,不过批判哲学不承认经验是真理,而只承认它是关于现象的知识。

批判哲学首先从经验分析中出现的两种成分,即感性材料与其普遍性联系的区别出发。当上节中提到的反思——即认为在知觉本身包含了单纯个别的东西和单纯发生的事件——与这个出发点相结合时,这个出发点也坚持一个事实,即普遍性与必然性是作为同样重要的规定在被称为经验的东西中出现的。这种普遍性与必然性的成分并不是来源于经验东西本身,所以属于思维的主动性,或者说,是 a priori〔先天的〕。——各个思维规定或知性概念构成经验知识的客观性。它们总是包含着联系,因此,通过它们就形成了各个 a priori〔先天〕综合判断(即对立成分的原始联系)。

〔说明〕在知识中有普遍性和必然性的规定,这个事实休谟的怀疑论并不否认。它在康德哲学里也同样是一个假定的事实;我们可以用科学中的通常语言说,康德哲学只不过提出了那个事实的另一种解释。

§.41

批判哲学对形而上学——以及其他科学和通常表象——中使用的各
VI,86 个知性概念的价值首先加以考察。然而,这个批判却没有进入这些思维规定的内容和它们彼此之间的特定关系本身,而是按照主观性和客观性的一般对立考察它们的。这里说到的这个对立涉及(参看上节)经验内部两种成分的区别。在这里客观性是指普遍性与必然性的成分,即思维规定本身——所谓先天东西的成分。但批判哲学却把这个对立扩大到这样的程度,以致经验的总体、即那两种联合在一起的成分,都归到了主观性中,除了自在之物以外,没有任何东西依然与主观性相对立。

先天东西、即思维虽然有它的客观性,但仅仅是主观的活动,它的各个具体形式是以如下的方式,即系统化的方式得出的,而这种系统化也仅仅是依赖于心理史的基础。

〔附释1〕通过对旧形而上学的各个规定作过的考察,无疑出现了一个很重要的进步。素朴的思维真诚地沉湎于那些曾经直截了当地、自然而然地造成的规定中。它在这样做的时候,并没有想过这些规定本身在何种限度内有它们的价值和效用。我们在以前已经提到,自由的思维是一种没有任何前提的思维。因此,旧形而上学的思维决不是自由的思维,因为它毫不犹豫地承认它的各个规定是一种事先存在着的东西,是一种先天的东西,而这种东西本身并没有经过反思检验。与此相反,批判哲学则把考察思维形式一般能在何种限度内达到对真理的知识,作为自己的课题。确切地说,认识能力要在从事认识以前加以考察。这里当然有正确东西,即思维形式本身必须被当作认识的对象;但是在这里也立刻发生了误解,即想在认识活动以前就从事认识,或者说,在没有学会游泳以前不想先下水。诚然,思维的各个形式不应当未经考察就加以使用,但这种考察本身却已经是一种认识活动。所以,思维形式的活动和对思维形式的批判必须在认识过程中结合在一起。各个思维形式必须自在自为地加以考察;它们既是对象,又是对象本身的活动;它们自己考察自己,必须在它们自身由自己规定自己的界限,揭示自己的缺陷。这就是往后作为辩证法而加以特别考察的思维活动,关于这种活动在这里只能暂先指出,它

VI,87

不应被看作是从外面加给思维规定的,而是应被看作寓于思维规定本身的。

由此可见,康德哲学的明显特点在于思维本身应该考察自己的认识能力的限度。现今我们已经超出康德哲学,而且每个人都想走得更远。然而走得更远却有双层方向,即向前走得更远和向后走得更远。如果很仔细地加以观察,我们许多哲学上的努力无非是旧形而上学的做法,是按各人的擅长所作的非批判的和无意义的思考。

〔**附释2**〕康德对于思维规定的考察主要有一个缺点,即这些思维规定不是自在自为地加以考察的,而是仅仅从它们是主观的还是客观的这样一个观点加以考察的。在日常生活用语中我们把客观东西理解为在我们之外存在的、通过知觉从外部达到我们这里的东西。康德否认各个思维规定(例如原因和结果)具有这里提到的意义上的客观性,即否认它们是在知觉中被给予的,反之,他认为它们是属于我们的思维本身或思维的主动性的,并且在这个意义上是主观的。但是,康德又把所思的东西,具体地说,把普遍必然的东西,称为客观的东西,而把单纯所感的东西称为主观的东西。这样一来,上述用语就显得首足倒置,因而有人责备康德造成了语言的混乱;然而这种责备是很没有道理的。具体地说,实际情况如下。通常的意识以为,那种与自己对立的、感官可以知觉的东西(例如这个动物、这个星球等等)是自为地持续存在的和独立不依的东西,反之,思想则是不独立存在的和依赖他物的东西。但实际上感官可以知觉的东西是真正不独立存在的和从属的东西,而思想则是真正独立存在的和原初的东西。在这个意义上康德把合乎思想的东西(普遍必然的东西)称为客观的东西,这是完全有道理的。另一方面,感官可以知觉的东西无疑是主观的东西,因为它在自身没有它的据点,同样是飘浮不定和转瞬即逝的,而思想则具有永久的和内在的存在的特性。这里提到的、由康德发挥出来的主客区别的规定,现今在教养较高的人的用语中我们也可以看到;

VI,88

例如,他们要求对艺术作品的评论应该是客观的,而不应该是主观的,这 VI,89
就是说,对艺术作品的评论不应该出于当前偶然的、特殊的感觉和情绪,
而应该着眼于普遍的、基于艺术本质的观点。在同样的意义上,我们也可
以在科学研究中区分客观的兴趣和主观的兴趣。

但进一步说,康德的思维的客观性本身又仅仅是主观的,因为按照康
德的看法,思维虽然是普遍必然的规定,但只是我们的思想,而被一条不
可逾越的鸿沟同自在之物判然区分开。与此相反,思维的真正客观性却
在于思想不单纯是我们的思想,而且同时也是事物和对象本身的自在东
西。——客观和主观是两个方便的词汇,人们经常使用它们,而且在使用
它们时还很容易产生混乱。根据迄今的研讨,客观性有三层意义。首先
是外部现实存在的东西的意义,有别于单纯主观的、意谓的和梦想的东西
等等;第二是康德所确认的普遍必然的东西的意义,有别于那种属于我们
感觉的偶然的、特殊的和主观的东西;第三是刚才提到的所思的自在东西
的意义,它是现实存在的,有别于单纯由我们所思的东西,因而也有别于
事实本身或自身有区别的东西。

§.42

a)理论能力,认识本身。

批判哲学把思维中自我的原始同一性(自我意识的先验统一性)陈
述为知性概念的特定根据。感觉和直观所给予的各个表象就它们的内容 VI,90
而言是一种多样性的东西,而且它们通过它们的形式,通过感性的相互外
在性,在它们的两个形式、即空间和时间中也同样是一种多样性的东西,
而空间和时间作为直观的形式(普遍东西)本身是 a priori〔先天的〕。自
我把感觉和直观中的这类多样性东西同自己联系起来,把它们在作为一

种意识的自我中统一起来(纯粹统觉),因而这类多样性东西就得到了同一性,得到了一个原始的结合。这种联系的各个特定方式是纯粹的知性概念,即范畴。

〔**说明**〕大家知道,康德哲学已经使自己把发现这些范畴弄成很方便的事情。自我,即自我意识的统一性,是极其抽象和完全不确定的;那么,我们如何得到自我的规定或范畴呢?很幸运,我们看到在普通逻辑学里业已根据经验确定了各个不同种类的判断。但判断是对于一个特定对象的思维。因此,已经列举出来的各种不同的判断方式也就提供了思维的各种不同规定。——费希特哲学有一个大的功绩,那就是它提醒我们,必须揭示出各个思维规定的必然性,必须从本质上推演出这些思维规定。[24]——对于论述逻辑的方法,费希特哲学本来应当至少产生一个结果,那就是一般思维规定或普通逻辑素材,即概念、判断和推理的各个种类,不应该再仅仅从观察中得到,因而单纯用经验方法加以把握,而是应该从思维本身推演出来。如果思维能够证明某一种东西,如果逻辑学必须要求给出证明,而且它也想教人如何证明,那么,它就必须能够首先证明它的独特内容,看出这种内容的必然性。

〔**附释1**〕所以,康德的主张是说思维规定在自我中有其根源,因而自我提供了普遍性和必然性的规定。——如果我们观察近在我们眼前的东西,它一般说来是一种多样性的东西;于是,各个范畴就是一些把这种多样性东西与自身联系起来的简单格式。反之,感性事物则是彼此外在的、自外存在的东西;这是感性事物真正的根本规定。例如,"现在"仅仅具有一种与以前和以后相联系的存在。同样,红色之所以存在,也仅仅是因为黄色和蓝色与它相对立。但这个他物是在感性事物之外,感性事物之所以存在,仅仅是由于它不是他物,仅仅是由于他物存在。——思维或自我的情形恰好与这种彼此外在的、自外存在的感性事物的情形相反。自我是原始同一的、自相统一的和绝对独自存在的东西。如果我说"自

Ⅵ,91

我"，"自我"就是抽象的自相联系，凡是要被设定到这个统一体中的东西都受到这个统一体的感化，并且被转化到这个统一体中。所以，自我仿佛是一座洪炉，一团烈火，它销熔漠不相干的多样性，把这种多样性还原为统一性。这就是康德所谓的纯粹统觉[25]，它不同于普通统觉，普通统觉把多样性东西本身接纳到自身，而纯粹统觉则应被视为使多样性东西自我化的活动。——康德的这种主张无疑正确地说出了一切意识的本性。一般说来，人们的努力就是要去认识世界，占领和征服世界，而且为了这个目的，世界的实在性仿佛必须被粉碎，即被变为理想的。但同时我们也必须指出，把绝对统一性带入多样性中的，并不是自我意识的主观活动。倒不如说，这种同一性是绝对，是真理本身。于是，让个别性各从所好仿佛是绝对表示的善意，但这绝对本身又驱使个别性返回到绝对统一性。 Ⅵ,92

〔附释2〕像自我意识的先验统一这样一些词汇，看起来分量很重，好像在山后隐藏着某种巨大无比的怪物似的，但事情却很简单。康德所理解的先验可以从先验与超验的区别中看得出来。超验一般是指超越知性的规定性的东西，从这个意义上说，它最初出现在数学里。例如，在几何学里说，我们必须设想圆的圆周是由无限多和无限短的直线构成的。所以，那些被知性认为绝对不相同的规定（直线和曲线）则在这里被明确地设定为同一的。这样一种超验的东西也就是自相同一的、在自身无限的自我意识，它不同于那种由有限材料规定的普通意识。然而康德把自我意识的那种统　仅仅称为先验的，他的意思是说，自我意识的先验统一仅仅是主观的，还不属于自在地存在的对象本身。

〔附释3〕认为范畴只是属于我们的（即主观的），这在素朴意识看来必定显得很奇怪，而且这种看法确实有某种不妥之处。然而，认为范畴并不包含在直接的感觉里，这却是正确的。例如，我们试看一块糖；它是硬的、白的、甜的等等。于是我们说，所有这些属性都是在一个对象里统一起来的，而这种统一性并不存在于感觉中。如果我们把两个事件看作彼 Ⅵ,93

此有因果关系,情况也是如此;在这里被我们知觉到的是两个孤立的事件,它们在时间上先后相继。但是,一个为原因,另一个为结果(两者之间的因果联系),这并不是被知觉到的,而是单纯为我们的思维而存在的。虽然范畴(如统一性、原因和结果等等)属于思维本身,但决不能由此得出结论说,范畴只是我们的东西,而不也是对象本身的规定。但按照康德的观点,情况则必当如此,所以他的哲学是主观唯心论,因为他认为自我(能知的主体)既提供认识的形式,也提供认识的材料,形式是由能思的自我提供的,材料是由能感的自我提供的。——关于这种主观唯心论的内容,在这里实在没有必要加以赘述。有人可能首先以为,各个对象的统一性被置于主体中,这会使它们丧失实在性。然而,单纯认为各个对象有存在,这既不会使它们有所得,也不会使我们有所得。关键在于内容,在于内容是否真实。单纯说事物是存在的,这对理解事物还是没有帮助。存在着的东西受时间的支配,也可以在转瞬之间变为不存在的。——有人也可能说,主观唯心论会使人自负不凡。但是,如果他的世界是一堆感性直观,他就没有理由以这样一种世界而感到骄傲。重要的问题完全不在于主观性和客观性的那种区别,而在于内容,这内容既是主
VI,94 观的也是客观的。从单纯现实存在的意义上说,犯罪行为也是客观的,不过犯罪行为是一种本身微不足道的现实存在,它本身也毕竟是在受到惩罚时变得明显的。

§.43

一方面,通过范畴,单纯的知觉被提高为客观性,被提高为经验,但另一方面,这些概念作为主观意识的单纯统一受到给予的材料的制约,本身是空洞的,只在经验中有其应用,而经验的另一组成部分,即感觉的规定

和直观的规定,同样仅仅是一种主观的东西。

〔**附释**〕主张范畴本身是空洞的,这毫无根据,因为范畴在得到规定的时候,无论如何都有其内容。虽然范畴的内容的确不是一种用感官可以知觉的内容,不是一种在空间和时间上存在的内容,但这不应看作是范畴的缺点,而应看作是范畴的优点。这一点在普通意识里也早已得到承认,而且是这样得到承认的:例如,人们在一本书或一篇演说里能察觉很多思想或概括性结论时,就说这本书或这篇演说包含很多东西,内容丰富,反之,即使一本书,或更确切地说,一本小说,堆集了大量孤立的事件、情节等等,人们也不会因而承认它内容丰富。由此可见,普通意识已经明确承认,内容需要具有一种比感性材料更多的东西,而这种更多的东西就是思想,并且在这个场合首先是范畴。——在这里还必须指出,主张范畴本身是空洞的,这的确也有一种正确的含义,因为我们不能在范畴及其总体(逻辑理念)上停滞不前,而是必须进展到自然与精神的实在领域,然而这种进展却不可被理解为仿佛给逻辑理念从外面加了一种陌生的内容,而是应该被理解为逻辑理念的固有活动进一步规定与发展其自身为自然和精神。 Ⅵ,95

§.44

因此,〔在批判哲学中〕范畴不能是绝对的各个规定,因为绝对不是在知觉中给予的,所以知性或通过范畴得到的知识不能认识自在之物。

〔**说明**〕自在之物(在这种物中也包括精神、上帝)这个概念,是在抽去对象展示给意识的一切东西,抽去对象的一切感觉规定和一切特定思想的限度内表示对象的。很容易看出,这里所剩的东西是完全抽象、极其空洞的东西,它仅仅还是作为彼岸世界得到规定的,是表象、感觉和特定思维等等的否定东西。然而也可以同样简单地作出反思,认为这个 caput mortuum〔骷髅〕本身仅仅是思维的产物,恰恰是业已前进到纯粹抽象阶段的思维、即空洞的自我的产物,这个空洞的自我是把它自己的这种空洞的同一性作为对象的。把这种抽象同一性作为对象加以保持的否定性规定,也同样在康德的范畴表里列举出来,并且正如那空洞的同一性一样,是某种完全熟知的东西。——因此,当我们经常反复读到自在之物不可知时,我们不禁会感到惊讶;实际上决没有什么事情比认识自在之物更容易的了。

§.45

正是理性这种认识无条件东西的能力,看出了经验知识中的有条件东西。这里所谓的理性对象,即无条件东西或无限事物,无非是自相等同的东西,或者说,是(在 §.42)已经提到的思维中的自我的原始同一性。理性就是把这种纯粹同一性当作对象或目的的抽象自我或思维。参看上节的说明。经验知识一般都有特定的内容,因而不适合于把握这种全然没有规定的同一性。既然这种无条件东西被认为是绝对和理性真理(理念),那么经验知识也就会被解释为非真理,被解释为现象。

〔**附释**〕知性和理性之间的区别首先是由康德明确地强调指出的,而且是用这样的方式加以确定的:知性以有限的、有条件的东西为对象,理性则以无限的、无条件的东西为对象[26]。康德哲学揭示出单纯基于经验的知性认识的有限性,并且把知性认识的内容称为现象,这虽然在现在已被承认为他的哲学的一项很重要的成果,但我们却不可停留在这种否定性的成果上,也不可把理性的无条件性单纯归结为抽象的、排除差别的自相同一性。如果用这种方式把理性单纯视为对知性中有限的、有条件的东西的超越,理性本身实际上就会因而被降低为一种有限的、有条件的东西,因为真正的无限东西并不是有限东西的单纯彼岸,而是把有限东西作为得到扬弃的东西,包含到自身之内。理念也是如此。康德虽然证明理念为理性所固有,把理念与抽象知性规定或单纯感性表象(在日常生活中人们也已经习惯于把诸如此类的表象称为观念)区别开,从而使理念重新受到尊重,但关于理念,他也同样停留于否定的东西和单纯的应 VI,97
当。——至于再谈到那种认为在我们的直接意识中构成经验知识内容的对象是单纯现象的观点,那么,这无论如何应看作是康德哲学的一项很重要的成果。普通的(即感性与知性构成的)意识认为自己所认识的各个对象在它们孤立的情况下是独立自存的,而且在它们表明自身相互关联和彼此制约时,它们的这种相互依存的关系也被认为是某种在它们之外的东西,而不是属于它们的本质的东西。对于这种观点,现在确实必须肯定,我们直接认识的各个对象是单纯的现象,就是说,它们不是在它们自身,而是在一个他物中拥有它们存在的根据。于是在这里进一步的问题在于如何规定这个他物。照康德哲学来说,我们所认识的事物仅仅对我们是现象,而这些事物中的自在东西始终是我们无法达到的彼岸。这种主观唯心论认为,构成我们意识的内容的东西是一种仅仅属于我们的、仅仅由我们设定的东西,素朴意识对这种主观唯心论感到恼火是有道理的。实际上真正的关系是:我们所直接认识的事物不仅对于我们,而且就其自身来说也是单纯的现象,这些有限事物固有的命运是它们存在的根据不在它们自身,而在普遍的神圣的理念中。这种关于事物的观点同样也应被称为唯心论,然而与批判哲学的那种主观唯心论不同,应被称为绝对唯心论。这种绝对唯心论虽说超出了通常实在论的意识,但就实质而言,不应单纯被认为是哲学的财产,倒不如说,这种绝对唯心论构成了一切宗教 VI,98
意识的基础,因为连宗教意识也把一切现存事物的总体,把整个现实存在的世界看作是由上帝创造和统治的。

§.46

　　不过,也出现了认识这种同一性或空洞自在之物的需要。认识无非是要知道一个对象的特定内容。但这特定内容在其自身包含着多样性的联系,并且构成了与许多其他对象的联系的基础。要这样规定那种无限事物或自在之物,理性似乎只拥有一些范畴;理性在想应用这些范畴去规定无限事物时,就变成了飞越自己界限的(超验的)。

　　〔说明〕在这里出现了理性批判的第二个方面,这第二个方面就其本身而言,比第一个方面更为重要。第一个方面是上面提到的那种观点,即认为范畴在自我意识的统一中有其来源,因而通过范畴获得的知识实际上不包含任何客观东西,而被赋予范畴的客观性(§.40与§.41)本身也只是某种主观东西。如果现在着眼于这一点,康德的批判就纯粹是一种主观的(平庸的)唯心论,它并未深入内容,而是只遇到主观性的一些抽象形式,并且片面地停留于这些形式,把主观性作为最后的、完全肯定的规定。但是,在考察理性为了认识其对象而作出的那种关于范畴的所谓应用时,至少从若干规定来看,范畴的内容得到了讨论,或者说,也许至少在这里包含了可能讨论范畴内容的机会。特别有趣的是去看一看康德如何评论范畴在无条件东西上的这种应用,即他如何评论形而上学;他的方法在这里应该略加叙述和评论。

VI,99

§.47

　　1.康德考察的第一个无条件的东西是(参看上面的 §.34)灵魂。

——他指出,在我的意识里,自我总是察觉自己是 α) 能进行规定的主体,
是 β) 一个单一的或抽象简单的东西,是 γ) 在我所意识到的东西的一切
多样性中的同一个东西,是同一的东西,是 δ) 把作为能思者的我与一切
在我之外的事物区别开的东西。

康德正确地指出了过去的形而上学的方法,说这种形而上学用一些
思维规定或相应的范畴去代替这些经验规定,从而产生了四个命题: α)
灵魂是实体, β) 灵魂是简单的实体, γ) 灵魂就其特定存在的不同时间而
言,是在数量上同一的, δ) 灵魂与空间性对象有关系。

康德挑明了这种从经验规定到思维规定的过渡的缺点,那就是把两
种不同的规定相互混淆起来(背理论证),即把经验规定与范畴混淆起
来,他认为从前者推论出后者,用后者整个代替前者,是某种不合法的
做法。

我们可以看出,这种批判无非表达了上面 §. 39 已经提到的休谟的
意见,即认为一般思维规定——普遍性和必然性——是不能在知觉中遇
见的,经验事实就其内容和形式而言,都不同于思想规定。

〔说明〕假如经验事实被认为构成思想的证据,那么思想也许就当然
需要在知觉中能够加以准确证实。——我们不能断言灵魂有实体性、简 Ⅵ,100
单性、自相同一性和那种在与物质世界的共同存在中能够保持自己的独
立性,这是在康德对形而上学心理学所作的批判中提出的,其唯一根据在
于,使我们在经验中得到关于灵魂的意识的各个规定并不恰好就是思维
在这里所作出的关于灵魂的规定。但根据上面的陈述,康德也认为一般
认识、甚至经验之所以能成立,是由于思考各种知觉,即由于把那些最初
属于知觉的规定转变为思维规定。——使精神的哲学研究摆脱了灵魂实
物,摆脱了范畴,因而也摆脱了关于灵魂的简单性、复合性、物质性等等问
题,这总应该看作是康德所进行的批判的一个良好成果。——但关于这
样一些形式的不足之处的真正看法,甚至在通常的人类理智看来,也不会

认为它们是思想,而会认为这样一些思想本身不包含真理。——如果思想与现象彼此不完全符合,我们就首先遇到两个选择,看这一个还是另一个有缺陷。在涉及理性事物的康德唯心论中,这种缺陷被转嫁给思想,以致思想似乎是不充分的,因为思想不符合于知觉到的东西和局限在知觉范围的意识,我们在知觉中也遇不到思想。在这里思想的内容本身并没有加以讨论。

VI,101　　〔**附释**〕背理论证一般是一些错误的推理,细究起来,它们的错误在于人们在两个前提里从不同的意义上应用同一个词。按照康德的看法,旧形而上学在理性心理学中采用的方法就是基于这样的背理论证,因为在这种心理学中灵魂的单纯经验的规定被认为是属于灵魂本身的。——此外,认为诸如简单性、不变性之类的谓词不能附加在灵魂上,这完全是正确的,然而并不是由于康德所提出的理由,说这会使理性超出给自己指定的界限,而是由于这类表示灵魂的抽象知性规定太糟糕,并且与仅仅简单的、不变的等等东西相比,灵魂还是某种全然不同的东西。例如,灵魂无疑是简单的自相同一性,但同时也是能动的,是在自身区别自己的,反之,那个仅仅如何的东西,即抽象的简单东西,本身却同时是僵死的。——康德通过他对旧形而上学的论战,从灵魂或精神的概念中清除了那些谓词,这可以看作是一大成就,可是他所提出的"理由"是完全错误的。

§.48

2. 在理性认识第二个对象(§.35)、即世界的无条件东西的尝试中,理性陷于二律背反,就是说,陷于对同一个对象坚持两个相反的命题,而且是这样陷入二律背反的,即这两个命题中的每一个都必然被认为有同样的必然性。由此可见,以自己的规定陷入这种矛盾的世界的内容不可能是自在的,而只能是现象。康德的解决办法在于,矛盾并不是对象本身固有的,而是仅仅属于认识对象的理性。

〔说明〕在这里康德谈到,引起矛盾的是内容本身,即范畴本身。他认为知性规定在理性事物中设定的矛盾是本质的和必然的,这个思想须被认为是现代哲学最重要和最深刻的进步之一。但这个观点深刻到什么程度,解决办法就浅薄到什么程度;他的解决办法仅仅在于对世界的事物抱一种温情态度。在世界的本质中造成矛盾这种污点的,不应被认为是世界的本质,而是这种污点应被认为仅仅属于能思维的理性,属于精神的本质。人们确实不会否认,现象世界给进行考察的精神展现出一些矛盾,这个现象世界就是那个对主观精神、即对感性和知性存在的世界。但如果把世界的本质同精神的本质加以比较,我们就会奇怪,怎么有人竟然那样坦率地提出和附和这种谦逊的主张,即认为本身有矛盾的东西不是世界的本质,而是能思维的存在者,是理性。换一个说法,认为理性只有通过应用范畴,才陷入矛盾,这也丝毫没有用处。因为在这里已经肯定,这种应用是必然的,而理性为了认识,除了拥有范畴以外,没有任何其他规定。认识实际上是进行规定的和加以规定的思维;如果理性仅仅是空洞的、没有规定的思维,它就不能思维任何东西。但如果理性最后被归结为那种空洞的同一性(参看下节),那么,理性也就会最后通过轻易牺牲一切内容和蕴含,而侥幸摆脱矛盾。

可以进一步指出,由于对二律背反缺乏比较深入的考察,还首先使康德只举出四个二律背反。他就像在所谓的背理论证中那样,把范畴表作为前提,从而得出四个二律背反;在这里他应用了后来变得颇为令人喜欢的方法,不是从概念推演出对象的规定,而是把对象单纯安排在一个以前制定的图式之内。康德在论述二律背反方面的其他不足之处,我已经在我的《逻辑学》里顺便揭示出来了[27]。——现在应该指出的主要事实是,

Ⅵ,102

Ⅵ,103

不仅在这四个特殊的、从宇宙论得到的对象中有二律背反，而且在一切种类的一切对象中，在一切表象、概念和理念中都有二律背反。要认识这一点和各个对象的这种属性，就属于哲学考察的本质；这种属性构成了那个不断规定其自身为辩证逻辑环节的东西。

〔**附释**〕人们曾经依据旧形而上学的观点假定，如果认识陷于矛盾，这仅仅是一种偶然的差错，是基于推论和论理方面的主观错误。但在康德看来，思维在想认识无限时陷于矛盾（二律背反），其原因则在思维自身的本性。虽然像在上面的"说明"中提到的，康德揭示出二律背反，无论如何须被视为对哲学认识的一个很重要的促进，因为这消除了知性形而上学的僵硬的独断论，指出了辩证的思维运动，但必须同时看到，康德即使在这里也是停留于事物的自在东西不可知这个单纯消极的结果，而

VI,104　没有达到对二律背反的真正的、积极的意义的认识。一般说来，二律背反的真正的、积极的意义在于，一切现实事物都在自身包含着对立的规定，因此认识一个对象，确切地说，把握一个对象，恰恰意味着意识到这个对象是对立规定的具体统一。如果说像过去指出的，旧形而上学在考察各个对象，以求得自己的形而上学知识时，所要做的工作是应用一些抽象的知性规定，而排除与这些知性规定对立的其他知性规定，那么，康德则与此相反，曾经试图证明这样得出的论断总可以用同样的理由和同样的必然性，与其他内容相反的论断相对立。康德在揭示这些二律背反时仅仅局限于旧形而上学的宇宙论，而且在他反对这种宇宙论的论战中把四个二律背反列为范畴表的基础。第一个二律背反涉及是否可以设想世界在空间和时间上有界限的问题。在第二个二律背反中讨论到一个二难推论，即物质须被认为是无限可分的，还是由原子构成的。第三个二律背反涉及自由与必然的对立，因为提出了这样的问题，即世界上一切事物都必须被视为受因果联系的制约呢，还是也可以假定在世界上有自由的存在者，即行动的绝对起点。最后，还给这附加了一个二难推论，作为第四个

二律背反,即整个世界是否有一个原因。——康德在他对这些二律背反
的研讨中采用的方法,首先是他把其中包含的相反规定作为正题和反题
相互对立起来,并力图证明两者都是正确的,即力图表明两者是反思这些　VI,105
问题的必然结果,在这里他明确地反对说他是为了作出某种辩护而寻求
虚假的幻想。但实际上,康德关于他的正题和反题所提出的证明须被看
作是单纯似是而非的证明,因为所要证明的结论总是已经包含在作为出
发点的前提里,只不过用冗长的、反证的方法制造出一种中介的假象罢
了。但无论如何,这些二律背反的提出总是批判哲学的一个很重要的、值
得承认的成果,因为这说出了(虽然最初仅仅是主观地和直接地)那些被
知性坚持分离开的规定在实际上的统一性。例如,上述第一个宇宙论二
律背反的含义是说,空间和时间不仅须被视为连续的,而且也须被视为间
断的,反之,旧形而上学则停留在单纯的连续性上,因而世界在空间和时
间上被认为是无界限的。说我们能超出任何特定空间,同样也能超出任
何特定时间,这是完全正确的;但是,说空间和时间只有通过它们的规定
性(即这里和现在)才是现实的,而这种规定性就存在于它们的概念中,
这也同样正确。其他上述二律背反也是如此,例如,自由与必然的二律背
反仔细来看是这样的:知性所理解的自由和必然实际上仅仅是真正的自
由和真正的必然的观念环节,而这两者在分离的情况下是不具有任何真
理性的。

VI,106

§.49

3. 第三个理性对象是上帝(§.36),上帝必须加以认识,即必须用思
维加以规定。对于知性来说,与简单的同一性相反,一切规定都仅仅是一
种限制,一种否定本身;因此,一切实在只应当作无限制的,即没有规定

的,而且上帝作为一切实在的总和,或作为最实在的存在者,变成了简单的抽象概念,给上帝定义剩下来的也只不过是同样完全抽象的规定性,即存在。在这里叫作概念的抽象同一性和存在是理性力求统一的两个环节;两者的统一是理性的理想。

§.50

达到这种统一,可以有两个途径或形式;就是说,我们可以从存在开始,由此过渡到思维的抽象概念,或者相反,可以完成从抽象概念出发而到存在的过渡。

至于谈到那种以存在为开端的途径,那么,存在作为直接的东西就表现为一种在无限多的方面都得到规定的存在,表现为一个充实的世界。这个世界可以进一步被规定为无限多的偶然性的聚集(在宇宙论证明里)或无限多的目的及合乎目的的关系的聚集(在自然神学证明里)。——思维这种充实的存在,意味着排除它的个别性和偶然性的形式,而把它理解为一种普遍的、自身必然的、按普遍目的规定自己的和能动的存在,这种存在是不同于那种最初的存在的,就是说,把它理解为上帝。——康德对这个进程所作的批判的主要意思在于,这个进程是一种推论,是一种过渡。因为各种知觉及其聚集(或世界)在它们本身并没有表现出思维从那种内容提炼出来的普遍性,所以这种普遍性不会通过那种经验的世界观得到证明。因此,休谟的观点是与思想从经验的世界观到上帝的上升相反的(像在背理论证中讨论的那样,参看§.47),这种观点宣称,思维各种知觉,即从它们得出普遍必然的东西,是不能容许的。

〔说明〕因为人是能思维的,所以,健康人类理智和哲学从来都坚持从经验的世界观出发,使自身升高到上帝。这种升高无非是以对于世界

Ⅵ,107

所作的思维考察,而不是以对于世界所作的单纯感性的、动物式的考察为
其基础。本质、实体对于思维而言,并且仅仅对于思维而言,才是世界的
普遍力量和目的规定。所谓的上帝存在证明只应视为对于精神在其自身
的发展进程的描述和分析,这精神是能思维的,并且是思维感性事物的。
思维升高到感性事物之上,思维超越有限而达到无限,思维打破感性事物
序列而完成向超感性事物的飞跃,这一切都是思维活动本身,而且这种过
渡也仅仅是思维活动。如果我们不应该完成这样的过渡,那就等于说我
们不应该思维。实际上动物并不完成这样的过渡;它们停留在感官的感
觉和直观上,因此它们决没有什么宗教。对于思维的这种升高所作的批
判,无论一般地说来还是特殊地说来,都必须注意两点。第一,如果这种
升高采取了推理的形式(所谓的上帝存在证明),那么,出发点无疑是那
个以任何一种方式把世界规定为偶然性的聚集或目的及合乎目的的关系 VI,108
的聚集的世界观。这个出发点在作出推理的思维里可以显得是牢固的基
础,也可以像这类材料最初看起来那样,显得是完全在经验范围里被保留
和保持下来的。这样,这个出发点与所要达到的终结点的关系就被想象
为单纯肯定的,被想象为从一个存在的、并且永远存在的东西到另一个同
样也存在的东西的推论。但是,想用这种知性形式去认识思维的本性,却
是重大的错误。倒不如说,思维经验世界在实质上就意味着改变这个世
界的经验形式,把它转化为一个普遍东西;思维也同时对那个基础施加否
定的活动;知觉到的材料在通过普遍性加以规定时,并不保留其原初的经
验形态。知觉到的东西的内在蕴含是用排除和否定外壳的方法揭示出来
的(参看§.13与§.23)。形而上学的上帝存在证明并没有表明,或更确
切地说,并没有揭示精神从世界到上帝的升高过程中包含的否定环节,因
而是对这个过程的不完善的解释和描述,原因在于,认为世界是偶然的,
这本身就意味着世界仅仅是一种幻灭的、显现的和自身虚无的东西。精
神的这个升高过程的意义在于,世界虽然有存在,但这存在只是映象,而

不是真正的存在，不是绝对的真理，倒不如说，绝对的真理超然于那种现象之外，仅仅存在于上帝之中，只有上帝才是真正的存在。这个升高过程既然是过渡和中介，所以同样也是过渡和中介的扬弃，因为那种能够把经

Ⅵ，109　过中介的上帝映现出来的东西，即世界，倒应被宣布为虚无的东西；只有世界的存在的虚无性才是这个升高过程的纽带，所以起中介作用的东西就消失了，因而中介在这种中介过程本身也得到了扬弃。——在雅可比反对知性的证明时，他所指的主要是那种仅仅被理解为肯定关系的关系，即两个现实存在物之间的关系；他对这种证明方式提出了公正的谴责，说这是给无条件者寻找一些条件（世界），而用这种方式就会把无限者（上帝）设想为有根据的和有依赖的。然而，在精神中存在的那个升高过程本身却是校正这种映象的，更确切地说，这个升高过程的全部内容就是对这种映象的校正。不过，在中介过程中扬弃中介本身是实质性思维的真正本质，雅可比并没有认识到这种本质，因此他把他对单纯进行反思的知性所作的正确谴责就错误地看成了一种针对整个思维，因而也针对理性思维的谴责。

为了解释对那个升高过程中的否定环节的忽视，作为例证，我们可以举出人们对斯宾诺莎主义所提出的谴责，这种谴责认为，斯宾诺莎主义是泛神论和无神论。当然，斯宾诺莎的绝对实体还不是绝对精神，而要求把上帝必须规定为绝对精神，这也是合理的。但是，如果斯宾诺莎的上帝定义被设想为这样，即他把上帝与自然、有限世界相混淆，把世界当作上帝，那么，这就是假定有限世界拥有真正的现实性、肯定的实在性。当然，根

Ⅵ，110　据这种假定，就会用上帝与世界的统一把上帝完全有限化，把上帝贬低为现实存在的单纯有限的、外在的多样性。其实，斯宾诺莎[28]并没有把上帝定义为上帝与世界的统一，而是定义为思维与（物质世界的）广延的统一；撇开这一点不谈，即使以他那最初的、极其拙笨的方式来看这种统一，我们也肯定会在其中看到，世界在斯宾诺莎的体系里仅仅被规定为没有

真正的实在性的现象,因此这个体系倒应被视为无世界论。一种主张上帝、并且唯有上帝存在的哲学,至少不可被冒称为无神论。甚至对于那些把猿猴、母牛、石料像或金属像等等当作上帝崇拜的民族,我们都毕竟还承认他们具有宗教。但是,从表象的意义上说,要放弃表象固有的假定,即放弃那个认为叫作世界的有限事物的聚集具有真正的实在性的假定,还是违背常人的意愿的。若要像那种哲学所能表示的那样,相信世界不存在,人们很容易认为这样的事情是完全不可能的,或者,至少比人们能够想象上帝不存在要不可能得多。人们相信——这恰恰不是他们自己的光荣——一个体系否认上帝要比否认世界容易得多;他们觉得否认上帝要比否认世界好理解得多。

第二点值得注意的是对那个思维的升高过程最初获得的内容的批判。这个内容如果仅仅在于世界的实体、世界的必然本质、一种合乎目的地创建与支配世界的原因等等的规定,当然不符合于我们所理解的或我们所应该理解的上帝。但是,如果撇开假定一个上帝的表象的方法不谈, VI,111
而根据这样的假定去评论所得到的结果,那么,那些规定一定有很大价值,并且是上帝理念中的一些必然环节。为了用这种方法思考这个内容的真正规定,思考真正的上帝理念,当然一定不能以次要的内容为出发点。世界上单纯偶然的事物是一种很抽象的规定。虽然有机产物及其目的规定属于更高的领域,属于生命,但是,对于有生命的自然界和现存事物与目的的其他关系的考察却能够由于目的微不足道,甚至于由丁对各个目的与其关系的陈述天真幼稚而遭到玷污,除此以外,单纯有生命的自然界本身实际上还不是能够据以把握上帝理念的真正规定的东西;上帝不仅是有生命的,上帝是精神。如果思维获得一个出发点,而且想获得最切近的出发点,那么,唯有精神的本性才是可供思维绝对的最适宜、最真实的出发点。

§.51

达到那种一定会实现理想的统一的另一个途径是从思维的抽象概念出发,进展到只剩有存在的规定;这就是本体论的上帝存在证明。这里出现的对立是思维与存在的对立,因为在第一个途径中存在对于对立的两个方面是共同的,对立仅仅是指个别与普遍的差别。知性反对这另一个途径的理由在本质上也与刚才提到的理由相同,那就是像在经验事物中找不到普遍东西一样,反过来说,在普遍东西中也同样不包含特定东西,而特定东西在这里就是存在。换句话说,存在仿佛不可能从概念中推演和分析出来。

〔说明〕毋庸置疑,康德对本体论证明作的批判也得到了绝对有利的接受和采纳,因为他在说明思维与存在之间有哪种区别时,举出了关于一百塔勒尔的例证,说一百塔勒尔无论是仅仅可能的还是现实的,就概念而言都同样是一百,然而对我的财产状况来说这却有本质的不同。——我兀自思考或想象的这类东西经过思考或想象还不是现实,没有任何事情能像这件事情这样明显;表象或概念并不足以被视为存在,没有任何想法能像这个想法这样明显。——姑且不谈把一百塔勒尔之类的东西叫作概念,可以被正当地称为粗野,那些总是再三反对哲学理念,认为思维与存在有差别的人们,也毕竟应该最后假定,哲学家们并不是同样不知道思维与存在的差别这个事实;实际上,还会有什么比这更浅薄的知识吗?但是,大家却必须随后想到,在谈到上帝的时候,这是一个与一百塔勒尔、任何特殊概念、表象或随便叫什么名称的东西不同类的对象。一切有限事物其实都是、并且仅仅是这样:它的存在不同于它的概念。反之,上帝则显然一定是那种只能"被设想为存在着"[29]的东西,上帝的概念在自身就

VI,112

包含着存在。正是概念与存在的这种统一构成上帝的概念。——当然，
这还是一个关于上帝的形式定义，因此它实际上只包含概念本身的性质。 Ⅵ,113
不过我们也容易看出，这种概念肯定是以其极为抽象的意义在自身包含
着存在。因为概念像往常加以规定的那样，至少是通过扬弃中介产生的、
因而本身直接的自相联系，而存在也无非就是这种联系。——我们确实
可以说，假如精神的最内在的本质或概念，甚至于自我，尤其是作为上帝
的具体总体，竟然不很丰富，以致在自身不能够包含像存在这么贫乏的、
实际上最贫乏、最抽象的规定，这必定是咄咄怪事。就内容而言，在思想
中决不会有比存在更无足轻重的东西。只有人们在存在中最初表象的那
种东西，即外在的、感性的现实存在，如我面前的这张纸的现实存在，也许
还更无足轻重；但是，我们怎么也不愿意谈一种有局限的、暂时性的事物
的感性现实存在。——此外，批判哲学的那种认为思想与存在有差别的
浅薄说法，对人来说，顶多只能干扰其精神从关于上帝的思想达到对于上
帝存在的确信的进程，而不能取消这个进程。正是这种过渡，这种关于上
帝的思想与上帝的存在的绝对不可分割性，也在直接知识或信仰的观点
中重新恢复了自己存在的权利。关于这一点，以后再来讨论。

§.52

这样，对思维来说，规定性在思维的顶点就依然是某种外在的东西；
思维依然仅仅是完全抽象的思维，而它在这里总是叫作理性。由此产生
的结果就是理性只提供用以简化和系统化经验的形式统一性，理性不是 Ⅵ,114
认识真理的官能，而是评判真理的准则，理性不能提供关于无限事物的学
说，而是只能提供对于认识的批判。这种批判在其最后的分析里在于保
证，思维本身仅仅是没有得到规定的统一性和这种没有得到规定的统一

性的活动。

〔**附释**〕康德诚然已经把理性视为认识无条件东西的能力,但在这种理性单纯被归结为抽象的同一性时,这里却同时有放弃理性的无条件性的含义,于是理性实际上也就不是别的,而只是空洞的知性。理性之所以为无条件的,仅仅是因为理性并非从外面由一个异己的内容加以规定,而是自己规定自己,因而其内容也就在其自身。但按照康德的看法,理性的活动则显然仅仅在于应用范畴,把知觉提供的材料系统化,即让这类材料有一种外在的条理,而且在这里理性活动的原则也不过是无矛盾性的原则。

§.53

b)实践理性被康德视为用普遍的方式自己规定自己的意志,即能思维的意志。实践理性必须提供命令式的、客观性的自由规律,即陈述应该出现什么事情的规律。在这里把思维假定为进行客观规定的活动(实际上是一种理性)的理由是建立在这样的事实里的,那就是实践的自由能够通过经验得到证明,即能够在自我意识的现象中得到证实。针对意识中的这种经验,出现了决定论同样根据经验所得出的一切相反的结论,尤其是出现了怀疑论(也包括休谟)从人们视为权利和义务的那类东西的无限不同的性状中,即从本当客观的自由规律的无限不同的性状中所作出的归纳。

VI,115

§.54

那种被实践的思维当作自己的规律的东西,即评判实践的思维自己规定自己的活动的标准,除了在这种规定活动中不应当发生任何矛盾这个同样抽象的知性同一性以外,再没有任何其他原则可供使用;因此,实践理性并未超出那种必将构成理论理性的最后结论的形式主义。

但是,这种实践理性不仅在自己内部设定了善这个普遍的规定,而且以这样的一个公设才成为真正实践的,那就是善应该有其在世界中的存在,应该有其外在的客观性,这就是说,思想不仅应该是主观的,而且应该是完全客观的。关于实践理性的这个公设,以后再来讨论。

〔**附释**〕康德在理论理性中否认了的东西,即自由的自我规定,他在实践理性中则明确地证明为正确的。主要是康德哲学的这个方面给这种哲学获得了巨大的好处,这完全是有道理的。要正确评价康德在这个方面作出的贡献,我们首先必须具体说明在康德那时盛行的实践哲学——确切地说,道德哲学——的面貌。一般说来,当时盛行的道德哲学是幸福主义体系,它给人的使命问题作出的答复说,人应该以自己的幸福为目标。因为幸福被理解为人的特殊偏好、愿望、需要等等的满足,所以这就把偶然的、特殊的东西当作了意志及其实现的原则。于是,康德就用实践理性去对抗这种自身缺乏任何坚实据点而为一切任性和情欲大开方便之门的幸福主义,从而说出了一个有普遍性的、对人人都同样有约束力的意志规定的公设。如果说像在前几节中提到的那样,康德认为理论理性纯粹是在认识无限方面的否定能力,并且没有自己的肯定内容,应该限于洞察经验知识的有限性,那么现在康德则明确地承认了实践理性的肯定的无限性,具体地说,他认为意志具有以普遍的方式、即以思维的方式自己规定自己的能力。这种能力无疑是意志拥有的,并且认识到人只有在拥有这种能力,把它应用于自己的行动时才是自由的,这也有很大的重要性;但是,靠这种承认还没有回答关于意志或实践理性的内容问题。于是,在人们说人应该把善作为自己的意志的内容时,就立刻又发生了关于这种内容或这种内容的规定性的问题,而且无论是用意志自相一致的单

VI,116

纯原则,还是用为义务而履行义务的公设,人们都依然如故,毫无进展。

§.55

c)康德认为反思的判断力具有一种直观的知性的原则,这就是说,在直观的知性中,那种仿佛对普遍东西(抽象同一性)是偶然的、不能从普遍东西推演出来的特殊东西可以由普遍东西本身加以规定。这就是在艺术作品和有机自然产物中可以体察到的情况。

〔**说明**〕判断力批判有一个出色的地方,即康德在这种批判中说出了理念的表象,甚至说出了理念的思想。直观的知性、内在的合目的性等等的表象是普遍东西,它同时被设想为在它自身是具体的。只有在这些表象里,康德哲学才表明自己是思辨的。许多人,尤其是席勒[30],在艺术美的理念中,在思想与感性表象的具体统一中,找到了摆脱分离的知性的抽象思维的出路,其他人也在一般生命力的直观和意识中找到了这样的出路,无论这种生命力是自然的生命力还是理智的生命力。——艺术作品和有生命的个体性虽然在自己的内容里是有局限的,但康德在他所设定的自然或必然与自由目的的和谐中,在被设想为业已实现的世界的终极目的中,提出了甚至就内容而言也无所不包的理念。不过,像我们能够举出的那种思想的懒惰在达到这个最高理念时却以应当为捷径,不是真正实现终极目的,而是坚持着概念和实在的分离。与此相反,活生生的有机组织与艺术美的当前在场也向鉴赏力和直观展示出理想的现实性。所以,康德对于这些对象的反思可能特别适合于引导意识去把握和思考具体的理念。

VI,117

§.56

在这里康德提出了关于知性中的普遍东西与直观中的特殊东西的另一种关系的思想,这种关系不同于那种在理论理性和实践理性的学说中奠定基础的关系。然而,与这种思想相结合的不是认识到这另一种关系是真正的关系,甚至是真理本身。倒不如说,普遍东西与特殊东西的这种统一仅仅是像它在有限现象里达到现实存在那样加以接受的,并且是在经验中加以揭示的。最初在主体中提供这样的经验的,一方面是天才,是 VI,118 创造审美理念的能力,就是说,是自由的想像力的一些表象,它们对一种理念有用,并且值得深思,虽然这样的内容也许没有用概念表达出来,或没有让人用概念表达出来;另一方面是趣味判断,是对自由的直观或表象与合乎规律的知性的协调一致的感受。

§.57

反思的判断力的原则对于有生命的自然产物来说,被康德进一步规定为目的,这目的就是能动的概念,是在自身得到规定和进行规定的普遍东西。同时,康德也排除了外在合目的性或有限合目的性的表象,在这种表象中,目的对于实现目的的手段和材料不过是外在的形式。反之,在有生命的东西中,物质的目的则是内在的规定和活动,而且有生命的东西的一切环节都像互为目的一样,也互为手段。

§.58

虽然在这样的理念中目的与手段、主观性与客观性的知性关系得到了扬弃,但又与此相矛盾,康德把目的解释为一种原因,这种原因似乎只有作为表象,即作为一种主观东西,才是现实存在的和能动的。因此,目的规定也就终于仅仅被解释为一种属于我们的知性的评判原则。

〔说明〕在批判哲学一旦得出理性只能认识现象的结论以后,我们至少对于有生命的自然界毕竟可以在两个同样主观的思维方式之间进行选择,而且按照康德的阐述,我们还可以负有责任,不要单纯根据质、因果、组合、组成部分等等的范畴去认识自然产物。这种内在合目的性的原则如果在科学的应用中加以坚持和发挥,则会导致一种迥然不同的、更加高级的考察自然产物的方式。

Ⅵ,119

§.59

按照这个原则,完全没有局限性的理念本当是这样的:由理性规定的普遍性、绝对终极目的或善应该在世界中得到实现,具体地说,应该通过一个第三者,即通过设定并实现这个终极目的的力量——上帝——得到实现,而这样一来,在上帝中,在绝对真理中,普遍性与个别性、主观性与客观性的那些对立就都得到了解决,而被解释为不独立的和不真实的了。

§.60

但是,那个在自己当中设定起世界的终极目的的善一开始就仅仅被规定为我们的善,被规定为我们的实践理性的道德规律;所以,那种对立的统一并未超过世界的状况、事变同我们的道德信念的一致*。更不要说,甚至加上这种限定,终极目的或善也是一个没有规定的抽象概念,就像那类被认为是义务的东西一样。与这种和谐相反,一种在其内容中被设定为不真实的对立又进一步被唤起并加以坚持,以致这种和谐被规定为一种单纯主观的东西,被规定为一种仅仅应该存在的、即同时没有实在性的东西,被规定为这样一种所信的东西,这种东西只具有主观的确实性,而不具有真理性,即不具有那种符合于理念的客观性。——如果说理念的实现在时间上被推移到了一个也有理念存在的未来,从而在表面上可以把这个矛盾掩盖起来,那么,像时间这样的感性条件则是解决矛盾的反面,而且知性的时间表象,即无限的进展过程,也简直无非是矛盾本身不断被设定的过程。

VI,120

〔说明〕关于这种就认识的本性从批判哲学得出的、上升为当时的信念或普遍前提之一的结果,我们还可以作出一个概括的评述。

在任何二元论体系里,尤其是在康德的体系里,我们都可以通过它的不彻底性,即联合那种在前一瞬间被解释为独立不依的、因而不可联合的

---

* 用康德本人在其《判断力批判》〔第一版〕第 427 页上的话来说,"终极目的只是我们的实践理性的一个概念,因而既不能从任何经验材料中推演出来,用于对自然作理论的评判,也不能同自然知识联系起来。除了按照道德规律把这个概念仅仅用于实践理性以外,它不可能有任何用途;造化的终极目的是世界的这样一种性状,这种性状是与那种只有我们才能按照规律明确指出的东西一致的,就是说,是与我们的纯粹实践理性的终极目的一致的,而且在这个限度内这种理性应该是实践的。"

东西,暴露出它的根本缺陷。这种体系刚才把联合起来的东西解释为真实的,就立刻反过来把下列情况解释为真实的:两个已经在作为其真理的联合中不被认为有独立的持续存在的环节,只有像它们分离开那样,才有真理性和现实性。这种哲学思维根本没有意识到,用这个反复无常的办法也就把这些单个规定中的任何一个都解释成了不能令人满意的,而这种哲学思维的缺点在于,它简直没有能力把两个思想——就形式而言,只存在两个思想——结合到一起。因此,一方面承认知性只认识现象,另一

VI,121 方面又说认识不能更进一步,这是人类知识的天然的、绝对的界限,因而断言这种认识是某种绝对的东西,这实在是极大的不彻底性。天然的事物诚然是有局限的,而且天然的事物之所以为天然的事物,也只是由于它们丝毫不知道它们的普遍界限,由于它们的规定性仅仅是一种为我们存在而不为它们存在的界限。只有人超出某种东西时,这种东西才同时被认识到、甚至被感觉到是界限、缺陷。与无生命的事物相比,有生命的事物具有感受痛苦的优先权利;甚至对于有生命的事物来说,一个单个的规定性也可以变为对否定东西的感觉,因为有生命的事物作为有生命的事物在它们之内拥有超出个别东西的生命力这种普遍性,在它们的否定东西里依然保持它们自身,并且感觉到这种矛盾是存在于它们之内的。这种矛盾之所以存在于它们之内,是因为在同一个主体里有两个方面,即主体的生命感受的普遍性与否定这种感受的个别性。同样,认识的界限、缺陷也只有与普遍东西这个整体、这个完善东西的现存理念相比较,才被规定为界限、缺陷。因此,看不到正是把某种东西描述为有限的或有界限的东西,包含着对于无限的或无界限的东西的真正在场的证明,看不到只有无界限的东西在此岸世界包含在意识里,才能有对于界限的知识,就不过是不知不觉罢了。

关于康德就认识所得出的那个结果,我们还可以紧接着作出进一步的评论,那就是康德哲学对于科学的探讨不可能产生过什么影响。虽然

这种哲学能使通常认识的范畴和方法成为完全不可置疑的,但是,如果说在当时的科学著作中有时开头也采用康德哲学的几句话,那么从整个论著本身则可看出,那几句话不过是一种多余的装饰,假使把那开头几页删 Ⅵ,122
掉,那就会露出整个论著的经验内容*。

至于说到康德哲学与形而上学化的经验主义的详细比较,那么,素朴的经验主义虽然坚持感性知觉,但同样承认一个精神的现实世界,即承认一个超感性的世界,不管这个世界的内容有什么性质,是否来源于思想、幻想等等。就形式而言,这种内容像经验知识的其他内容在外部知觉的权威中得到证明一样,在精神的权威中得到证明。不过,那种反思的、以首尾一贯为原则的经验主义却反对这种主张有最后、最高的内容的二元论,否认思维的原则和一个以这种原则发展的精神世界的独立性。所以,唯物论或自然主义是彻底的经验主义体系。——康德哲学把思维和自由的原则全然与这种经验主义对立起来,而继承了素朴的经验主义,丝毫不越出它的普遍原则。康德哲学的二元论的一个方面依然是知觉和反思知觉的知性的世界。虽然这个世界被冒称为现象世界,然而这是一个单纯的名称,一个单纯形式的规定,因为康德哲学的来源、内容和考察方式仍 Ⅵ,123
然完全与经验主义相同。反之,康德哲学的二元论的另一方面则是自己把握自己的思维的独立性,是自由的原则,这条原则是康德哲学与从前的、通常的形而上学共有的,但康德哲学已经挖空了它的一切内容,而未能再给它弄到任何东西。这种在此叫作理性的思维,被剥夺了一切规定,被解除了一切权威。康德哲学收到的主要效果是唤醒了对这种绝对的内

---

　　* 甚至在赫尔曼的《诗韵学教程》³¹里也是用康德哲学的几段话开始的;在这本教程的 §.8 里得出的结论说,音韵的规律必须是 1.客观的规定,2.形式的规律,3.a priori〔先天〕规定的规律。大家可以把此中对于各种韵律本身的论述同这些公设和以后得出的因果关系与相互作用的原理加以比较,那些形式的原理对于这种论述并没有发生丝毫的影响。

在性的意识,这种绝对的内在性虽然由于性质抽象而未能从自身发展出任何结果和任何规定,既不能提出理论认识,也不能提出道德规律,但是却完全拒绝对于某种具有外在性特点的东西听其自然和默然认可。理性独立、即理性绝对自主的原则从这时起就被看作是哲学的普遍原则,也被看作是我们时代的信念之一。

〔**附释 1**〕应该归于批判哲学的一个巨大的、否定性的功绩,是它已经使人确信知性规定属于有限性领域,在这个领域里活动的知识并没有达到真理。但这种哲学的片面性在于用下列根据确定知性规定的有限性,即这类规定仅仅属于我们的主观思维,而对于这样的思维来说,自在之物据说永远是一个绝对的彼岸世界。但实际上,各个知性规定的有限性并不是由于它们有主观性,相反地,它们本身就是有限的,它们的有限性可以从它们本身揭示出来。然而在康德看来,我们思维的东西之所以是假的,是因为我们思维这种东西。——必须看作康德哲学的另一个缺点的,是这种哲学仅仅对思维作了历史的描述,只列举出意识发展的一些环节。这种列举虽然在大体上无疑是正确的,但没有谈到用这样的经验方式把握的东西的必然性。于是,被宣布为康德哲学对于意识的各个不同发展阶段所作的反思的结果的,就是我们所认识的东西的内容不过是现象而已。就有限思维确实只能涉及现象而言,我们必须对这个结果表示赞同。但是,思维到现象这个阶段还没有告终,而是另有一个更高的领域,然而这个领域对康德哲学来说永远是一个无法问津的彼岸世界。

〔**附释 2**〕如果说在康德哲学里最初只是形式地提出一条原则,认为思维可以自己规定自己,而思维的这种自我规定的方式和限度尚未被康德证实,那么,与此相反,正是费希特认识到这个缺陷,说出了演绎范畴的要求,因而同时作出了也能真正提供这样一种演绎的尝试。费希特哲学把自我作为哲学发展的出发点,各个范畴被认为是作为自我活动的结果得出的。但自我在这里并未真正表现为自由的、主动的活动,因为自我被

VI,124

认为是首先由一种外部的障碍刺激起来的;于是自我就要对这种障碍作出反应,而且也只有通过这种反应,自我才能达到对于自我本身的意识。——在这里,障碍的性质永远是一个未知的外部东西,自我则总是一个受制约的东西,它与一个他物相对峙。由此可见,连费希特也停留在康德哲学的结论上,即认为只有有限东西能加以认识,而无限东西则超出了思维的范围。在康德那里叫作"自在之物"的东西,在费希特这里则是外部的障碍,是这种表示一个不同于自我的他物的抽象概念[32],它除了一般的否定东西或非我的规定以外,就没有任何其他规定。在这里,自我被认为与非我有关系,只有通过非我,自我的自己规定自己的活动才被刺激起来,而且自我是这样被认为与非我有关系的:自我仅仅是它不断地从障碍解放出来的连续活动,然而并没有得到真正的解放,因为随着障碍不再存在,仅仅以自己的活动为自己的存在的自我本身也就会不再存在。进一步说,自我的活动产生的内容决不是别的,而是经验的通常内容,只不过补加了一句话,说这种内容纯粹是现象。

Ⅵ,125

C.
思想对客观性的第三种态度
直接知识

Ⅵ,126

§.61

在批判哲学里思维被理解为这样,即它是主观的,它的终极的、不可克服的规定是抽象的普遍性,是形式的同一性;于是思维就与真理这个自身具体的普遍性对立起来了。在这种被批判哲学认为是理性的最高思维规定中,各个范畴都不在考虑之列。——与此相反的观点**33**则要把思维理解为只能把握特殊东西的活动,并以这种方式把思维同样解释为不能把握真理的。

§.62

思维作为把握特殊东西的活动,仅仅以各个范畴为其产物和内容。各个范畴像知性坚持的那样,是认识有条件、有依赖和有中介的东西的有限规定、形式。对局限于这类认识的思维来说,并不存在无限、真理;这种思维决不可能造成任何向无限、真理的过渡(与上帝存在的证明相反)。这些思维规定也叫作概念;用概念把握一个对象,无非意味着用有条件、有中介的东西的形式去把握这个对象,所以,就这个对象是真理、无限、无条件东西而言,也无非意味着把它转变为有条件、有中介的东西,不用思维去把握真理,而用这样的方式把真理歪曲为非真理。

〔说明〕这就是主张只能直接认识上帝和真理的观点所提出的唯一的、简单的争辩。种种所谓的拟人观念在以往已经被当作有限的、因而不配表示无限的观念,从对上帝的理解中排除出来,因而上帝变成了一种十分空洞的存在者。不过在那时思维规定一般还没有被列入拟人观念,倒不如说,思维被认为是扫除关于绝对的观念的有限性的,而这符合于上面〔§.5〕已经说过的一切时代的信念,即我们只有通过反思才能达到真理。但现在连思维规定也最后被一概解释为拟人论,思维被解释为单纯有限化的活动。——雅可比在他讨论斯宾诺莎的书信的第七篇附录里,极其明确地提出了这种争辩**34**。顺便指出,这种争辩是他从斯宾诺莎哲学本身汲取过来,用以反对一般认识的。这种争辩把认识仅仅理解为对于有

VI,127

限事物的认识,理解为思维通过从有条件东西到有条件东西的序列的进展,在这种序列中每个充当前提的东西本身又仅仅是一个有条件的东西——即把认识理解为思维通过许多有条件的前提的进展。按照这种看法,解释和理解就意味着表明某物是通过一个他物得到中介的,因此,一切内容仅仅是一种特殊的、有依赖的和有限的内容,而无限、真理和上帝则处在认识所囿于的这种联系的机械过程之外。——重要的是,当康德哲学把各个范畴的有限性首先仅仅视为它们的主观性的形式规定时,在这种争辩里各个范畴是就它们的规定性加以讨论的,而且范畴本身被认为是有限的。——雅可比在对自然力量和自然规律的认识中特别注意各门研究自然的科学(sciences exactes〔精确科学〕)的光辉成就。停留在有 VI,128
限事物的这个基础上,当然无法寻找到无限事物,正像拉朗德所说的,他搜遍了整个天宇,但没有寻找到上帝[35](参看§.60"说明")。在这个基础上得到的最后结果,就是作为外在有限事物的不确定的聚集的普遍东西,即物质。雅可比也很正确地看到,用这种凭靠中介的单纯进展的方法是决不会有任何其他出路的。

§.63

同时雅可比主张,精神能认识真理,唯独理性才使人成为人,理性是关于上帝的知识。但因为间接知识只能局限于有限的内容,所以理性是直接知识、信仰[36]。

〔说明〕知识、信仰、思维和直观是在这种观点中经常出现的 些范畴,它们既然已经被假定为熟知的,所以经常仅仅按照单纯的心理学的观念和划分加以随意使用;它们的本性和概念是什么,这本来应该是唯一的重要问题,却没有加以考察。所以我们发现,知识通常是与信仰对立的,信仰则同时被规定为直接知识，因而立刻也被承认为一种知识。在意识中有我们信仰的东西，因此我们至少知道这种东西；同样，我们信仰的东西作为某种确实的东西也存在于意识中，因此我们知道这种东西——这两者作为经验事实也的确是能被发现的。——这样，思维就被进一步主

VI,129　要与直接知识和信仰对立起来，尤其与直观对立起来。如果直观被规定为理智的，那么，在我们不想另外把这种以上帝为对象的理智东西理解为想象中的表象和形象时，理智的直观就只能是思维的直观。在这种哲学思维的语言里，也在涉及当前感性存在中的日常事物时谈到信仰。雅可比说，我们相信我们有身体，我们相信感性事物的现实存在[37]。但是，当我们说到对于真理和永恒的信仰，说到上帝在直接知识或直观中已经启示出来和给予我们的时候，我们说的却决不是任何感性的事物，而是一种自身普遍的内容，而这仅仅是能思维的精神的一些对象。甚至在作为自我的个别性或人格——就它不是指经验的自我或特殊的人格而言——呈现在意识面前时，尤其是在上帝的人格呈现在意识面前时，我们说的也是纯粹的、即自身普遍的人格；这样一种人格就是思想，并且仅仅属于思维的范围。——其次，纯粹的直观也不过与纯粹的思维完全是同一个东西。直观和信仰最初表示一些特定观念，在通常意识里我们把它们与这些词汇结合起来；所以它们当然与思维有差别，这种差别几乎人人都能理解。不过，现在还应该从更高的意义上来看信仰和直观，把它们看作对上帝的信仰，看作对上帝的理智直观，这就是说，应该径直撇开那种构成直观、信仰和思维之间的差别的东西。任何人都不能说，信仰与直观在被移到这个更高的领域以后，还会与思维如何不同。有人以为，用这样一些业已变

VI,130　得空洞无物的区别就说出和肯定了很重要的道理，而能否定那些事实上与业已成立的规定完全相同的规定。——然而，信仰这个词汇也有特别方便的地方，那就是它令人想到基督教信仰，它仿佛包含着、甚至就等于基督教信仰，所以，这种信神的哲学思维看起来就是根本抱有虔诚态度

的,而且是抱有基督教的虔诚态度的,并且由于有这种虔诚作基础而显得无拘无束,以期在更大的程度上靠自负和权威做出自己的各种任意保证。但是,对于这种由于单纯字面相同而能够在不知不觉中混进来的东西,我们切不可受那种掩盖它的假象的欺骗,而必须很好地坚持两种信仰的区别。基督教的信仰在自身包含着教会的权威,而这种基于从事哲学思维的立场的信仰则仅仅是特有的、主观的启示的权威。其次,那种基督教的信仰是客观的、自身丰富的思想内容,是教义和知识的体系,而这种信仰的内容则在自身很不确定,所以,它虽然也可以接受基督教的内容,但同样也可以包括那种把达赖喇嘛、牡牛、猿猴等等奉为神灵的信仰,并且它本身就局限于一般神灵、最高存在者。从那种必当具有哲学性质的意义上说,这种信仰本身无非是直接知识的枯燥的抽象概念,是一种极其形式的规定,我们无论从信神的心灵和寓于其中的神圣精神方面来看,还是从内容充实的教义方面来看,都不可把这种规定与基督教信仰的丰富精神内容混淆起来,也不可把它看作是这种丰富的内容[38]。

　　顺便指出,在这里叫作信仰和直接知识的东西,与在别处被称为灵感、内心启示和天赋予人的内容的东西,尤其还被进一步称为健康人类理智、commonsense〔常识〕的东西,是完全相同的。所有这些形式都按照同样的方法,把在意识中出现内容或包含事实的直接性当作自己的原则。　VI,131

§.64

　　这种直接知识所知道的,就是我们观念中的无限、永恒、上帝也是真实存在的,即它们的存在的确实性在意识中是与这类观念直接地、不可分离地结合起来的。

　　〔说明〕哲学极少会想到要去反对直接知识的这些原理;相反地,哲学可能会祝贺自己的这些甚至可以表示其全部普遍内容的古老原理现在用这样一种无疑不属于哲学的方式,也在某种程度上变成了时代的普遍信念。倒不如说,大家会感到惊奇的仅仅是有人竟会以为,与哲学对立的是这样一些原理,这些原理主张,被视为真理的东西是在精神之内,精神能认识真理(§.63)。从形式方面看,特别令人感兴趣的原理是上帝的存在与关于上帝的思想、客观性与思想最初拥有的主观性直接地、不可分离地结合在一起。直接知识的哲学的确在它的抽象思维中走得很远,以致它所主张的现实存在的规定不仅与关于上帝的思想有不可分离的联系,而且在直观中也与关于我们的身体和外在的事物的观念有不可分离的联系。——如果说哲学曾经致力于证明或者表明这样的统一,即思想或主观性的性质本身就包含着与存在或客观性不可分离的意思,那么,不管这种证明的情况如何,意图怎样,哲学必定无论如何会完全满足于能够主张

Ⅵ,132 和表明它的各个原理也是意识的事实,因而与经验符合。——直接知识的主张与哲学之间的差别唯独在于直接知识抱取一种排他性的态度,或者说,唯独在于直接知识把自己与哲学思维对立起来。——但是,Cogito, ergo sum〔我思维,所以我存在〕这个可以说构成近代哲学的全部兴趣绕着旋转的轴心的原理也是由它的创始人用直接性的方式立即说出来的。如果有人要把这个原理视为三段论,那么,他关于推理的性质,除了知道其中出现 ergo〔所以〕,就一定不会知道更多的东西;在这个原理里,哪里会有 medius terminus〔中项〕呢? 中项作为三段论的部分毕竟比 ergo 这个字更为重要。但如果有人为了证明使用的名称正确,想把笛卡尔的那种概念的结合称为直接推理,那么,这种多余的形式也不过是各个不同的规定不以任何东西为中介的结合。而在这种情况下,直接知识原理所表述的存在与我们的观念的结合就恰好是一种推理。——我从霍陀[39]先生于1826 年发表的论述笛卡尔哲学的博士论文中抽出几段引文,在这几段引文里连笛卡尔本人也明确宣称,cogito, ergo sum 这个原理决不是什么三

段论[40]；这几段话出自笛卡尔的"答第二反驳"〔《形而上学沉思录》〕、《方法谈》第 4 章和《书信集》第 I 卷第 118 页。从第一段里我引用了比较切题的说法。笛卡尔首先说，我们是能思维的存在者，这是"prima quaedam notio quae ex nullo syllogismo concluditur"〔一个根本概念，它决不是从三段论推出来的〕；他接着又写道，"neque cum quis dicit：ego cogito，ergo sum sive existo，existentiam ex cogitatione per syllogismum deducit"〔如果有人说我思维，所以我存在或我现实存在，那么，他并不是通过三段论从思维推出存在来的〕。笛卡尔知道三段论的组成部分，所以他补充道，假如在那 Ⅵ，133 个原理中有三段论的推演，那就需要补一个大前提，即"illud omne，quod cogitat，est sive existit"〔凡思维者都存在或现实存在〕。但这个大前提应该是从最初那个原理才能推演出来的命题。

关于我作为思维者与存在不可分离的原理，笛卡尔曾经说，在意识的简单直观中就已经包含与指明我作为思维者与存在的联系，这种联系是绝对第一位的东西和本原，是最确实和最明白的东西，所以，任何怀疑论都不可能被设想得这么离奇，以致不承认这条原理；笛卡尔的这些说法是很清晰和很明确的，所以，雅可比等人关于这种直接联系的现代原理也只能算是多余的重复。

§.65

这种直接知识的观点并不满足于已经表明，间接知识孤立地来看，不足以把握真理，相反地，这种观点的独特性在于认为，直接知识只有孤立地来看，并且排除了中介性，才能以真理为自己的内容。——在这样的排除本身，上述观点立刻表明自身是一种向形而上学知性及其非此即彼的倒退，因而实际上是向外在中介性的关系的倒退，这种倒退是基于坚持有

限事物,即坚持片面规定,却错误地以为自己超出了坚持有限事物的观
点。不过在这里我们可以不详细说明这一点;这种排他性的直接知识只
是被宣称为一种事实,而且在这篇绪论里也只能按照这种外在的反思加

Ⅵ,134 以对待。问题本来在于直接性与中介性的对立的逻辑关系。但那种直接
知识的观点却拒绝考察事实的本质或概念,因为这样一种考察会导致中
介性,甚至导致认识。所以,真正的考察,即对逻辑关系的考察,必须在科
学本身的范围里寻找其地位。

〔说明〕逻辑学的整个第二部分,即本质论,是对直接性与中介性的
那种根本的、能设定自身的统一性的论述。

§.66

因此,我们就停留在直接知识应该被看作事实的地方。但是这样一
来,我们的考察却被引向经验的领域,被引向一种心理学现象。——在这
方面必须指出,一种最普通不过的经验在于,我们深知许多真理是经过最
复杂的、得到最高中介的考察所达到的结果,而这些真理对于熟习这种知
识的人来说是直接呈现在他的意识里的。数学家像每个通晓某门科学的
人一样,对于自己的问题会直接想到业已经过很复杂的分析所获得的解
答;每个有教养的人在自己的认识活动中都会直接想到许多普遍观点和
根本原理,而这些观点和原理只能是多方的反复思考和长期的生活经验
的产物。我们在任何一种知识、艺术和技巧中达到的熟练程度,都恰恰在
于这样的知识、活动方式在当前出现的情况下能直接呈现于我们的意识,
甚至呈现于向外进行的活动和我们的肢体。——在所有这些情况下,知
识的直接性不仅不排除知识的中介性,而且两者是这样结合起来的,即直
接知识甚至于就是间接知识的产物和结果[41]。

〔**说明**〕一种同样平凡的看法认为,直接的现实存在与它的中介性是 Ⅵ,135
结合起来的。胚胎、父母在作为其产物的儿童来看,是直接的、初始的现
实存在。不过,胚胎、父母虽说作为现实存在一般是直接的,却同样也是
产物,而儿童在我们不考虑其现实存在的中介性的情况下,也可以说是直
接的,因为儿童是现实存在的。我在柏林这个属于我的、直接的当前存
在,就是以我来到这里的旅程为中介的。

§.67

但是,至于谈到对上帝、法律和伦理的直接知识——其中也包括对本
能、天赋观念、常识、自然理性等等的其他规定,不管人们认为这类原始东
西有什么形式——,却有一种普遍的经验,那就是此中包含的内容需要在
本质上经过教养,经过发展(也就是达到柏拉图的回忆),才能达到自觉
(基督教的洗礼虽然是一种仪式,本身也包含着进一步接受基督教教养
的义务);这就是说,有这样一种普遍的经验,即宗教、伦理尽管是信仰、
直接知识,也完全受到中介过程的制约,而这种中介过程就是发展、教养
与教化的过程。

〔**说明**〕肯定天赋观念的主张与反对天赋观念的主张都受一种对立
的支配,这种对立类似丁我们在直接知识中考察的对立,是由两种相互排
斥的规定组成的,就是说,对立的一方像我们可以说的那样,是某些普遍
规定与灵魂的根本的、直接的结合,另一方是另一种结合,它据说是用外
在方式发生的,并且是以给定的对象和观念为中介的。有人曾经对天赋
观念的主张作过经验的反驳,他们说,所有的人之所以认为必定会有这种 Ⅵ,136
观念,例如,认为在自己的意识中必定会有矛盾律,并且知道这个定律,是
因为这个定律与其他类似的定律都已经被算作天赋观念。我们可以认

为,这种反驳是一个误解,因为这里所指的各个规定虽说是天赋的,但并未因此就必定具有关于所知东西的观念或表象的形式。但是,对直接知识的这种反驳是完全中肯的,因为直接知识是在意识包含它的各个规定的限度内明确地坚持它的这些规定的。——如果说直接知识的观点也大致承认一种发展和一种基督教教养(或宗教教养)尤其为宗教信仰所必要,那么,在谈到信仰时又想对此置若罔闻,这就未免是随心所欲的表现;或者说,不知道承认教养的必要性恰恰道出了中介的重要性,是没有思想的表现。

〔**附释**〕在柏拉图哲学谈到我们回忆理念时,意思是说,理念潜在地存在于人心中,而并不(像智者主张的那样)是作为某种对人陌生的东西从外面灌输给人的。然而,这种把认识视为回忆的看法,并没有排除潜在地存在于人心中的东西的发展过程,而这种发展过程不是别的,正是中介过程。笛卡尔和苏格兰哲学家主张的天赋观念也是这样,这类观念同样首先仅仅应该看作是潜在地以禀赋的方式存在于人心中的。

§.68

VI,137　　在上面所述的经验里,作为依据援引的是那种表明自身与直接知识结合起来的东西。当这种结合最初仅仅被看作是外在的、经验的联系时,它证明自身对经验考察本身是重要的和不可分离的,因为它是不变的。但在以后,当这种直接知识作为关于上帝和神圣事物的知识,根据经验就其本身来看时,这样的意识一般都被描述为超越感性事物和有限事物,超越朴实无华的心灵的直接欲求和偏好的升高,而这种升高转变成了对上帝与神圣事物的信仰,并以这种信仰为归宿,所以这种信仰是一种直接的知识和确证,不过仍然以那种中介过程为其前提和条件。

〔**说明**〕我们已经指明，那些从有限存在出发的所谓上帝存在的证明也表述了这种升高，并且不是一种矫揉造作的反思的任何发明，而是精神固有的、必然的中介，虽然这种中介在那些证明的通常形式里没有得到其完备的和正确的表述。

§.69

正是(§.64)所述的从主观理念到存在的过渡，构成直接知识观点的主要兴趣，并且在本质上被宣称为一种原始的、没有中介的联系。如果完全不考虑在经验中显现的结合，那么，正是这个中心点在其自身展现出中介过程，而且是展现出具有自己的真正的规定的中介过程，它不是一种借助于外在事物和通过外在事物得到的中介过程，而是能在自身决定自己的。

Ⅵ,138

§.70

因为这种观点的主张在于，无论作为一种单纯主观的思想的理念，还是一种单纯的独立存在，都不是真理；单纯独立的存在，即一种不属于理念的存在，是世界中感性的、有限的存在。因此，这就是直接主张，理念只有以存在为中介，才是真理，反过来说，存在只有以理念为中介，才是真理。直接知识的原理不想得到没有规定的、空洞的直接性，不想得到抽象的存在或纯粹的、独立的统一，而想得到理念与存在的统一，这是它正确的地方。但它的无思想性却在于没有看到，两个不同的规定的统一并不仅仅是纯粹直接的、即毫无规定的和空洞的统一，而是恰恰在这种统一中设定了这样的关系，即一个规定只有以另一个规定为中介，才有真理，或者，如果想这么表述的话，任何一个规定都只有通过另一个规定，才与真理协调起来。——这就表明，中介性的规定性包含在那种直接性本身，是一个事实，知性按照直接知识固有的根本原理，决不可能对这个事实提出任何异议。只有通常的抽象知性才把直接性与中介性的规定视为各自孤立的、绝对的，以为它们有某种判然分开的固定的界限；这样，通常的抽象知性要把它们联合起来，就给自己造成了不可克服的困难，如已经指出的，这种困难正像在思辨概念中业已消失一样，在事实上也不存在。

§.71

这种观点的片面性带来了一些规定和结果，它们的要点必须根据对这种观点的基础所作过的研讨再予以指明。第一，因为不是内容的本性，而是意识的事实被定为真理的标准，所以，主观的知识和我在我的意识里发现某种内容的保证就是被冒称为真理的东西的基础。这样，我在我的意识里发现的东西便被拔高为在一切人的意识中都能发现的，并且被冒称为意识自身的本性。

〔说明〕从前在上帝存在的所谓证明中提出了西塞罗也早就援引过的 consensus gentium〔万众意见一致〕[42]。consensus gentium 的确是一个重要的权威，并且从认为一切人的意识中都有某个内容，而过渡到认为这一内容在于意识自身的本性，并为意识所必然具有，这也是容易理解的事情。但在普遍意见一致这个范畴中有一种重要的、连最不开化的人也不能不产生的认识，即个人的意识却同时是一种特殊的、偶然的东西。如果在能用艰辛的反思活动把意识中自在自为的普遍东西单独揭示出来的时候，不考察这种意识的本性，就是说，不把意识中特殊的、偶然的东西排除

Ⅵ，139

出去,那就只有一切人对一个内容的意见一致才能论证一种高尚的信念,相信这个内容属于意识自身的本性。consensus gentium 当然不能满足思维的需要,去认识那种表明自身为普遍存在的东西是必然的;但即使在假定那种事实的普遍性是一个令人满意的证明的时期,consensus gentium 作为对上帝的信仰的一个证明也已经被放弃,因为经验告诉我们,世界上有一些个人和民族,在他们当中是没有对上帝的信仰的*。作出一种单纯的保证,说我借助于对一个内容的真理性的确信,就在我的意识中发现了这个内容,因此,这种确信并不是属于我这个特殊的主体的,而是属于精神自身的本性的——恐怕世界上没有比这种办法更简捷、更方便的了。

Ⅵ,140

----

* 为了用经验方式察知无神论与上帝信仰得到传播的程度,问题在于我们是否满足于对抽象上帝的规定,或者,是否需要对上帝有更确定的知识。在基督教世界里至少不会承认中国人和印度人的偶像,也不会承认非洲人的神物,甚至不会承认希腊人的各种神灵,说这样一些神灵就是上帝;因此,谁相信这类东西,谁就不信仰上帝。反之,如果提出一种看法,认为对各种神灵的这样一类信仰毕竟潜在地包含着对抽象上帝的信仰,就像在特殊的个体中包含着类属那样,那么,偶像崇拜也可以算是一种不仅对偶像,而且对上帝的信仰。雅典人则与此相反,把那些以为宙斯等神只是云气等物,并且坚持只有一个抽象上帝的诗人和哲学家,当作无神论者来对待。——问题不在于一个对象潜在地包含了什么,而在于意识把这个对象理解为什么。如果我们容忍这两个规定的混淆,人的每种直观,甚至最普通的感性直观,都可能成为宗教,因为在每种这样的直观中,在每种精神活动中,都无疑潜在地包含了一个原则,这个原则在加以发展和提炼以后,就会上升为宗教。不过,能够有宗教(那个潜在即表示能力和可能)是一回事,实际有宗教是另一回事。——所以在现代,一些旅行家(例如罗斯与帕里[43]两位船长)又发现一些部落(爱斯基摩人),他们说这些部落完全没有宗教,甚至于连我们现在还能在非洲的巫师们(希罗多德所说的俾格米人[44])中找到的那点宗教东西都没有。一位在罗马度过天主教最近一届人赦年头几个月的英国人,在他的谈到当今罗马人的旅行记里,从一个完全不同的方面报道说,普通民众依然盲目信教,而能读会写的人看来全是无神论者。——顺便指出,在现代已经很少发生对无神论的攻击,主要是因为宗教的内容和对宗教的要求已经简化到最小限度(参看§.73)。

§.72

第二，直接知识被假定为真理的标准，造成了另一个结果，即一切迷信和偶像崇拜都被宣布为真理，而且最无道理、最不道德的意志内容也被证明为正确的。印度人并不是根据所谓的间接知识，根据形式推理和三段论把母牛、猿猴或婆罗门、喇嘛当作上帝，而是信奉这类东西。但天然的欲求和偏好是自行寄托其兴趣于意识之内的，违反道德的目的是完全直接出现在意识之内的；好的或坏的品性都可以表现意志的特定存在，这种存在会在兴趣和目的中被认识到，而且会用最直接的方式被认识到。

Ⅵ,141

§.73

最后，关于上帝的直接知识只能告诉我们上帝是存在的，而不能告诉我们上帝是什么；因为告诉我们上帝是什么，这会是一种认识，并且会导致间接知识。因此，作为宗教对象的上帝就被明确地限定于抽象的上帝，限定于没有规定的超感性事物，而宗教在其内容方面也被简化到了最小限度。

〔**说明**〕假如真有必要只做这样一点事情，即再维护对于有一个上帝存在的信仰，或者甚至创造这类信仰，那么，我们对于这样一个时代的贫乏就只会感到惊奇，这个时代竟然让人把宗教知识中最浅薄的东西视为一种收获，以至在自己的教堂里返回到雅典早已有过的、供奉未被认识的上帝的祭坛。

§.74

　　直接性的形式的一般性质还须略加说明。正是这种形式本身由于有片面性，就使其内容本身成为片面的，因而成为有限的。这种形式给普遍东西提供了一种抽象思维的片面性，以致上帝变成毫无规定的存在者；但是，只有上帝被认为它能够在自身自相中介，它才可以叫作精神。只有这样，上帝才是具体的、活生生的，才是精神；正因为如此，这种把上帝视为精神的知识才在自身包含着中介性。——直接性的形式给特殊东西提供了存在、自相联系的规定。但这种特殊东西恰恰是在自身之外把自己与他物联系起来；于是，直接性的形式便把有限事物设定成了绝对的。既然这种完全抽象的形式对任何内容都不分轩轾，而且正因为如此，也可以接受任何内容，所以，它既能承认崇拜偶像的、违反道德的内容，同样也能承认相反的内容。只有这种认为内容不是独立不依，而是由他物得到中介的看法，才把内容贬低为有限的和不真实的。因为内容本身带有中介性，所以这样的看法实际上是一种包含中介性的知识。但是，只有一种内容不是以他物为中介，不是有限的，就是说，它是自己以自己为中介，因而与中介性统一起来，是直接的自相联系，它才能被认为是真理。——那种以为自己已经摆脱了有限知识，摆脱了形而上学和启蒙思想的知性同一性的知性，又直接把这种直接性，即把抽象的自相联系或抽象的同一性，当作真理的原则和标准。抽象的思维（反思形而上学的形式）与抽象的直观（直接知识的形式）是同一个东西。

　　〔附释〕因为直接性的形式是作为与中介性的形式对立的方面加以坚持的，所以直接性的形式是片面的，而且任何仅仅被归结为这种形式的内容都带有这类片面性。直接性一般说来是抽象的自相联系，因而同时

VI,142

也是抽象的同一性、抽象的普遍性。于是,如果自在自为的普遍东西只采

VI,143　取直接性的形式,那它就仅仅是抽象的普遍东西,而且从这个观点来看,
上帝也具有毫无规定的存在者的意义。在这种情况下,虽然人们也说上
帝是精神,但这只是一句空话,因为精神作为意识和自我意识,无论如何
是它与它自身、它与他物的区别过程,因而同时也是中介过程。

§.75

对于思维对真理采取的这第三种态度的评论,只能用这种观点直接
在其自身规定和承认的方式作出来。我们已经用这种方法证明,认为有
一种直接知识,以为它没有任何中介——无论它与他物相联系,还是在它
自身与自身相联系——的观点,事实上是错误的。我们也已经用同样的
方法表明,那种认为思维仅仅靠着各个以他物为中介的规定——它们是
有限的和有条件的——不断进展,而不同样在中介里扬弃中介本身的观
点,也是错误的、不真实的。逻辑学本身和全部哲学则是这样一种认识的
事实的范例,这种认识既不是以片面直接性,也不是以片面中介性进
展的。

§.76

如果把直接知识的原则与作为出发点的那种所谓的素朴形而上学联
系起来加以考察,就会从比较中看出,直接知识的原则已经倒退到这种现
代形而上学当作笛卡尔哲学所采取的那个开端。直接知识的原则与笛卡
尔哲学都主张:

1.思维与思维者的存在的简单的不可分离性，——主张 cogito, ergo sum〔我思维，所以我存在〕与主张自我的存在、实在、现实存在直接在意识中启示给我，是完全相同的（笛卡尔在《哲学原理》第Ⅰ部第9节同时明确宣称，他把思维理解为意识本身），并且与主张这种不可分离性是绝对第一位的（没有经过中介或证明的）和最确实的知识，也是完全相同的。

VI,144

2.同样主张上帝观念和上帝存在的不可分离性，所以上帝存在包含在上帝观念本身，上帝观念决不是没有存在的规定，因此上帝存在是必然的和永恒的存在＊。

3.至于说到对外在事物的存在的同样直接的意识，那么，这种意识无非是指感性意识；我们拥有这样一种意识，这是最微不足道的认识；唯一有趣的是要知道，这种对外在事物的存在的直接知识是虚幻和谬误，而且

＊ 笛卡尔在他的《哲学原理》第Ⅰ部第15节中说道，"Magis hoc（ens summe perfectum existere）*credet*, si attendat, nullius alterius rei ideam apud se inveniri, in qua eodem modo necessariam existentiam contineri animadvertat; intelliget, illam ideam exhibere veram et immutabilem naturam, quaeque *non potest non existere*, cum necessaria existentia *in ea contineatur*.〔如果读者注意到，在他的任何其他观念中都没有用同样的方式包含了这种必然的存在，他将会更加确信〈有一个至高完满的存在者〉；因为他将会由此看出，关于这个存在者的观念只表示一种真实的、不变的本质，而这种本质是必然存在的，因为在它之内包含了必然的存在。〕"接下来的一段很像介绍和证明的说法，丝毫没有影响这个根本原理。——在斯宾诺莎那里也有完全相同的说法，即上帝的本质或抽象的观念在自身包含着存在。在他的《伦理学》第Ⅰ部分，第一个定义是关于 causa sui〔自因〕的定义，说自因是这样的东西，"*cujus essentia* involvit existentiam; siveid, cujus *natura non potest concipi*, nisi existens〔它的本质就包含着存在；或者它的本性只能被理解为存在着的〕"；概念与存在的不可分离性是他的哲学的根本规定和前提。但与存在有这种不可分离性的概念是什么概念呢？显然不是关于有限事物的概念，因为有限事物正是具有偶然的、被创造出来的存在的事物。——在斯宾诺莎那里，第11命题说，上帝必然存在；随后附有一个证明，第20命题同样说，上帝的存在与上帝的本质是同一个东西——这两点是证明中多余的形式主义。上帝就是实体（而且是唯一的实体）；但实体是 causa sui，因此上帝必然存在——这无非是说，上帝是这样的存在者，它的概念与它的存在不可分离。

在感性事物本身也决不是真理，倒不如说，这些外在事物的存在是偶然

的、暂时的存在，是映像；这些外在事物其实只有一种存在，这存在与它们

的概念、本质是可以分离的。

<h1 style="text-align:center">§.77</h1>

但两种观点也有差别：

1.笛卡尔哲学从这种未经证明的、被认为不能证明的前提出发，不断

进展到继续得到发展的知识，并用这样的方式促进了近代科学的兴起。

反之，现代的直接知识观点则达到一个本身重要的结论（§.62），即认为

借助有限中介而不断进展的认识，只认识有限事物，而不包含任何真理，

并且这种观点要求对上帝的意识停留在那种完全抽象的信仰上＊。

2.现代的直接知识观点一方面丝毫不改变笛卡尔开创的普通科学认

识的方法，并且完全用这种方式带动由此产生的研究有限经验事物的科

学，但另一方面这种观点又抛弃这种方法，并且因为不知道任何其他方

法，而抛弃了可供认识那种内容无限的东西的一切方法；因此，这种观点

就沉溺于想象与保证的粗野任性，沉溺于道德上的自大和感受上的傲慢，

或沉溺于毫无限度的随意独断和形式推理，而所有这些都说明自身是极

其强烈地反对哲学和哲学学理的。因为哲学确实不容许单纯的保证，也

不容许想象和随意的反复形式推理。

——————————

＊　反之，安瑟尔谟说，"*Neligentiae* mihi videtur, si postquam confirmati sumus in fide,
non *studemus*, quod *credimus*, *intelligere*〔依我看，我们在确认信仰以后，不努力理解我们
信仰的东西，这是懈怠〕。"（《书稿·为什么上帝与人同形？》〔Ⅰ,i〕）——安瑟尔谟在
这里对基督教教义的具体内容提出了一个艰巨的认识课题，它完全不同于雅可比的
现代信仰所包含的课题。

§.78

　　一种在内容或知识方面的独立的直接性与一种同样独立的、似乎跟　　Ⅵ,146
直接性无法联合的中介性的对立,之所以必须首先抛弃,是因为这个对立
是一种单纯的假定和任意的保证。同样,所有其他假定或信念不论出于
表象,还是出于思维,也都在进入科学时必须放弃;因为正是在科学里所
有这类规定才应该加以考察,它们和它们的对立的意义才应该加以认识。

　　〔说明〕怀疑论作为一种贯彻在一切认识形式中的、否定性的科学,看
来充当了一位向导,说明了这样一些假定的虚妄不实。不过,怀疑论也许
不仅是一种令人不快的做法,而且还是一种多余的做法,因为像我们立刻
会指明的,辩证东西本身才是肯定性的科学的一个重要环节。顺便指出,
怀疑论看来也只是要用经验的和不科学的方法寻找有限的形式,把这些形
式作为现成的东西加以接受。这样一种业已完成的怀疑论的要求,与那种
主张科学研究须先对一切表示怀疑、即对一切不设任何前提的要求是相同
的。真正说来,这种要求是以想要进行纯粹思维的决心,通过自由完成的,
而自由就是摆脱一切东西,把握自己的纯粹的抽象性或思维的简单性。

逻辑学的进一步规定和划分

§.79

逻辑的东西就形式而言有三个方面:α)抽象的或知性的方面,β)辩

证的或否定性理性的方面,γ)思辨的或肯定性理性的方面。

Ⅵ,147　　〔**说明**〕这三个方面并不构成逻辑学的三个部分,而是每个逻辑上实在的东西的一些环节,即每个概念或每个真实东西的一些环节。它们全都可以在第一个环节中、即在知性东西中被设定起来,从而被孤立地区分开,但是这样一来,它们的真理性就看不到了。——我们在这里关于逻辑东西的各个规定所作的陈述和逻辑学的划分在目前同样仅仅是预拟的和历史的。

§.80

α)作为知性的思维停留在各个固定的规定性和它们彼此的差别上;这样一种有局限的抽象东西在作为知性的思维看来是自为地持续存在的和现实存在的。

　　〔**附释**〕在谈到思维本身,或更确切地说,在谈到概念活动时,人们经常想到的仅仅是知性的活动。诚然,思维首先是知性思维,然而思维却并不停留在知性阶段,而且概念也不是单纯的知性规定。——知性的活动一般地在于赋予这种活动的内容以普遍性的形式;更确切地说,知性设定的普遍东西是抽象的普遍东西,它本身是与特殊东西对立起来加以坚持的,因而也就同时又被规定为特殊东西。知性既然是以分离和抽象的方法对待自己的对象的,所以就是直接的直观与感觉的反面,而直接的直观和感觉本身必须完全涉及具体东西,并且停留在具体东西上。

　　涉及知性和感觉的这种对立的是这样一些经常反复提出的责难,它
Ⅵ,148　们往往是对思维本身作出的,它们的结论在于思维是僵硬的和片面的,如果加以彻底发挥,就会导致有危害的、破坏性的后果。对于这样一些就其内容而言确有道理的责难,我们首先可以回答说,它们击中的并不是思维

本身,确切地说,不是理性的思维,而仅仅是知性的思维。不过,还可以进一步补充说,首先必须承认单纯知性的思维也有其存在的权利和作出的贡献,这种贡献一般在于,如果没有知性,无论在理论领域还是在实践领域,都不会得到任何确定性和规定性。先就认识方面来说,认识开始于把握现存对象的特定差别,例如在考察自然界时,把质料、力、类属等等区别开,并在它们的这种孤立状态中独立地注视它们。在这里思维是作为知性进行活动的,它的原则是同一性,即单纯的自相联系。也正是这种同一性,在认识中首先决定了从一个规定到另一个规定的进展。所以,在数学里数量就是这种在舍弃一切其他规定性的条件下据以作出进展的规定性。依照这样的方法,人们在几何学里突出强调各个图形中同一的东西,从而相互比较它们。即使在其他认识领域里,例如在法学中,人们也首先是依据同一性作出进展的。当人们在法学里从一个规定推勘到另一个规定时,这种推论无非是按照同一性原则作出的进展。——正像在理论方面一样,知性在实践方面也不可缺少。品格是行为的根本要素,一个有品格的人就是一个有知性的人,他作为这样的人在心中抱有确定的目的,坚定地追求这个目的。谁想取得某种伟大的成就,谁就必须像歌德说的,知道限制自己[45]。反之,那种什么事情都想做的人,实际上什么事情都不想做,也做不成什么事情。世界上有许多有趣的东西;西班牙诗、化学、政治和音乐,这一切都很有趣,有人对这类东西有兴趣,我们决不能说他不对;但要作为一个个人在特定环境内有所建树,他则必须坚持某个确定的方向,不可把自己的精力分散到许多方面。同样,在每项职业中重要的事情都是用知性从事这项职业。举例说,法官必须坚持法律,按照法律作出自己的判决,而不可受这样或那样的东西的阻碍,不要承认任何辩解的理由,不要左顾右盼。——此外,知性现在一般也是教养的一个重要成分。一个有教养的人决不满足于模糊的、不确定的东西,而是把握对象的确定不移的规定性;反之,没有教养的人则游移不定,我们常常费了许多力气,

VI,149

才能在所述的问题上理解他的意思,使他专注于讨论的特定论点,而不发生动摇。

　　如果说按照以前作过的研讨,逻辑东西一般不应该单纯在主观活动的意义上加以理解,而是应该理解为完全普遍的、因而同时客观的东西,那么,这在知性这个逻辑东西发展的最初形式中也有其应用。所以,知性必须看作符合于我们所谓的上帝的仁慈,因为上帝的仁慈被理解为有限事物是存在的,被理解为有限事物有持续存在。例如,在自然界里我们就认识到上帝的仁慈在于,动物和植物的各个不同类属都备有它们为了维持和发展自身所必需的一切东西。人类的情况、个人和整个民族的情况也是如此,它们同样会有它们的存在和发展所需要的东西,其中一部分是作为当前直接存在的东西(诸如陆地的气候、性状和产物等等)遇到的,一部分是作为天赋、才能等等拥有的。如果这样来理解,那么,知性就一般表现在客观世界的一切领域里,而一个对象要有完满性,主要是需要知性的原则在这个对象中有其存在的权利。例如,如果在一个国家里还没有阶层和职业的明确划分,如果各个按概念说不同的政治职能和行政职能还没有像在具有感觉、运动、消化等等不同功能的发达动物有机体里那样,发展为各种特殊的机构,那么,这个国家就是不完善的。——从以上所作的研讨也可以进一步看出,即使在那些按通常观念看来似乎离知性最远的活动领域和范围里,知性也依然不可或缺,知性的缺少须按事态发展的程度,被视为一种缺陷。艺术、宗教和哲学的情况尤其如此。举例说,知性在艺术中的显示在于,那些按概念说不相同的美的形式也在它们的这种差别中被固定下来,并且得到了表现。各个艺术作品也是这样。所以,一部戏剧诗要有完美性,不同角色的性格就需要有洗练、明确的描绘,同样,涉及的不同目的和兴趣也需要有明白、确定的叙述。——其次,就宗教领域而论,举例说,(如果不谈内容和见解方面的其他差别)希腊神话优于北欧神话的地方也主要在于,希腊神话中各个神灵的形象已经

VI,150

VI,151

发展到造型清晰、轮廓分明的程度,北欧神话中各个神灵的形象则是模糊不清、彼此混淆的。——最后,连哲学也不能缺少知性,按照以上所作的研讨,这几乎已经不再需要特别论述。要从事哲学思维,首先需要十分准确地把握每一个思想,而切不可满足于含糊不清的东西。

但现在有人也常常说,知性不可走得太远。这个说法有正确的地方,即知性确实不是终极的东西,而是有限的,更确切地说,具有这样的性质:知性被推到极端,就会转化为自己的反面。驰骋于抽象概念,这是青年人的做法,反之,有生活阅历的人则不介入抽象的非此即彼,而是坚持着具体的东西。

§.81

β)辩证的环节是这些有限规定固有的自我扬弃,是它们向它们的对立面的转化。

〔说明〕1.辩证的环节如果被知性单独分离开来看,特别是在科学概念中被揭示出来,就构成怀疑论;怀疑论包含着单纯的否定,作为辩证环节的结果。2.辩证法通常被看成一种外在的艺术,它通过随意性在确定的概念中引起混乱,引起单纯的矛盾假象,以致这些规定不是真实的东西,反而这种虚妄假象和知性概念是真实的东西。辩证法也常常不断地被认为无非是一套随机应变、反复论理的主观方法,这种方法缺乏真实内容,而以造成反复论理的机智掩盖其内容的空疏。——倒不如说,辩证法 Ⅵ,152
就其独特的规定性来说,是知性规定、事物和有限东西固有的、真实的本性。反思最初仅仅是对孤立的规定性的外在超越和关联,从而使这种规定性既具有关系,也保持其孤立效用;反之,辩证法则是内在的超越,在这种超越中知性规定的片面性和局限性都表现为自己所是的东西,即表现为自己的否定。一切有限事物都要自己扬弃自己。因此,辩证法构成推动科学进展的灵魂,是在科学内容里由以达到内在联系和必然性的唯一原则,正像在科学内容里一般包含着对于有限事物的真实的、而非外在的超越一样。

〔**附释1**〕透彻理解和认识辩证法有极大的重要性。整个说来,辩证法是现实世界中一切运动、一切生命和一切活动的原则。同样,辩证法也是一切真正科学认识的灵魂。在我们的通常意识里,按照那个"自己活也让别人活"的谚语,不停留于抽象知性规定,显得是一种全然公平合理的办法,所以我们既可以承认这一方面,也可以承认另一方面。但细究起来,有限事物不单纯从外面受到限制,而且由于自己固有的本性而扬弃自己,并通过自身的活动过渡到自己的反面。例如,有人说人是要死的,而且把死亡视为某种只是以外在情况为依据的事情,按照这种看法,人就有

VI,153 两个特性,即既有生也有死。但真正的看法却应该是生命本身就带有死亡的萌芽,有限事物都在其自身有矛盾,因而会扬弃自己。——其次,切不可把辩证法与单纯的诡辩论相混淆。诡辩论的本质恰恰在于把各个片面抽象的规定在它们的孤立状态下视为本身有效的,只要这种做法每一次都会给个人及其特殊处境带来实惠。例如,在行为方面我生存和我拥有生存手段,这确实是一个重要环节。但是,如果我单独强调我的幸福的这一方面、这一原则,由此得出结论说我可以偷别人的东西或背叛我的祖国,这就是一种诡辩。——同样,在我的行为中我的主观自由也是一条重要的原则,意思是说,在我的作为中我有我的见解和信念;但如果我唯独根据这条原则进行形式推理,这也同样是诡辩,因而会推翻一切伦理原理。——辩证法与这样的作为有本质不同,因为辩证法的目的恰恰在于考察事物本身,在这里就可以看出片面知性规定的有限性。——此外,辩证法在哲学中并不是什么新东西。在古代人当中,柏拉图被称为辩证法的发明者,这是有道理的,因为在柏拉图哲学里辩证法是第一次以自由

的、科学的、因而也就是客观的形式出现的**46**。在苏格拉底手中,辩证法
与他的哲学思维的一般特性相一致,还具有强烈的主观形式,即讽刺的形
式**47**。苏格拉底曾经用他的辩证法一般地反对通常的意识,并且特别反
对智者。当他与别人交谈时,他往往假装自己想更详细地了解所要讨论
的事情;他在这方面发出种种疑问,从而把与他交谈的人们引导到他们最　Ⅵ,154
初以为正确的东西的反面。例如,在智者自命为教师时,苏格拉底就通过
一系列问题使智者普罗泰戈拉不得不承认,一切学习都仅仅是回忆。柏
拉图后来在他的严格的科学对话里,通过一般的辩证探讨方法揭示了一
切固定的知性规定的有限性。例如,他在《巴门尼德篇》中从一推演出
多,然而也表明多怎样仅仅应该把自身规定为一。他以这种卓越的方式
探讨了辩证法。——在现代,主要是康德又促使人们注意辩证法,使辩证
法重新受到重视,而且他是通过我们已经提到(§.48)的所谓理性二律背
反的贯彻这么做的,而在理性二律背反中涉及的问题决不是对双方论据
的单纯反复辩驳,决不是单纯的主观活动,而是要指出每个抽象的知性规
定只要像它自身表现的那样来看,都会直接转化为它的反面。——无论
知性现在怎样经常抗拒辩证法,辩证法也毕竟决不能被认为是仅仅对哲
学意识才存在的,倒不如说,这里讨论的辩证法环节也已经见之于所有其
他意识和一般经验。我们周围的一切事物都可以被视为辩证法的例证。
我们知道,一切有限事物并不是固定的和终极的东西,而是可变的和暂时
的,这不外是有限事物的辩证法,由于这种辩证法,有限事物潜在地作为
它自己的他物,也不得不超越它的直接存在,而转化为它的对立面。如果　Ⅵ,155
说我们在以前(§.80)已经说过,知性应被视为包含在关于上帝的仁慈的
观念中的东西,那么,现在我们关于辩证法也应在同样的(客观的)意义
上指出,辩证法的原则符合于我们关于上帝的威力的观念。我们说,一切
事物(即一切有限事物本身)都要受到审判,这样一来我们就得到一个看
法,即把辩证法看作普遍的、不可抗拒的威力,在这种威力面前,一切事物

不管自以为多么稳定坚固,都不能持久存在。威力这个规定无疑还没有
穷尽神圣存在者的深刻内容或上帝的概念,但它确实构成一切宗教意识
的一个重要环节。——此外,在自然界和精神世界的一切特定领域和特
定形态中辩证法也都起作用。例如,天体运动就是这样。一个行星现在
在这个位置,但潜在地又在另一位置,由于它自己在运动,这就使它存在
于另一处。各种物理元素也同样表明自身是合乎辩证法的,气象过程就
是它们的辩证关系的表现。正是同一个辩证法原则构成所有其他自然过
程的基础,从而同时使得自然界不得不超出它自身。至于说到辩证法在
精神世界中,更确切地说,在法律和伦理领域中的表现,那么,在这里我们
只需要提到,根据一般经验,一种状态或一种行为在达到极端时,常常会
转化为它的对立面,这种辩证关系也以各种形式在谚语中得到承认。例
如,summum ius summa iniuria〔极公正即极不公正〕**48**这个谚语就有这类
意思,它说明抽象的公正在被推到它的极端时,就会转化为不公正。同
样,大家都知道,在政治生活里极端的无政府主义与极端的专制主义常常
是相互引起的。对于个人伦理生活领域里的辩证关系的意识,见之于这
样一些众所周知的谚语,如太骄则折、太锐则缺等等。生理方面和心灵方
面的感觉也有其辩证关系。大家知道,极端的痛苦和极端的快乐可以相
互转化;心里充满快乐会喜得流出泪来,最深刻的忧愁则常常借苦笑显示
出来。

〔**附释2**〕怀疑论不可被单纯看作是一种怀疑学说,倒不如说,它绝对
确信它所坚持的事实,即绝对确信一切有限事物的虚妄不实。单纯怀疑
的人仍然抱有希望,希望他的怀疑能得到解决,他所徘徊不决的两个特定
观点有一个能作为固定的、真实的观点产生出来。与此相反,真正的怀疑
论则是对知性所坚持的一切固定东西的完全失望,由此产生的信念是不
可动摇和内心宁静。这是高尚的古代怀疑论,我们主要是在塞克斯都·
恩披里可的著作**49**里看到它得到陈述的,而且它作为斯多葛派与伊壁鸠

VI,156

鲁派的独断论体系的补充,在晚期的罗马时代得到了它的发挥。我们切不可把那种业已在前面(§.39)提到的近代怀疑论同这种高尚的古代怀疑论混淆起来,近代怀疑论一方面先于批判哲学,另一方面又出自批判哲学,仅仅在于否认超感官事物的真理性和确实性,而把感性的和在直接感觉中存在的东西描述为我们必须坚持的东西。

　　如果说怀疑论在现今还常常被视为一切肯定性知识的一个不可抗拒的仇敌,因而也被看作以研究肯定性知识为任务的哲学的一个不可抗拒 Ⅵ,157
的仇敌,那么,针对这种看法则必须指出,实际上只有那种有限的、抽象知性的思维才必定会害怕怀疑论,而不能抵抗怀疑论,反之,哲学则把怀疑作为一个环节,即作为辩证的环节,包含到了自身之内。但是,哲学并不像怀疑论那样,停留在辩证法的单纯否定性的结果里。怀疑论没有认清自己的结果,因为它是把这个结果作为单纯的否定,即作为抽象的否定加以坚持的。既然辩证法以否定的东西为其结果,那么,这种否定的东西恰恰作为结果,同时也是肯定的东西,因为肯定的东西把自己所从出的否定的东西作为得到扬弃的环节包含到了自身之内,如果没有这种否定的东西,肯定的东西也就不能存在。但这就是逻辑东西的第三个形式的基本规定,即思辨的东西或肯定性理性的东西的基本规定。

§.82

　　γ)思辨的或肯定性理性的东西把握了各个对立的规定的统一,把握了包含在它们的分解与过渡中的肯定东西。

　　〔说明〕1.辩证法有肯定的结果,因为它有确定的内容,或者说,因为它的结果真正说来不是空洞的、抽象的虚无,而是某些规定的否定,这些规定之所以包含在结果里,恰恰是因为这个结果不是直接的虚无,而是一个结果。2.由此可见,这种理性的东西虽然是思想的东西、抽象的东西,同时也是具体的东西,因为它不是简单的、形式的统一,而是有差别的规定的统一。所以,一般说来,哲学根本不研究单纯的抽象或形式的思想,

Ⅵ,158 而是唯独研究具体的思想。3.单纯的知性逻辑已经包含在思辨逻辑里,并且可以立刻从思辨逻辑里得出来;要得出知性逻辑,只需要从思辨逻辑里排除掉辩证的和理性的成分[50];这样,思辨逻辑就变成了普通逻辑,变成了编排起来的各式各样思想规定的记载,而这些有限的规定这时就被当作某种无限的东西了。

〔附释〕理性的东西就其内容而言,很少单纯是哲学的所有,所以倒应该说,无论人们处于文化教养与精神发展的哪个阶段,人人都有理性的东西,我们已经在这个意义上正确地把从古到今的人称为理性存在者。认识理性东西的一般经验方式最初是信念和假定的方式,而且按照以前的研讨(§.45),理性东西的特性一般在于它是一种无条件的东西,因而是在自己内部包含着自己的规定性的东西。从这个意义上说,只要人认识上帝,把上帝作为绝对自己规定自己的东西来认识,人就首先是在认识理性东西。同样,只要一个公民认为自己的祖国及其各项法令是无条件的东西,同时也是普遍的东西,他必须用自己的个人意志去服从这样的东西,他对他的祖国及其各项法令的认识也就是对理性东西的认识。从同样的意义上说,甚至儿童的认识与意志也已经是合乎理性的,因为儿童知道他父母的意志,并且以父母的意志为自己的意志。

其次,思辨的东西本身不是别的,而正是加以思考的理性东西(即肯定性理性的东西)。在日常生活里,思辨这个词汇常常是在很含糊的、同时也是次要的意义上加以使用的,例如在谈到婚姻中的揣测或商业中的

Ⅵ,159 推测时,对思辨的理解也不过如此:一方面,应该超出直接呈现在面前的东西;另一方面,构成这种思辨的内容的东西虽然最初仅仅是主观东西,但不应该永远如此,而应该得到实现或被转化为客观性。

以前关于理念所作的说明同样适用于思辨一词的这个普通用法,现在还应该接着这类用法进一步说明,许多自命为有教养的人们也以各种方式明确地在单纯主观东西的意义上谈到思辨,他们说,关于自然的或精神的状态和关系的某种观点虽然单纯从思辨角度来看可能是很好和很正确的,但不符合于经验,实际上无法加以接受;针对这种看法,我们必须说,思辨东西按其真正的意义来说,既非暂时地亦非确定地是一种单纯主观的东西,相反地,它显然是这样一种东西,这种东西把知性所坚持的那些对立(因而也把主观东西与客观东西的对立)作为得到扬弃的对立包含到自身之内,正因为如此,就证明了自身是具体的,是总体。因此,思辨的内容也不能用片面的命题加以陈述。例如,我们说绝对是主观东西与客观东西的统一,这虽然是正确的,但只要在这里单纯说出和强调统一,则是片面的,事实上,主观东西与客观东西毕竟不仅是同一的,而且也是有差别的。

关于思辨东西的意义在这里还应该提到,我们必须把思辨东西理解为过去特别在宗教意识及其内容方面习惯于称为神秘真理的那种东西。在现今谈到神秘真理时,人们通常认为它与神奇奥妙、不可理解的东西是 Ⅵ,160 一样的,而且这种神奇奥妙、不可理解的东西由于各个人过去的教养与见识不同,被这一个人视为本真的和真实的东西,而被另一个人视为属于迷信和虚幻的东西。关于这种情况我们首先要指出,神秘真理无疑是神奇奥妙的东西,但只有对知性来说才是如此,简单的原因在于,抽象的同一性是知性的原则,然而,(与思辨东西相同的)神秘真理却是这样一些规定的具体的统一,这些规定只有在它们分离和对立的情况下才对知性是真实的。如果那些承认神秘真理是真实东西的人们同样满足于把神秘真理视为绝对神奇奥妙的东西,那么,这只不过说明思维对他们同样只具有设定抽象同一性的意义,而人们要认识真理,就必须放弃思维,或者像经常说的,必须把理性禁闭起来。但像我们已经看到的,抽象知性思维很少是固定的、终极的东西,以致它倒证明自己是它自身的不断扬弃,是它向它的对立面的转化,与此相反,理性东西本身恰恰在于把对立双方作为观念性环节包含到自身之内。所以,一切理性东西都应同时称为神秘的,但这只是说,理性东西超出知性范围,而决不是说,理性东西根本应视为思维所不能认识和理解的。

§.83

逻辑学分为三个部分:

Ⅰ.存在论。

Ⅱ.本质论。

Ⅲ.概念论和理念论。

这就是说,逻辑学分为研究这样一些思想的学说:

Ⅰ.研究直接性中的思想的学说,即研究自在的概念的学说。

Ⅱ.研究映现中的和中介中的思想的学说,即研究概念的自为存在和映像的学说。

Ⅲ.研究返回自身的存在中的和发达的自身存在中的思想的学说,即研究自在自为的概念的学说。

〔**附释**〕这里提出的逻辑学的划分,正像迄今关于思维所作的全部研讨一样,应看作是一个单纯的预拟划分,而它的论证或证明只能从对思维本身进行过的研究中得出来;因为证明在哲学里就等于表明,对象如何靠它自身和由它自身,把自己造成它所是的东西。——这里提到的思想或逻辑理念的三个主要阶段的彼此关系,一般应这样理解:只有概念才是真实的东西,更确切地说,只有概念才是存在和本质的真理,这两者如果在它们孤立的状态中加以单独坚持,则同时都应视为不真实的;在这种状态中,存在之所以应视为不真实的,是因为它最初仅仅是直接的东西,本质之所以应视为不真实的,是因为它最初仅仅是间接的东西。在这里可能有人提出一个问题,即事情既然如此,为什么要从不真实的东西开始,而不立即从真实的东西开始呢?对于这个问题我们可以回答说,真理正因为是真理,就必须证实自己,而在逻辑东西的范围里这种证实就在于,概念证明自己是由它自己得到中介、并且与它自身相中介的东西,因而也同时证明自己是真正的直接东西。在具体的和现实的形态里,这里提到的逻辑理念的三个阶段的关系是以这样的方式表现出来的:只有我们同时 Ⅵ,162
承认上帝创造的世界,即自然界和有限精神,在它们与上帝分离开时是不真实的,作为真理的上帝才能在它的这种真理中,即作为绝对精神,为我们所认识。

第一篇

存 在 论

§.84

存在是仅仅潜在的概念;这个概念的各个规定是存在着的规定,它们在它们的区别中互为他物,它们的不断规定(辩证过程的形式)就是向他物的过渡。这种不断的规定既是潜在地存在着的概念的向外设定,因而是这种概念的展开,同时也是存在向自身之内的潜入,是存在向其自身的深化。概念在存在范围里的阐发既会扬弃存在的直接性或存在本身的形式,也同样会成为存在的总体。

§.85

存在本身以及后来的各个规定——其中不仅有存在的规定,而且有全部的逻辑规定——都可以被看作关于绝对的定义,被看作上帝的形而上学定义;然而更确切地说,一个范围里总是只有第一阶段的简单的规定才可以这样看,而第三阶段的规定作为构成从差别到简单自相联系的返回的规定在后来也可以这样看。因为从形而上学方面定义上帝,就意味着用思想本身表达上帝的本性,而逻辑学是包括了一切依然具有思想形式的思想的。与此相反,第二阶段的规定作为构成一个处于差别中的范围的规定则是有限事物的定义。但是,假如我们应用定义的形式,这种形式就会有一种基质浮现在观念里的含义;这是因为,就连应该以思想的意 Ⅵ,164
义和形式表示上帝的绝对也依然与其谓词有关系,与思想中特定的、现实的语词有关系,只不过是一个意谓的思想,一个本身没有得到规定的基质罢了。因为这里唯独要讨论的思想、事情的实质仅仅包含在谓词里,所以,命题的形式,如上述主词,就是某种完全多余的东西(参看 §.31 和下面讨论判断的章节)。

〔**附释**〕逻辑理念的每一范围都证明自身是各个规定组成的一个总体,是绝对的一个表现。存在也是如此,它在自身包含质、量和尺度三个阶段。质首先是与存在同一的规定性,两者相同到这样的程度,以致某物如果失去其质,就不再是某物。反之,量则是对存在外在的、与存在漠不相关的规定性。例如,一所房屋无论大一点或小一点,仍然是一所房屋,红色无论浅一些或深一些,仍然是红色。存在发展的第三个阶段,即尺度,是前两个阶段的统一,是有质的量。一切事物都有它们的尺度,这就是说,它们是在量上得到规定的,它们的存在无论怎么大,都与它们的性质漠不相关;但这种漠不相关也有其界限,如果由于再更大一点或再更小一点而超出这个界限,那些事物就不再是那些事物。于是就从尺度产生了向理念的第二个主要范围、即向本质的进展。

这里提到的三个存在形式,正因为是最初的,所以同时也是最贫乏的,即最抽象的。直接的、感性的意识就它同时也能思维而言,主要是局限于质和量的抽象规定。这种感性意识常常被认为是最具体的,因而同 Ⅵ,165
时也是最丰富的;然而,只有就材料而言,它才是如此,反之,从它的思想内容来看,它实际上是最贫乏和最抽象的。

A.
质

a.存　在

§.86

纯粹的存在构成开端,因为它既是纯粹的思想,也是没有得到规定的、简单的直接东西,而最初的开端却决不可能是任何经过中介的和进一步得到规定的东西。

〔**说明**〕只要我们单纯意识到开端的本性所带有的含义,对于科学以抽象的、空洞的存在为开端所能提出的一切怀疑和责备就都会烟消云散。存在可以被规定为自我=自我,被规定为绝对的无差别性或同一性等等[1]。这些形式和其他诸如此类的形式,或者是由于需要以一个绝对确实的东西、即这个东西本身的确实性为开端,或者是由于需要以绝对真理的一个定义或直观为开端,都可能被认为必然是最初的形式。但是,因为在这些形式的每一个内部都已经有中介过程,所以,真正来说,它们并不是最初的形式;中介过程是从第一个环节到第二个环节的超出,是产生于有差别的东西的过程。如果自我=自我、或者甚至理智直观真正被看作只是最初的开端,那么,这个最初的开端在这种纯粹的直接性中就无非是存在,正像反过来,纯粹的存在如果不再是这个抽象的存在,而是在自身包含着中介的存在,则是纯粹的思维或直观一样。

VI,166　　　如果存在作为表达绝对的谓词被陈述出来,那么这就有绝对的第一个定义,即绝对是存在。这个定义是(在思想中)绝对最初的、最抽象的和最贫乏的定义。它是爱利亚学派²提出的定义,但同时也是把上帝视为一切实在的总和的著名看法。这就是说,按照这种看法,必须撇开任何实在中的限制,以便表明上帝仅仅是一切实在中的实在者,是最实在者。因为实在已经包含着一种映现关系,所以,这是在雅可比关于斯宾诺莎的上帝是一切特定存在中的存在的本原的说法里直接陈述出来的。

〔附释1〕在开始思维时,我们只拥有纯粹无规定性的思想,因为要作出规定,就需要有一物与他物,但在开端里我们还没有任何他物。我们这里拥有的无规定性东西是直接的东西,它并不是经过中介的无规定性,不是一切规定性的扬弃,而是无规定性的直接性,是先于一切规定性的无规定性,是作为最原始的环节的无规定性东西。我们把它称为存在。这种存在是不可感觉、不可直观、不可表象的,相反地,它是纯粹的思想,并且作为这样的思想而构成开端。本质也是无规定性的东西,但这种无规定性的东西已经通过中介,把规定作为得到扬弃的东西包含到自身之内。

〔附释2〕在哲学史上我们看到,逻辑理念发展的不同阶段采取了先后相继出现的哲学体系的形态,其中每个哲学体系都以绝对的一个特殊定义为自己的基础。正像现在逻辑理念的展开表明自身是从抽象到具体的进展一样,在哲学史上最早的体系也是最抽象的、因而同时最贫乏的体 Ⅵ,167
系。而较早的哲学体系与较晚的哲学体系的关系在一般情况下就等于较早的逻辑理念发展阶段与较晚的逻辑理念发展阶段的关系,具体地说是这样的:较晚的哲学体系把较早的哲学体系作为已被扬弃的体系,包含到自身之内。在哲学史上出现的、常常遭到误解的一个哲学体系为另一个哲学体系所推翻的真正意义,更确切地说,较早的哲学体系为较晚的哲学体系所推翻的真正意义,就是这样。在谈到推翻一种哲学时,这个事实最初总是被认为只有抽象地否定的意义,以为被推翻的哲学整个说来已经不再有效,而被消除殆尽,根本完结了。假如事情真是这样,哲学史的研究就必定会被看成一种极其可悲的事情，因为这种研究只能说明，在时间过程中曾经出现的一切哲学体系是如何被推翻的。但是，虽然我们应当承认一切哲学都是曾经被推翻了的，同时也必须坚持没有一种哲学是曾经被推翻了的，而且也没有一种哲学能够被推翻。这种情况有两个方面：第一，每一种确实配称为哲学的哲学都以理念为其内容；第二，每一种哲学体系都应该看作是理念的发展过程中的一个特殊环节或一个特殊阶段的表述。因此，推翻一种哲学仅仅意味着超出它的限制，把它的特定原则降低为一个观念的环节。所以，哲学史就其根本内容而言，并不是要研究过去的东西，而是要研究永恒的、全然现在的东西，并且在其结果中也不

VI,168　可以与人类精神的错误陈迹的展览相比拟，而是可以与供奉万尊神像的庙堂相比拟。这些神像就是在辩证发展中先后相继出现的理念的各个不同阶段。如果说详细地指明哲学内容的历史发展与纯粹逻辑理念的辩证发展在什么限度内一方面有一致性，另一方面有分歧，这始终是留给哲学史的任务，那么在这里我们则必须首先简单地提到，逻辑学的开端与真正的哲学史的开端是相同的。在爱利亚学派的哲学里，更确切地说，在巴门尼德的哲学里，我们看到了这个开端。巴门尼德说，"唯独存在是存在的，无则不存在"[3]，从而把绝对理解为存在。这必须视为哲学的真正开端，因为哲学都是思维认识，而在这里第一次抓住了纯粹思维，并把纯粹思维本身作为认识的对象。

人类诚然自始就在思维，因为只有思维才使人类区别于动物；但是，经过了数千年，人类才达到对纯粹性的思维的理解，并同时把这种思维理解为全然客观的东西。爱利亚学派曾经以勇敢的思想家著称；可是在后来却常常给这种抽象的赞赏加了一条评语，说这些哲学家毕竟走得太远了，他们只承认存在是真理，而否认了另外还构成我们意识的对象的一切东西有真理性。说不可停留于单纯的存在，这诚然完全正确；但是，把我们意识的其他内容视为仿佛处于存在之旁和存在之外，或视为某种只不

过也存在的东西,这则是没有思想。反之,真正的关系是这样的:存在作为存在并不是固定的和终极的东西,而是作为辩证的东西转化为自己的对立面,这个对立面同样直接地来看,就是无。因此,事情的实质依然在于,存在是第一个纯粹的思想,无论另外以什么范畴(自我＝自我、绝对无差别性或上帝本身)为开端,这类其他的范畴最初也仅仅是被表象的东西,并不是所思的东西,而这种东西就其思想内容来说,恰好不过是存在。

Ⅵ,169

§.87

这种纯粹的存在现在是纯粹的抽象,因而是绝对否定的东西,而这种绝对否定的东西同样直接地来看,就是无。

〔说明〕1.由此得出了绝对的第二个定义,即绝对是无;实际上,在说自在之物是没有得到规定的、全然没有形式的、因而全然没有内容的东西时,就有这个定义的内涵,或者,在说上帝仅仅是最高的存在者,而决不再是任何别的东西时,也有这个定义的内涵;佛教徒当作万物的本原和万物的最终目的与目标的无,也是同样的抽象[4]。——2.如果这种直接性中的对立被表述为存在与无的对立,那么,认为这种对立为子虚乌有的看法就会显得太令人诧异,所以有人不禁要设法去固定存在,以防它过渡到无。在这方面反思必然会想到给存在寻求一个固定不变的规定,似乎通过这个规定就把存在与无区别开了。例如,有人把存在视为在万变中固定不变的东西、可以无限地规定的材料等等,甚或不假思索地视为任何个别的现实存在、偶然遇到的感性事物或精神事物。但是,所有这类更详细、更具体的规定都会使存在不再成为在这里直接处于开端地位的纯粹存在。只有在这种纯粹的无规定性中,并且为了这种纯粹的无规定性,存在才是无,才是一个不可言说的东西;存在与无的差别是一种单纯的意谓。——

Ⅵ,170

凡此所说仅仅是为了认识这些开始的范畴，即认识到它们无非是这些空洞的抽象，存在与无这两者中的每个范畴都与另一个范畴同样空洞；在存在中或在存在与无两者中寻求一个固定不变的意义的冲动，是进一步发挥存在与无，赋予它们以真实的、即具体的意义的必然性本身。这种进展是逻辑的发挥和依次表现出来的思维过程。给存在和无寻求更深刻的规定的反思是逻辑的思维，它使这些更深刻的规定完全不是以偶然的方式，而是以必然的方式产生出来。——因此，存在和无获得的每个后来的意义只能看作是绝对的一个更详细的规定和更真实的定义；于是，这样一种规定也就不再像存在和无那样，是空洞的抽象，而是一种具体的东西，在这种东西里存在和无两者只是两个环节。——无的最高形式独立地来看，应该说是自由，但是，当自由在自身把自己深化到最强烈的程度，本身也成为肯定性，甚至成为绝对肯定性时，这种自由就是否定性。

〔**附释**〕存在和无最初只是将会有差别，这就是说，它们的差别最初只是潜在的，但还没有发挥出来。我们在一般谈到差别时就有两个东西，其中每个东西都具有另一个东西所没有的一个规定。但现在存在恰恰仅仅是全然无规定的东西，而无也是同样的无规定性。所以，这两者的差别只是指谓的差别，完全抽象的差别，这种差别同时也不是什么差别。在一切其他有差别的东西中，我们也总是得到一个把这些有差别的东西包括到自身的共同点。例如，如果我们说到两个不同的类属，那么类属就是两者的共同点。同样，我们说有自然的存在物，也有精神的存在物，在这里存在物就是两者共同拥有的东西。与此相反，在存在和无里差别则没有自己的基础，正因为如此，就不是什么差别，因为这两个规定同样没有基础。假如有人要说存在和无毕竟是两种思想，因而思想就是两者的共同点，那么，这种说法会忽略了存在并不是一个特殊的、得到规定的思想，而是还完全没有得到规定的、正因为这样就与无没有丝毫差别的思想。——人们虽然也可以把存在想象为绝对丰富，而把无想象为绝对贫

VI,171

乏;但是,如果我们观察全世界,说在这个世界里一切都有,此外无物,我们就是抹煞了一切特定的东西,于是我们所得到的也就不是绝对的充实,而是绝对的空虚。同样的批评也可以应用到把上帝视为单纯存在的定义上,佛教徒的定义以同样的理由与这个定义相对立,认为上帝是无,它如果被贯彻到底,也就是主张人应该自己毁灭自己,从而变成上帝。

§.88

无作为这种直接的、自身等同的东西,反过来说,是与存在相同的东西。因此,存在和无的真理是两者的统一;这种统一就是变易。

〔说明〕1."存在和无是相同的东西"这个命题对于表象或知性显得是一个很悖谬的命题,以致表象也许不会认为它有严肃认真的用意。实际上,承认这个命题也属于思维要求做到的最难的事情,因为存在和无是处于整个直接性中的对立,这就是说,在一个环节中仿佛并没有设定一个包含着它与另一环节的关系的规定。不过,存在和无也包含上节业已指出的规定,这个规定恰恰在存在和无两者中是相同的。就此而言,演绎存在与无的统一性的过程完全是分析的;这一般就像哲学思维的整个进程那样,作为有方法的、即必然性的进程,无非是纯粹设定业已包含在一个概念里的东西。——但是,主张存在和无全然不同,即这一个环节不是另一个环节,也与主张存在和无有统一性是同样正确的。然而,由于存在和无还是直接的东西,因而差别在这里还没有得到规定,所以,在存在和无中所指的差别就是不可言说的东西,是单纯的意谓。

2.决不需要费好大的机智,就可以取笑存在和无是相同的东西这个命题,或者可以引申出一些前后不一致的言论来,用虚假的保证说,它们就是这个命题的结论与应用;例如说,按照这条原则,我的房屋、我的财

VI,172

产、供呼吸的空气、这个城市、太阳、法律、精神和上帝是否存在,好像都是一样的。在这样的事例中,一方面是偷偷塞进了特殊的目的和某种东西对我具有的用处,并问有用的事物的存在或不存在对我是否漠不相干。实际上哲学正是这样的学说,它把人从数量无穷的有限目的和打算中解放出来,使人对这类东西采取超然无谓的态度,所以,这样的事物是否存在,对人来说无疑应该是一样的。但一般来说,一俟谈到某个内容,这就设定了与其他的现实存在、目的等等的联系,而这些其他的东西则被假定为有效的;一个特定内容的存在或非存在是否相同,就是靠这样的假定决定的。在这种情况下,内容丰富的差别被偷偷塞进了存在和无的空洞的差别。——但另一方面,就事情本身而言,正是重要的目的、绝对的实存和理念单纯在存在或非存在的规定下被设定起来。这样一些具体对象仍然是某种迥然不同于单纯存在着的或不存在着的东西的对象;像存在和无这样的贫乏的抽象——它们之所以是最贫乏的、确实存在的抽象,是因为它们恰恰仅仅是开端的规定——完全不适合于表达那些对象的本性;真实的内容早已超出了这些抽象本身及其对立。一般来说,如果用一种具体的东西偷偷塞入存在和无,那就会出现无思想性通常犯有的错误,即表象和谈论一种迥然不同于我们所说的东西的对象,而我们现在所说的却只是抽象的存在和无。

3.也许有人会说,他们无法理解存在和无的统一。但这种统一的概念已经在前几节指明,它无非就是我们指明的东西;理解这种统一恰恰意味着把握这种业已指明的东西。不过,有人也把理解视为某种比真正的概念更广泛的东西;这就是要求得到一种比较复杂、比较丰富的意识,得到一种表象,以期这样一种概念可以被展示为思维在其通常运用中仿佛很熟习的具体事例。如果对这种统一的无法理解仅仅表示不习惯于撇开一切感性杂质去坚持抽象思想和把握思辨命题,我们就只能说,哲学知识的方式无疑不同于人们在日常生活中熟习的知识的方式,也不同于其他

VI,173

科学中盛行的方式。但是,如果这个无法理解仅仅意味着人们无法表象 ⅥI,174
存在和无的统一,那么,这种情况实际上是很少有的,所以倒不如说,每个
人都有关于这种统一的无限多表象,他们说他们没有这样的表象,这只能
说明他们在任何一个这样的表象中都没有认识到当前的概念,而且也不
知道这个表象就是表示当前的概念的例证。表示当前概念的最明显的例
证是变易。每个人都有一个变易的表象,而且同样都承认这是一个表象;
其次,每个人都承认,他在分析这个表象时,会看到其中既包含了存在的
规定,但是也包含了与存在全然不同的东西、即无的规定;再次,每个人都
承认,这两个规定在这一个表象里并不分离,因而变易就是存在与无的统
一。——一个同样明显的例证是开端;在这里,事物虽然尚未处于它的开
端,但开端也不单纯是它的无,而是在其中也已经有它的存在。开端本身
也就是变易,然而已经表示出进一步发展的考虑。——为了符合于通常的
科学进程,人们可以从纯粹设想的开端的表象出发,因而从他们当作开端
的开端出发去研究逻辑学,并且分析这个表象;但在这样做时,他们也许宁
肯承认存在与无表现于没有分离的统一体,也不承认这类分析的结果。

　　4.不过还必须注意,"存在和无是相同的东西"或"存在和无的统一"
这样的说法以及其他一切类似的统一,如主观与客观的统一等等,都引起
了反感,这是有道理的,因为这种说法的偏颇不当之处在于,有人特别强
调了统一,虽然其中也有差别(例如,因为说的是存在和无,而它们的统
一已经设定),但这种差别并没有同时被陈述出来和得到承认,因而他们 ⅥI,175
只是很不适当地撇开了差别,看来对它没有加以考虑。实际上,思辨的规
定是不能以这样一种命题的形式正确地表达出来的;统一应该在同时现
存的和设定的差别中加以把握。变易是存在和无的结果的真正表达,作
为存在和无的统一;变易不仅是存在和无的统一,而且是自身内的不安
息,这种统一并不是单纯作为自相联系就没有运动,而是由于变易包含的
存在和无的差别,才在自身中自己与自己对立。——反之,特定存在则是

这种统一或在这种统一的形式中的变易；因此，特定存在是片面的和有限的。存在与无的对立仿佛消失了；它仅仅潜在地包含在统一里，但没有在统一中设定起来。

5.与存在过渡到无和无过渡到存在这个变易的原理相对立的，是泛神论的物质永恒性的原理，即"从无不能产生任何东西"和"某物只能产生于某物"的原理。古代哲学家们[5]已经作过一种素朴的反思，认为"某物产生于某物"或"从无不能产生任何东西"这类原理实际上取消了变易，因为产生出某物的东西和产生的东西是同一个东西；这里存在的仅仅是抽象知性同一性的原理。不过，甚至在我们的时代也能看到"从无不能产生任何东西"或"某物只能产生于某物"这些原理被毫不拘谨地提出来，而丝毫未意识到它们是泛神论的基础，并且不知道古代哲学家们已经彻底作过对它们的考察，这倒必定会令人觉得奇怪。

Ⅵ,176 〔**附释**〕变易是第一个具体的思想，因而也是第一个概念，反之，存在和无是空洞的抽象。如果我们说到存在的概念，那么，这个概念只能在于是变易，因为变易作为存在是空洞的无，作为无是空洞的存在。因此，我们在存在中得到了无，在无中得到了存在；而这种在无中依然在自身的存在就是变易。差别在变易的统一中是不可抹煞的，因为如果没有差别，我们便会又返回到抽象的存在。变易不过是这样一种东西的被设定，这种东西就是以自己的真理为依据的存在。

我们常常听到一种主张，说思维与存在是对立的。但对于这样的主张我们首先应该问存在是怎样被理解的。如果我们接受反思规定的那类存在，我们就只能说存在是全然同一的和肯定的东西。如果我们这时考察思维，我们就不会看不到，思维也至少同样是全然自相同一的东西。所以，存在和思维两者都具有相同的规定。但是，存在与思维的这种同一性现在并没有具体地加以看待，因而也不可说石头既然能存在，所以就与能思维的人是一样的。具体的东西还是某种完全不同于抽象规定本身的东西。而在存在中决没有谈到任何具体的东西,因为存在恰恰仅仅是完全抽象的东西。按这样的看法,关于上帝的存在这个本身无限具体的东西的问题,也就没有什么意义了。

变易既是第一个具体的思想规定,同时也是第一个真正的思想规定。在哲学史上,正是赫拉克利特的思想体系相当于逻辑理念的这个发展阶段。当赫拉克利特说"一切都在流动"($\pi\acute{\alpha}\nu\tau\alpha\acute{\rho}\epsilon\tilde{\iota}$)[6]时,这就说出了变易是一切具体存在物的根本规定,反之,如我们以前提到的,爱利亚学派则把存在,即僵硬的、没有过程的存在看作唯一的真理。关于爱利亚学派的原则,后来德谟克利特进一步说道,"存在不比非存在更胜一筹"($o\grave{\upsilon}\delta\grave{\epsilon}\nu$ $\mu\tilde{\alpha}\lambda\lambda o\nu$ $\tau\grave{o}$ $\check{o}\nu$ $\tau o\tilde{\upsilon}$ $\mu\grave{\eta}$ $\check{o}$ $\nu\tau o\zeta$ $\acute{\epsilon}\sigma\acute{\iota}$)[7],这正说出了抽象存在的否定性,说出了这种抽象存在与那种在抽象中同样不能成立的无在变易里得到设定的同一性。——我们在这里同时也得到了说明一种哲学体系被另一种哲学体系真正推翻的例证。这种推翻恰恰在于揭示出了被推翻的哲学的原则的辩证法,把这个原则降低为更高的具体理念的形式的观念环节。——但进一步说,变易本身也还是一个极其贫乏的规定,必须在自身进一步深化与充实自己。例如,在生命中我们就看到变易在自身的这样一种深化。生命就是变易,不过变易并没有穷尽生命概念的意义。在更高的形式中,我们还发现了精神中的变易。精神也是变易,但这是一种比单纯逻辑的变易更充实、更丰富的变易。各个统一起来构成精神的环节并不是存在与无的单纯抽象概念,而是逻辑理念与自然界的系统。

VI,177

b. 特 定 存 在

§.89

在变易中与无统一的存在和与存在统一的无仅仅是消逝着的东西;

变易由于其自身的矛盾而退化为这两个东西在其中得到扬弃的统一体；因此变易的结果就是特定存在⁸。

〔**说明**〕在这第一个例证里，我们必须永远记住在 §. 82 及其"说明"

Ⅵ,178　中陈述的内容；唯独能给知识的进步与发展奠定基础的是坚持各个结果的真理性。当我们在任何一个对象或概念中都指出矛盾的时候（无论在什么地方都决没有什么东西，我们不能和不必在其中指出矛盾，即对立的规定；知性的抽象思维是强调坚持一个规定性，而竭力掩盖和排斥对于这当中包含的另一个规定性的意识），——当我们在这时认识到这样的矛盾的时候，有人常常作出结论说，"由此可见，这个对象不存在"；这就像芝诺⁹第一次指出运动自身有矛盾，因而认为运动不存在一样，或者，也像古代哲学家根据太一、即绝对既不发生也不消失的说法，认为发生和消失这两个变易方式是不真实的规定一样。所以，这类辩证法单纯停留在结果的否定性方面，而撇开了同时现实存在的东西；现实存在的东西是一个特定的结果，这个结果在这里虽然是一个纯粹的无，但既是一个在自身包含存在的无，也同样是一个在自身包含无的存在。因此，第一，特定存在是存在和无的统一，在这种统一中这两个规定的直接性已经消逝，因而在它们的联系中它们的矛盾也已经消逝，就是说，特定存在是这样一种统一，在这种统一中存在和无也仅仅依然是两个环节；第二，这个结果既然是被扬弃了的矛盾，所以就具有简单的自相统一的形式，或者说，本身也是一个存在，不过是一个带有否定性与规定性的存在；这个结果是在它的一个环节、即存在的形式中被设定的变易。

〔**附释**〕即使在我们的观念里也有一种含义，即在存在着变易时，就会又产生出某种东西，因而变易是有一个结果的。不过在这里也出现了

Ⅵ,179　变易如何能不仅依然是变易，而且有结果的问题。对这个问题的答复可以从以前向我们表明自身为变易的东西里得出来。这就是说，变易在自身包含着存在和无，而且这两者完全相互转化和彼此扬弃。这样一来，变

易就证明自身是彻底不安息的东西,不过它不能在这种抽象的不安息中维持自己;这是因为,既然存在和无在变易中消逝,只有这才是变易的概念,那么,变易本身就是一种消逝着的东西,好像一团火,它在耗尽自己的材料时,自身也就熄灭了。但这个过程的结果却不是空洞的无,而是与否定性同一的存在,我们把它叫作特定存在,而特定存在也首先表明自己有经过变易的意思。

§.90

α)特定存在是具有一种规定性的存在,这种规定性是直接的或存在着的规定性,即质。特定存在在它的这种规定性里被映现到自身之内,就是特定存在着的东西,即某物。——在特定存在里发挥出来的各个范畴,只能概括地加以说明。

〔**附释**〕一般说来,质是与存在同一的、直接的规定性,而与即将加以考察的量不相同,量虽然也同样是存在的规定性,然而不再是与存在直接地同一的规定性,而是与存在漠不相关的、对存在外在的规定性。——某物之所以为某物,是由于它的质,它在失去自己的质的时候,就不再是某物。进一步说,质基本上仅仅是有限事物的一个范畴,因此这个范畴也只是在自然界,而不是在精神世界有其真正的地位。例如,在自然界里所谓的简单质料,即氧、氮等等,都应视为现实存在着的质。反之,在精神领域里质则只占次要的地位,并不是好像通过质就能穷尽精神的任何一个特定形态。例如,如果我们考察那种构成心理学对象的主观精神,我们虽然可以说,所谓的性格的逻辑意义是质的逻辑意义,然而这并不意味着,性格同样是一种浸透灵魂的、与灵魂直接地同一的规定性,像在自然界里刚才提到的简单质料那样。但是,只要精神处于不自由的、有疾病的状态

Ⅵ,180

中,质则会很明确地也在精神领域里表现为这样的规定性。在感情激动并且达到疯狂的程度时,尤其会有这类情形。发狂的人的意识完全为嫉妒、恐惧等等情绪所浸透,我们可以正确地说,他的意识应该被规定为质。

§.91

质作为存在着的规定性,相对于包含在质中而不同于质的否定性来说,是实在性。否定性不再是抽象的无,而是作为一种特定存在和某物,仅仅是某物的形式,就是说,否定性是他在。既然这种他在是质的固有规定,而在最初与质有差别,那么,质便是为他存在,就是说,是特定存在或某物的一种广度。质的存在本身相对于这种与他物的联系而言,就是自在存在。

〔**附释**〕一切规定性的基础都是否定(就像斯宾诺莎所说的[10],Omnis determinatio est negatio〔一切规定都是否定〕)。没有思想的人把特定的事物视为只是肯定的,并在存在的形式下坚持这些事物。但是,依靠单纯的存在,事情并没有了结,因为像我们以前看到的,单纯的存在是全然空洞的和同时没有根据的东西。此外,现在提到的这种作为得到规定的存在的特定存在与抽象存在的混淆也有正确的地方,即在特定存在里无疑包含了否定性的环节,它仿佛在最初仅仅是被隐匿起来的,后来才在自为存在中自由地表现出来,得到它应有的地位。——如果我们现在进一步把特定存在视为存在着的规定性,我们就会在其中得到人们理解为实在性的东西。例如,人们谈到一项计划或一种打算的实在性,他们的意思是说,这类东西不再是一种单纯内在的、主观的东西,而是已经在特定存在里表露出来。在同样的意义上,我们也可以把肉体称为灵魂的实在性,把法权称为自由的实在性,或十分概括地说,把世界称为神圣概念的实在

VI,181

性。此外,我们现在也往往还在另一种意义上谈到实在性,把它理解为某种东西的情况符合于其本质的规定或概念。例如,我们说这是一项实在的工作,或这是一个实在的人,就是这样。这里所指的并不是直接的、外表的特定存在,而是一个特定存在着的东西与其概念的一致。但如果这样来理解,实在性也就不再与我们最初当作自为存在所认识的理想性有差别了。

§.92

β)这种被定为与规定性不同的存在,即自在存在,看来仅仅是存在的空洞抽象。在特定存在里,规定性与存在是同一的,规定性同时被设定为否定性,所以是界限、限制。因此,他在并不是一种在特定存在之外漠不相关的东西,而是特定存在固有的环节。某物由于它的质而首先是有限的,其次是可变的,所以有限性与可变性就属于某物的存在。

〔附释〕否定性在特定存在里仍然是与存在直接地同一的,这种否定 VI,182
性就是我们所谓的界限。某物只有在其界限里,并且由于其界限,才是某物。所以,我们不可把界限视为单纯外在于特定存在的,倒不如说,界限贯穿在整个特定存在中。把界限视为特定存在的单纯外在规定的原因,在于混淆了量的界限与质的界限。我们这里说的首先是质的界限。例如,我们观看一块地产,它有三摩尔根大,这是它的量的界限。但这块地产还另外是一块草地,而不是树林或池塘,这是它的质的界限。——一个人要想成为现实的人,就必须是特定存在的,而且为了达到这个目的,他必须限制自己。谁过分忧烦有限事物,谁就根本达不到任何现实性,而只能停留于抽象东西之中,渐渐消沉暗淡,以终其身。

如果我们现在更确切地考察我们在界限中得到的东西,我们就会看到,界限在自身包含着矛盾,因而表明自身是辩证的。这就是说,界限一方面构成特定存在的实在性,另一方面又是特定存在的否定。但此外,界限作为某物的否定,并不是抽象的无,而是存在着的无,或者说,是我们所谓的他物。在某物里我们立刻会想到他物,并且我们知道,不仅有某物,而且也还有他物。不过他物并不是我们单纯用这样一种方式察觉的东西,在这种方式下似乎不要他物也能设想某物,相反地,某物潜在地就是它自身的他物,并且对它来说,在他物中它的界限会变为客观的。如果我们问某物与他物之间的差别,则会看出两者是同一个东西,这种同一性后

Ⅵ,183　来也在拉丁文里用两者 aliud-aliud〔彼此彼此〕的名称表示出来。相对于某物的他物本身就是一个某物,所以我们经常说到某个他物;反过来说,最初的他物相对于同样被规定为某物的他物,本身也同样是一个他物。我们在说到某个他物时,最初以为某物就其本身来看只是某物,只有通过一种单纯外在的看法,它才具有成为一个他物的规定。例如,我们以为,月亮是不同于太阳的某个他物,即使太阳不存在,它也仍然能存在。但实际上,月亮(作为某物)在它本身就是它的他物,而且这个他物构成它的有限性。柏拉图说,"神利用一物与他物(τοῦ ἑτεροῦ)的本性造成这个世界;他把这两者组合到一起,由此构成第三种东西,这第三种东西具有一物与他物的本性"[11]。这段话概括地说出了有限事物的本性,有限事物作为某物并不是与他物漠不相关地对峙着,而是潜在地就是它自己的他物,因而是自身变化的。在变化中显示出内在的矛盾,这矛盾为特定存在所固有,并推动着特定存在超出自身。对表象来说,特定存在最初表现为单纯肯定的,同时也表现为静止地僵持在自己的界限之内的;虽然人们也知道一切有限事物(这样的事物就是特定存在)都服从于变化,然而特定存在的这种可变性对表象却显得是一种单纯的可能性,它的实现并不基于特定存在本身。但实际上,在特定存在的概念里就包含着自身变化的内容,变化不过是潜在的特定存在的显现罢了。有生命的东西会死亡,简

单的原因就在于它作为这样的东西在自身带有死亡的萌芽。

§.93

某物变为一个他物,而这个他物本身又是一个某物,因此这个某物同样变为一个他物,如此递进,以至无限。

§.94

这种无限性是单调的或否定的无限性,因为它无非是有限事物的否定,而有限事物又同样发生,因而同样没有得到扬弃,换句话说,这种无限性表示的仅仅是应当扬弃有限事物。这种向着无限的进展停留于说出有限事物所包含的矛盾,即说出有限事物既是某物,也是自己的他物,并且这种进展是这两个相互引起的规定的不断循环交替。

〔**附释**〕如果我们把某物和他物这两个特定存在的环节分开来看,我们就会得到这样的结果:某物变成一个他物,这个他物本身又是一个某物,它本身然后也同样变化,如此递进,以至无限。反思以为在这里达到了某种很高的、甚至最高的境界。但这种向着无限的进展并不是真正的无限,倒不如说,真正的无限是在它的他物中同时也在它自身,或作为过程来表述,是在它的他物中同时也达到它自身。正确地把握真正无限性的概念,而不单纯停留在无限进展的单调无限性上,具有巨大的重要性。在谈到空间和时间的无限性的时候,人们经常想到的最初就是这种无限进展。例如人们说"这时""现在",然后就不断向后和向前超出这个界限。对于空间的看法也同样如此;关于空间的无限性,喜欢自树新说的天

VI,185　文学家提出许多空洞的宏论。于是人们也就往往断言,要着手考察这种
　　　　无限性,思维必定会遭到失败。说我们终归应该放弃这种总是不断进展
　　　　的考察,这无疑是很正确的,但并不是因为这项工作崇高庄严,而是因为
　　　　它单调无聊。沉湎于考察这种无限进展之所以单调无聊,是因为在这里
　　　　永远重复着同类事情。人们设定一个界限,超出这个界限,然后又设定一
　　　　个界限,如此类推,永无尽头。因此我们在这里得到的无非是一种表面的
　　　　变换,它永远停留在有限事物领域里。如果有人以为踏进那种无限性就
　　　　可以从有限中解放出来,那么,这实际上仅仅是从逃遁中求解放。但逃遁
　　　　的人还不是自由的,因为在逃遁中他仍然受他所逃避的东西的限制。如
　　　　果有人进一步说无限是不能达到的,那么,这是完全正确的,但仅仅是因
　　　　为那个本来是某种抽象的否定东西的规定被塞进了无限中。哲学并不摆
　　　　弄这样一种空洞的、纯属彼岸的东西。哲学要研究的东西总是具体的、全
　　　　然现在的东西。——有人也这样提出了哲学的课题,说哲学必须回答无
　　　　限怎样决定从自身迸发出来的问题。这个问题是以假定无限与有限的固
　　　　定对立为基础的,对它只能回答说,这个对立不真实,无限实际上是既永
　　　　远出乎自身之外,又永远不出乎自身之外。——此外,如果我们说无限是
　　　　非有限,那么,我们实际上就说出了真理,这是因为,既然有限本身是第一
VI,186　个否定,非有限便是否定之否定,是自相同一的否定,因而同时也是真正
　　　　的肯定。

　　　　　　这里所述的反思的无限性不过是达到真正无限性的一种尝试,是一
　　　　个不幸的折衷的东西。一般说来,在现代德国颇为盛行的正是这种哲学
　　　　观点。有限应当在这里仅仅加以扬弃,无限应当不仅是否定的东西,而且
　　　　也是肯定的东西。在这种应当中总是包含着一种软弱无力,即某种事情
　　　　虽然被承认为正当的,但自身毕竟无法行得通。康德和费希特的哲学在
　　　　伦理思想方面就停留在这种应当的观点上。对理性规律的不断接近是人
　　　　们沿着这条途径所能达到的最高境地。于是,人们也就依据这个设准论

证了灵魂不灭。

§.95

γ)实际上现在存在的情况是某物变为他物,他物本身又变为他物。某物在与一个他物的关系中,本身就是一个与这个他物相反的他物;所以,既然某物转变为的东西与转变的东西是完全相同的——两者都只具有成为一个他物的相同规定——,那么,某物在其向他物的转变中就仅仅是与其自身相结合,并且这种在转变中、在他物中存在的自相联系就是真正的无限性。或从否定方面来看,变化的东西是他物,这个他物变成他物的他物。所以,存在作为否定之否定,又得到了恢复,并且是自为存在。

〔说明〕把有限与无限的对立弄得不可克服的二元论并没有作过简单的考察,看出在这种方式下无限立刻仅仅成为对立双方的一方,因而被 VI,187
弄成一个单纯特殊的东西,而对于这个特殊的东西来说,有限就是另一特殊东西。这样一种仅仅是一个特殊东西的无限,是与有限并列存在的,正因为如此,就在有限中有自己的限制、界限,于是无限就不是自己应该是的东西,不是无限的东西,而仅仅是有限的了。——在这种关系中有限被摆在这里,无限被摆在那里,前者被置于此岸,后者被置于彼岸,因而有限就被认为具有与无限相同的持续存在和独立不倚的地位;有限东西的存在被当作一种绝对的存在,它牢固地屹立在这种二元论里。可以说,这种有限如果与无限相接触,就会遭到毁灭;但这种二元论认为,有限不可能与无限相接触,在这两者之间有一条深渊,一条不可逾越的鸿沟,无限完全坚持在那边,有限完全坚持在这边。当这种认为有限面对无限有牢固的稳定性的主张以为自己超出了一切形而上学时,实际上它还完全站在最普通的知性形而上学的土地上。这里发生的情况与无限进展表示的情况是一样的:有时承认有限不是自在自为的,没有独立的现实性,没有绝对的存在,而只是一种暂时的东西,有时则立刻忘记这一点,把仅仅相对于无限的有限完全与无限分离开,使它不遭到毁灭,把它想象为独立的、自身稳定的东西。——当思维以为用这样的方式就能使自己升高到无限时,这种思维则适得其反,这就是说,回到了一个仅仅是有限的无限,反而总是保持着这种思维所离弃的有限,把它当作一个绝对。

Ⅵ,188　　　如果说在对有限与无限的知性对立的虚妄不实做出考察(关于这一点,可参看柏拉图的《斐莱布篇》[12],当不无益处)以后,人们即使在这里也会很容易想到一个说法,即这样一来无限与有限就是一个东西,真理、真正的无限性可以被规定和陈述为无限与有限的统一,那么,这样的说法虽然包含着正确的东西,但是,它就像以前关于存在与无的统一所指出的,也同样是不恰当的和错误的。此外,这种说法还会引起正当的责难,即它把无限性变为有限性,把有限性变为无限性。因为在这种说法里有限表现为依然保持原状,并没有明确说出有限业已得到扬弃。——或者,假如我们想到有限既然被设定为与无限是统一的东西,无疑不可能保持它在这种统一之外的原状,而至少在它的规定中有所变化(像碱与酸化合而失去其特性那样),那么,无限也恰恰会有这样的遭遇,作为否定性东西同样在他物中会变得失去活力。实际上,知性的抽象片面的无限也的确发生过这样的事情。但是,真正的无限则在其性状中不单纯像这种片面的酸,而是能保持其自身;否定的否定并不是一种中和;无限是肯定的东西,只有有限才是得到扬弃的东西。

　　　在自为存在中已经出现理想性的规定。特定存在最初只有按照它的存在或它的肯定性加以理解,才具有实在性(§.91),所以有限性最初也包含在实在性的规定中。但有限事物的真理却是有限事物的理想性。同样,那种与有限并列起来,本身仅仅是两个有限事物之中的一个有限事物的知性的无限,也是一个不真实的东西,一个理想的东西。有限事物的这

Ⅵ,189

种理想性是哲学的首要原则,因此,每种真正的哲学都是理想主义。唯一
重要的问题在于不把那种在其规定本身立刻被当作特殊的、有限的事物
的东西视为无限。——因此,对于这种差别我们在这里作了详尽讨论,以
促使大家注意;哲学的根本概念,即真正的无限,就取决于这种差别。通
过本节包含的一些反思,已经弄清楚了这种差别,而这些反思是十分简单
的,因此也许不引人注目,却是无法反驳的。

c. 自 为 存 在

§. 96

α)自为存在作为自相联系,是直接性,作为否定性东西的自相联系,
是自为存在着的东西,也就是一;一是在自身无差别的东西,因而也是从
自身排斥他物的东西。

〔**附释**〕自为存在是业已完成的质,并且作为这样的质,把存在和特
定存在作为自己的理想环节,包含到自身之内。作为存在,自为存在是简
单的自相联系,作为特定存在,自为存在得到了规定;不过,这种规定性以
后就不再是某物在其与他物的差别中的有限规定性,而是无限的、把差别
作为扬弃了的东西包含到自身的规定性。

我们在自我中已可以得到自为存在的最明显的例证。我们知道,我
们是特定存在着的,最初与其他特定存在着的东西不同,同时又与其他特
定存在着的东西有关。但我们也进一步知道,特定存在的这个广度仿佛
被缩小为自为存在的简单形式。当我们说自我时,这表示一种无限的、同
时又是否定的自相联系。我们可以说,人之所以不同于动物,因而不同于
自然界,是由于人知道自己是自我,而这便同时说明,自然的事物不能达　Ⅵ,190
到自由的自为存在,而是局限于特定存在,始终仅仅是为他存在。——此

外,现在也可以把自为存在视为理想性,而特定存在在以前则被称为实在性。实在性与理想性经常被看作一对具有同样的独立性的、彼此对峙着的规定,因而人们就说,除了实在性以外,也有理想性。不过,理想性现在并不是某种在实在性之外和之旁存在的东西,相反地,理想性的概念就明确地表示自身是实在性的真理,这就是说,实在性作为得到发挥的潜在实在性,表明自身是理想性。因此,切不可以为,只要同意实在性还不是一切的一切,而是必须承认在实在性以外也还有理想性,这就对理想性表示了必要的尊敬。实际上,这样一种在实在性之旁的、甚至超出实在性的理想性看来仅仅是一个空洞名称。只有理想性是某物的理想性,这理想性才具有内容;而这个某物并不单纯是没有得到规定的此物或彼物,而是被规定为实在性的特定存在,它如果孤立地加以坚持,就不会具有任何真理性。有人无不有理地这样理解自然与精神的差别,即自然应该归结为实在性,把实在性作为其基本规定,而精神则应该归结为理想性,把理想性作为其基本规定。但自然恰恰不是一种自身固定不变的、已经完成的独立东西,它即使离开精神也能持续存在,相反地,自然只有在精神中才达到自己的目标与真理;同样,精神在自己方面也并不单纯是自然的一个抽象的彼岸东西,相反地,只有精神把自然作为扬弃了的东西包含到自身,

VI,191　精神才是真正的精神,才证实自身是精神。这里必须顺便提到我们德语中扬弃这个词汇的双重意义。有时我们把扬弃理解为取消、舍弃,例如我们按照这个意思说,一项法律、一个机构等等已经被取消了。但是,我们也还另外把扬弃理解为保存,在这个意义上我们说某种东西被完好地保存下来了。这种用语的双重意义使同一个词具有否定的意义与肯定的意义,我们既不可把这视为偶然的事情,也不可责备语言能引起混乱,相反地,应该在这里看出我们的语言的思辨精神,它超出了那种单纯知性的非此即彼。

§.97

β)否定性东西的自相联系是否定的联系,因而是一与其自身的区分,是一的排斥,即许多一的设定。根据自为存在着的东西的直接性,这些多是存在着的东西,就此而言,各个存在着的一的排斥就变成这些多作为现存东西的相互排斥,换句话说,变成彼此的排除。

〔**附释**〕在谈到一的时候,我们经常首先想到多。于是,这里就产生了多从何而来的问题。在表象中是给这个问题找不到什么答案的,因为表象把多视为直接现存的,而一也仅仅被算作是多中的一。与此相反,就概念而言,一构成多的前提,而且在关于一的思想里就包含着把一本身设定为多的意思。因为自为存在着的一本身并不像存在那样是没有联系的东西,反而几乎像特定存在那样是一种联系;不过,这个一现在并不是作为某物而与他物联系起来,而是作为某物与他物的统一,构成自相联系,具体地说,这种联系是否定性的联系。这样一来,一就证明自身是全然与自己不相容的东西,是从自身排斥自己的东西,而一把自身设定成的东西就是多。我们可以用一个形象的词汇排斥,来表示自为存在的过程的这个方面。人们最初是在对物质的考察中谈到排斥,它的意思是说,作为一个多的物质在这许多的一的每一个中都有对所有其他的　进行排斥的情况。顺便指出,大家切不可这样理解排斥过程,好像一是排斥者,而多是被排斥者;倒不如说,像我们刚才说过的,一恰恰仅仅是从自身排斥自己,把自己设定为多;但各个多中的每一个本身都是一,由于每个多都有作为一的情况,所以这种全面的排斥就转化为自己的对立面——吸引。

VI,192

§.98

　　γ）但是，各个多都是一个与另一个多相同的多，每个多都是一，或者甚至是各个多组成的一；因此，各个多是同一个东西。或者就排斥本身来看，排斥作为许多的一彼此的否定态度，也同样在本质上是许多的一的相互联系；因为一在其排斥中联系到的那些东西都是一，所以一就是在这些东西中自己与自己相联系。因此，排斥也同样在本质上是吸引；进行排斥的一或自为存在是自己扬弃着自己的。这样，在一中达到其自在自为的特定存在的那种质的规定性，就转变成了作为得到扬弃的东西的规定性，即转变成了作为量的存在。

　　〔说明〕原子论哲学就是这种观点。在这种观点的范围里，绝对把自身规定为自为存在、一和许多的一。在一的概念里展示自身的排斥也被假定为许多的一的基本力量；但是，把这许多的一聚集起来的，却被认为不是吸引，而是偶然性，即没有思想的力量。因为一作为一是固定不变的，所以，一与其他的一的聚合无疑必须被视为某种完全外在的聚合。——被假定为补充原子的另一本原的虚空，是排斥本身，它被设想为各个原子之间存在着的虚无。——近代原子论——物理学还总是保持着原子论的原则——坚持的是微粒，即分子，就此而言，它已经放弃了原子；因此，近代原子论比较接近于感性的表象，而离开了思维的规定。——由于另外在斥力旁边设定了一种引力，所以两者的对立已经确实完备地确立起来了，而且有人也以发现这个所谓的自然力而颇为自豪。但是，构成这两种力的具体的、真实的内容的相互关系看来却应该从混浊的紊乱状态中抢救出来，而这种关系甚至在康德的《自然科学的形而上学基础》中也是处于混浊的紊乱状态。——在近代，原子论的观点在政治学里已经变得比在物理学里更为重要。按这种观点来说,个人的意志本身就是国家的原则,有吸引力的东西是需要、爱好的特殊性,而普遍的东西、国家本身则是契约中规定的外在关系。

〔**附释 1**〕原子论哲学构成理念历史发展中的一个重要阶段,这种哲学的原则一般是采取多的形态的自为存在[13]。当原子论现今还在那些丝毫不想知道形而上学的自然科学家当中受到很大优待的时候,我们在这里必须指出,人们投入原子论怀抱,是不能避免形而上学的,更确切地说,是不能避免把自然归结为思想的,因为原子本身实际上是一个思想,因而认为物质由原子构成的观点就是一种形而上学观点。虽然牛顿曾经明确地警告过物理学要当心形而上学[14],但我们必须指明,他本人决没有按照这个警告行事,这是他的荣幸。纯粹的物理学家实际上只是动物,因为动物不能思维,反之,人作为能思维的存在者则是天生的形而上学家。这里的问题仅仅在于人们使用的形而上学是不是真正的形而上学,尤其在于我们所坚持并且构成我们的理论活动与实践活动的基础的,在取代具体逻辑理念后是不是一些片面的、被知性固定起来的思想规定。正是这种批评击中了原子论哲学。古代原子论者把万物都视为多(就像现今经常还有的情况),而且认为把浮游于虚空的原子聚集起来的是偶然性。但是,各个多的彼此联系却决不是单纯偶然的联系,相反地,这种联系(如前面指出的)在各个多本身有其基础。康德把物质视为排斥与吸引的统一,从而完善了物质观,这个功绩应该归于康德[15]。这种物质观包含着正确的东西,即吸引无疑应被承认为蕴含在自为存在概念里的另一个环节,因而吸引就像排斥一样,也在本质上属于物质。不过,这种所谓的动力学的物质构造也有一个缺点,即排斥和吸引径直被假定为现存的,而没有加以演绎,但根据这种演绎,我们也可以看出两种力怎样和为什么有那种单纯加以断言的统一。虽然康德明确地和恳切地劝导说,大家切不可把物质视为独立存在的,视为在后来(仿佛附带地)被赋予了这里提到的两种

VI,194

VI,195

力,而是必须把物质视为仅仅由这两种力的统一构成的,而且德国物理学家在一段时间里也接受了这种纯粹动力学,但是在现代,大多数德国物理学家又觉得更加方便的是倒退到原子论的立场上,并且违背着他们的一位同事、即已故的克斯特纳[16]的警告,认为物质是由那些叫作原子的无限小的物质微粒构成的,假定这些原子后来通过带给它们的引力、斥力或任何其他的力的作用而彼此得到了联系。这同样是一种形而上学,这种形而上学有它的无思想性,因此我们当然应该具有谨防它的充分理由。

〔**附释2**〕上节所述的从质到量的过程并不是出现在我们的通常意识里。我们的通常意识认为质和量是一对独立并存的规定,而这就意味着,事物不仅有质的规定,而且也有量的规定。这些规定从何而来,它们彼此的关系如何,在这里并没有进一步加以深究。但是,量无非是被扬弃了的质,而且正是这里考察的质的辩证法使这种扬弃得以出现。我们最初得到的是存在,而变易是作为存在的真理得出的;变易构成向特定存在的过渡,我们认识到变化是特定存在的真理。但变化却在其结果中表现为与他物没有联系的和不过渡到他物的自为存在,这种自为存在后来终于在它的过程的两个方面、即排斥和吸引中,证明自身是它自己在自己的各个环节所构成的总体中的扬弃,因而也就是质的扬弃。但这时,这种被扬弃了的质既不是抽象的无,也不是同样抽象的、没有任何规定的存在,相反地,仅仅是对规定性漠不相关的存在,并且正是存在的这种形态作为量也出现在我们的通常表象里。因此,我们首先是从事物的质的方面考察事物,认为质是与事物的存在同一的规定性。如果我们然后进一步去考察量,那么,量就会立刻给我们提供关于漠不相关的、外在的规定性的表象,它说的是,虽然一个事物的量有变化,可以变得更大或更小,但这个事物依然是原来的事物。

VI,196

B.
量

a.纯 粹 的 量

§.99

　　量是纯粹的存在,在这种存在中规定性不再被设定为与存在本身同一的,而是被设定为得到扬弃的或漠不相关的。

　　〔说明〕1.大小这个词汇主要是指特定的量,就此而言,不适合于表示量。2.数学通常把大小定义为可增可减的东西;这个定义本身又包含需要定义的东西,无论它怎样有缺点,但其中毕竟有这样的含义,即大小规定是这样一个规定,这个规定已经被设定为可以变化的和漠不相关的,所以,尽管大小的规定有变化,大小规定的外延或内涵有增大或增多,然而举例说,房屋、红色之类的事物仍然是房屋、红色。3.绝对是纯粹的量;这个观点大体上相当于把物质的规定加给绝对,在物质中形式虽然存在,却是一个漠不相关的规定。如果认为在绝对中,在绝对无差别的东西中,一切差别仅仅是量的差别,那么,量也构成绝对的基本规定。——此外,如果实在的东西被理解为漠不相关的空间的充实或时间的充实,那么,纯粹的空间、时间等等就可以被看作是量的例证。

　　〔附释〕在数学里通常把大小规定为可增可减的东西,这个定义初看起来似乎比上节包含的概念规定更加明了可信。但仔细来看,这个概念规定以假定和表象的形式包含的内容是与单纯用逻辑发展的方法作为量

VI,197

的概念得出来的结果相同的。因为在我们说到大小的概念在于可增可减时,这恰好说明了大小(或更正确地说是量)与质不同,是这样一种规定,对于这种规定的变化特定的事物是漠不相关的。至于谈到上面指摘的通常关于量的定义的缺点,那么,确切地说,这种缺点在于增减仅仅意味着给大小下不同的定义。而这样一来,也许可以说,量最初仅仅是可变化的东西。但这时,质也是可变化的,并且上述质与量的差别也是通过增多或减少表示出来的,这就是说,大小规定无论向哪个方面变化,事物却依然是原来那样。——在这里还必须指明,在哲学里研究的并不单纯是正确的定义,更不单纯是可信的定义,就是说,不是那种以自身的正确性对表象的意识来说直接明了的定义,而是验证不爽的定义,就是说,是这样一种定义,这种定义的内容不仅被当作现成给予的,而且被视为在自由思维中、因而同时在其自身建立起来的。这个看法在当前的情况下是这样加以应用的,就是说,数学通常给量下的定义无论怎样正确,怎样直接明了,但总是依然不能满足一个要求,即知道在何种限度内这个特殊的思想是在普遍的思想中建立起来的,因而是必然的。与此相联系的进一步的考察表明,只要量的概念不经过思维的中介,而直接从表象得来,就很容易夸大量的有效性的范围,甚至把量提高为绝对的范畴。如果只承认那些能用数学方法演算自己的对象的科学是精确科学,事实上就会有这样的情形。在这里又表现出了前面(§.98"附释")提到的那种用片面抽象的知性规定代替具体理念的坏形而上学。事实上,如果对于像自由、法权、道德、甚至上帝本身这样的对象,因为它们无法加以测量和计算,或不能用数学公式加以表达,我们就认为不能达到精确知识,而一般必须单纯满足于不确定的表象,并且它们的比较详细或比较特殊的内容也可以听任每一个人的所好,被弄成每一个人希望得到的东西,那么,我们的认识活动的状况就会十分不妙。——这种观点会产生哪些实践上有害的后果,是可以直接看出来的。仔细来看,这里提到的、极端数学的观点把量这个

VI,198

VI,199

逻辑理念发展的特定阶段与逻辑理念本身等同起来,无非是唯物论的观点,而这类观点在科学意识的历史上,尤其是在十八世纪中叶以来的法国,得到了充分的确认。抽象的物质正是这样一种东西,在这种东西中形式虽然是存在的,但仅仅是一种漠不相关的、外在的规定。——如果有人以为,这里所作的研讨会贬低数学的尊严,或把量的规定称为单纯外在的、漠不相关的规定,会使懒惰与肤浅的人们心安理得,妄自宽解,认为对于量的规定可以不再过问,或至少不必加以精密研究,那么,他就会完全误解我们的这种研讨。无论如何,量是理念发展的一个阶段,对这个阶段本身也必定会形成量的存在的权利,量首先是作为逻辑范畴有这种权利,其次是在对象世界里,即在自然界和精神世界里也有这个权利。但在这里也立刻表现出一种差别,即大小规定在自然界的对象里和精神世界的对象里并没有同等的重要性。自然界是处于他在和自外存在的形式中的理念,正因为如此,量在自然界里也就比在精神世界或自由的内心世界里具有更大的重要性。我们虽然也从量的观点考察精神的内容,但立刻可 Ⅵ,200 以看出,当我们把上帝看作三位一体时,这里的三这个数比起我们考察空间的三维或三角形的三边,说三角形的基本规定恰好仅仅是三条直线所限定的平面时,却具有远为次要的意义。而且即使在自然界之内,量的规定也有较大的重要性与较小的重要性的差别,具体地说,在无机自然界里比在有机自然界里量可以说占有更重要的地位。甚至在无机自然界之内,如果我们把力学领域同狭义的物理学和化学领域区分开,我们也可以看出这里又有同样的差别,力学被公认为是丝毫不能缺少数学的帮助的学科,在这门学科里如果没有数学的帮助,就几乎不能前进一步,因此,力学往往被认为是仅次于数学的 par excellence〔卓越〕精确科学,在这里我们必须再想到上面关于唯物论的观点和极端数学的观点的契合所作的说明。——根据这里所说的一切,正是为了一种精确和彻底的认识,我们必须顺便表明,如果像经常出现的那样,只在量的方面寻求各个对象的一切差别和一切规定性,这是最有害的成见之一。诚然,在量的方面精神多于自然,动物多于植物,但如果只停留在量的这种更多或更少,不进而把握这些对象特有的规定性,在这里首先是把握它们的质的规定性,我们对于这些对象及其差别的了解也就会异常之少。

VI,201

§.100

　　量首先在它的直接自身联系中,或在吸引所设定的自相等同的规定中,是连续的量;量在它所包含的一的另一规定中,是离散的或间断的量。但连续的量也同样是离散的,因为它仅仅是多的连续性;而离散的量也同样是连续的,因为它的连续性就是作为许多的一组成的同一个东西的一,是作为单位的一。

　　〔说明〕1.因此,连续的量与离散的量不可被视为两种量,好像一种量的规定为另一种量所不具有似的,相反地,连续的量与离散的量之所以有区别,仅仅是由于同一个整体有时是从它的这一个规定加以设定的,有时则是从它的另一个规定加以设定的。2.关于空间和时间或物质的二律背反,无论说它们是可以无限分割的,还是说它们是由不可分割的东西构成的,都不过是有时主张量是连续的,有时主张量是离散的。如果空间、时间等等仅仅以连续的量的规定加以设定,它们就是可以无限分割的;但如果它们仅仅以离散的量的规定加以设定,它们本身则是已经分割了的,是由不可分割的一构成的;两种说法都同样是片面的。

　　〔附释〕量作为自为存在发展的最近结果,包含着自为存在的发展过程的两个方面,即排斥和吸引,作为量自身中的两个理想环节,因此,量既是连续的也是离散的。这两个环节的每一个也都在自身包含着另一个,所以,既没有单纯连续的量,也没有单纯离散的量。虽然可以说两者是量

的两个特殊的、彼此对立的种类,但这只是我们抽象反思的结果,这种反　Ⅵ,202
思在考察特定的量的过程中,对于两个用量的概念包含在不可分的统一
体中的环节,有时撇开这一个,有时撇开另一个。例如,有人说这所房屋
所占的空间是一个连续的量,集合在其中的一百个人是一个离散的量。
但空间既是连续的,同时也是离散的,所以我们才谈到空间点,把空间分
割开,例如,把某个长度分割为若干尺、若干寸等等,而这一点只有在空间
潜在地也是离散的这个前提下才能做到。另一方面,由一百个人构成的
离散的量同时也是连续的,而且给这个量的连续性奠定基础的正是一百
个人共同拥有的东西,即人这个类,它贯穿在所有的个人中,并把他们彼
此结合起来。

b.特 定 的 量

§.101

量如果在本质上是用它所包含的排他的规定性设定起来的,就是特
定的量,即有界限的量。

〔**附释**〕特定的量是量中的特定存在,纯粹的量则相当于存在,而且
(下面即将讨论的)程度相当于自为存在。至于说到从纯粹的量进展到
特定的量的详细步骤,那么,这种进展是以下列情况为根据的:在纯粹的
量里连续性与离散性的区别最初仅仅是潜在地存在的,反之,在特定的量
里这种区别则被设定起来,而且这时量本身表现为有区别的或有界限的。
但这样一来,特定的量也就同时分裂为许多数目不确定的离散的量或特　Ⅵ,203
定的大小。每一个这样的特定的大小都与其他特定的大小有区别,因而
形成一种单位,但另一方面,这种单位只就其本身来看,也是一个多。于
是特定的量便被规定为数。

§.102

特定的量在数中得到其发展和完备的规定性,数在自身包含着一,作为自己的元素,因而从离散性的环节来看包含着数目,从连续性的环节来看包含着单位,作为特定的量的质的环节。

〔**说明**〕在算术里各种计算方法通常是作为处理数的偶然方式提出来的。如果这些计算方法有必然性,因而有可以理解的意义,那么这种意义就必定在于一种原则,而这种原则只能在于数的概念本身所包含的各种规定;这种原则应该在这里略加揭示。——数的概念的规定是数目和单位,数本身则是这两者的统一。但这种统一在被应用于经验数时,仅仅是经验数的相等;所以,各种计算方法的原则必须是将数设置于单位与数目的关系中,求出这些规定的相等。

各个一或数本身是彼此漠不相关的,所以,由各个数得出的统一一般表现为一种外在的集合。因此,计算一般是计数,而各种计算方法的不同也仅仅在于各个合计的数的性质,决定这种性质的原则就是单位与数目的规定。

计数是造成一般的数的最初的方法,是任意多的一的集合。但一种
VI,204 计算方法却是那些已经是数,而不再是单纯的一的东西的合计。

各个数在直接的和最初完全不确定的状态下是一般的数,因此整个说来是不相等的;这些数的集合或计数就是加法。

计数的另一种规定在于,各个数完全是相等的,因而它们构成一个单位,并且存在着这些单位的数目;计算这样一些数就是乘法,在相乘的过程里,不论数目和单位的规定如何分配于两个数或两个因素,不论把哪一个数当作数目,把哪一个数当作单位,都是无所谓的。

最后,计数的第三种规定性是数目与单位的相等。这样确定的数的合计就是自乘,首先是自乘为二次方。进一步的乘方是数的连续自乘,它有公式,可以重复进行到数目不确定的地步。——既然在这第三种规定中已经达到了数目与单位这类唯一的、现存的差别的完全相等,所以,除了这三种计算方法以外,就不可能有更多的计算方法。——按照同样的规定性,与数的合计相对应的是数的分解。因此,除了上述三种方法——它们可以叫作肯定的计算方法——以外,也有三种否定的计算方法。

〔附释〕因为数都是具有完备的规定性的特定的量,所以,我们不仅可以用这种量来规定所谓离散的量,而且同样也可以用它来规定所谓连续的量。因此,即使在几何学里,当它要指明空间的各个特定图形及其比例关系时,也必须求助于数。

c.程　　度

VI,205

§.103

界限是与整个特定的量本身同一的;界限在自身是多重的,因而是外延的量,但界限在自身又是简单的规定性,因而是内涵的量或程度。

〔说明〕连续的量和离散的量不同于外延的量和内涵的量的地方,就在于前者涉及一般的量,而后者则涉及量本身的界限或规定性。——外延的量和内涵的量同样也不是两种量,好像其中每一种量都包含有另一种量所不具有的规定性似的;凡是外延的量也同样是内涵的量,反之亦然。

〔附释〕内涵的量或程度就概念而言,确实不同于外延的量或特定的量,因此,如果像经常发生的那样,有人不承认这种差别,而直接把量的这两种形式等同起来,我们则必须指出那是不能允许的。这种情形主要是存在于物理学中,例如,有人这样来解释比重的差别,说一个物体如果有两倍于另一物体的比重,则在同一空间内包含的物质微粒(原子)的数目会两倍于另一物体。在用热和光的粒子(或分子)数目较多或较少去解释不同程度的温度和亮度时,热和光的情况也是如此。采用这种解释的物理学家们,当他们的解释被指责为没有根据时,无疑都会经常作出辩解说,这种解释并不是要对那些现象后面的(众所周知的不可知的)自在东

Ⅵ,206　西作出判定,而他们之所以采用上述说法,仅仅是为了有较大的方便。在这里首先就较大的方便而言,据说这是指比较易于运用计算方法;但我们不明白,同样在数量方面有其确定的表达的内涵的量为什么不能像外延的量那样便于计算。当然,干脆既不要计算,也不要思维,那才会是最方便不过的事情。其次,我们还必须针对上述辩解指出,当他们作出这样的解释时,他们无论如何已经超出了知觉和经验的范围,而到了形而上学与那种(有时被宣称为百般无聊的、甚至使人堕落的)思辨的范围。在经验中当然可以看到,如果两个装满了塔勒的钱袋,其中一个比另一个重一倍,这种情形必定是因为一个钱袋装了二百塔勒,另一个钱袋则只装了一百塔勒。这些钱币我们可以看得见,并且一般可以用感官知觉到;反之,原子、分子之类的东西则是处于感性知觉的范围之外,要判定它们是可以接受的和具有意义的,这是思维的事情。但现在(就像在上面 §.98"附释"里提到的),正是抽象知性把自为存在概念中包含的多这个环节用原子的形态固定下来,并把它作为终极的东西加以坚持,而且也正是同一种抽象的知性在当前的情况下既与素朴的直观相矛盾,也与真实的、具体的思维相矛盾,认为外延的量是量的唯一形式,在存在着内涵的量的地方不

Ⅵ,207　承认这种量特有的规定性,而依据一种本身不可靠的假设,力图用粗暴的方式把内涵的量归结为外延的量。如果说在人们对现代哲学所提出的许多批评意见中还有一种特别经常听到的意见,认为这种哲学把一切事物都归结为同一,因此人们也就给这种哲学起了一个同一哲学的绰号,那

么,我们从这里所作的研讨中却可以看到,正是哲学竭力要把概念中和经验中有差别的事物加以区分,反之,那些号称经验主义者的人则把抽象的同一性提高为认识的最高原则,所以他们的哲学才应该很恰当地称为同一哲学。顺便指出,完全正确的说法是,正像没有单纯连续的量和单纯离散的量一样,也没有单纯内涵的量和单纯外延的量,因而量的这两个规定并不是作为两种独立的量彼此对立的。每个内涵的量也是外延的,反过来说,每个外延的量也是内涵的。例如,温度的某个度数是一个内涵的量,与这个量本身对应的也是一种完全单纯的感觉;如果我们去看温度计,我们就会看到,与温度的这个度数相对应的是水银柱的某种扩张,而这个外延的量是同时随着那个作为内涵的量的温度变化的。在精神领域里也有同样的情形;一个有较大内涵的性格要比一个有较小内涵的性格,会发生更广阔的影响。

§.104

在程度里设定起了特定的量的概念。程度是对自身漠不相关的和简单的大小,但这样一来,大小就完全在自己之外,在其他的大小里,得到了自己之所以为特定的量的规定性。在自为存在着的、漠不相关的界限是绝对的外在性这个矛盾里,设定起了无限的量的进展,即设定起了一种直接向自己的反面、向间接存在(对于刚才设定的特定的量的超出)转变的直接性和一种直接向自己的反面、向直接存在转变的间接性。　Ⅵ,208

〔**说明**〕数是思想,不过是作为一种自身完全外在的存在的思想。数是思想,因而不属于直观,不过是以直观的外在性为其规定的思想。——因此,特定的量不仅可以无限地增多或减少,而且特定的量由于其概念使然,就是这种不断向其自身之外的超出。无限的量的进展同样也是同一个矛盾的没有思想的重复,这同一个矛盾是整个特定的量,在其规定性中被设定起来时是程度。用无限进展的形式说出这个矛盾是多余的事情,关于这一点,亚里士多德引用的芝诺的话说得正确:"就某种东西只说一次与永远说它,都是一样的"[17]。

〔**附释1**〕虽然按照以前(§.99)提到的数学中的通常定义,可以把量称为可增可减的东西,而且对于给这个定义奠定基础的观点的正确性也不能提出任何异议,但仍然留下了我们怎么会承认这样一种可增可减的东西的问题。假如我们打算单纯诉诸经验,以回答这个问题,那么,这会不能令人满意,因为除了我们对于量只能得到表象,而不能得到思想以外,量只会表明自身是一种(可增可减的)可能性,而我们对于这种增减的必然性也会缺乏认识。反之,在我们的逻辑发展的路程上,不仅量是作为自己规定自己的思维的一个阶段得出来的,而且事实也表明在量的概念里就有全然超出自身的涵义,因而我们在这里不仅要研究一种可能的东西,而且要研究一种必然的东西。

〔**附释2**〕量的无限进展主要是反思的知性在必须整个讨论无限性时经常坚持的东西。但我们以前关于质的无限进展所作的评述现在对于无限进展的这种形式也同样适用,就是说,这样的无限进展的形式并不是真正的无限性的表示,而仅仅是单调的无限性的表示,单调的无限性没有超过单纯的应当,因而实际上停留在有限中[18]。这种无限[19]进展的量的形式被斯宾诺莎正确地称为单纯想象的无限性(infinitum imaginationis)[20],至于详细谈到这种形式,那么,诗人们(主要是哈勒尔与克洛普施托克)也常常利用了这类表象,以便不仅由此形象地描绘自然界的无限性,而且也形象地描绘上帝本身的无限性。例如,我们发现哈勒尔[21]有一种对于上帝的无限性的著名描写,其中说道:

我积累起惊人的数量,

VI,209

　　　　用千百万堆成群山重峦，

　　　　我把时间加在时间之上，

　　　　把世界垒到世界之上，

　　　　当我从可怕的高峰，

　　　　用眩晕的眼再仰望您的时候：

　　　　这个数量的全部乘幂，

　　　　就是再增大万千倍，

　　　　还是不及您的一个部分。

在这里我们首先遇到了量的、更确切地说是数的那种不断对自身的超出，康德把这种超出形容为令人恐怖的，其实真正令人恐怖的地方仅仅应当是那种不断设定又不断取消一个界限，因而没有离开原地的单调无聊的　Ⅵ,210　性质。不过，那位诗人在描写完单调的无限性以后，还进一步中肯地加了一行结束语：

　　　　我摆脱它们的纠缠,您就整个儿

　　　　呈现在我面前。

这恰好说明，真正的无限事物不可视为是一种单纯在有限事物彼岸的东西，我们要获得对于真正的无限事物的意识，就必须放弃那种 progressus in infinitum〔无限进展〕。

　　〔**附释3**〕大家知道，毕泰戈拉对于数作过哲学探讨，把事物的根本规定看作数[22]。这种观点对于普通意识必定在最初看起来显得是完全矛盾的，甚至是错乱的，因此就发生了应该对数有什么看法的问题。要回答这个问题，必须首先提到，整个哲学的任务在于把事物归结为思想，而且是归结为确定的思想。但数无疑是一种思想，而且是最接近感性事物的思想,或更确切地说,就我们把感性事物一般理解为相互外在的和复多的东西而言,数是感性事物本身的思想。因此,我们在这种将宇宙视为数的尝试中看到了向形而上学迈出的第一步。大家知道,毕泰戈拉在哲学史上的地位居于伊奥尼亚哲学家与爱利亚派哲学家之间。如果说伊奥尼亚哲学家像亚里士多德指出的那样,仍然停留在把事物的本质视为一种物质东西(ὕλη)的观点[23]上,而爱利亚派哲学家,尤其是巴门尼德,已经进展到以存在为形式的纯粹思维,那么,正是毕泰戈拉哲学的原则仿佛构成了感性事物与超感性事物之间的桥梁。从这里也可以得知我们应该怎样看待这样一些人的见解,这些人以为毕泰戈拉把事物的本质视为单纯的数,显然走得太远了,他们还说,我们无疑可以计算事物的数量,这是不会有任何反对的异议的,但事物毕竟还有比单纯的数更多的东西。至于在这里谈到属于事物的更多的东西,那么,我们确实甘愿承认事物是有比单纯的数更多的东西,但问题仅仅在于如何理解这种更多的东西。普通的感性意识按照自己的观点,毫不犹豫地诉诸感性知觉的性能,来回答这里提出的问题,以由此说明事物毕竟不仅是可数的,而且也是可见的、可嗅的、可触的等等。这样一来,用我们现代的语言来说,他们对于毕泰戈拉哲学所作的批评可以归结为一句话,那就是他的哲学过分唯心主义了。但是,像从我们刚才对毕泰戈拉哲学的历史地位的评述中所能察知的,实际上情况恰好相反。因为如果我们必须承认事物有比单纯的数更多的东西,那么,这就应该理解为数的单纯思想还不足以表示事物的特定本质或概念。所以,与其说毕泰戈拉用他的数的哲学走得太远了,也许不如反过来说他走得还不够远,而且正是爱利亚派哲学家迈出了走向纯粹思维的下一步。——不过进一步说,即使没有事物存在,也毕竟有事物的各个状态和一般的自然现象存在,它们的规定性实质上是以特定的数以及数之间的关系为基础的。音调的差别和音调的和谐协调就特别是这样。大家知道,据说毕泰戈拉之所以认为事物的本质是数,首先是起因于对这类现象

VI,211

的观察。虽然把这些以特定的数为基础的现象归结为数,在科学上是至 VI,212
关重要的事情,但把整个思想的规定性看作单纯数的规定性却是绝对不
能允许的。人们最初诚然可以感觉到有必要把最普遍的思想规定同最基
本的数结合起来,并且依照这个想法说一是单纯的和直接的东西,二是差
别和中介,三是这两者的统一;但这些结合是完全外在的,而且在这些数
本身也没有恰好表示这些特定思想的内容。此外,人们用这种方式进展
得越远,在特定的数与特定的思想的结合中表现出来的单纯任意性也就
越多。例如,人们可以把4看作1与3的统一和由此结合起来的思想,但
4同样也是2的两倍;同样,9不仅是3的平方,而且也是8与1、7与2等
等的总和。如果现今某些秘密团体还认为各种各样的数和图形有巨大的
重要性,那么,这一方面可以看作是无害的游戏,另一方面则可以看作是
思想薄弱的标志。人们虽然也可以说在这类数和图形后面隐藏着深刻的
涵义,人们可以对此浮想联翩,但在哲学中问题却不在于人们能够思考某
种东西,而在于人们真正进行思维,而且思想的真正要素不应该在任意选
定的符号中去寻找,而应该仅仅在思维本身去寻找。

§.105

特定的量在它的自为存在着的规定性里是外在于自身的,它的这种
外在存在构成它的质;它在它的外在存在里正是它自身,并且自相联系。 VI,213
在特定的量里,外在性、即量与自为存在、即质,联合到了一起。——特定
的量这样在其自身被设定起来,就是量的比例,是这样一种规定性,这种
规定性既是直接的特定的量,即指数,也是中介,即一个特定的量与另一
个特定的量的关系,而比例的两边并不是按照它们的直接的值同时有效
的,而是它们的值只存在于这种关系中。

〔**附释**〕量的无限进展最初表现为数的不断超出其自身。但细究起来,量表明自身是在这种进展中向着自身回复,因为从思想方面来看在这种进展中包含的东西一般是数对于数所作的规定,而这就得出了量的比例。例如,如果我们说 2∶4,我们就得到两个数量,它们并不是在它们的直接性本身有效的,相反地,在它们当中重要的仅仅是它们彼此的关系。但这种关系(比例的指数)本身是一个数量,它之所以不同于那两个相互关联的数量,是因为比例本身随着它的变化而变化,反之,比例对于自己的两边的变化则漠不相关,只要指数不变,比例依然不变。因此,我们也可以用 3∶6 代替 2∶4,而比例并不改变,因为在这两个场合中指数 2 仍然一样。

§.106

比例的两边仍然是直接的特定的量,并且质的规定和量的规定彼此仍然是外在的。但质的规定与量的规定的真理在于量本身在其外在性中是自相联系,换句话说,自为存在和规定性的漠不相关性是联合在一起的,就这种真理而言,量就是尺度。

VI,214

〔**附释**〕量通过迄今考察过的各个量的环节的辩证运动,证明自身是到质的回复。作为量的概念,我们首先得到的是扬弃了的质,即一种不是与存在同一的,而是对存在漠不相关的、单纯外在的规定性。也正是这个概念(如我们以前说过的),给那种在数学中把大小视为可增可减的东西的通常定义奠定了基础。如果按照这个定义最初会以为大小仅仅是一般的可变东西(因为可增可减只是大小的另一定义),因而大小似乎不同于那个就其概念而言同样可变的特定存在(质的第二阶段),那么,这个定义的内容就必须被完善到这样的程度,即我们在量里得到一个可变东西,它虽然有变化,毕竟依然是同样的东西。这样一来,量的概念就表明自己在其自身中包含着一个矛盾,并且正是这个矛盾构成了量的辩证法。但这种辩证法的结果现在并不是向质的单纯回复,好像质是真的,量则是不真的,相反地,质和量这两者的统一和真理是有质的量,或者说是尺度。——在这里还可以指出,如果我们在考察客观世界时研究量的规定,那么,作为这种研究的目标而被我们注目的实际上总是尺度,就像我们把查明量的规定与关系称为一种测量活动,从而也在我们的语言中把尺度暗示出来那样。例如,我们测量各条被拨得振动起来的不同的弦的长度,就是着眼于与弦长的这种差别相对应的那种由振动所引起的各个音调在质上的差别。同样,在化学中查明相互化合的各种物质的量,也是为了认识各个决定这些化合物的尺度,即为了认识那些给特定的质奠定基础的量。在统计学中人们研究的数字之所以有趣,仅仅是由于这些数字决定了质的结果。反之,单纯查明数量而没有这里所提的指导观点,则有理由当作无聊的玩意儿,它既不能满足理论的兴趣,也不能满足实践的兴趣。

Ⅵ,215

C.

尺　　度

§.107

尺度是有质的特定的量,最初作为直接的尺度,是结合了特定存在或质的特定的量。

〔**附释**〕尺度既然是质与量的统一，因而同时也是完成了的存在。当我们谈到存在时，它最初显得是完全抽象的、毫无规定的东西；但存在实质上是自己规定自己，并且在尺度里达到它的完成了的规定性。我们也可以把尺度看作绝对的一个定义，因此有人说过上帝是万物的尺度。也正是这种观点构成许多古代希伯来颂诗的基调[24]，这些颂诗基本上认为

Ⅵ,216　上帝的光荣就在于他赋予一切事物——海洋和大陆、河流和山岳以及各种各样的植物和动物——以界限。在希腊人的宗教意识里，我们看到尺度的神圣性尤其在伦理方面被想象为纳美西斯[25]。一般说来，这个观念的涵义就是一切人间事物——财富、荣誉、权力以及快乐、痛苦等等——都有其特定的尺度，超过了这个尺度，便会导致沉沦和毁灭。——至于现在进一步说到尺度在客观世界中的表现，那么，我们在自然界里最初的确看到一些现实存在的事物，它们的主要内容是由尺度构成的。太阳系尤其如此，我们必须整个地把它看作自由尺度的王国。如果我们再进一步去考察无机自然界，那么，尺度在这里仿佛退居到了次要地位，因为在这里现存的质的规定和量的规定往往显得是互不相关的。例如，一座岩崖或一条河流的质就与一定的量没有联系。但细究起来，我们也发现，甚至这些对象也并不是完全没有尺度，因为河流中的水和岩崖的各个组成部分在用化学方法加以研究时又表明自身是一些质，它们取决于它们所包含的各种物质的量的比例。但在有机自然界里尺度表现得更为显著，可以直接察知。植物和动物的不同类属，无论就整体而言，还是就它们的各个部分而言，都有某种尺度；不过在这里还应指出，比较不完善的、比较接近无机自然界的有机产物，由于它们的尺度不大分明，与比较高级的有机

Ⅵ,217　产物也有部分的差别。例如，在化石中我们看到所谓的帆螺壳，它只有用显微镜才能认识，而其他许多化石则有车轮那么大。同样的尺度不分明的情况也表现在许多处于有机发展过程的低级阶段的植物中，例如凤凰草就是如此。

§.108

因为在尺度里质与量仅仅存在于直接的统一中,所以它们的差别也以一种同样直接的方式出现在它们当中。就此而言,可比的特定的量一方面是单纯的特定的量,并且特定存在能够增减,而不因此就取消那个在此限度内是规则的尺度,但另一方面,特定的量的变化也是质的变化。

〔附释〕尺度中存在的质与量的同一,最初仅仅是潜在的,还没有被设定起来。这就是说,这两个以尺度为其统一的规定中的每一个,也都表现为独立起作用的,因此,一方面特定存在的量的规定可以被改变,而不影响特定存在的质,但另一方面,这种漠不相关的增减也有其界限,超过了这个界限,质就会被改变[26]。例如,水的温度最初相对于水的可滴的液体状态是漠不相关的,但在可滴的液态的水的温度增减的过程中也出现一个点,在这个点上水的内聚状态发生质变,水一方面被变为蒸气,另一方面被变为冰。当量的变化发生时,这在最初表现为某种完全不受拘束的事情,但背后还隐藏着别的东西,而那种表面上不受拘束的量变仿佛是一种狡计[27],质就是通过这种狡计把握住的。对这里所包含的尺度的二律背反,古代希腊人已经用各种不同的形式作过形象的说明。例如,问一粒麦是否可以构成一堆麦,又如问马尾上拔去一根毛,是否可以构成一条秃尾巴? 当我们最初想到量的本性,把量作为存在的漠不相关的和外在的规定性,而倾向于对这类问题作出否定的回答时,我们毕竟必须紧接着承认,这种漠不相关的增减也有其界限,在这里最后会达到一个点,在这个点上,只要继续添加一粒麦,就可以形成一堆麦,只要继续拔去一根毛,就可以形成一条秃尾巴。那个关于一位农夫的故事,也与这些事例一样。据说,在一位农夫的毛驴驮着东西愉快地行走时,他给它一罗特又一罗特

Ⅵ,218

地增加负担,以致最后这毛驴不堪负重而倒下了。如果有人只想把这类事例解释为无聊的学究式玩笑,那他就会犯很严重的错误,因为它们实际上涉及一些思想,而相信这些思想在实践方面、尤其是在伦理方面也有很大的重要性。例如,在我们作出的开支方面就首先出现某种伸缩余地,在这个范围内用钱多少都无关紧要;但是,如果向这一方面或那一方面超过了由个人的特定情况所决定的尺度,尺度的质的本性就会(像在上述水的不同温度的例子中那样)表露出来,而那种刚才还可以认为是操持得

VI,219　当的行为就变成了吝啬或奢侈。——同样的尺度也在政治方面有其应用。具体地说,一个国家的宪法应该被认为既独立于又依赖于该国领土的大小、居民的数量以及其他这类量的规定。例如,如果我们考察一个具有几千平方公里领土和四百万居民人口的国家,那么,我们必定会毫不迟疑地承认,几平方公里领土或几千居民的增减对这样一个国家的宪法决不可能有任何重大影响。但是,也同样不能否认,在一个国家的领土或人口的不断增大或减少中最后会出现一个点,在这个点上撇开所有其他情况不谈,只是由于这种量的变化,也会使得宪法的质不再能原封不变。瑞士的一个小州的宪法不适合于一个大帝国,同样,罗马共和国的宪法如果推广到德国的一些小直辖市,也不会适合。

§.109

无尺度最初是一个尺度由于其量的本性而对于其质的规定性的超出。但是,因为另一种量的关系,即前一种量的关系的无尺度,同样是有质的,所以,无尺度也同样是一个尺度;从质到特定的量和从特定的量到质的这两种过渡又可以被想象为无限进展,即被想象为尺度在无尺度中扬弃自身又恢复自身的过程。

〔**附释**〕如我们已经看到的,量不仅能够变化,即能够增减,而且量本身整个说来就是超出其自身的过程。量甚至在尺度中也保持着自己的这种本性。但在尺度中存在的量超过某个界限时,与这个量相对应的质也就因而被扬弃了。然而,这样否定了的并不是整个的质,而仅仅是一种特定的质,这种质立刻又被另一种质所取代。尺度的变化过程交替地表明自身首先是单纯的量变,然后也是由量到质的转化,我们可以用交错线作比喻,去了解这种变化过程。我们首先看到,在自然界里这类交错线有各种不同的形式。在前面已经认为,水由于温度的增减而表现出各种质上不同的聚合状态。金属的氧化程度不同,也有同样的情况。音调的差别也可以被认为是这样一个例证,这个例证表明,在尺度的变化过程中发生了从最初单纯的量到质变的转化。

VI,220

§.110

这里实际上发生的,是仍然属于尺度本身的直接性被扬弃的过程;质和量本身在尺度中最初是直接的,而尺度也仅仅是它们的相对的同一性。但尺度显得自身是把自身扬弃为无尺度;然而,在这种虽说是尺度的否定,但本身又是量与质的统一的无尺度里,尺度也同样显得自身仅仅是与其自身相结合。

§.111

无限,即作为否定之否定的肯定,除了存在与无、某物与他物等等抽象的方面而外,这时是以质和量为自己的两个方面。质和量α)首先由质

过渡到量(§.98),由量过渡到质(§.105),因而表明两者是否定。β)但

VI,221 是,在它们的统一(尺度)中,它们最初是有区别的,而一个方面只有以另
一方面为中介才是有区别的;并且γ)在这种统一的直接性表明自身是在
扬弃自己以后,这种统一这时就被设定为自己潜在地是的东西,被设定为
单纯的自相联系,而这种自相联系在自身包含着整个存在及其被扬弃的
各个形式。——存在或直接性通过其自身的否定,就是自相中介和自相
联系,因而同样也是扬弃自身,达到自相联系和达到直接性的中介;这样
的存在或直接性就是本质。

〔**附释**〕尺度的发展过程不仅是那种以从质到量和从量到质的不绝
过渡为形态的无限进展的单调无限性,而且同时是尺度在自己的他物中
达到自相结合的真正无限性。质与量在尺度里最初是作为某物与他物而
彼此对立的。但现在质潜在地就是量,反之,量也潜在地就是质。因此,
当这两者在尺度的发展过程中相互过渡时,这两个规定中的每一个只是
变为自己已经潜在地是的东西,而我们现在就得到了在其规定中业已被
否定的存在,即整个得到了被扬弃的存在,这种存在就是本质。在尺度中
已经潜在地包含着本质,尺度的发展过程仅仅在于把自身设定为尺度潜
在地是的东西。——普通意识认为各种事物是现实存在着的,并且依照
质、量和尺度去考察它们。但这些直接的规定后来却证明自身不是固定
的,而是过渡的,并且本质就是它们的辩证发展的结果。在本质里发生的
决不再是任何过渡,而仅仅是联系。联系的形式在存在里只是我们的反

VI,222 思;反之,在本质里联系则是本质固有的规定。当(在存在的范围里)某
物成为他物时,某物也就消逝了。在本质里情况却不是如此;在这里我们
决没有任何真正的他物,而是只有差异,有一物与它的他物的联系。因
此,本质中的过渡同时也不是什么过渡,因为在有差异的东西过渡到有差
异的东西时,有差异的东西并没有消逝,而是各个有差异的东西仍然保持
着它们的联系。例如,如果我们说到存在和无,那么,存在是独立的,无也

同样是独立的。肯定的东西与否定的东西则全然不是这样。这两种东西虽然也有存在与无的规定；但肯定的东西单就其自身而言，决没有任何意义，相反地，它之所以是肯定的东西，完全是由于与否定的东西有联系。否定的东西也是如此。在存在的范围里，两个规定的联系仅仅是潜在的；反之，在本质里这种联系则已经设定起来。一般说来，这就是存在的形式与本质的形式的差别。在存在里一切都是直接的，反之，在本质里一切都是相对的。

第二篇

本　质　论

§.112

　　本质是作为设定起来的概念的概念,在本质中各个规定只是相对的,还没有完全映现到自身;因此,在本质中概念还不是自为的东西。本质作为通过其自身的否定性而自相中介着的存在,是自相联系,这仅仅是因为,这种自相联系是对他物的联系,不过,这个他物并不直接是存在着的东西,而是一种设定起来的和得到中介的东西。——存在并没有消逝,相反地,第一,本质作为单纯的自相联系是存在;第二,但按照存在是直接的东西这个片面的规定来说,存在已被降低为一种单纯否定的存在,一种映像。——因此,本质是作为在自身中的映现或自内映现的存在。

　　〔**说明**〕绝对是本质。——这个定义与那个认为绝对是存在的定义是相同的,因为存在同样是单纯的自相联系;不过,这个定义同时比那个定义更高级,因为本质是进入到自身中的存在,这就是说,本质的单纯自相联系是这样的联系,这种联系被设定为对否定东西的否定,被设定为本质在自身中的自相中介。——但在绝对被规定为本质时,否定性往往只是在一种抽象掉一切特定谓词的意义上了解的。于是,这种否定活动,这种抽象作用,便落在本质的范围之外,而本质本身也只是一个没有自己的这种前提的结果,一个抽象思维的 caput mortuum〔骷髅〕。但因为这种否定性不是外在于存在,而是存在固有的辩证法,所以,本质这个存在的真理就是进入到自身中的或在自身中存在着的存在;那种映现或存在在自身中的映现构成本质与直接的存在的差别,并且映现是本质本身的独特规定。

〔**附释**〕当我们谈到本质时,我们把作为直接东西的存在与本质区别开,并从本质着眼,把这种存在看作单纯的映像。但这种映像并不是完全不存在,不是无,而是被扬弃的存在。——本质的观点全然是映现的观点。映现这个词汇原初是用来讲光的,因为光以其直线进展的方式射到镜面上,又从镜面反射回来。这样,我们就在这里得到了一个双重的东西,它一方面是直接的、存在着的东西,另一方面是作为间接的或设定起来的东西的直接东西。当我们反省或(像大家通常说的)反思一个对象时,事情正是如此,因为在这里我们重视的不是对象的直接性,而是我们要认识经过中介的对象。我们常常认为哲学的任务或宗旨就是要认识事物的本质,这种理解无非是说,不应该让事物停留在它们的直接性里,而应该指出它们是以他物为中介或根据的。在这里事物的直接存在仿佛可以被想象为在背后隐藏了本质的表皮或帷幕。——当我们进一步说一切事物都有本质时,这就说出了它们并非真正是它们直接表现的那样。单纯从一个质辗转到另一个质,或单纯从质进展到量,从量进展到质,也没有把事情了结,而是在事物中有持久的东西,这就是事物的本质。就本质范畴的其他意义与用法而言,我们可以在这里首先指出,在德文里当我们把已经过去的存在称为 gewesen 时,我们就是用 Wesen〔本质〕这个词汇来表示助动词 sein 的过去式[1]。语言中这种不规则的用法是以对于存在和本质的关系的正确看法为基础的,因为我们无疑可以认为本质是过去的存在,只不过在这里还应该指出,已经过去的东西并未因而抽象地被否定掉,而只是被扬弃了,因而同时也被保存下来了。例如,我们说恺撒曾

VI,224

VI,225

经在高卢呆过,这句话否定的仅仅是这里所述的关于恺撒的这件事情的直接性,而根本不是他驻扎在高卢,因为正是恺撒驻扎在高卢构成这句话的内容,而这种内容在这里被想象为被扬弃了的。——当我们在日常生活中谈到 Wesen〔本质〕时,这往往只有概括或总括的意义,例如,我们按照这种意义说到 Zeitungswesen〔新闻事业〕、Postwesen〔邮政〕、Steuerwesen〔税务〕等等,这里的意思无非是说,这些事物不应单独从它们的直接性去看,而应作为一种复合体,也进一步从它们的不同方面去看。在语言的这种用法中差不多就包含了那种作为本质而向我们展现的意思。——我们也谈到有限本质[2],并把人称为一种有限本质。但是,在谈到本质时,我们的真正意思却是超出有限性,就此而言,把人称为有限的本质是不精确的。如果有人还进一步说,有一个最高本质,并且上帝应该被称为最高本质,那么,对于这种说法,我们必须指出两点。第一,有这个字眼是一个意指有限事物的字眼,例如我们说有许多行星,或者说,既有这种性质的植物,也有别种性质的植物。因此,这样存在的东西就是某种在自身之外和自身之旁还有其他东西的事物。但是,上帝作为绝对的无限者,并不是仅仅存在的、在自身之外和自身之旁还有其他本质的无限者。倒不如说,在上帝之外还存在的、在与上帝的分离中决没有本质性的东西,是在这种孤立状态中应视为一种自身无支柱、无本质的东西,应视为一种单纯的映像。但在这里也包含着我们要指出的第二点:把上帝单纯说成最高本质,必定是不能令人满意的称呼。这里使用的量的范畴实际上只在有限事物领域里有其地位。例如,我们在说这是地上最高的山时,就有一个观念,认为除了这座最高的山以外,同样还有其他的高山。当我们说某人在自己的国度里是最富有或最博学的人时,意思也是如此。但上帝不仅是一个本质,也不仅是最高本质,而且是唯一的本质;不过在这里我们也必须立即指出,对于上帝的这种看法虽说在宗教意识的发展过程中构成一个重要的、必然的阶段,然而也决没有穷尽基督教的上帝观念的深刻内容。如果我们把上帝仅仅看作绝对本质,而且停留在这种看法上,那么,我们就只知道上帝是普遍的、不可抵拒的力量,或者换句话说,上帝是主。对主的畏惧固然是智慧的开端,但也不过是智慧的开端而已。——最初是犹太教,后来是穆罕默德教,认为上帝是主,而且在实质上仅仅是主。这些宗教的缺点根本在于未能给有限事物以应有的地位,而孤立地坚持这种有限事物(不论自然事物也好,或有限的精神事物也好)则构成异教的、因而也就构成多神教的特点。——此外,也常常出现这样的情况,即有人断言,上帝作为最高本质是不能加以认识的。这一般是近代启蒙运动的观点,更确切地说,是抽象知性的观点,这种观点满足于说出 il y a un être suprême〔有一个至高无上的存在〕,而就此止步。如果作如是说,并且上帝只被看作最高的、彼岸的本质,那么,人们就会把直接的世界看作某种固定的、实定的东西,而忘记本质正是对一切直接的事物的扬弃。如果上帝是抽象的、彼岸的本质,因而区别和规定都在这个本质之外,那么,上帝事实上就会徒具空名,是抽象知性的一个单纯的 caput mortuum〔骷髅〕。因此,对于上帝的真正知识是从认识到事物在其直接的存在中没有任何真理性开始的。

不仅就上帝方面而言,而且就其他方面而言,也经常出现一种情况,即有人抽象地使用本质范畴,在考察事物时把事物的本质固定为一种对事物的现象的特定内容漠不相干的、独立地持续存在的东西。例如,有人常常这样说,人之所以为人,只取决于他的本质,而不取决于他的行为和他的举止。这种说法虽然包含着正确的东西,即一个人的行为不应就他的直接性加以考察,而应仅仅作为以他的内心生活为中介的东西,作为他的内心生活的表现加以考察;但在这里却不可忽视,本质以及内心生活只有表现为现象,才能证实自身是真正的,与此相反,那种要诉诸人的不同于其行为内容的本质的做法,则常常是仅仅基于这样的打算,即抬高人的单纯主观性,而规避自在自为地有效的东西。

VI,227

VI,228

§.113

本质阶段中的自相联系是同一性、自内映现的形式;同一性、自内映现在这里占据了存在阶段中的直接性的地位;直接性和同一性两者都是自相联系的同样的抽象。

〔说明〕感性的无思想性转化为知性的固执性,前者是把一切受限制的和有限的事物视为存在着的东西,后者是把一切受限制的和有限的事物看作自相同一的、在自身不矛盾的东西。

§.114

这种同一性来源于存在,因而最初表现为只带有存在的规定,与存在的规定的关系也表现为与外在东西的关系。这种外在的东西若与本质分离开来看,则叫作非本质的东西。但本质是在自身中的存在或自内存在,它之所以是本质的,只是因为它在自身中具有它的否定东西,即在自身中具有对他物的联系、中介作用。因此,本质就具有非本质的东西,作为其固有的在自身中的映像。但是,因为差别已经包含在映现或中介里,并且差别与它所从出的、它在其中不存在或作为映像而存在的那种同一性不同,本身包含着同一性的形式,所以,差别具有自相联系的直接性或存在的方式;因此,本质的范围就成为一个还没有完全把直接性与间接性结合起来的范围。在这个范围里一切都是这样设定起来的:每一事物都是自己与自己相联系,同时又超出了这种自相联系:也就是说,一切都被设定为映现的存在,他物映现在这种存在里,这种存在也映现在他物里。——

VI,229

所以,本质的范围也是设定起来的矛盾的范围,而这种矛盾在存在的范围里仅仅是潜在的。

〔**说明**〕因为唯一的概念构成一切事物的实质,所以在本质的发展过程里出现了同样在存在的发展过程里出现的各个规定,不过这些规定现在采取了得到映现的形式。所以,代替存在与无的现在是肯定的东西与否定的东西的形式,前者相当于那种作为同一性的无对立的存在,而后者(在映现到自身中时)则发展为差别;这样,变易就立刻进一步发展为特定存在的根据,而特定存在映现到根据上,就是实存或现实存在等等。——逻辑学的这个(最困难的)部分主要是包括着形而上学和科学的一般范畴。这些范畴是反思的知性的产物,知性将各个差别认作独立的,同时又设定它们的相对性;不过,知性只是用一个又字把这两方面相互并列地或先后相继地联合起来,而不是把这些思想结合起来,不是把它们统一成为概念。

A.
作为实存的根据的本质

a.纯粹映现规定

α.同　　一

§.115

本质映现于自身之中,或者说,本质是纯粹的映现,因此本质只是自相联系,不过不是直接的自相联系,而是得到映现的自相联系,也就是自相同一。

VI,230 〔说明〕这种同一就它坚持的是同一,撇开的是差别而言,是形式的或知性的同一。换句话说,抽象作用是这种形式的同一的设定,是一种本身具体的事物向这种简单性的形式的转化,无论这种转化方式是(通过所谓的分析活动)舍弃具体事物所具有的多种多样的东西的一个部分,而只举出其中的一种东西,还是舍弃多种多样的东西的差异性,而把多种多样的规定性糅合为一种规定性。

如果我们把同一与作为一个命题的主词的绝对联系起来,这个命题说的就是:绝对是自相同一的东西。无论这个命题多么真切,它是否意味着它所包含的真理,则是有歧义的;因此,这个命题的表达方式至少是不完备的,因为我们无法判定,它所意味的是抽象的知性同一,即与本质的其他规定相对立的同一,还是本身具体的同一;而本身具体的同一,像我们以后看到的,最初是根据,然后在较高的真理中是概念。——况且"绝对的"这个字眼,除了有"抽象的"意义外,也常常没有任何其他意义;例如,绝对空间和绝对时间就无非是指抽象空间和抽象时间而已。

本质的各个规定如果被看作重要的规定,它们就成为一个假定的主词的谓词,因为这些谓词有重要性,这个主词便是一切。由此产生的命题被称为普遍的思维规律。因此,同一律的说法是:一切东西都是自相同一的,或 A=A;而否定的说法是:A 不能同时是 A 和不是 A。——这个命题并非真正的思维规律,而只是抽象知性的规律。这个命题的形式是已经

VI,231 与这个命题本身矛盾的,因为一个命题本应说出主词与谓词之间的差别,但这个命题却没有做到它的形式所要求的。尤其是,同一律也被这样一些所谓的思维规律所扬弃,而这些规律是把同一律的反面视为规律的。——如果有人断言,虽然同一律不能加以证明,但每个有意识的人都是按照这一规律进行活动的,而且从经验方面来看,他只要听说这个规

律,就会立刻同意这个规律,那么,这种教科书上说的所谓经验是与普遍的经验相反的,因为照普遍的经验来看,没有任何有意识的人是按照同一律进行思维、拥有观念和说话的,也没有任何现实存在——不管它属于哪一类——是按照这一规律存在的。完全有理由认为,按照这种自封的真理规律去说话(如说行星是行星,磁是磁,精神是精神)是幼稚可笑的,而这才是普遍的经验。那种只承认这类规律的教科书早已与它所认真讲解的逻辑一起,在健康的人类理智和理性中失去了信用。

〔**附释**〕同一首先与我们前面所说的存在又是相同的东西,不过是通过扬弃直接规定性而生成的,因此也就是作为理想性的存在。——对于同一的真正意义作正确的了解,有很大的重要性,而这首先需要不把同一单纯视为抽象的同一,即不把同一视为排除差别的同一。这是一切坏的哲学不同于那种唯一配称为哲学的哲学的关键。具有真理性的同一,作为直接存在着的东西的理想性,无论对于我们的宗教意识,还是对于所有其他的思维和意识,都是一个很高的规定。我们可以说,对于上帝的真正　Ⅵ,232
知识就是从认识到他是同一、他是绝对的同一开始的,在这里同时包含着这样的意思,即世界上的一切力量和一切光荣都在上帝面前消失殆尽,而只有作为他的力量和他的光荣的映像才能继续存在。——作为自我意识的同一也正是这样;自我意识把人与整个自然界、尤其是与动物区分开,动物不能认识到它自己是自我,即不能认识到它自己是它在自身中的纯粹统一。——如果进一步说到同一在与思维的关系中的意义,那么,首要的问题就是不要把真正的、在自身中包含着被扬弃了的存在及其规定的同一与那种抽象的、单纯形式的同一混淆起来。所有那些对思维经常提出的责备,尤其是从感觉与直接直观的立场提出的责备,如说思维片面、固执、毫无内容等等,都是基于一个错误的前提,即认为思维活动似乎只是设定抽象的同一的活动,但实际上,正是形式逻辑提出了本节所说的那条所谓的最高思维规律,从而确认了这个前提。假如思维活动不过是那种抽象的同一,那么,我们就不能不宣布思维活动是最多余、最无聊的工作。概念以及理念诚然是自相同一的,但这仅仅是因为它们在自身中同时包含着差别。

β.差　　别

§.116

本质仅仅是纯粹的同一和在自身中的映像,因为本质是自相联系着的否定性,因而是本质对其自身的排斥;所以,本质根本包含着差别的规定。

Ⅵ,233　　〔**说明**〕在这里,他物的存在不再是质的东西、规定性和限度,相反地,否定性在本质中,在自相联系着的东西中,作为联系,同时就是差别、设定起来的存在和经过中介的存在。

〔**附释**〕如果问同一如何进展为差别,那么,这个问题已有一个前提,那就是同一作为单纯的同一,即作为抽象的同一,是某种独立的东西,而差别也是另外某种同样独立的东西。但这个前提却会使得对于所提出的问题不可能作出回答,因为如果同一被认为是与差别不同的,那我们事实上就只能有差别,而无法证明向差别的进展,这是因为,对于那个提出如何进展的问题的人来说,进展的出发点根本不存在。所以,细加考察,这个问题表明自身是完全没有意义的,而且也许应该首先向提出这个问题的人提出另一个问题,即他设想的同一是什么。其结果也许在于他所设想的同一恰好毫无内容,同一对他来说只是一个空洞的名称。其次,像我们已经看到的,同一无疑是一个否定的东西,不过不是抽象的、空洞的无,而是存在及其规定的否定。而这样的同一同时就是联系,具体地说,是否定性的自相联系或自相区别。

§.117

1.差别是直接的差别或差异性,在差异性中各个有差别的东西都像它们原来那样,是各自独立的,对于它们与他物的关系也是漠不相关的,因此这种关系是一种对它们来说外在的关系。由于各个有差异的东西对于它们的差别漠不相关,差别就在它们之外,属于一个第三者,即属于比较者。这种外在的差别作为相关的事物的同一,就是相同,作为相关的事物的不同一,则是不相同。

〔说明〕知性使这些规定彼此分裂到这样的程度,以致比较虽然对相同与不相同都有同一个基质,在这个基质上也被认为有不同的方面和角度,但相同本身仅仅是前一种规定,即同一,而不相同本身则是差别。

差异性同样也被变成一条规律,这条规律说,一切都是相异的,或者说,决没有两个彼此完全相同的事物[3]。在这里,加给一切事物的是与在同一律中加给一切事物的同一相反的谓词,因而也就是一条与同一律矛盾的差异律。然而,既然差异性似乎只是属于外在的比较,那么,某种独立的事物本身就应该只是自相同一的,因而差异律也应该不与同一律相矛盾。于是,连差异性也不属于某物或一切事物了,决不构成这个主词的本质规定了;差异律用这种方式是根本无法加以言说的。—— 但是,如果某物本身按照差异律来说是有差别的,那么,这是由于它固有的规定性使然;但这样一来,我们所指的就不再是一般的差异性,而是特定的差别。这也就是莱布尼茨的差异律的含义。

〔附释〕当知性着手考察同一时,它实际上已经超出同一,它所看到的东西是披着单纯差异性的形态的差别。当我们按照所谓思维的同一律,说海洋是海洋,空气是空气,月亮是月亮等等的时候,在我们看来这些

Ⅵ,234

Ⅵ,235　对象是彼此漠不相关的,因而我们看到的就不是同一,而是差别。但是,我们也并不就此止步,把这些事物只看作相异的,而是相互比较它们,从而得到相同与不相同的规定。有限科学的任务大部分在于应用这类规定,我们在说到科学研究时,现今也往往主要是把它理解为旨在相互比较各个加以考察的对象的方法。不容否认,有人用这种方法已经获得许多很重要的成果,在这方面应该特别提到的是在比较解剖学和比较语言学领域所取得的现代重大成就。然而在这里不仅应该指出,当有人以为这种比较方法在一切知识领域的应用都可以取得同样的成就时,他们已经走得太远了,而且也应该特别强调,单纯的比较还不能最后满足科学的需要,比较方法所得的结果只能看作是真正概念的认识的(当然不可或缺的)准备工作。——此外,因为比较方法的任务在于把现存的差别归结为同一,所以,数学就必定会被视为最能圆满地达到这个目标的科学,之所以如此,是因为量的差别仅仅是完全外在的差别。例如,在几何学里一个三角形和一个四角形虽说在质的方面不相同,但在撇开这种质的差别

Ⅵ,236　时,就可以看作是彼此大小相等的。无论从经验科学方面来说,还是从哲学方面来说,都不必羡慕数学的这类优点,这是我们在前面(§.99"附释")已经说过的,此外,这也可以从我们在上面关于单纯的知性同一所作的说明得出来。——据说,莱布尼茨当初在宫廷里提出他的差异律时,宫廷卫士和宫女们在御园里纷纷来回走动,竭力寻找两片完全没有差别的树叶,想当场出示这些树叶,推翻这位哲学家的思维规律[4]。毫无疑问,这是对付形而上学的一个方便法门,它在今天还受人欢迎;然而,就莱布尼茨的差异律而论,则必须指出,差别不应单纯视为外在的和漠不相关的差异性,而应视为差别本身,因此事物在其自身就是有差别的。

§.118

相同只是彼此不相同、不同一的事物之间的同一，不相同则是不相同的事物之间的关系。因此，两者并非属于彼此漠不相关的不同方面或角度，相反地，一方是到另一方的映现。所以，差异性是映现的差别，或者说，是在自身的差别、特定的差别。

〔**附释**〕如果说单纯有差别的东西都表明自身是彼此漠不相关的，那么，相同与不相同则是一对完全相互联系起来的规定，其中一个规定没有另一个规定，就无法加以设想。这种以单纯的差异性到对立的进展在通常意识里也已经存在，因为我们承认，唯有在不相同存在的前提下，比较才有意义，反过来说，也唯有在相同存在的前提下，区别才有意义。在提 Ⅵ,237 出标明差别的课题时，那种只会把各个显然直接有差别的对象（例如一支笔和一头骆驼）相互区别开的人，我们是不能认为有多大聪明的，同样，我们也可以从另一方面说，那种只懂得比较彼此近似的对象——例如橡树与槐树、寺庙与教堂——的人，是没有很高的比较能力的。我们要求得到的是差别中的同一和同一中的差别。但在经验科学领域仍然经常出现这样的情况，即在谈到这两个规定中的一个时，就忘记了另一个，科学的兴趣一方面仅仅被定为把现存的差别归结为同　，另一方面又以同样片面的方式，被定为发现新的差别。自然科学的情况尤其如此。在自然科学中人们首先当作自己的工作的，是发现新的和越来越新的质料、力、类、种等等，或者按照另一倒转过来的方向，证明那些一直被认为单纯的物体是复合的，而且近代的物理学家和化学家确实嘲笑了那些仅仅满足于四种并不单纯的元素的古代哲学家。但另一方面，他们看到的又是单纯的同一，例如，他们不仅把电和化学过程视为本质上相同的，而且甚至也把消化与同化的有机过程视为单纯的化学过程。前面（§.103"附释"）已经说过，当人们经常以嘲笑的口吻把近代哲学称为同一哲学时，恰好正是哲学，更确切地说，是思辨逻辑，揭示了撇开差别的单纯知性同一的虚妄不实，当然这种哲学也竭力劝人不要以单纯的差异性为满足，而要认识一切具体存在的事物的内在统一性。

VI,238

§.119

2.自在的差别是本质的差别，是肯定的东西与否定的东西的差别；所以，肯定的东西不是否定的东西，这样，肯定的东西就是同一的自相联系，否定的东西不是肯定的东西，这样，否定的东西就自为地是有差别的东西。因为每个东西都不是他物，这样，它就是自为的，所以，每个东西都映现在他物中，并且只是由于他物存在，自己才存在。因此，本质的差别是对立，按照这种对立，有差别的东西不是与全部的他物相对立，而是与自己的他物相对立；这就是说，每个东西只有在它与他物的联系中才有它自己的规定，只有它映现到了他物中，才映现到了自身中，而且他物也是如此；所以，每个东西都是它自己的他物的他物。

〔说明〕自在的差别给出一条规律，即一切都是本质上有差别的东西，或用它的另一个表达方式来说，在两个对立的谓词中，只有一个对某物是合适的，而决没有任何第三者。——这条对立律最明显地与同一律相矛盾，因为某物按照同一律来说，仅仅应该是自相联系，但按照对立律来说，则应该是对立的东西，是与自己的他物的联系。把两个这样的有矛盾的规律作为规律相互并列起来，而对它们不稍加比较，这就是抽象思维特有的无思想性。——排中律是特定知性的规律，知性本来想避免矛盾，但在这样做的时候却陷于矛盾。这条规律说，A 不是+A，便是-A；但这已

经说出了一个第三者,即 A,它既不是正的,也不是负的,并且它既被设定　Ⅵ,239
成了正的,也被设定成了负的。如果+W 表示向西 6 里,而-W 表示向东
6 里,并且正与负相互抵消,那么,6 里的路程或空间无论有没有对立,仍
然是存在的。甚至数或抽象方向的单纯 plus 与 minus〔加与减〕,如果我
们愿意,也是以零为其第三者;但不容否认,正与负的空洞知性对立在数、
方向之类的抽象概念里也有其地位。

　　在关于矛盾概念的学说里,例如,一个概念叫作蓝(甚至像一种颜色
的感性表象这样的东西在这种学说里也叫作概念),另一个概念叫作非
蓝,这样,非蓝这个他物就似乎不是肯定的东西,例如,不是黄色,而是只
应作为抽象的否定东西加以坚持。——否定的东西在其自身也同样是肯
定的,参看下一节;这个观点也已经包含在这样的规定里,即与一个他物
相对立的东西就是这个他物的他物。——所谓矛盾概念的对立的空洞性
在一个普遍规律的可谓堂皇的表达式中得到了充分的表述,这个表达式
说,对于每个事物,在一切对立的谓词中只有一个是合适的,另一个则不
合适,于是精神据说不是白的就是非白的,不是黄的就是非黄的,如此类
推,以至无穷。

　　因为忘记了同一与对立本身就是对立的,结果对立律在矛盾律的形
式中也被认为是同一律,而且一种概念,它或者不具有两个相互矛盾的标
志中的任何一个(参看刚才所述的),或者完全具有这样的两个标志,例
如四角形的圆,也被解释为逻辑上错误的。虽说一个多角形的圆和一个
直线式的弧都同样违背这一规律,但几何学家却毫不迟疑,就把圆当作许
多直线式的边构成的一个多角形去看待。不过,像圆(它的单纯规定性)　Ⅵ,240
这样的东西还决不是概念;在圆的概念中,圆心与圆周都同样重要,这两
个标志都为圆的概念所具有;然而圆周与圆心是相互对立的和矛盾的。

　　在物理学中盛行的两极性观念[5]在自身包含着关于对立的比较正确
的规定,但是,如果物理学在思想方面坚持通常的逻辑,那么,当它能把两

极性发挥出来,达到其中蕴含的思想时,它一定会感到惊讶。

〔**附释 1**〕肯定的东西又是同一性,不过在同一性的较高的真理中是同一的自相联系,同时又不是否定的东西。孤立的否定东西无非是差别本身。同一的东西本身最初是无规定的;反之,肯定的东西则是自相同一的,不过被规定为与一个他物相反,而否定的东西是在一种不是同一性的规定中的差别本身。这就是差别在其自身中的差别。——有人以为肯定的东西与否定的东西有绝对的差别。然而,两者在自身是相同的,因此我们可以把肯定的东西称为否定的东西,也同样可以反过来把否定的东西称为肯定的东西。例如,财产与债务并不是两种特殊的、独立持续存在的财产。在负债者那里是否定的财产的东西,在债权者那里就是肯定的财产。同样,一条向东的路同时也是一条向西的路。因此,肯定的东西与否定的东西实质上是互为条件的,并且只存在于它们的相互联系中。磁体的北极没有南极便不能存在,它的南极没有北极也不能存在。如果我们把磁体切成两块,我们并不是在一块里有北极,在另一块里有南极。同样,在电里正电和负电也并不是两种不同的、独立持续存在的流质。总而言之,在对立中有差别的东西不仅与一个他物相对立,而且与自己的他物相对立。通常的意识认为各个有差别的东西彼此漠不相关。例如人们说,我是一个人,并且在我的周围有空气、水、动物和一切其他东西。在这里一切事物都是彼此分离的。与此相反,哲学的目的是要扫除这种漠不相关性,认识事物的必然性,所以他物是表现为与自己的他物对峙的。例如,无机自然界不仅必须看作是某种不同于有机体的他物,而且必须看作是有机体的必然的他物。无机自然界与有机体这两者在实质上是相互联系的,两者中的任何一个之所以存在,仅仅是由于它从自身排斥他物,并且恰好因此而与他物相联系。同样,自然不能离开精神而存在,精神也不能离开自然而存在。当人们在思维过程中不再说其他东西也是可能的时候,这一般说来是一个重要步骤。因为人们在那么说时,还带有偶然性,

VI,241

反之,像前面说过的,真正的思维则是必然性的思维。——当人们在现代
自然科学里已经进展到把那种最初在磁中察觉是两极性的对立承认为贯
穿整个自然界的一条普遍规律时,这无疑应该看作是科学的一个重大进
步,不过这里的问题也许首先在于人们不可在对立之外又径直认为单纯　Ⅵ,242
的差异是有效的。例如,有人虽然有时正确地认为各种颜色在两极对立
中是彼此对峙的(是所谓的补色),但接着又认为它们是红、黄、绿等等的
漠不相关的、单纯数量的差别。

　　〔**附释 2**〕我们不要按照排中律(这是抽象知性的规律)去说话,相反
地,应该说一切都是对立的。事实上,无论在天上或地上,无论在精神世
界或自然界,绝对没有像知性所主张的那种抽象的非此即彼。一切事物,
无论哪一类,都是具体的东西,因而是在自身中有差别和对立的东西。各
种事物的有限性在于它们的直接的特定存在不符合于它们自在地是的东
西。例如在无机自然界,酸同时自在地是盐基,这就是说,酸的存在完全
在于它与它的他物相联系。因此,酸也不是静止地僵持在对立中的东西,
而是力求把自身设定为自己自在地是的东西。真正推动世界前进的东西
是矛盾,说矛盾不可设想是可笑的[6]。这个论断的正确之处仅仅在于,事
情不能以矛盾作了结,矛盾会自己扬弃自己。但被扬弃的矛盾并不是抽
象的同一,因为抽象的同一本身仅仅是对立的一个方面。被设定为矛盾
的对立的直接结果是根据,根据在自身既包含同一,也包含差别,把它们
作为被扬弃了的东西,降低为单纯观念性的环节。

§.120

　　肯定的东西是这样一种有差别的东西,这种有差别的东西必定是自
为的,同时又必定对自己与自己的他物的联系不是漠不相关的。否定的

VI,243 东西也同样必定是独立的,是否定的、自为的自相联系,但同时作为完全
否定的东西,又必定仅仅在他物中具有自己的这种自相联系,具有自己的
肯定的东西。因此,肯定的东西和否定的东西是设定起来的矛盾,两者自
在地是同一的。两者也自为地是同一的,因为两者中的每一个东西都是
它的他物和它自身的扬弃。这样一来,它们两者便进展到根据。——或
者直接地说,本质的差别作为自在和自为的差别,仅仅是它与其自身的差
别,因而包含着同一的东西;因此,属于整个自在自为地存在着的差别的,
既有差别本身,也有同一。——作为自相联系着的差别,差别同样已经被
陈述为自相同一的东西,而对立的东西一般就是在自身中包含着一物与
其他物、一物自身与其对立物的东西。本质的自内存在这样加以规定,就
是根据。

γ. 根 据

§.121

根据是同一与差别的统一;根据是差别与同一得出来的东西的真理,
是在自身中的映现或自内映现,这种自内映现同样也是在他物中的映现
或他内映现,反之亦然。根据是被设定为总体的本质。

〔说明〕根据律说,一切都有其充分的根据,这就是说,某物的真正本
质并不是某物作为自相同一的东西的规定,也不是某物作为有差别的东
西的规定,也不是某物作为单纯肯定的东西或单纯否定的东西的规定,而
是某物在一个他物中有其存在,这个他物作为某物的自相同一的东西,就
是某物的本质。这个本质同样不是抽象的自内映现,而是他内映现。根
据是在自身中存在着的本质,这个本质在实质上是根据,而根据之所以为
根据,仅仅是由于根据是某物的根据,是一个他物的根据。

〔**附释**〕当我们说根据是同一和差别的统一时,这种统一不应该被理　　VI,244
解为抽象的同一,因为否则,我们就只是改变了一个名称,反而按照想象
仅仅又得到那个已被认为不真的知性同一本身。因此,为了避免这类误
解,我们也可以说,根据不仅是同一与差别的统一,而且同样也是同一和
差别的差别。这样一来,最初作为矛盾的扬弃而给我们得出的根据就表
现为一个新的矛盾。但作为矛盾的根据并不是静止地僵持在自身的东
西,而是根据对其自身的排除。根据之所以是根据,仅仅是因为根据提供
论证的理由;但从根据得出来的结果却是根据本身,而这就是根据的形式
主义之所在。得到论证的东西和根据有相同的内容,两者之间的差别是
简单的自相联系与中介过程或被设定的存在之间的单纯形式差别。当我
们追问事物的根据时,这一般是上面(§.112"附释")已经提到的映现观
点;我们想看到事物仿佛有两个方面,一方面是它的直接性,另一方面是
它的根据,而事物在这里已不再是直接的。这也就是所谓思维的充足根
据律的简单意思,这条思维规律恰好仅仅说明事物实质上必须看作是经
过中介的。顺便指出,形式逻辑在提出这条思维规律时给其他科学提供
了一个坏榜样,因为它要求其他科学不可直接认为自己的内容是可靠的,
但它本身却不推演这条思维规律,不指明其中介过程,就把这条规律提出
来了。如果逻辑学家有权利说,我们的思维能力就是有这样的性质,即我
们对于一切事物必须追问一个根据,那么,一个医学家在被问到为何落入　　VI,245
水中的人会淹死时,也可以有同样的权利回答说,人体就是有这样的构
造,即人不能在水下生活,并且,一位法学家在被问到为何一个罪犯应受
到处罚时,也可以有同样的权利回答说,公民社会就是有这样的性质,即
犯罪不可不加以惩罚。但是,即使可以不考虑向逻辑学提出的那个论证
思维的根据律的要求,逻辑学也至少必须回答大家应该怎样理解根据的
问题。通常的解释认为,根据是有一个结果的东西,这个解释初看起来显
得比以前所提出的概念定义更加明白,更容易了解。但是,如果我们进一

步问结果是什么,而得到的答复说,结果是有一个根据的东西,那么,这就表明这个解释之所以容易了解,仅仅是因为它预先假定了那种在我们这里已经作为先前的思维活动的结果而得出来的东西。但逻辑学的任务恰好仅仅在于表明单纯被表象的、因而未被理解和证明的思想是自己规定自己的思维的发展阶段,这样,这些思想也就可以同时得到理解和证明。——在日常生活中,并且同样在有限科学中,人们都经常使用这类反思形式,其目的在于通过这类形式的应用,认识到所要考察的对象的真正情况如何。虽然这种考察方式,就它在这里可以说仅仅涉及切近的日常认识需要而言,是无可非议的,但是我们必须同时指明,无论从理论方面来看,还是从实践方面来看,它都不能给人以确定的满足,之所以如此,是因为这种根据还没有任何自在自为地得到规定的内容,所以,即使我们认为某物有根据,我们所获得的也是直接性和间接性的单纯形式差别。例如,我们看到一种电现象,并追问其根据;如果我们所得到的回答说,电就是这种现象的根据,那么,这就是我们直接遇到的同一个内容,不过是被转换为内在东西的形式而已。——进一步说,根据也不仅是单纯自相同一的东西,而且也是有差别的,因此,我们可以对于同一个内容提出不同的根据,这些根据的差异性按照差别概念,进一步发展为用根据的形式拥护和反对同一个内容的对立。例如,如果我们考察一种行为,更确切地说,考察偷窃,这便有一个可以区分为许多方面的内容。偷窃行为确实侵犯了财产权;但陷于困顿的偷窃者也由此获得了满足其需要的物资,并且也可能有这样的情况,即被偷窃的人不善于理财。认为这里发生的对财产权的侵犯是决定性的观点,其他的观点必定居于次要地位,这诚然是正确的,但在思维的根据律里并未包含这样的判定。诚然,按照通常对于这个思维规律的看法,人们所说的不仅是一般的根据,而是充分的根据,因此人们就会认为,在这里列举的行为中,除了侵犯财产权以外,还另外强调的观点虽然也是根据,不过这些根据并不充分。但关于这个问题却必

VI,246

须指出,在人们谈到充分的根据时,这个谓词不是毫无意义的,便是超出了根据范畴本身。这种想象的谓词如果只是一般地表示提出根据的能力,则是毫无意义的和同语反复的,因为根据之所以为根据,恰好仅仅是由于它有提出根据的能力。一个士兵临阵脱逃,以求保全其生命,他的行为虽然违反天职,但我们不能断言,决定他这样行动的根据似乎不够充分,因为在另外的地方,他会留守在他的岗位上。此外,也必须说明,正像在一方面一切根据都是充分的一样,在另一方面也没有任何根据本身是充分的,之所以如此,是因为像在上面已经指明的,这种根据还没有任何自在自为地得到规定的内容,因而就不是自身能动的和有创造能力的。概念将在不久作为这样的自在自为地得到规定的、因而自身能动的内容,给我们产生出来,当莱布尼茨说到充分根据,劝人采用这个观点考察事物时,他所谈论的也正是这种概念[7]。莱布尼茨当初看到的是在现时还讨得许多人的喜欢的、单纯机械的理解方式,他把这种方式正确地解释为不充分的。例如,把血液循环的有机过程单纯归结为心脏的收缩,就属于单纯机械的理解,那种把消除危害、惩一儆百和其他类似的外在根据视为惩罚的用意的刑法理论,也同样是机械的。有人认为,莱布尼茨曾经满足于形式的思维根据律之类的贫乏东西,这对他实际上很不公平。他所提倡的考察方式正是这样一种形式主义的反面,这种形式主义在涉及概念认识的地方,让人仅仅满足于单纯的根据。莱布尼茨从这方面着眼,把 causas efficientes〔致动因〕与 causas finales〔目的因〕相互对比,提出了不要停留在致动因上,而要深究目的因的要求[8]。按照这种区分,举例说,光、热和湿度虽然可以看作是植物生长的 causae efficientes,但不可看作是植物生长的 causa finalis,因为这样的 causa finalis 恰好正是植物本身的概念。——在这里还可以提到,停留在单纯的根据上,尤其是在法律和道德领域里,实际上是诡辩派的观点和原则。在说到诡辩论时,人们经常把它单纯理解为一种旨在歪曲正义和真理,用谬误观点说明事物的考察方式。

但这种倾向并未直接包含在诡辩论里,诡辩论的观点在当初并不是别的,而只是形式推理的观点。诡辩派在希腊人里出现于这样一个时代,在这个时代希腊人对宗教和道德领域里的单纯权威和传统已不再满意,而感到需要认识到他们重视的事物是一种经过思维中介的内容。诡辩派迎合了这种要求,他们作出了寻求考察事物的不同观点的提示,而这些不同的观点最初无非就是根据。因为这时像我们前面指出的,根据还没有任何自在自为地得到规定的内容,并且给不道德的和违法的行为可以找出的根据也不比给道德的和合法的行为可以找出的根据更少,所以,判定哪些根据应该有效就是属于主体的事情,而主体作出什么判定,也取决于主体的个人意向和目的。这样一来,就摧毁了本身有效的、人人承认的东西的

VI,249

客观基础,而且正是诡辩论的这个否定方面,理应得到上面提到的那种坏名声。大家知道,苏格拉底曾经到处都与诡辩派进行斗争,然而他并不是仅仅直接把权威和传统同诡辩派的形式推理对立起来,而是用辩证法指出了单纯的根据不能成立,并在另一方面提高了正义和善——普遍东西或意志概念——的威望。如果说现今不仅在关于尘世事物的研讨中,而且在传教士的宣讲中,也常常特别只用形式推理的方法去从事工作,例如,举出一切可能的根据去论证对于上帝的感激之情,那么,苏格拉底和柏拉图也都会毫不迟疑地把这类东西称为诡辩,因为像我们已经说过的,这种诡辩当初探讨的并不是内容——它无论如何总会是真的——,而是根据的形式,这种根据的形式既可以为一切作辩护,但也可以反对一切。在我们这个富于思考和能够进行形式推理的时代,一个人不能为一切事物,甚至为最坏的和最无理的事物陈述好的根据,他的教养必定还很不足。世界上一切腐败的事物都有解释其腐败的好根据。当人们受到诉诸一些根据的煽动时,他们最初不免肃然起敬,虚怀领受;但到后来他们体验到它们究竟怎样时,他们就会对它们充耳不闻,不再为它们所感动了。

§.122

　　本质最初是在自身中的映现和中介;作为中介的总体,本质的自相统一这时被设定为差别的自我扬弃,因而被设定为中介的自我扬弃。因此,这是直接性或存在的恢复,不过这存在是以中介的扬弃为中介;这就是实存。

　　〔说明〕根据既没有任何自在自为地得到规定的内容,也不是目的,因此根据既不是能动的,也不是有创造能力的,而是一个实存仅仅从根据中产生出来。所以,特定的根据与这个同自己相联系的直接实存相比,是某种形式的东西,是任何一种规定性,因为任何一种规定性都被设定为自相联系的,都被设定为肯定。特定的根据正因为是根据,所以也是好的根据,因为"好的"从极其抽象的意义上说,也无非表示一种肯定的东西,并且任何能用某种方式被陈述为得到认可的肯定东西的规定性都是好的。因此,我们可以给一切事物都寻找和指出一个根据来,并且一个好的根据(例如好的行为动机)既可以产生某种实效,也可以不产生某种实效,即可以有某种结果,也可以没有某种结果。例如,好的根据被采纳到意志中,就成为产生某种实效的动机,而这意志要使好的根据成为能动的,成为原因。

Ⅵ,250

b.实　　存

§.123

　　实存是在自身中的映现与在他物中的映现的直接统一。所以,实存是许多现实存在着的事物的不确定的集合,这些现实存在着的事物作为在自身中得到映现的东西,同时也是在他物中的映现,它们是相对的,并且形成了一个由许多根据和结果的相互依存和无限联系所组成的世界。这些根据本身就是实存,而且从许多方面来看,这些现实存在着的事物既是根据,同样也是结果。

〔**附释**〕实存这个词汇(来源于拉丁文 existere)表示一种产生出来的存在,并且实存就是从根据产生出来的、通过扬弃中介而得到恢复的存在。本质作为已被扬弃的存在,最初已经向我们表明其自身是在自身中的映现,并且这种映现的规定是同一、差别和根据。根据是同一和差别的统一,并且作为这样的统一,同时又是根据与其自身的差别。但现在这种与根据有差别的东西却不是单纯的差别,正像根据本身不是抽象的同一那样。根据是根据自身的扬弃过程,而根据扬弃自身的目的,即根据的否定所达到的结果,就是实存。实存作为从根据产生出来的东西,在自身包含着根据,这根据并不是藏到实存的背后,相反地,恰好仅仅是扬弃自身和转变为实存的过程。这种情形也见之于通常的意识里,因为在我们考察某物的根据时,这根据并不是抽象的内在东西,倒不如说,本身又是现实存在着的东西。例如,雷电使一座建筑物起火,我们把雷电看作火灾的根据;又如,我们把一个民族的伦理与生活情况看作这个民族的宪法的根据。这就是向反思呈现出一个现实存在着的世界的形态,这个世界是许多现实存在着的事物的不确定的集合,当它们同时在自身和他物中得到映现时,它们是互为根据和结果的。在世界作为现实存在着的事物的总和的这种丰富多彩的表演中,我们看不到什么地方有坚实的立脚点,一切东西都仅仅表现为一种相对的事物,它既受他物的制约,也同样制约他物。反思的知性把确定和追踪这一切方面的联系当作自己的工作;但关于终极目的的问题在这里仍然没有得到回答,因此,用概念把握事物的理性的要求就是随着逻辑理念的进一步发展,而超出这种单纯相对性的观点。

Ⅵ,251

§.124

　　但是,现实存在着的东西在他物中的映现并没有与在自身中的映现分离开;根据是这两方面的映现的统一,从这个统一里产生出了实存。因此,这种现实存在着的东西在它自身包含着相对性,包含着它与其他现实存在着的东西多方面的联系,并且在自身中作为根据得到了映现。所以,现实存在着的东西就是物。

　　〔**说明**〕在康德哲学中变得很著名的自在之物,在这里从它的起源方面显示出它是在自身中的抽象映现,这种映现与在他物中的映现相反,并且与有差别的规定相反,是作为在他物中的映现和这些规定的空洞基础加以坚持的。

　　〔**附释**〕就我们把认识理解为把握对象的具体规定性,但自在之物无非是极其抽象的、毫无规定的物而言,断言自在之物不可认识,这是可以承认的。此外,既然有理由谈自在之物,我们也就可以有同样的理由谈自在的质、自在的量以及一切其他范畴,而且我们也可以把这些范畴理解为它们的抽象的直接性,就是说,可以不考虑它们的发展过程和内在规定性。只注视物的自在东西,这应该看作是知性的一种任性。但进一步说,自在东西这个概念也常常应用于自然界和精神世界的内容,例如谈到自在的电或自在的植物,谈到自在的人或自在的国家,并把这些对象的自在东西理解为它们的真正的、固有的东西。就此而言,自在东西的情况与自在之物的情况并无不同,而且甚为接近,所以,当我们停留在这些对象的
单纯自在东西上时,我们把握到的并不是它们的真理性,而是它们的单纯抽象的片面形式。例如,自在的人是儿童,儿童的使命在于,不停留在这种抽象的、不发达的自在东西中,而是那最初只是自在的东西——即自由

的、有理性的存在物——也变为自为的。同样,自在的国家是尚未发达的、家长制的国家,在这种国家中,国家概念所包含的各种不同的政治职能还没有发展为它们的符合于概念的机构。在同样的意义上,连种子也可以被视为自在的植物。从这些例证就可以得知,当有人以为事物的自在东西或自在之物是我们的认识所不能达到的某种东西时,他们就大错特错了。一切事物最初都是自在的,但并不就此告终;正如作为自在的植物的种子仅仅在于发展自身一样,一切事物也都超出其单纯的自在东西,即超出在自身中的抽象映现,而发展到把自己也表明是在他物中的映现,因而物具有了属性。

c.物

§.125

物是总体,作为根据和实存这两个规定被设定在统一体中的发展。物就它的在他物中的映现这个环节而言,在自身具有差别,因此,物是有规定的、具体的物。α)这些规定是彼此不同的;它们是在物中,而不是在它们自身中具有它们的自内映现。它们是物的属性,它们与物的关系是具有。

VI,254　　〔说明〕具有作为关系,代替了存在。某物虽然在自身也有质,但从具有到存在着的东西的这种推移是不准确的,因为规定性作为质,直接与某物为一,如果某物失去其质,某物也就不再存在了。但物是在自身中的映现,作为也与差别、与物的各个规定不同的同一性。——在许多语言中具有是用来表示过去的,所以有理由说,过去是已被扬弃的存在,精神是这种过去的自内映现,唯有在精神中过去还能持续存在,不过精神也把这种在精神中已被扬弃的存在同自身区别开。

〔**附释**〕在物里,全部的映现规定都再现为现实存在着的。所以,物最初作为自在之物,是自相同一的东西。但同一像我们已经看到的,并不是没有差别,物具有的各个属性就是在差异性的形式下现实存在着的差别。如果说在以前各个有差异的东西表明自身是彼此漠不相关的,它们彼此的联系仅仅是通过对它们的外在比较设定的,那么,我们现在则在物里得到一种纽带,它把各个有差异的属性彼此联结起来。另外,也不可把属性与质相混淆。我们虽然也说某物具有质,但这个指称并不恰当,因为具有这个词汇表示一种独立的性状,它还不是那个与自己的质直接同一的某物所具有的。某物之所以为某物,仅仅是由于它的质;反之,物虽然仅仅由于其有属性而同样现实地存在着,但与这种或那种特定的属性并未结合起来,因而也会失去这种属性,而物决不因此就不再是原来的物。

§.126

Ⅵ,255

β)但是,在他物中的映现甚至在根据里也直接在其自身是在自身中的映现,因此,各个属性同样是自相同一的、独立的和摆脱自己在物上所受的束缚的。但因为各个属性是物的彼此不同的、映现在自身中的规定性,所以它们本身并不是具体的物,而是映现在自身中的实存这种抽象的规定性,即质料。

〔**说明**〕各种质料,例如磁质料、电质料,也不可叫作物。——它们是真正的质,是与它们的存在合而为一的,是已经达到直接性的规定性,但这种直接性却是这样一种存在,这种存在是得到映现的存在,是实存。

〔**附释**〕把物具有的各个属性独立化,使它们成为构成物的质料或质素,这种做法虽然是以物的概念为根据,因此也见之于经验;但是,把物的某些属性,例如颜色、气味等等,解释为特殊的颜色质素、气味质素等等,由此得出结论说,这就解决了一切问题,而要知道物的真正情况,也只需要把物分解为组成物的各种质素,这种做法也同样是违背我们的思想和经验的。把物分解为独立的质素的做法,只在无机自然界有其真正的地位,例如,化学家把食盐或石膏分解为它们的质素,说食盐是由盐酸和钠组成的,石膏是由硫酸和钙组成的,他们是正确的。同样,地学把花岗石视为是由石英、长石和云母组成的,这也正确。组成物的这些质素有一部分仍然

VI,256 是一些物,这些物本身又可以被分解为更加抽象的质素,例如硫酸是由硫磺和氧组成的。当这类质素或质料事实上可以被解释为独立持续存在的东西时,也常常出现这样的情况,即物的另一些并不具有这种独立性的属性也同样被人看成特殊的质料。例如,有人就谈到热质素、电质料和磁质料,其实这些质素或质料只能看作是知性的单纯虚构[9]。一般说来,抽象的知性反思的方式就在于任意抓住个别范畴,把所要考察的一切对象都归结为这些范畴;其实,这些范畴只有作为理念发展的特定阶段,才有它们的效用,这种方式据说是为了便于作出解释,然而却与毫无成见的直观和经验相矛盾。这种认为物是由独立的质素所组成的理论,也常常被应用到它不再有任何效用的领域。即使在自然界之内,把这些范畴应用于有机生命方面,也显得不充分。我们虽然可以说,这种动物是由骨骼、筋肉、神经等等组成的,但很明显,这与一块花岗石由上述质素组成,情况大不相同。花岗石的这些质素对它们的结合完全漠不相关,即使不结合起来,也同样可以持续存在,反之,有机体的各个部分和环节则只能在它们的结合中持续存在,如果彼此分离,就不再作为这样的部分和环节而存在了[10]。

§.127

这样,质料就是抽象的或没有得到规定的他内映现,或者说,是同时

得到规定的自内映现；因此，质料是特定存在着的物性，是物的持续存在。　Ⅵ,257
在质料中，物以这种方式得到了它的自内映现（与§.125相反），不是持
续存在于它自身，而是由质料组成，并且仅仅是质料的表面联系，是质料
的一种外在结合。

§.128

γ）质料作为实存的自相直接统一，对规定性也是漠不相关的；因此，
许多不同的质料都结合为一种质料，结合为同一性的映现规定中的实存，
相对于这种实存，这些不同的规定性及其在物中彼此具有的外在联系则
是形式，即差别的映现规定，不过这一差别是现实存在着的，并且是总体。

〔**说明**〕这一种没有规定的质料也与自在之物是相同的，只不过自在
之物是自身极其抽象的东西，没有规定的质料则是在自身也为他物、首先
是为形式而存在着的东西。

〔**附释**〕组成物的各种不同的质料自在地是彼此相同的。这样一来，
我们就得到一种一般的质料，在这种质料中，差别被设定为在质料以外
的，即被设定为单纯的形式。在反思意识里颇为流行的观点认为，各个事
物都以同一种质料为基础，是单纯外在的，虽然就其形式而言是不相同
的。按照这种观点，质料是在自身完全没有得到规定的，但能够接受一切
规定，同时又是完全永恒的，在一切更迭和一切变化中能自身保持不变。
质料对于特定形式的这种漠不相关性当然可以见之于有限事物；例如，对
于一块大理石，无论赋予它这一或那一雕像的形式，或赋予它圆柱的形
式，都是无所谓的。但是在这里不可忽视，像大理石这样的质料也仅仅是　Ⅵ,258
相对地（相对于雕刻家）对于形式漠不相关，却决不是绝对没有形式的。
所以矿物学家也认为，这种仅仅相对地没有形式的大理石是一种特定的

石质形成物,它不同于其他同样特定的形成物,诸如砂石、斑岩之类。因此,把质料孤立起来,认为它自身没有形式,这仅仅是抽象知性的观点;与此相反,质料概念实际上就在自身完全包含着形式原则,因此,连在经验中也决不会出现一种无形式的、现实存在着的质料。认为质料是原初存在的、本身无形式的看法有着悠久的历史,远在古代希腊,我们就已经遇到,它首先采取了关于混沌的神话形态,混沌被想象为现实存在的世界的无形式的基础。这种观念导致的结果就是不把上帝视为世界的创造者,而单纯把上帝视为世界的造型者或雕塑者。与此相反,更为深刻的观点则认为上帝从无中创造出世界,这就真正说明,一方面质料本身不具有任何独立性,另一方面形式并不是从外面加给质料的,而是作为总体在自身带有质料的本原,而这种自由的和无限的形式在下面将作为概念给我们得出来。

§.129

这样,物就分裂为质料和形式,这两者中的任何一个都是物性的总体,都是独立自为的。但这种被认为是肯定的、没有得到规定的实存的质料,既然是实存,就恰恰既包含着他内映现,也包含着自内存在;质料作为自内存在与他内映现这两个规定的统一,本身就是形式的总体。而形式也已经作为各个规定的总体,包含着自内映现,或者说,形式作为自相联系着的形式,具有那种被认为构成质料的规定的东西。质料和形式两者自在地是同一的。两者的这种统一在被设定起来以后,就是质料与形式的关系,而质料和形式同样也是有差别的。

VI,259

§.130

作为这种总体的物是矛盾,这矛盾按其否定的统一来说是形式,在形式中质料得到规定,被降低为属性(§.125),同时这矛盾也由一些质料构成,这些质料在物的那种自内映现里正像是被否定了的一样,同时也是独立的。这样,物就是本质的实存,作为一种在自身中扬弃自己的实存;换句话说,物是现象。

〔说明〕在物中就像质料的独立性那样也被设定起来的否定,是作为多孔性出现在物理学里的。许多质料(颜色质素、气味质素以及其他质素,按照某些人的看法,其中也包括声质素,甚至包括热质素、电质料等等)中的每一种也都是经过否定的,并且在它们的这种否定中,在它们的细孔中,也有许多其他独立的质料,这些质料同样有细孔,在内部可以让其他质料交互存在。这些细孔并不是经验的事实,而是知性的虚构,知性用这种方式想象独立质料的否定环节,用一种模糊混乱的观念掩盖这些矛盾的进一步发挥,而按照这种观念,一切都是独立的,一切都是在相互之间经过否定的。——如果在精神领域里各种能力与活动都以同样的方式被弄成实物,那么,它们的生动的统一也同样会变为它们相互交织的混乱状态。

正像这些细孔(这里说的不是有机体中的细孔,如树木、皮肤的细孔,而是所谓质料中的细孔,如颜色质素、热质素或金属、结晶体之类东西中的细孔)在观察里得不到证实一样,无论质料本身以及一种与质料分离的形式——这首先是物和用质料组成物的活动——,还是那种认为物本身是持续存在的,并且仅仅具有属性的观点,都是反思知性的产物,这种知性在进行观察,扬言要说明自己观察到的东西时,反而产生出一种形

而上学,这种形而上学从一切方面来看都充满了矛盾,然而知性却始终看
不到这些矛盾。

B.
现　象

§.131

本质必定要表现出来。本质在自身中的映现是扬弃其自身而成为一
种直接性的过程,这种直接性作为自内映现是持续存在(质料),正像这
种直接性是形式、他内映现和扬弃着自身的持续存在一样。映现是本质
之所以不是存在而是本质的规定,而得到发展的映现就是现象。因此,本
质不是在现象的背后或彼岸,相反地,由于本质是现实存在着的东西,实
存就是现象。

〔**附释**〕实存在其矛盾中被设定起来,就是现象。我们不可把现象与
单纯的映像混淆起来。映像是存在或直接性的最切近的真理。直接的东
西并不是我们以为能在存在中得到的东西,不是独立的、依靠自身的东
西,而仅仅是映像,并且直接的东西作为映像被概括为在自身中存在着的
本质的单纯性。这种本质最初是自内映现的总体,但以后并不停留在这
种内在性里,而是作为根据进展到实存,这实存不是在自身内有其根据,
而是在一个他物内有其根据,因而也只是现象。当我们说到现象时,我们
总是联想到现实存在着的事物的不确定的多样性,这些事物的存在仅仅
是中介,因此它们不是依靠自身的,而是只有作为发展的阶段,才具有它

VI,261

们的有效性。不过在这里我们也可以同时看到,本质并不停留在现象的背后或彼岸,倒不如说,仿佛本质是无限的仁慈,把本质的映像透露在直接性里,使本质享受到特定存在的欢乐。这样设定起来的现象不是站在自己的脚跟上,不是在自身内有其存在,而是在一个他物内有其存在。作为本质的上帝,正像他把他的自内映现的各个环节赋予实存,从而成为创造世界的仁慈一样,当现实存在着的世界想独立地存在,作为单纯的现象表现出来的时候,也证实自身是支配这个世界的力量,是这个世界的正义、内容。

　　现象实际上是逻辑理念发展的一个很重要的阶段,我们可以说,哲学之所以不同于普通意识,就是由于哲学把普通意识以为是存在着的和独立的东西视为单纯的现象。不过这里的问题在于我们应该正确理解现象的意义。当我们说某物仅仅是现象时,这可能遭到误解,以为与这种仅仅表现出来的东西相比,存在着的或直接的东西似乎是更高级的东西。实际情况恰好相反,这就是说,现象是一种比单纯的存在更高级的东西。现象实际上是存在的真理,是一种比存在更丰富的规定,因为这个规定在自身包含了自内映现与他内映现两个环节,把它们统一到了一起,与此相反,存在或直接性还是片面的没有联系的东西,并且是(在表面上)仅仅依靠自身的东西。不过进一步说,关于现象所说的那个"仅仅"当然也暗 VI,262 示一种缺点,这种缺点在于现象还是在自身中分裂的东西,还是在自身中并未拥有自己的立脚点的东西。比单纯的现象更加高级的东西首先是现实,它作为本质发展的第三个阶段,将在稍后予以讨论。——在近代哲学史上,首先提出普通意识与哲学意识的上述差别的功绩,理应归于康德。不过康德还停留在半路上,因为他只是从主观的意义上理解现象,在现象之外还坚持一个抽象的本质,作为我们的认识所不能达到的自在之物。其实,直接的对象世界之所以只是现象,是由于这个世界固有的本性使然,当我们认识了现象本身时,我们也就同时认识了本质,本质并不是存留在现象的背后或彼岸,相反地,本质正因为把直接的对象世界降低为单纯的现象,也就把自身表现为本质。——此外,素朴意识在要求达到总体时,对主观唯心论认为我们只须涉及和安于现象这个主张表示反感,这也无可责怪。不过,素朴意识在着手拯救知识的客观性时,很容易倒退到抽象的直接性,把这种直接性径直作为真理和现实东西而加以坚持。费希特在一本题为《就最新哲学的真正本质向广大读者所作的明如白昼的报道——一个逼着读者去理解的尝试》的短篇著作中,用作者与读者谈话的形式通俗地讨论了主观唯心论与直接意识的对立,力图证明主观唯心论立场的正确性[11]。在这篇谈话里,读者向作者诉苦说,他完全不想转而采取主观唯心论立场,对于那种把他周围的事物不是视为真实事物,而是视为单纯现象的看法,他表示绝望。读者的这种苦恼当然无可责怪,因为作者要求他把他自己看作是禁锢在一个无法穿透的单纯主观观念的圈套里的;可是另外,撇开这种对于现象的单纯主观的看法不谈,我们也不能不说,我们有一切理由感到满意的事情,是我们在我们周围的事物上必须涉及的纯粹是现象,而不是固定的、独立的实存,因为在这样的情况下,我们就会在肉体和精神方面立刻死于饥饿。

VI,263

a.现象世界

§.132

表现出来的东西是这样存在的:它的持续存在直接得到扬弃,只是形式本身的一个环节;形式在自身包含持续存在或质料,作为自己的规定之一。这样,表现出来的东西就在形式——作为自己的本质,作为与自己的直接性相反的自内映现——里有了自己的根据,但这样一来,也仅仅是在形式的另一个规定性里有了自己的根据。表现出来的东西的这个根据同样是一种表现出来的东西,于是现象就不断走向一个用形式来中介持续存在,因而同样也用非持续存在来中介持续存在的无限过程。这个无限的中介过程同时也是自相联系的统一;并且实存已经发展为一个总体,发展为现象世界,即得到映现的有限事物的世界。

b.内容和形式

§.133

现象世界中相互外在的事物是总体,并且完全包含在这个世界的自相联系中。这样,现象的自相联系就完全得到了规定,在其自身中有了形式,而且是在这种同一中有了形式的,所以形式是实质性的持续存在。因此,形式就是内容,并且按照其发展了的规定性来说,是现象的规律。属于不在自身中得到映现的形式的是现象中的否定环节,是不独立的和不变化的环节;这种形式就是漠不相关的、外在的形式。〔Ⅵ,264〕

〔说明〕关于形式与内容的对立,我们主要应该坚持,内容并不是没有形式的,而是内容既在其自身中具有形式,同时形式对于内容也是一种外在东西。这样就有了双重的形式,它有时作为映现在自身中的东西是内容,有时作为不映现在自身中的东西则是外在的、与内容漠不相关的实存。在这里潜在地存在着内容与形式的绝对关系,也就是存在着内容与形式的相互转化,所以,内容无非是形式之转化为内容,形式无非是内容之转化为形式。这种转化是最重要的规定之一。但这种转化是在绝对关系中才被设定起来的。

〔附释〕形式与内容是一对规定,它们经常为反思的知性所运用,而且主要是这样运用的:内容被认为是本质的和独立的东西,而形式被认为是非本质的和不独立的东西。然而,必须针对这种看法指出,两者事实上同样是本质的,正像没有无形式的质料一样,也没有无形式的内容,而这两者(内容和质料或材料)之所以彼此不同,恰恰是由于质料虽说在自身不是没有形式,然而在其特定存在中却表明自身是与形式漠不相关的,反

VI,265 之,内容本身之所以为内容,仅仅是由于它在自身包含着成熟的形式。但我们进一步看到形式也是一种与内容漠不相关的、对内容外在的实存,这是因为整个现象还带有外在性。例如,我们考察一本书,无论它是手抄的或排印的,无论它是纸装的或皮装的,这当然与它的内容无关。但这决不是说,撇开这种外在的、无关的形式,这本书的内容就是一种没有形式的内容。诚然有很多的书,就其内容而言,称之为没有形式也不是没有道理;然而就内容这个方面而言,失去形式就等于没有形式,而没有形式并不是指完全不存在形式,而仅仅是指不存在适当的形式。但这种适当的形式不是与内容漠不相关,倒不如说,适当的形式就是内容本身。正因为如此,一件缺乏适当形式的艺术作品决不是适当的、即真正的艺术作品;对一位艺术家本身来说,说他的作品的内容虽然很好(甚至很卓越),但缺乏适当的形式,这是一个很拙劣的辩解。真正的艺术作品恰恰仅仅是这样一些艺术作品,这些艺术作品的内容和形式表明自身是彻底统一的。我们可以说《伊利亚特》的内容是特洛伊战争,或更确切地说,是阿基里的忿怒;这虽然给我们提供了全貌,然而说得很空疏,因为《伊利亚特》之所以成为《伊利亚特》,是由于那种内容被塑造成的诗的形式。同样,《罗密欧与朱丽叶》的内容是他们家族的仇恨所导致的一对情人的毁灭,但单是这个内容还不足以造成莎士比亚不朽的悲剧。——至于进一步说到内容和形式在科学范围里的关系,那么在这方面我们必须提到哲学与其

VI,266 他科学之间的差别。其他科学的有限性完全在于,思维在这里被当作单纯形式的活动,思维的内容被当作一种从外部给予的内容,内容没有被认识到是通过给它奠定基础的思想,从内部予以规定的,因而形式与内容并不完全相互渗透;反之,在哲学里则没有这种分离,因此哲学可以称为无

限的认识。虽然哲学思维也常常被看作单纯的形式活动,尤其是关于逻辑学,大家都认为它仅仅是研究思想本身的,所以逻辑学的无内容性可以算作一件既成的事实。如果我们把内容仅仅理解为用手可以捉摸的东西,用感官可以知觉的东西,那么,就像一般关于哲学、尤其是关于逻辑学那样,我们当然也甘愿承认,哲学、尤其是逻辑学没有任何内容,即没有这种用感官可以知觉的内容。但通常的意识和一般的用语在考虑到它们所理解的内容时,现在既绝对不会单纯停留在感官的可知觉性上,也完全不会停留在单纯的特定存在上。在说到一本没有内容的书时,大家知道,我们所指的不只是一本在各页上都没有印字的书,而是一本几乎没有任何思想内容的书。经过仔细考察,我们就可以在最后的分析中得知,对于有教养的意识来说,那种最初被称为内容的东西除了符合于思想的意思以外,就没有任何其他意思。但这也同时不啻承认,思想不可看作是对内容漠不相关的、本身空洞的形式,并且正像在艺术里那样,在一切其他领域里内容的真理性和坚实性也主要是基于内容表明其自身是与形式同一的。

§.134

VI,267

　　但直接的实存是持续存在本身的规定性,也是形式的规定性;因此,尽管内容通过其持续存在的环节所得到的外在性对于内容是本质的,直接的实存对于内容的规定性却同样是外在的。这样设定起来的现象就是关系,在关系里,同一个东西,即内容,作为得到发展的形式,既是各个独立的实存的外在性与对立性,又是它们的同一性联系,而这些有差别的东西唯独在这种同一性联系里,才是有差别的东西。

c.关　　系

§.135

α）直接的关系是整体和部分的关系：内容是整体，并且是由各个部分（形式）、即由内容的对立面构成的。各个部分相互不同，是独立的东西。但各个部分只有在它们彼此的同一性联系里，或只有结合起来而构成整体，才是部分。而结合就是部分的对立面和否定。

〔**附释**〕本质性的关系是映现活动所采取的特定的、极其普遍的方式。一切现实存在的东西都有关系，这种关系是每个实存中的真正的东西。因此，现实存在着的东西不是抽象的、独立的，而仅仅是在他物中的；但它在他物中也有自相联系，而关系就是自相联系和与他物的联系的统一。

整体与部分的关系，只要其概念与实在彼此不符合，就是不真的。整体的概念是包含各个部分的概念；但是在整体被设定为它按照其概念所是的东西时，如果它被分割为各个部分，那么，它也就不再是整体。现在虽然有许多符合于这种关系的事物，但正因为如此，这些事物也仅仅是低级的和不真的现实存在。在这里一般必须注意，在哲学讨论中谈到不真的事物时，切不可把不真理解为这类事物似乎不是现实存在的。坏的国家或有病的躯体无论怎样，总是会现实存在着，但这些对象是不真的，因为它们的概念和它们的实在彼此并不符合。——整体与部分的关系作为直接的关系，一般是反思的知性很容易理解的关系，因此，当我们在事实上涉及更深刻的关系时，反思的知性也常常满足于这类直接的关系。例如，一个活体的四肢和器官就不可单纯看作是这一活体的各个部分，因为四肢和器官只有在它们的统一体里才是四肢和器官，它们对于这种统一

VI，268

体决不是漠不相关的。在解剖学家的手里这些四肢和器官才变成各个单纯的部分,但在这种情况下,解剖学家所要处理的就不再是活体,而是尸体了。这并不是说完全不应该做这样的解剖工作,而是说只掌握整体与部分的外在机械关系不足以认识有机生命的真理。——把这种关系应用于精神和精神世界的各种形态,情况尤其如此。虽然在心理学里没有明确谈到灵魂或精神的各个部分,但是,只要精神活动的各个不同形式单纯在它们的孤立状态下作为所谓特殊的力量和能力被先后相继地加以列举和描述,那种有限关系的观念也同样是用单纯知性去研究这门学科的基础。

§.136

VI,269

β)因此,这种关系中的同一东西,即在整体与部分的关系中存在的自相联系,直接地是否定的自相联系,即这样的中介过程,在这种过程中,同一东西对差别漠不相关,并且是否定的自相联系,这种联系把自身作为自内映现离析为差别,把自身作为他内映现设定为现实存在着的,并且反过来,又把这种他内映现归结为自相联系和漠不相关;这就是力和力的表现。

〔**说明**〕整体和部分的关系是直接的关系,因此,是没有思想的关系,是自相同一性之转化为差异性。在这种转化过程中,整体过渡到部分,部分过渡到整体,而且在一个方面忘记了与另一方面的对立,因为每个方面本身,有时是整体,有时是部分,都被当作是独立的实存。换句话说,因为各个部分被认为是存在于整体中,整体被认为是由各个部分所构成,所以,有时这一方面是持续存在着的东西,有时另一方面是持续存在着的东西,并且每个方面的对方在任何时候都同样是非本质性的东西。机械关系的表面形式一般就在于各个部分既彼此独立,又对整体独立。

涉及物质可分性的无限进展也可以利用整体和部分的关系,而它在这种情况下就是这种关系的两个方面的没有思想的交替。一个物有时被当作整体,然后就被转变为表示部分的规定;这种规定旋即被忘却,那种过去的部分又被看作整体;于是,又出现表示部分的规定,如此递推,以至无穷。但这种无限性作为它所是的否定东西来看,是这种关系中否定的

Ⅵ,270　自相联系,而这就是力,是作为自内存在的自相同一的整体;于是这种无限性作为这种自内存在,能够扬弃自己,能够表现自己,而且反过来,是力的这样一种表现,这种表现逐渐消逝而回复到力。

力虽然有这种无限性,但也是有限的;因为内容,即力与其表现中的同一东西,仅仅潜在地是这种同一性;在整体与部分的这种关系的两个方面中,每一方本身都还不是内容的具体的同一性,都还不是总体。因此,整体与部分是彼此不同的东西,它们的关系是一种有限的关系。所以,力需要有外来的诱发,是盲目起作用的,而且由于这样缺乏形式,内容也是受限制的和偶然的。内容还不是与形式真正同一的,还不是作为自在自为地得到规定的东西的概念和目的。——这种区别极其重要,却不易理解,而只有讨论到目的概念本身,才能详细地加以规定。忽视这种区别,就会引起混乱,以为上帝是力;赫尔德尔关于上帝的看法[12]尤其犯有这种混乱的毛病。

人们常说,力的性质本身是未知的,知道的只是力的表现。但是,一方面,力的整个内容规定与力的表现的整个内容规定正是同一个东西[13];因此,用一种力来解释一种现象,是空洞的同语反复。所以,那种被认为依然未知的东西其实不过是自内映现的空洞形式,唯有通过这种形式,力和力的表现才有区别,而这种形式同样也是某种熟知的东西。这种形式对于那些被认为只能从现象认识到的内容和规律,是毫无增益的。此外,

Ⅵ,271　人们到处向我们保证,使用这种形式并不会对力作出什么论断;所以,我

们无法看出为什么力的形式当初会被引入科学。不过在另一方面,力的性质也当然是一个未知的东西,因为无论是力的内容在其自身的联系,还是这种本身受到限制的、因而靠自身以外的他物得到其规定性的内容,现在都依然缺少必然性。

〔附释1〕力与力的表现的关系,和整体与部分的直接关系相比,可以看作是无限的,因为在力和力的表现的关系里两方面的同一性已经设定起来,而在整体和部分的关系里这种同一性只是潜在地存在的。整体虽然在其自身是由各个部分构成的,但在被分割为各个部分时,就不再是整体了;与此相反,力只有表现出来,才证实自身是力,并在其表现中回复到自身,因为力的表现本身又是力。但进一步说,这种关系也是有限的,它的有限性完全在于这种得到中介的存在,就像整体与部分的关系由于有直接性而相反地表明自身是有限的那样。力与其表现的这种得到中介的关系的有限性,首先见之于每种力都是受到制约的,而为了保持其持续存在,就需要有一个不同于其自身的东西。例如,大家知道,磁力主要是以铁为其载体,铁的其他属性(颜色、比重、与酸的关系等等)是不以它与磁的这种关系为转移的。所有其他的力也是如此,它们表明自身完全是由一个不同于其自身的东西制约和中介的。力的有限性,其次见之于力要表现出来,就需要有诱发。但诱发出力的东西本身又是一种力的表现,而这种力要表现出来,同样必须受到诱发。我们这样得到的,或者又是无限进展,或者是诱发与被诱发的相互为用,然而在这里却总是依然缺乏运动的绝对开端。力还不像目的那样,是在自身规定自己的东西;力的内容是一种确定地给予的内容,当力表现出来的时候,它就像人们常说的那样,是在盲目地起作用,而这正应该理解为抽象的力的表现与合乎目的的活动之间的差别。 Ⅵ,272

〔附释2〕虽然力仅仅在于表现出来,这样我们就在被理解为规律的那个力的表现的总体中同时认识到了力本身,因此,那种经常重复的、以为只有力的表现可以认识,而力本身则不可认识的论断,必须作为毫无根据的东西予以拒绝,然而我们也不可忽视,在这种关于力的自在东西是不可知的论断中已经包含了对于力与其表现的关系的有限性的正确猜测。一种力的各个表现最初是以不确定的多样性和它们的孤立性向我们呈现为偶然的;然而我们就把这些多样性的东西归结为它们的内在统一,我们把这种统一称为力,而那些在表面上偶然的东西在我们认识到支配它们的规律时,也被我们意识到是必然的东西。但各种不同的力本身又是多样性的东西,并且以它们的单纯彼此并列的状态而表现为偶然的。因此,我们在经验物理学里谈到引力、磁力、电力等等,同样在经验心理学里谈到记忆力、想象力、意志力以及各种各样的其他心理力量。于是在这里又出现了把这些不同的力同样作为一个统一整体而加以认识的需要,而且人们把各种不

VI,273 同的力归结为一个共同的原始力,也不会使这种需要得到满足。我们能从这样的原始力得到的,实际上不过是一种空洞的抽象,它正如抽象的自在之物一样,毫无内容。此外,力与力的表现的关系实质上是得到中介的关系,如果把力理解为原始的或以其自身为依据的,这就与力的概念相矛盾。——虽然当人们说现实存在着的世界是各种神圣的力的表现时,我们可以对于力的性质有这样的情况听之任之,但是我们会反对把上帝本身视为单纯的力,因为力还是一种从属的和有限的规定。当人们在所谓的文艺复兴时期开始把各种自然现象归结为各种给它们奠定基础的力时,教会也就是在我们所说的这个意义上把他们的做法宣布为不信上帝的,这是因为,假如引起天体运动、植物生长等等现象的正是万有引力、植物生长力等等,那么,这就不会给神圣的世界主宰留下任何要做的事情,因而上帝在各种力的这类表演中也就会被降低为一个无所事事的旁观者。诚然,许多自然科学家、尤其是牛顿在用力这个反思形式去解释自然现象时,最初都作过明确的保证,说这决不可能损害上帝作为世界的创造者和主宰者的荣誉,但在这种用力所作的解释的结果中我们却看到,形式推理的知性竟然发展到这样的地步,即把各种力都规定为各自独立的,并

在这种有限性中把它们作为至极的东西加以坚持,而在这个由各种独立
的力和质素组成的有限化世界对面留给上帝的规定的,只是某种不可认
识的、远在彼岸的存在者的抽象无限性。这就是唯物论和现代启蒙运动
的立场,它们关于上帝的知识仅限于上帝存在这个单纯的事实,而忽视了　Ⅵ,274
上帝是什么。虽然现在应该肯定教会和宗教意识在这里所述的论战中是
正确的,因为有限的知性形式当然既不足以认识自然界的真理,也不足以
认识精神世界的各种形态的真理,但是,我们在另一方面也不应该忽视经
验科学最初所具有的形式论证,这种论证一般在于用思维认识所把握的
现存世界内容的规定性去辨明这个世界,而不单纯停留在对于上帝创造
世界和主宰世界的抽象信仰上。如果说我们的受到教会权威支持的宗教
意识教导给我们,上帝以其万能的意志创造了世界,上帝把无数的星星引
入它们的轨道,使一切生灵都持久存在和繁荣昌盛,那么,这里也毕竟留
下了为什么的问题有待回答,而回答这个问题完全是科学、即经验科学与
哲学科学的共同课题。当宗教意识不承认这个课题和其中包含的道理,
而诉诸神圣决断的玄奥莫测时,这本身同样是站在上述单纯的知性启蒙
运动的立场上,而且诉诸这类东西也只能被视为一种任意的保证,它与基
督教要求在精神和真理中认识上帝的明确规定相矛盾,决不是出于基督
教的谦卑,而是出于高傲狂热的谦卑。

§.137

力是这样一个整体,这个整体在自身就是否定的自相联系,所以力从　Ⅵ,275
自身排斥自己和表现自己。但是,既然这种他内映现、即各个部分的区别
同样是自内映现,那么,力的表现就是使这种回到自身的力成为力的中介
过程。力的表现本身是力与其表现的关系中存在的两个方面的差异性的

扬弃,是自在地构成力的内容的同一性的设定。因此,力与力的表现的真理是这样一种关系,这种关系的两个方面仅仅是作为内部与外部区别开的。

§.138

γ)当根据是现象与关系的一个方面的单纯形式的时候,内部就是根据,是自内映现的空洞形式;与这种空洞形式相对峙的是实存,而实存同样是关系的另一个方面的形式,它具有他内映现的空洞规定,就是说,实存是外部。内部与外部的同一性是充实起来的同一性,即内容,它是在力的运动中设定起来的自内映现和他内映现的统一;内部和外部两个方面都是一个相同的总体,并且这种统一是以这两个方面为内容。

§.139

由此可见,第一,外部与内部是同一个内容。凡在内部存在的东西,也是在外部存在的,反之亦然;现象决不表现本质中没有的东西,本质中决没有不表现出来的东西。

§.140

第二,但内部与外部也是两个形式规定,而且是全然对立的,一个是自相同一性的抽象,另一个是单纯多样性或实在性的抽象。但因为内部与外部作为一个形式的两个环节在本质上是同一的,所以,凡是仅仅在一

个抽象中设定的东西,也仅仅直接地存在于另一个抽象中。因此,那种仅 Ⅵ,276
仅是内在东西的东西,也仅仅是外在东西,而那种仅仅是外在东西的东
西,也仅仅是内在东西。

〔**说明**〕反思的通常错误在于把本质当作单纯内部的东西。如果单
纯这样看待本质,这种看法也就是一种全然外在的看法,而那个本质也是
空洞的、外在的抽象。

有一位诗人说[14]:

> 没有哪个创造性的精神,
>
> 会深入自然的内在本质,
>
> 谁只要了解她的外壳,
>
> 他也就算异常的幸运*。

这段诗也许倒应该这么说,正是在他把自然的本质规定为内在东西
的情况下,他只知道自然的外壳。——因为在一般的存在里,或者甚至在
单纯感性的知觉里,概念仅仅是内在东西,所以,概念是某种外在于存在
的东西,是某种主观的、没有真理性的存在和思维。——无论在自然里还
是在精神里,只要概念、目的或规律仅仅是内在的素质、纯粹的可能,它们
就只是外在的无机自然、第三者的知识、异己的力量等等。——人在外
部,即在他的行为里(当然不是在他的单纯肉体的外在性里)是怎样的,
他在他的内心也是怎样的;如果他仅仅在内心中,即仅仅在目的、信念中

---

* 参看歌德的《愤怒呼吁》,入《论自然科学》第Ⅰ卷第3分册[15]:

> 这话我六十年来听人一再念叨,
>
> 我诅咒这种说法,不过是悄悄地……
>
> 自然既没有内核,也没有外壳,
>
> 她同时就是一切。

是有德行的、道德的，而他的外在行为并不与此一致，他的内心生活与外在行为就都是同样空虚不实的。

〔附释〕内部与外部的关系是前面两种关系的统一，同时也是单纯的相对性和一般的现象的扬弃。但只要知性依然坚持内部与外部的分离，它们就是一对空洞的形式，一个形式像另一个形式一样是虚妄不实的。——无论在对自然界的考察中，还是在对精神世界的考察中，具有巨大重要性的事情都是正确地认识内部与外部的关系的情况，谨防错误地认为只有内部是真正重要的本质东西，而外部则是非本质的、无所谓的东西。如果像经常发生的那样，把自然与精神的差别归结为外部与内部的抽象差别，我们首先就会遇见这类错误。至于在这里谈到自然观，那么，虽然自然界不仅对精神来说，而且就其自身来说也是在整体上外在的东西；然而这个在整体上并不是在抽象的外在性的意义上说的，因为这样的外在性并不存在，而是在这样的意义上说的，即构成自然与精神的共同内容的理念在自然中是作为仅仅外在的东西存在的，但正因为如此，同时也是作为仅仅内在的东西存在的。不管抽象的知性怎样用自己的非此即彼的方式反对这种自然观，这种自然观也依然见之于我们的其他意识里，而且极其明确地见之于我们的宗教意识里。按照我们的宗教意识，自然之为上帝的启示，并不亚于精神世界[16]，两者之所以彼此不同，是由于自然不能意识到自己的神圣本质，而这正是精神（因而首先是有限精神）的明确无误的课题。那些把自然的本质视为单纯内在的、因而我们无法认识的东西的人们，实际上是站在认为上帝有嫉妒情绪的古希腊人的立场上，而这种立场是已经由柏拉图和亚里士多德明确反驳过的[17]。上帝是什么，他会报道出来，他会启示出来，并且首先是通过自然和在自然中报道与启示出来的。——其次，一个对象的缺陷或不完善性，一般在于它只是内在东西，因而同时也只是外在东西，或者换个意思相同的说法，它只是外在东西，因而同时也只是内在东西。例如，儿童作为一般的人，虽然是有理性的存在者,但儿童本身的理性最初仅仅是作为内在东西,即作为天赋、天职等等存在的,这种单纯内在的东西对儿童来说同时也具有单纯外在的东西的形式,即他的父母的意志、他的教师的学识,整个说来,即他周围的理性世界。儿童的教育与培养就在于他那最初仅仅是自在的、因而是为他人(成年人)的东西,也变成自为的。在儿童身上最初仅仅作为内在可能性存在的理性会通过教育得到实现,反过来说,那最初被视为外在权威的伦理、宗教和科学,儿童同样会意识到是自己的所有和内在东西。——只要成年人违背自己的使命,依然被束缚在自己的知识与意志的自然状态中,他在这种教育中的情况也就会与儿童一样;例如,罪犯所受的处罚对于罪犯来说诚然有外在暴力的形式,但实际上这种处罚只是他自己的犯罪意志的表现。——从上面这番研讨也会得知,在有人面对他的贫乏成就、甚至可鄙行为,而诉诸他那内心中与此不同的所谓卓越打算和意向时,我们对这种情况应该作出什么评价。尽管在个别场合中恶劣的外在环境会使良好的打算无法实现,合乎目的的计划在实施时受到阻碍,但一般说来,即使在这里内部与外部的本质统一也依然有效,因此 VI,279 我们必须说人的行为如何,人也就如何,并且可以提出福音书里的一句名言,即"你必须从他们的行为果实认识他们"**18**,去反对那些自恃内在的优越性而虚骄撒谎的人们。这句伟大的名言正像最初适用于伦理和宗教方面一样,也进而适用于科学和艺术工作方面。就艺术工作来说,当一位眼光敏锐的教师察觉一个男孩有重要天赋时,他可以发表意见说,在这个男孩身上潜伏着像拉斐尔或莫扎特那样的天才,而将来的结果会告诉我们这样的意见在多大程度上是有根据的。但是,如果一个低能的画家或一个拙劣的诗人以他们内心充满高尚的理想而自慰,那么,这就是一种拙劣的安慰;如果他们要求我们不是按照他们的成绩,而是按照他们的意向来评判他们,那么,我们就有理由把这样的自命不凡作为空洞的和毫无根据的东西而加以拒绝。另一方面,也常常有相反的情况,即有人在评判别人做出的真正的和扎实的成就时,利用了内部与外部的不真实的区别,断言这种成就仅仅是别人的外在表现,而他们在内心里似乎在追求某种全然不同的东西,即满足他们的虚荣心或其他可鄙的欲望。这是有嫉妒心的人们的想法,这种人自己不能完成伟大事业,便竭力去贬低和缩小别人的伟大,使之与自己相齐。针对这种情况,我们应该提到歌德的一句美好的箴言,那就是对于别人的巨大优点,除了表示爱慕以外,就再没有任何其他补救的办法[19]。如果有人在谈到别人可敬佩的成就时,为了诋毁这种成就而诬蔑别人伪善,我们则必须表示反对,指出人虽然在个别事情上可以伪装自己,隐藏一些东西,但无法隐藏他全部的内心活动,他的内心活动会在 decursus vitae〔整个生活进程〕里不可避免地流露出来,所以即使在这方面我们也必须说,人无非是他的一系列行为。特别是所谓的实用历史编纂学,它把内心生活与外在表现作了这种违背真理的分离,因而在现代往往不公平地对待伟大历史人物,而模糊和歪曲了对于他们的真正认识。因此,实用历史编纂学家并不满足于朴实地叙述世界史上的英雄所完成的伟大事业,承认这些英雄的内心生活符合于他们的事业的内容,而是认为自己有理由并且有责任在有目共睹的英雄事迹背后追寻所谓的秘密动机,并且在这种情况下以为自己愈能除去英雄威名中迄今被称颂和受尊重的东西,把这种东西从其起源与真正意义方面贬低到凡俗平庸的水平,历史研究就愈加深刻。于是,为了这种实用历史研究的目的,心理学的研究也常常受到推崇,因为有人以为通过心理学探讨,就会知道一般决定人的行为的真正动机是什么。但在这里教人去探讨的心理学却无非是关乎人的琐碎知识,它并不是以人性中的普遍的、本质的东西,而是仅仅以孤立的本能、情欲之类的特殊的、偶然的东西为其考察的对象。此外,当这种研究伟大事业背后的动机的心理学实用方法毕竟可以让历史学家在两个方面之间,即在祖国、正义、宗教真理之类的实质性的兴趣和虚荣心、权力欲、贪婪心之类的主观性、形式性的兴趣之间进行选择时,后

VI,280

一类兴趣则会被视为真正的推动力量,因为如果不是这样,他们确立的内　VI,281
部(行为者的意向)与外部(行为的内容)的对立的假定就不会得到证实。
但是,既然真正说来内部与外部具有相同的内容,那么,我们必须针对那种
学究式的小聪明而明确地断言,假如历史上英雄们的行为单纯是为了主观
性、形式性的兴趣,他们就不会完成他们业已完成的事业,而且鉴于内部与
外部的统一,我们也必须承认伟大的人物曾志其所行,亦曾行其所志。

§.141

一个同一的内容会依然借以处于关系中的两个空洞的抽象环节,在
直接的过渡中扬弃它们自身,把一个扬弃于另一个;这里的内容本身不是
任何别的东西,而是它们的同一性(§.138),它们都是被设定为映像的本
质的映像。通过力的表现,内在东西被设定为实存;这种设定活动是通过
两个空洞的抽象环节进行的中介过程;这个过程在自身中消逝为直接性,
在直接性里内部与外部是自在自为地同一的,它们的差别被规定为单纯
设定起来的存在。内部与外部的这种同一性就是现实。

C.

现　　实

§.142

现实是本质和实存或内部和外部所直接形成的统一。现实事物的表

现就是现实事物本身,所以现实事物在表现中同样还是本质的东西,而且只有在具有直接的、外部的实存时,才是本质的东西。

Ⅵ,282　〔**说明**〕在以前,存在和实存是作为直接东西的两个形式出现的;存在是完全没有得到映现的直接性和向他物的过渡。实存是存在和映现的直接统一,因此就是现象,它既出于根据,又回到根据。现实事物是这种统一的被设定起来的存在,是变得自相同一的关系;因此,现实事物已不再过渡,它的表现就是它的内蕴力量;它在表现中映现到了自身中;它的特定存在仅仅是它自身的显现,而不是他物的显现。

〔**附释**〕现实和思想——更确切地说是理念——往往被人们用很无聊的方式相互对立起来,因此我们经常听到人们说,对于某种思想的正确性或真理性虽然无可非议,但这样的思想并未见之于现实,或者说,在现实中是无法实现的。说这类话的人表明,他们既没有正确了解思想的性质,也没有正确了解现实的性质。因为在这样的说法当中,一方面思想被认为与主观的观念、计划、打算之类的东西是相同的,另一方面现实被认为与外在的、感性的实存是相同的。在我们并不那么精确看待范畴和范畴所表示的意义的日常生活里,这类说法也许勉强可行,而且总会有这样的情形,譬如说,计划或关于某种征税措施的所谓观念虽然本身极佳,也合乎目的,但这类东西并未见之于同样的所谓现实中,而且在既定的情况下也无法贯彻。但是,如果抽象的知性抓住这些范畴,夸大它们的差别,把这种差别竟然视为固定不变的对立,因而认为我们在这个现实世界上必须把观念从头脑里排除出去,那么,我们则必须以科学与健康理性的名
Ⅵ,283　义,断然驳斥这类看法。这是因为,一方面观念或理念并不仅仅隐藏在我们的头脑里,并且理念根本不是某种很软弱无力的东西,以致它能否实现似乎都依赖于我们的意愿,倒不如说,它是完全起作用的东西,同时也是现实的东西,另一方面,现实也并不像毫无思想的或被思维弄得狼狈不堪、心身憔悴的实践家想象的那么糟糕,那么不合理。现实就其与单纯的

现象不同,首先是内部与外部的统一而言,并不作为他物而与理性相对峙,所以倒不如说,现实是彻底合理的东西,而一切不合理的事物正因为不合理,也就不应认为是现实的。有教养的用语也符合于我们的这个看法,例如,人们拒绝承认一位不能做出丝毫扎实的、合理的成就的诗人或政治家,是真实的诗人或真实的政治家。——这里所说的关于现实的通常看法,把现实与可以摸得到的、可以直接知觉的东西混淆起来,从这种看法中我们也就可以找出在关于柏拉图哲学与亚里士多德哲学的关系问题上广泛流行的成见的根源。依照这种成见,柏拉图与亚里士多德之间的区别据说在于前者承认理念,并且只承认理念是真理,反之,后者则坚决拒绝理念,而坚持现实东西,因此可以看作是经验主义的奠基人和领袖。对于这种看法我们必须指出,现实无疑是亚里士多德哲学的原则,然而他所说的现实不是直接现存事物的通常现实性,而是作为现实的理念。确切地说,亚里士多德对柏拉图的批评在于他认为柏拉图的理念是单纯 VI,284
的 δύναμϐ〔潜能〕,而主张他们两人共同承认为唯一真理的理念实质上应该看作是 ἐνέργεια〔现实〕,即完全表现于外部的内在东西,因而应该看作是内部与外部的统一,或这里所说的、着重强调的意义上的现实。

§.143

现实作为这种具体的东西,包含了上述规定以及它们的差别,因此也是它们的发展;所以,它们在现实里同时被规定为映像,被规定为仅仅设定起来的东西(§.141)。α)作为一般的同一性,现实首先是可能性,是自内映现,它被设定为与现实事物的具体统一性相反,被设定为抽象的、非本质的本质性。可能性是对现实性来说的本质东西,不过是这样的,即现实性同时也仅仅是可能性。

〔**说明**〕也许正是可能性这个规定,促使康德将它连同现实性和必然性一起看作模态,"因为这些规定并不能使那个作为客体的概念丝毫有所增加,而只是表示概念对认识能力的关系"**20**。实际上,可能性是自内映现的空洞抽象,是刚才所说的内部东西,只不过现在它被规定为得到扬弃的、仅仅设定起来的和外在的内部东西,因而也当然被设定为一种单纯的模态,被设定为不充分的抽象,或更具体地来看,被设定为仅仅是属于主观思维的。反之,真正来说,现实性和必然性并不是为他物而存在的一种单纯的样式,倒不如说,恰恰与此相反,它们被设定为具体的东西,这种具体东西不仅是设定起来的,而且是在自身完成的。——因为可能性首先与作为现实事物的具体东西相反,是自相同一性的单纯形式,所以,关于可能性的规则仅仅是说一个东西不得自相矛盾,于是按照这种说法,一切都是可能的,因为抽象思维可以把同一性的这种形式赋予一切内容。但是,一切也同样是不可能的,因为在一切内容中,既然内容是具体东西,规定性就可以被看作是特定的对立,因而被看作是矛盾。——因此,决没有任何说法比关于这种可能性和不可能性的说法更加空洞的了。尤其是在哲学里,我们一定不会作出这样的陈述,即某个东西是可能的,或还有另外某个东西也是可能的;并且一定不会作出这样的陈述,即某个东西像有人说的那样是可以思议的。我们同样直接劝告过历史学家,不要使用这些本身业已被公认为不真实的范畴;但空洞知性的敏锐理解力却往往喜欢去凭空虚构一些可能性,而且是去凭空虚构相当多的可能性。

〔**附释**〕对表象来说,可能性最初显得是比较丰富、比较广泛的规定,而现实性则显得是比较贫乏、比较狭窄的规定。所以人们便说,一切都是可能的;但并非一切可能的东西因而也是现实的。实际上,即按照思想来说,现实性反而是比较广泛的东西,因为现实性作为具体的思想,把可能性作为一个抽象环节包含到了自身之内。这也见之于我们的通常意识里,因为在我们说到与现实事物不同的可能事物时,我们是把可能事物称

VI,285

为一种仅仅可能的东西。人们通常说,可能性就在于可思议性。但在这里,思维却仅仅被理解为用抽象同一性的形式去把握一个内容。既然一切内容都能被纳入这种形式中,而且要做到这一点,只需要把内容与它所处的关系分离开,那么,就连最荒谬、最背理的事物也可以看作是可能的。VI,286 有人说,很可能,月亮今晚会落到地球上来,因为月亮是一个与地球分离开的物体,因此很可能像一块被抛到空中的石块那样,落到地球上来;有人说,也很可能,土耳其皇帝会成为罗马教皇,因为他是人,就有可能作为人而皈依基督教,可能成为天主教僧侣,如此等等。在这类关于可能性的说法里,主要是照以前所说的方式运用了思维的根据律,按照这条思维规律,说什么任何能让人找出其根据的东西都是可能的。一个人愈是缺乏教养,对他所考察的各个对象的特定联系愈是缺乏认识,他就往往愈是喜欢驰骋于各式各样的空洞可能性里,例如,在政治领域中那类饶舌多言、胡思乱想的所谓政治家就是如此。其次,在实践方面我们也不罕见这样的现象,即恶意与懒惰隐藏在可能性范畴背后,借以逃避确定的义务,在这方面我们过去关于应用思维的根据律所作的说明也同样有效。正因为可能的东西只是可能的,所以,有理性、有实践的人们是不会被这样的东西感动的,相反地,他们要坚持现实的东西,不过,这种现实的东西当然不是单纯被理解为那种直接在此时此地存在着的东西。此外,在日常生活中也不乏各式各样的谚语,它们表示了对于抽象可能性的正当的轻视态度。例如人们说,一个麻雀在手中胜过十个麻雀在屋顶。—— 进一步说,一切有理由被认为是可能的东西,也有同样的理由可以被认为是不可能的,因为每一个内容——内容本身总是具体的东西——在自身不仅包含不同的规定,而且也包含相反的规定。例如,〔按照那类关于可能性的说法,〕就没有什么比自我存在更不可能的了,因为自我既是与自身的单纯 VI,287 联系,同时也完全是与他物的联系。自然界和精神世界中的所有其他内容也同样如此。所以,人们可能会说,物质是不可能的,因为物质是排斥和吸引的统一。对于生命、法权和自由也有同样的说法,尤其是对于上帝本身,对于真正的、即三位一体的上帝,也有同样的说法,而这种上帝概念是后来被抽象的知性启蒙运动按照其原则作为所谓违反思维的东西抛弃了的。整个来说,正是空洞的知性在玩弄这类空洞的形式,而哲学在这些形式方面所要做的工作仅仅在于指明它们的虚妄不实和毫无内容。一个事物是可能的还是不可能的,这取决于内容,就是说,取决各个现实性环节所组成的总体,而这个总体在其展开的过程中表明自身是必然性。

§.144

β)但现实事物在它不同于那种作为自内映现的可能性时,本身仅仅是外在的具体东西,非本质的直接东西。或者说,当它最初(§.142)是内部与外部的简单的、本身直接的统一时,它直接是非本质的外部东西,因而同时(§.140)也是单纯的内部东西,自内映现的抽象;所以,它本身就被规定为一种单纯可能的东西。现实事物在具有单纯可能性的这种意义时,就是偶然东西;反过来说,可能性是单纯的偶然性本身。

§.145

可能性和偶然性是现实性的两个环节,即被设定为单纯形式的内部和外部,而这些单纯的形式构成现实事物的外在性。它们在这种在自身得到规定的现实事物里,在内容——作为它们的本质的现实根据——里具有它们的自内映现。因此确切地说,偶然东西与可能东西的有限性在于形式规定与内容的分离,所以某物是否偶然的和可能的,这取决于内容。

〔**附释**〕可能性是现实性的单纯内部东西，正因为如此，也是单纯外部的现实性或偶然性。偶然东西本来是这样一种事物，这种事物存在的根据不在自身，而在他物中。这就是现实性最初用以向意识呈现自己的形态，而这种形态往往被人们与现实性本身混淆起来。但是，偶然东西仅仅是采取他内映现的片面形式的现实事物，或者说，是在单纯可能的东西的意义上的现实事物。因此，我们就把偶然东西视为这样一种事物，这种事物可能存在，也可能不存在，可能这样存在，也可能那样存在，而且它存在或不存在、这样存在或那样存在的根据都不在它本身，而在他物之中。整个来看，克服这种偶然东西一方面是认识的任务，另一方面，在实践领域里非常重要的事情是不要停留在意志的偶然性或任性上。尤其是在近代，还在许多方面有这样的现象，即人们把偶然性抬高到不适当的地位，无论在自然界方面还是在精神世界方面，都把偶然性实际上不具有的价值赋予了偶然性。在这里首先就自然界来说，人们之所以经常赞美自然界，往往主要是因为自然界的产物丰富多彩。但这种丰富性本身，除了其中包含的理念的展现之外，决没有提供更高的理性兴趣，而且以无机产物和有机产物的巨大多样性提供给我们的，也不过是对那流于不确定状态的偶然性的直观。无论如何，各个动物和植物品种的那类受外部环境制约的五色缤纷的表演，风云状态的那种变化多端，与在能够随意任性的精神中突然出现的同样偶然的奇异想法相比，是不应该看得更高的，并且对这类现象的赞美也是一种很抽象的态度，我们必须超出这种态度，迈向对于自然界的内在和谐和规律性的确切认识。——其次，特别重要的是对意志方面的偶然性作出适当的评价。在说到意志自由时，它常常单纯被理解为任性，即具有偶然性形式的意志。虽然任性作为决定我们去做这样或那样的事情的能力，无疑是按其概念来说拥有自由意志的一个重要环节，然而决不是自由本身，而首先只是形式的自由。真正自由的意志在

VI,289

自身包含着得到扬弃的任性,既意识到自己的内容是一种自在自为地坚实的内容,也同时完全知道这种内容是属于自己的。与此相反,停留在任性阶段的意志即使决定做一种就内容而言符合真理和正义的事情,也总是不免带有虚骄的性质,以为在自己高兴的时候,也可以决定去做别的事情。如果仔细地加以考察,任性也证实自身是一种矛盾,因为在任性中形式和内容还是相互对立的。任性的内容是一种从外界给予的内容,并没有被理解为一种以意志本身为根据的意志,而是被理解为一种以外在环境为根据的意志。因此,就这样的内容来说,自由仅仅在于选择的形式,而这种形式的自由也应该看作是单纯想象的自由,因为在最后的分析中我们可以看到,意志恰好决定做这样的事情而不做那样的事情的原因也必须归诸意志遇见的内容所依据的同样的外在环境。

Ⅵ,290

根据以上所作的研讨,虽说偶然性只是现实性的一个片面环节,因此不可与现实性本身相混淆,但偶然性作为整个理念的一个形式,也在客观世界里有其存在的权利。这个看法首先对自然界是适用的,在自然界的表面,可以说偶然性有其自由的施展,我们必须承认这种自由施展本身,而不必提出那种想要发现自然只能这样而不能那样的狂妄要求(它有时被错误地认为是哲学固有的要求)。其次,像以前在意志方面关于偶然东西已经指出的那样,偶然东西也同样表现在精神世界中,意志在自身就包括着以任性的形式出现的偶然东西,然而仅仅是把它作为一个得到扬弃的环节。即使在精神与精神活动方面,大家也必须谨防自己让寻求理性知识的善意努力引错路,竟然想证明具有偶然性特点的现象是必然的,或者像有人常说的,想 a priori〔先天地〕构造这种现象。例如在语言里,虽然语言仿佛是思维的躯体,但偶然性也无疑占有其重要地位,并且法律、艺术等等形态也是如此。认为科学的任务、特别是哲学的任务在于认识偶然性的映像里隐蔽的必然性,这是完全正确的;然而,不可把这个看法理解成这样,好像偶然的东西仅仅属于我们的主观表象,因此,为了求

得真理,似乎就必须完全排除偶然的东西。那些片面地遵循这个方向的
科学研究,将不免被正当地谴责为空疏的把戏和固执的学究**21**。　　　Ⅵ,291

§.146

　　现实性的那种外在性进一步包含着这样的意思,即偶然性作为直接
的现实性在实质上是仅仅作为设定起来的存在的自相同一的东西,而这
种存在同样遭到扬弃,是一种特定存在着的外在性。这样,现实性的那种
外在性就是某种预先设定起来的东西,它的直接的特定存在同时也是一
种可能性,并且具有得到扬弃,成为一个他物的可能性的预定目标;现实
性的这样的外在性就是条件。

　　〔**附释**〕偶然东西作为直接的现实性,同时也是一个他物的可能性,
然而不再单纯是我们最初得到的抽象可能性,而是存在着的可能性,因而
这样的可能性就是条件。我们在谈到一个事物的条件时,有两层意思,第
一是指定在、实存,整个来看,是指直接的东西,第二是指这种直接的东西
会遭到扬弃,用以实现一个他物的预定目标。——直接的现实性本来就
不是它被认为是的那种东西,而是一种自身破碎的、有限的现实性,而且
它的预定目标就在于被消耗。但现实性的另一方面又是它的本质性。这
种本质性最初是内部东西,它作为单纯的可能性同样注定了要遭到扬弃。
这种可能性作为被扬弃了的可能性,是一个新的现实性的兴起,这新的现
实性以第一种直接现实性为自己的前提。这就是条件概念在自身包含着
的交替性。当我们考察一个事物的各种条件时,它们显得是某种毫无偏
颇的东西。但实际上这样的直接现实性在自身包含着发展为某种全然不
同的东西的萌芽。这个他物最初仅仅是可能的东西,它后来则扬弃了可
能性的形式,而转化为现实性。如此产生的这个新的现实性,是它所消耗　　Ⅵ,292

的直接现实性固有的内部东西。这样,就形成了一个形态全然不同的事物,而不形成任何其他东西,因为最初的现实性仅仅是根据其本质加以设定的。这些作出牺牲、归于毁灭而被消耗了的条件,在另一个现实性里仅仅是与它们自身结合起来。——现实性的发展过程大体上就是这样。现实性不单纯是直接存在着的东西,而且作为本质性的存在,也是对其固有的直接性的扬弃,因而是能够自相中介的。

§.147

γ)这种如此得到发展的外在性是可能性和直接现实性这两个规定构成的一个圆圈,它们的相互中介的过程是整个现实的可能性。作为这样的圆圈,它又是总体,因而是内容,是自在自为地得到规定的事物的实质或事实,并且按照可能性与直接现实性两个规定在这种统一中的差别来看,它同样是形式自身的具体总体,是从内部到外部和从外部到内部的直接自身转化。形式的这种自身运动是能动性,是事物的实质作为扬弃自己而发展为现实性的实在根据的活动,并且是偶然的现实性或各个条件的活动,即它们发展为另一个现实性,发展为事物的实质的现实性的自内映现和自身扬弃。当一切条件具备时,事物的实质必定会变为现实的,而且事物的实质本身也是条件之一,因为它在最初作为内部东西,本身也仅仅是一个预先设定的东西。得到发展的现实性作为内部与外部合而为一的交替,作为内部与外部的两个相反的、已经合而为一的运动的交替,就是必然性。

〔说明〕必然性虽然已经被正确地定义为可能性与现实性的统一,但
如果仅仅这么说,这个定义还是肤浅的,因而不易理解。必然性的概念是很难理解的,因为必然性是概念本身,而概念的各个环节还是一些现实

性,它们同时也毕竟只能被理解为一些形式,被理解为自身破碎的和正在过渡的。因此,在以下两节里对于构成必然性的各个环节应该作出更详细的说明。

〔**附释**〕当人们说某物是必然的时候,我们首先会问个为什么。所以,必然的东西必须表明自身是设定起来的东西,得到中介的东西。但如果我们停留在单纯的中介上,我们就还没有得到那种被理解为必然性的东西。单纯得到中介的东西是其存在不取决于自身而取决于他物的东西,因而这种东西也只是偶然的东西。与此相反,我们要达到的必然东西则是其存在取决于自身的东西,因而这种东西虽然得到了中介,但同时也把中介作为被扬弃了的环节包含到自身之内。所以我们说必然的东西是存在的,并以这种方式把它当作简单的自相联系,在这种东西中祛除了受他物制约的性质。——人们常说必然性是盲目的,就目的还没有作为自为的目的存在于必然性过程中而言,这个说法是有理由的。必然性的过程开始于一些分散的事态的现实存在,这些事态显得彼此毫无关系,在自身没有任何联系。这些事态是一种在自身崩溃的直接现实性,从这种否定中产生了一种新的现实性。我们在这里得到一个在自身具有双重形式的内容,它一方面是我们所涉及的事实的内容,另一方面是一些分散的事态的内容,这些事态表现为肯定的东西,而且最初就是这样发挥作用的。　Ⅵ,294
这个内容实际上是自身虚妄不实的东西,因此就转变为自己的否定的东西,从而变为事实的内容。直接的事态是作为条件归于毁火的,但同时也作为事实的内容被保存下来。于是人们就说,从这样的事态和条件中似乎产生了某种全然不同的东西,并且把作为这种过程的必然性称为盲目的。与此相反,如果我们考察合乎目的的活动,我们就会在目的中得出个以前已经被认识到的内容,因此这种活动并不是盲目的,而是有眼光的。如果我们说世界受天意的主宰,那么,这个说法的意思就在于目的本来是发挥作用的东西,是以前自在自为地得到规定的东西,所以,由此产生的事物符合于以前被认识到和被希求过的东西。顺便指出,大家决不可以把这种认为世界是由必然性所决定的观点与那种对于神圣天意的信仰看作是相互排斥的[22]。我们将会很快看到,给神圣天意按计划奠定了基础的东西是概念。概念是必然性的真理,把必然性作为得到扬弃的环节包含到自身之内,正如反过来说必然性潜在地就是概念一样。必然性只有在未被理解的时候才是盲目的,因此,如果由于历史哲学把自己的任务看作是认识事变的必然性,就把历史哲学指责为盲目的宿命论,则决没有比这更谬误不过的事情了。这样一来,历史哲学便保存了神正论的意义,而那些想把必然性从神圣天意中排除出去,以示尊重神圣天意的人们,实际上是用这种抽象思维,把神圣天意贬低为一种盲目的、无理性的任性东西。素朴的宗教意识谈到上帝拥有永恒的、始终不渝的意旨,这个说法的

Ⅵ,295 意思也是明白地承认必然性属于上帝的本质。人在脱离开上帝的情况下,依靠自己的特殊打算和愿望,感情用事和任性妄为,于是他遇到了这样的事情,即他的行为产生了某种与他的打算和愿望全然不同的结果;与此相反,上帝则知道自己希求什么,在自己的永恒意志里不为内部的或外部的偶然性所左右,而以不可抗拒的方式完成了自己希求的事情。——一般说来,必然性的观点对于我们的意向和我们的行为都有很大的重要性。当我们认为事变是必然的时候,初看起来,这似乎是完全不自由的情况。众所周知,古代人把必然性视为命运,现代的观点则是把命运视为安慰的观点。安慰的意思本来是说,当我们放弃我们的目的和我们的利益的时候,我们可以指望我们的这种做法能得到某种补偿。反之,命运则不能给人以安慰。如果我们现在仔细地考察古代人对于命运的信念,那么,这种信念给我们提供的决不是不自由的观点,反而是自由的观点。这是因为不自由的基础在于坚持对立,所以我们就把实际存在和实际发生的事情看成是与应该存在和应该发生的事情相矛盾的。反之,按古代人的信念来看,情况却是这样:因为这样的事物是存在的,所以它存在,并且它

应该像它存在的那样存在。因此,在这里决没有什么对立,因而也没有什么不自由、痛苦和悲伤。这种对待命运的态度,如前所述,虽然无疑不会给人以安慰,但这样的信念也不需要安慰,因为在这里主观性还没有达到其无限的意义。正是这种观点,在比较古代的基督教信念和我们现代的基督教信念时,必须被视为具有决定性意义的观点。如果我们把主观性单纯理解为有限的、直接的主观性,它具有它那特殊爱好和兴趣的偶然的、任性的内容,并且我们把主观性实际上理解为我们所谓的人,他与我们在着重强调的意义上所指的事实相分离(在事实的这种意义上我们往往有理由说,问题在于事实,而不在于人),那么,我们就不能不赞美古代人委诸命运的宁静态度,并承认这种信念比近代的信念更加高尚可敬,因为抱有近代信念的人们顽固地追逐其主观的目的,在终于看到自己不得不放弃达到这类目的的活动时,也仅仅是以指望为此获得另一种形式的补偿来安慰自己。但进一步说,主观性也不单纯是与事实对立的、恶劣的和有限的主观性;真正说来,主观性反而是寓于事实之内的,因而作为无限的主观性,就是事实本身的真理。这样看来,安慰的观点获得了一种全然不同的和更高的意义,并且在这种意义下,基督教也可以被看作是给人以安慰,而且是给人以绝对安慰的宗教。大家知道,基督教包含着上帝愿人人都得到解救的教义,而这就说明主观性拥有无限的价值。至于基督教之所以富于安慰的力量,那是因为在这种宗教里,虽然上帝被认识到是绝对的主观性,但主观性在自身包含着特殊性的环节,因此连我们的特殊性也不仅被承认为一种需要抽象地加以否定的东西,而且同时被承认为一种需要精心地加以保持的东西。古代人的神灵虽说同样被认为是有人格的,但宙斯、阿波罗等等的人格并不是真实的人格,而只是想象的人格,换句话说,这些神灵只是人格化的产物,这样的产物本身并不自知,而只是被知。古代神灵的这种缺陷和这种软弱无力,我们也见之于古代人的宗教意识里,因为他们不仅把人类,而且也把神灵本身看作是服从于命运

Ⅵ,296

Ⅵ,297

(πεπρωμένον 或 εἰμαρμένη) 的,而这样的命运我们必须设想为没有揭示出来的必然性,因而必须设想为完全非人格的、无自我的和盲目的力量。与此相反,基督教的上帝则是不仅被知的,而且完全自知的上帝,并不是单纯想象的人格,而是绝对真实的人格。——如果说关于这里所提到的几点的详细发挥必须另外参阅宗教哲学,那么,我们在这里还可以提请大家注意,一个人按照"每个人都是他自己的命运的主宰者"这句古老谚语的意思去解释他遭遇到的事情,这有很大的重要性。这里的意思是说,凡人莫不自作自受。与此相反的看法则认为,我们应该把我们遭遇到的事情归咎于别人,归咎于不利环境和类似的情况。这又是不自由的观点,同时也是不满足的根源。反之,如果一个人承认他所遭遇到的逆境只是由他自身演变出来的结果,他只能咎由自负,那么,他便是做一个自由的人,并且在他所遇到的一切事情中都相信自己没有受到什么冤屈。一个在生活中对自己和自己的命运不满意的人,恰恰因为他错误地以为自己遭到了别人的不公平的对待,而遇到许多乖舛背谬的事情。虽然在我们遇到的事情中,现在也无疑有许多偶然因素,但这类偶然因素是以人的自然性为根据的。当一个人在其他情况下能意识到自己的自由时,他所遇到的不幸就不会扰乱他心灵的和谐和情绪的平静。所以,正是对于必然性的看法,决定着人的满足与不满足,因而决定着人的命运本身。

VI,298

§.148

在条件、事实和活动这三个构成必然性过程的环节当中,

a.条件是 α)预先设定的东西;条件作为仅仅设定的东西,只与事实相关,但作为预先的东西,则是自为的,是不顾及事实而现实存在着的偶然的、外在的事态;不过在这种偶然性里,这种预先设定的东西在同时顾

及作为总体的事实时,是由各个条件构成的一个完整圆圈。β)这些条件是被动的,对于事实来说是作为材料加以利用的,因而便进入事实的内容;这些条件同样符合于这种内容,并且已经在自身包含着这种内容的全部规定。

b.事实也同样是 α)一种预先设定的东西;事实作为设定的东西,只是内部的和可能的东西,作为预先的东西,则是自为独立的内容;β)通过利用各个条件,事实保持了自己的外在的实存,维护了自己的各个内容规定的实现,而这些内容规定是与那些条件相互对应的,所以事实同样根据那些条件证实自身为事实,并且由那些条件产生出来。

c.活动也同样是 α)自为地、独立地现实存在着的(如一个人,一种性格),同时活动也只有在各个条件与事实中才拥有其存在的可能性;β)活动是条件转变为事实和事实转变为条件——作为实存的一个方面——的运动;但更确切地说,这种运动不过是从潜在地包含着事实的各个条件中发挥出事实来,并通过扬弃各个条件所具有的实存,而赋予事实以实存的运动。

就这三个环节彼此具有独立实存的形态而言,这种运动过程是外在 VI,299
的必然性。——这种必然性以限定的内容为自己的事实,因为事实是以简单的规定性组成的整体;但这个整体既然在其形式方面是外在的,那么在其自身和内容方面也是外在的,而事实的这种外在性就是事实的内容的限制。

§.149

因此,必然性自在地是唯一的、自相同一而内容丰富的本质,这个本质是这样映现在自身中的,即它的各个差别具有独立的现实东西的形式,而这个同一的东西同时作为绝对的形式,也是把直接性扬弃为间接性和把间接性扬弃为直接性的活动。——凡属必然的东西都是通过一个他物存在的,这个他物已经分裂为一个起中介作用的根据(事实与活动)和一个直接的现实,即一个同时也是条件的偶然东西。通过一个他物存在的必然东西并不是自在自为的,而是单纯设定的东西。但这个中介过程也同样直接是其自身的扬弃;根据和偶然条件被转变为直接性,通过这样的转变,那个被设定的存在被扬弃为现实性,并且事实达到了自相结合。在这种向自身的复归中包含的,是完全必然的东西,作为无条件的现实性。——必然的东西是通过各种事态构成的一个圆圈得到中介而存在的,它之所以这样存在,是因为各种事态就是这样存在的;同时它也是未得到中介而存在的,它之所以这样存在,是因为它本来就存在。

a.实体性关系

§.150

VI,300　　　必然的东西是一种在自身绝对的关系,即(在上面各节)得到阐发的过程,在这种过程中关系也同样扬弃其自身而过渡到绝对的同一性。

　　必然的东西在其直接的形式中是实体性与偶性的关系。这种关系的绝对自相同一性就是实体本身,实体作为必然性是内在性的这种形式的否定性,因而设定自身为现实性,但同样也是这种外在东西的否定性,根据这种否定性,现实的事物作为直接的东西仅仅是一种偶性的东西,这种偶性的东西通过自己的这种单纯的可能性,过渡到另一种现实性;这个过渡是作为形式活动(§.148与§.149)的实体同一性。

§.151

　　因此,实体是各个偶性构成的总体,它在各个偶性里,将自身显现为它们的绝对否定性,就是说,显现为绝对的力量,同时也显现为一切内容的丰富性。但这个内容无非是这种显现本身,因为那种在自身被映现为内容的规定性本身只是形式的一个环节,这个环节在实体的力量的支配下过渡到另一个环节[23]。实体性是绝对的形式活动和必然性的力量,而一切内容只是唯独属于这个过程的环节,是形式和内容彼此之间的绝对转化。

　　〔**附释**〕在哲学史上我们遇到的是作为斯宾诺莎哲学原则的实体[24]。关于这种既受称赞又遭诋毁的哲学的意义与价值,从他在世的时候起就出现很大的误解,也引起很多的争辩。针对斯宾诺莎体系经常提出的首先是对他的无神论的责难,并且进一步也有对他的泛神论的责难。他的体系之所以遭到责难,是因为他把同样的上帝理解为实体,并且仅仅理解为实体。我们对于这些责难的看法,首先是根据逻辑理念体系中实体所占有的地位得出来的。实体虽说是理念发展过程中的一个重要阶段,然而并不是理念本身,不是绝对理念,而是采取依然有限的必然性形式的理念。上帝虽然无疑是必然性,或者我们也可以说,上帝是绝对的事物的实质,但同时上帝也是绝对的人格,而这正是斯宾诺莎没有达到的地方,并且在这方面我们不得不承认,斯宾诺莎哲学依然落后于那构成基督教意识内容的真正上帝概念。斯宾诺莎就其血统而言,是一个犹太人。整个来看,正是东方的观点把一切有限事物都单纯视为倏忽即逝的东西,这种观点在斯宾诺莎的哲学中得到其合乎思想的表达。这种关于实体统一性的东方观点虽然构成一切真正的进一步发展的基础,但我们却不可停留在这种观点上;这种观点依然缺乏的东西是西方的个体性原则,而这个原

Ⅵ,301

则已经在与斯宾诺莎主义相同的时期，以哲学的形态首先出现在莱布尼茨的单子论里。——如果我们从这里出发，返回来考察那种批评斯宾诺莎哲学为无神论的责难，它就应该作为毫无根据的批评而加以拒绝，因为他的哲学不但不否认上帝，而且承认上帝为唯一真实的存在者。我们也不能断言，斯宾诺莎虽然说过上帝是唯一真实的存在者，但他的这个上帝不是真正的上帝，因此有这样一个上帝与没有上帝是一样的。如果这样的论断有道理，那么，所有在自己的哲学思维中停留在理念的低级发展阶段的其他哲学家就都必定会被指责为无神论，同样，不仅那些只知道上帝是主的犹太教徒和回教徒，而且许多把上帝只看作不可认识的、至高无上的和处于彼岸的存在者的基督教徒，也都必定会被指责为无神论。仔细地加以考察，这种把斯宾诺莎哲学批评为无神论的责难可以归结为一点，即差别或有限性的原则在这种哲学中并未占有其适当的地位，因此，既然这种哲学认为实际上并没有什么肯定的存在物的意义上的世界，那么，斯宾诺莎的体系就不应该被称为无神论，而应该反过来被称为无世界论。从这里也可以看出我们对于那种批评他的哲学是泛神论的责难应该采取什么样的态度。如果像经常发生的那种情况，我们把泛神论理解为这样一种学说，这种学说认为有限事物本身或有限事物的复合是上帝，那么，我们就不能不宣告，斯宾诺莎哲学是应免予被指责为泛神论的，因为他的哲学认为有限事物或世界本身完全没有什么真理性；可是在另一方面，正因为他坚持无世界论，所以他的哲学才无疑是泛神论的。在他那里，内容方面这样得到公认的缺点同时也表明自身是形式方面的缺点，之所以如此，首先是因为斯宾诺莎把实体置于他的体系的顶点，定义为思维与广延的统一，而没有证实他如何达到两者的差别，达到这种差别向实体的统一的复归。他对内容所作的进一步研讨是用所谓的数学方法完成的，首先按照数学方法提出一些定义和公理，紧接着而来的就是许多定理，而这些定理的证明仅仅在于用合乎知性的方法把它们归结为那些未经证明的前

Ⅵ，302

提。虽然斯宾诺莎哲学由于它的方法的严格一贯性,也常常受到那些反
对它的内容和结论的人们的赞扬,但实际上这种对形式的无条件的承认
就像对内容的无条件的拒绝一样,是毫无根据的。他的体系在内容方面
的缺点恰恰在于形式未被认识到是寓于内容之中的,因而形式仅仅对内
容表现为外在的、主观的形式。这类不预先经过辩证的中介而直接为斯
宾诺莎所把握的实体,作为普遍的否定性力量,仿佛仅仅是黑暗的、无形
的深渊,它把一切特定的内容都作为本来子虚乌有的东西吞噬到自身之
内,却没有从自身创造出任何具有肯定的持续存在的东西来。

§.152

由于在上述环节中实体作为绝对的力量是把自己作为单纯内在可能
性而自相联系的力量,是因而规定自身为偶性的力量,并且由此设定的外
在性又与这种力量有差别,所以,实体就像在必然性的第一种形式里是实
体那样,现在是真正的关系,即因果性关系。

b.因果性关系

§.153

实体是原因,因为实体与它的向偶性过渡相反,在自身中得到映现,
因而是原始的事物的实质或事实,但它也同样扬弃自内映现或它的单纯
可能性,把自身设定为它自身的否定东西,因而产生出一个结果,即产生
出一种现实性,而这种现实性虽然仅仅是被设定的,但通过产生结果的过
程,同时也是必然的。

〔**说明**〕原因作为原始的事实,具有绝对独立性的规定和一个相对于结果而保持自身的持续存在的规定,但原因在那种以自己的同一性构成原始性本身的必然性中,却仅仅过渡到结果。只要我们又能谈一种特定的内容,在结果中就决没有任何内容是不存在于原因里的;必然性的那种同一性是绝对内容本身;但这种同一性同样也是形式规定。在结果中,原因的原始性得到扬弃,而使自身成为一个被设定的存在。不过,原因并不因此而消逝,以致现实事物似乎只是结果。因为这个被设定的存在也同样直接遭到扬弃,甚至可以说是原因在其自身中的映现,是原因的原始性;只有在结果里,原因才是现实的,原因才是原因。因此,原因自在自为地是 causa sui〔自因〕。——雅柯比由于对中介坚持片面的看法,曾经(在《论斯宾诺莎的学说——致门德尔松的书信》第 2 版第 416 页上)把 causa sui(effectus sui〔自果〕也一样)这个原因的绝对真理仅仅当作一种形式主义。他还指出,上帝不可被定义为根据,而必须在本质上被定义为原因[25];因此,只要对原因的性质作透彻的反思,就可以看出他的这种办法并没有达到他的目的。即使在有限原因及其观念里,也有原因和结果在内容方面的这种同一性;作为原因的雨与作为结果的湿,都是同一种现实存在着的水。在形式方面,原因(雨)是消失在结果(湿)里的;但这样一来,结果的规定也随之消失,因为没有原因,也就没有结果,而只剩下非因非果的湿了。

在因果关系的通常意义上所说的原因是有限的,因为原因的内容(像在有限实体中那样)是有限的,原因与结果被想象为两个不同的独立的实存;但如果我们把两者的因果性关系抽掉,它们也仅仅是两个不同的独立的实存。因为在有限性里我们停留在因果关系的形式规定的差别上,所以我们可以颠倒过来,也把原因规定为一种被设定的东西或结果;这个结果又有另一个原因,于是也在这里产生了从结果到原因的无限递进的过程。同样,也会产生从原因到结果的递退过程,因为结果就它与原

VI,304

VI,305

因本身有同一性而言,既可以被规定为这个原因,同时也可以被规定为另一个原因,而这另一个原因又有另一个结果,如此递退,以至无穷。

〔**附释**〕尽管知性习惯于反对实体性这个概念,但它熟习因果性,即熟习原因和结果的关系。如果问题在于把一种内容理解为必然的,那么,当作知性反思的事情的,主要是把它归结为因果性关系。虽然因果性关系无疑属于必然性,但这种关系只是必然性过程的一个方面,扬弃因果性所包含的中介,表明自己是简单的自相联系,这同样属于必然性过程。如果我们停留在因果性本身,我们得到的就不是因果性的真理,而只是有限的因果性,并且这种关系的有限性在于坚持原因与结果的差别。但这两者不仅有差别,而且又是同一的,这种情况也以这样的方式见之于我们的通常意识里,即我们说原因之为原因,仅仅是因为它具有结果,结果之为结果,仅仅是因为它具有原因。因此,原因与结果两者具有同一个内容,它们的差别首先仅仅是设定的活动与被设定的存在的差别,而这种形式的差别也同样又扬弃自身,这样,原因就不仅是一个他物的原因,而且也是其自身的原因,而结果也不仅是一个他物的结果,而且也是其自身的结果。由此可见,事物的有限性在于原因与结果按它们的概念来说是同一的,但这两个形式却是以这样的方式分离开出现的,即原因虽然也是结果,结果虽然也是原因,然而原因之为结果却不是在原因之为原因的同一个关系上,而结果之为原因也不是在结果之为结果的同一个关系上。于是,这就又发生了以原因的无限系列为形态的无限进展,而原因的无限系列也同时表明自身是结果的无限系列。

Ⅵ,306

§.154

结果是与原因有差别的;结果是被设定的存在。但这种被设定的存在同样是自内映现和直接性,并且只要我们坚持着结果与原因的差别,原因的作用或原因的设定活动同时也是预先的设定活动。这样一来,就存在着另一个实体,结果对它发生作用。这另一个实体既然是直接的,就不是自相联系着的否定性,不是主动的,而是被动的。不过,这另一个实体既然是实体,也同样是主动的,要扬弃预先设定的直接性和设定到自身的结果,并且作出反应,就是说,要扬弃第一个实体的主动性,但是第一个实体也同样要扬弃自己的直接性和设定到自身的结果,从而扬弃另一个实体的主动性,并且作出反应。这样,因果性就过渡到了交互作用的关系。

〔说明〕在交互作用里,虽然还没有设定因果性的真正规定,但原因和结果的无限进展作为进展已经真正得到了扬弃,因为从原因到结果和从结果到原因的向外伸展的直线式过程已经返回自身,变成圆圈式的过程。无限的进展变为自身封闭的关系的这种圆圈化过程,正像到处存在的那样,是这样一种简单的映现关系,即在那种没有思想的重复中只包含着同一个东西,就是说,只包含着这一个原因与另一个原因以及它们彼此的联系。然而,这种联系的发展或交互作用,本身就是差别的交替,但不是原因的交替,而是这样两个环节的交替,在这两个环节中,又再按照原因在结果中才是原因(反之亦然)的同一性,即按照原因与结果的这种不可分离性,给每一个独立的环节同样也设定起另一个环节。

c.交 互 作 用

§.155

在交互作用里两个作为不同的规定加以坚持的规定,α)自在地是同一个东西;一个方面像另一个方面一样,是原因,是原始的、主动的、被动的等等。另一个方面的预先设定活动和对另一个方面的作用,直接的原

VI,307

始性和交替所设定的存在,也同样是同一个东西。被当作第一个原因的原因由于有直接性,也是被动的,是被设定的存在和结果。因此,所谓两个原因的差别是空虚的,而自在地存在的只是一个原因,它既在自己的结果里作为实体扬弃自身,也同样在这种作用里才使自身成为独立的。

§.156

β)不过,两个规定的这种统一也是自为的,因为这整个交替都是原因固有的设定活动,只有原因的这种设定活动才是原因的存在。两个规定的差别的虚无性不仅是自在的,或者说,不仅是我们的反思(前节),而且交互作用本身就是又扬弃被设定起来的两个规定中的每一个,使之转化为相反的规定,因而设定起两个环节的那种潜在的虚无性。结果被设　Ⅵ,308
定于原始性,即原始性得到扬弃;原因的作用变成反作用,如此等等。

〔**附释**〕交互作用是得到充分发展的因果性关系,当那种用因果性观点对事物所作的考察由于上述无限进展而不能向反思证明自身充分时,也正是这种关系经常被反思作为自己的避难所。例如,在历史研究中就会首先涉及这样的问题,即一个民族的性格和礼俗是它的宪法和法律的原因呢,还是反过来,一个民族的宪法和法律是它的性格和礼俗的原因?然后人们就进而用交互作用的观点去理解性格、礼俗与宪法、法律这两个方面,这样,原因就在其为原因的同一个关系中同时也是结果,而结果在其为结果的同一个关系中同时也是原因。在对自然界、尤其是对生命有机体的考察中,也出现了同样的情形,生命有机体的各个器官与功能同样表明它们自身彼此处于交互作用的关系中。虽然交互作用无疑是原因与结果的关系最切近的真理,而且我们可以说交互作用正站在概念的门口;然而,正因为如此,在要获得概念的认识时,我们便不应满足于应用这种关系。如果有人停留于单纯用交互作用的观点去考察一个给定的内容，那么，这实际上是一种完全没有概念的态度；在这种情况下，人们所处理的只是一堆枯燥的事实，而在因果性关系的应用中首先涉及的那种对中介的要求则仍然又没有得到满足。在交互作用关系的应用中的这种令人不能满足的地方，仔细地来看，在于这种关系不可能算是与概念等当的东西，倒不如说，它本身首先须要得到概念的理解，而这种理解是这样完成的，即交互作用关系的两个方面不可作为直接给定的东西原封不动地加以保持，而是应该像在前两节里已经指出的那样，作为一个第三者的、即更高东西的两个环节加以认识，而这个第三者在以后恰恰就是概念。例如，如果我们把斯巴达民族的礼俗视为这个民族的宪法的结果，并且反过来把斯巴达民族的宪法视为这个民族的礼俗的结果，那么，尽管这种考察方法总算不错，然而这种观点却不能给人以最后的满足，因为这种观点无论是对于斯巴达民族的宪法，还是对于这个民族的礼俗，实际上都没有作出概念的理解，而这种理解只能这样完成，即上述两个方面以及表示斯巴达民族的生活与历史的所有其他特殊方面都被认为是以斯巴达民族的概念为基础的。

VI,309

§.157

γ）因此，这种纯粹的自相交替就是揭示出来的或设定起来的必然性。必然性本身的纽带是依然内在的和隐蔽的同一性，因为必然性是许多被当作现实事物的东西的同一性，然而这些现实事物的独立性恰恰应该是必然性。因此，实体通过因果性和交互作用的过程仅仅是这样的设定活动，即独立性是无限的、否定的自相联系；它之所以一般是否定的联系，是因为在这种联系里差别和中介变成各个彼此独立的现实事物的一

种原始性;它之所以是无限的自相联系,是因为这些现实事物的独立性恰
恰仅仅是它们的同一性。

§.158

因此,必然性的这个真理是自由,实体的真理是概念,是独立性,这种
独立性是成为各个不同的独立东西的自相排斥,同时作为这样的排斥,也
是自相同一的,而且这种在自身持久的交替运动也仅仅是与自身在一起。

〔**附释**〕必然性常常被称为无情的,只要我们停留在必然性本身,即
停留在必然性的直接形态里,这样的称呼就有道理。在这里我们得到一
种状态,或一般地说,得到一种内容,它有它的自为的持续存在,而且在必
然性中首先包含着这样的意思,即在这种内容之上发生了另一种使之遭
到毁灭的内容。这是直接的或抽象的必然性的无情的和悲惨的东西。两
个在必然性中表现为相互约束,因而丧失独立性的方面所具有的同一性,
最初仅仅是内在的同一性,对于那些屈服于必然性的人们来说还是不存
在的。所以,在这个立足点上的自由最初也仅仅是抽象的自由,它只有通
过放弃人们当前所是的东西和直接拥有的东西,才可以得到挽救。——
但进一步说,像我们以前看到的,也有这样一类必然性的过程,这类必然
性克服了最初存在的僵硬外在性,把自己的内在本质显示出来,从而表明
那两个相互约束的东西实际上彼此并非异己的,而仅仅是同一个整体的
两个环节,它们之中的每一个都在与另一个的联系中存在于其自身,并与
其自身结合起来。这就是必然性转化为自由的过程,这种自由并不单纯
是抽象否定性的自由,而是具体的和肯定的自由。从这里也可以看出,认
为必然性与自由相互排斥是多么错误。必然性本身当然还不是自由;但
是,自由是以必然性为其前提,并且把必然性作为得到扬弃的东西,包含

到了自身之内。有道德的人意识到自己的行为的内容是必然的东西,是自在自为地有效的东西,因而很少感到自己的自由受到损害,以致自己的自由反而只有通过这种意识,才变为现实的和内容充实的自由,而不同于那种作为依然没有内容的和单纯可能的自由的任性。一个受到处罚的罪犯可能认为加给他的处罚是一种对他的自由的限制;然而,这处罚实际上并不是一种使他屈服的异己力量,而仅仅是他本身的行为的显现,当他承认这一点时,他就表现为一个自由的人。一般说来,人的最高独立性是认识到自己完全取决于绝对理念,斯宾诺莎把这种意识和态度称为 amor intellectualis Dei〔对于上帝的理智的爱〕[26]。

§.159

这样一来,概念就是存在和本质的真理,因为在自身中的映现的映现同时也是独立的直接性,而不同的现实性的这种存在也仅仅直接地是在自身中的映现。

〔**说明**〕因为概念已经证明自身是存在和本质的真理,而这两者都返回到了作为它们的根据的概念里,所以也可以反过来说,概念是从作为自己的根据的存在里发展出来的。前一方面的进展可以看作是存在向其自身的深化,通过这一进展,存在的内在东西被揭示出来,而后一方面的进展则可看作是比较完善的东西从不甚完善的东西中展现出来的过程。当这样的发展仅仅从后一方面加以考察时,人们就会对哲学提出责难。关于不甚完善的东西和比较完善的东西的肤浅思想在这里所包含的特定内容,是作为直接的自相统一的存在与作为自由的自相中介的概念所具有的差别。当存在表明自身是概念的一个环节时,概念也从而证明自身是存在的真理;概念作为自己的这种自内映现和中介的扬弃,是直接事物的

Ⅵ,312

预先设定,这种预先设定是与向自身的回复同一的,而这种同一性就构成
自由和概念。因此,当一个环节被称为不完善的东西时,概念这个完善的
东西当然应该从不完善的东西中发展出来,因为概念在本质上是自己的
前提的扬弃。不过,也同时只有概念才作为设定自己的东西而构成前提,
就像一般在因果性中,尤其在交互作用中业已得出的那样。

　　这样,就概念与存在和本质的联系来说,概念已经被规定为是回复到
作为简单直接性的存在的本质,这本质的映现由此获得了现实性,并且这
本质的现实性同时也是在自身中的自由映现。概念以这样的方式具有了
存在,把它作为概念的简单的自相联系,或作为概念的在自身中的统一的
直接性;存在是一个很贫乏的规定,以致这个规定是极少能用概念加以表
示的东西。

　　从必然性到自由或从现实事物到概念的过渡是极难理解的,因为一
个独立的现实性应该被设想为在过渡的过程中,在与其他独立的现实性
的同一性中,才具有自己的实体性;这样,概念也就是最难理解的东西,因
为概念本身正是这种同一性。但现实的实体本身,即在自己的自为存在
中不想让任何东西渗入自身的原因,已经屈服于过渡到被设定的存在的　　Ⅵ,313
必然性或命运,并且更确切地说,这种屈服也是最难理解的事情。反之,
对必然性的思维倒是这些困难的解决;因为思维就是思维在他物中与其
自身的结合,就是解放,这种解放不是逃避到抽象思维中去,而是在另一
个现实事物——通过必然性的力量,一个现实事物已经与这另一个现实
事物结合到一起——中去拥有自己,但不把自己作为他物,而是作为自己
固有的存在和设定活动。这种解放就其自为地存在着而言,叫作自我,就
其发展为自己的总体而言,叫作自由精神,就其为感觉而言,叫作爱,就其
为享受而言,叫作极乐。——斯宾诺莎实体的伟大直观形象仅仅自在地
是有限的自为存在的解放;但概念本身却自为地是必然性的力量和现实
的自由。

〔**附释**〕当概念像在这里所说的那样,被称为存在和本质的真理时,我们必须准备有人要问,为什么不把概念作为开端?对于这个问题我们可以回答说,在求得思维认识的地方,之所以不能以这个真理为开端,是因为这个真理在构成开端时,是以单纯的保证为基础,而被思考的真理本身却必须向思维证明自身是可靠的。假如概念被置于逻辑学的首端,并被定义为——这从内容来看是完全正确的——存在和本质的统一,那就会发生这样的问题,即我们应该怎样思维存在?怎样思维本质?这两者是怎样被概括为概念的统一的?但这样一来,也许只有就名称而言,而不是就事实而言,才是以概念为开端。其实,像在这里做过的那样,应该把存在作为真正的开端,不过有一个差别,即存在的各个规定以及本质的各个规定可以被人们直接从表象中接受过来,与此相反,我们则考察了存在和本质固有的辩证发展,并认识到它们能够扬弃自身而达到概念的统一。

VI,314

第三篇

概　念　论

§.160

概念是作为独立存在着的、实体性的力量的自由东西，并且是总体，在这个总体中每一环节都是一个构成概念的整体，而且被设定为与概念没有分离开的统一体；所以，概念在其自相同一里是自在自为地得到规定的东西。

〔**附释**〕概念的观点一般来讲是绝对唯心论的观点，并且哲学是概念的认识，因为一切对其他意识来说是存在着的、直接地独立的事物，在哲学中都仅仅被认为是一个观念性环节。在知性逻辑里，概念常常被看作思维的一个单纯形式，更确切地说，被看作一种普通的观念，而且那种从感觉和心理方面经常重复提出的论断，即概念本身是某种僵死的、空洞的和抽象的东西，也正与这种贬低概念的观点有关。但实际上情况恰好相反，倒不如说，概念是一切生命的木原，因而同时也是完全具体的东西。概念的这种性状是作为整个以前逻辑运动的结果得出来的，因此没有必要在这里加以证明。至于这里特别提到人们在把概念当作所谓单纯形式东西的方面所主张的形式与内容的对立，那么，我们已经把这种对立与反

思所坚持的一切其他对立都作为辩证地得到克服的东西,即作为由它们
自身得到克服的东西,而置诸背后,并且正是概念把过去的一切思维规定
都作为得到扬弃的规定,而包含到自身之内。概念无疑必须被视为形式,
但必须被视为无限的、创造性的形式,它在自身包容一切丰富的内容,同
时又从自身释放一切丰富的内容。如果人们把具体东西仅仅理解为感性
的具体东西,或完全理解为可以直接知觉的东西,概念则无论如何可以说
是抽象的;然而概念作为概念是不能用手捉摸的,如果问题在于概念,听
觉与视觉必定会对我们成为过去的。如前面所述的,概念也同时仍然是
完全具体的东西,因为概念在自身以观念性的统一包含了存在和本质,因
而也同样包含了这两个领域的全部丰富内容。——如果像以前所述的那
样,可以把逻辑理念的各个不同的发展阶段看作关于绝对的一系列定义,
那么,我们在这里所得出的关于绝对的定义就是:绝对是概念。当然,在
这里我们必须在一种不同于和高于知性逻辑所理解的意义上理解概念,
然而按照知性逻辑,概念则只被视为我们主观思维的一种本身没有内容
的形式。但在这时有人还可能提问,如果在思辨逻辑里概念具有一种迥
然不同于人们在其他场合对这个术语通常联想到的意义,为什么还要把
这种迥然不同的东西也叫作概念,从而引起误解和混乱呢? 对于这个问
Ⅵ,317　题也许应该回答说,无论形式逻辑的概念与思辨的概念之间的差距有多
么大,但是细加考察,毕竟可以看出,概念的这种更加深刻的意义决不像
初看起来那样,与普通的语言用法相去甚远。人们经常谈到从概念推演
出内容,例如,从财产概念推演出有关财产的法律规定,并且反过来谈到,
把这样的内容归结为概念。但这就承认了概念并不单纯是一种本身没有
内容的形式,因为一方面从这样的形式里是不可能推演出任何内容来的,
而另一方面把特定的内容归结为概念的空洞形式,这种内容就会被剥夺
掉自己的规定性,而无法加以认识。

§.161

概念的进展不再是过渡到他物,也不是映现到他物里,而是发展,因为区别开的东西在概念里同时直接被设定为彼此同一的、并且与整体同一的东西,而规定性在这时是整个概念的一种自由存在。

〔**附释**〕过渡到他物是存在范围里的辩证过程,映现到他物里是本质范围里的辩证过程。反之,概念的运动则是发展,通过发展,已经潜在地存在的东西才被发挥出来。在自然界里,正是有机生命相当于概念的阶段。例如,植物是从它的种子发展出来的。种子已经在自身包含着整个植物,但是,这是采取了观念的方式,因此我们不可把植物的发展理解为这样,似乎植物的各个不同部分,如根、茎、叶等等,已经现实地、然而极其微小地存在于种子里。这是所谓套入论的假设[1],其缺陷在于把那种最初仅仅以观念方式存在的东西看作业已现实存在的。但这个假设的正确地方在于,概念在它的发展过程中仍然停留在它自身,就内容而言,这个发展过程并未设定任何新的东西,而是仅仅产生了形式的改变。概念的这种在其发展过程中表明自己是其自身的发展的本性,也就是人们在谈到天赋观念时所指的东西,或者像柏拉图所说的那样,是人们在把一切学习仅仅视为回忆时所指的东西,然而这种东西却同样不可这么理解,好像那构成——通过教育培养的——意识的内容的东西在其特定的展开过程中已经预先存在于这样的意识中。——概念的运动仿佛只能被看作一种游戏;概念的运动所设定的他物,实际上并不是他物。在基督教的教义里这个道理是这样表述出来的:上帝不仅创造了一个世界,它作为他物存在于上帝的对面,而且上帝也从永恒状态中产生了一个儿子,上帝作为精神在他的这个儿子身上也就是在他自身里[2]。

Ⅵ,318

§. 162

概念论分为 1.关于主观概念或关于形式概念的学说,2.关于被规定为直接性的概念或关于客观性的学说,3.关于理念,即关于主客同一体、概念与客观性的统一、绝对真理的学说。

〔说明〕普通逻辑只包括在这里作为整个逻辑学的第三篇中的一部分而出现的材料,此外还包括上面出现的所谓思维规律,并且在应用逻辑中包括若干有关认识的材料,还有许多心理学的、形而上学的和其他经验方面的材料与这些材料结合在一起,因为思维的那些形式自身最后已经不再够用;但这样一来,那种逻辑就丧失了固定的方向。——此外,那些至少属于真正逻辑范围的形式也仅仅被当作加以认识的思维的规定,而且这种加以认识的思维被当作仅仅属于知性而不属于理性的思维。

以前的各个逻辑规定,即存在和本质的规定,诚然不单纯是思想的规定;它们在它们的过渡、辩证发展阶段中,在它们向自身与总体的复归中,证明它们自身是概念。但它们仅仅是得到规定的概念(参看 §.84 与 §.112),是自在的概念,或者换个意思相同的说法,是对我们而言的概念,因为每个规定要过渡到其中的他物,或每个规定映现于其中,因此,在其中作为相对东西而存在的他物并没有被规定为特殊的东西,两个规定结合而成的第三者也没有被规定为个别的东西或主体,就是说,规定的同一性并没有在它的相反的规定中设定起来,它的自由并没有设定起来,因为它不是普遍性。——通常理解的概念是一些知性规定,甚至只是一些普通观念,因此整个来说是有限的规定;参看 §.62。

研究概念的逻辑学通常被理解为单纯形式的科学,以为它涉及的问题在于概念、判断和推理这样的形式本身,而完全不在于某物是不是真的;但某物是不是真的,却完全取决于内容。假如概念的逻辑形式实际上是贮存观念和思维的僵死的、不发挥作用的和不偏不倚的容器,那么,关于这些逻辑形式的知识就会是一种对真理来说颇为多余的、可以或缺的历史记载。但实际上,这些逻辑形式作为概念的形式反而是现实事物的活生生的精神,而且在现实事物中,只有那种凭借这些形式,通过这些形式,并在这些形式之内是真的东西,才是真的。但这些形式本身的真理性以及它们的必然联系,直到现在都没有得到考察和研究[3]。

A.
主 观 概 念

a.概 念 本 身

§.163

概念本身包含三个环节:1)普遍性,作为在它的规定性里的自由的自相等同性;2)特殊性或规定性,在其中普遍东西真纯不变地依然与自身相等同;3)个别性,作为普遍性和特殊性这两个规定性在自身中的映现,这种否定的自相统一性是自在自为地得到规定的东西,同时也是自相同一的东西或普遍的东西。

〔说明〕个别东西与现实东西是一样的,只不过前者是从概念发展而来,因而被设定为普遍东西,被设定为否定的自相同一性。现实东西因为最初仅仅潜在地或直接地是本质与实存的统一,所以能够发生作用;但概念的个别性完全是能够发生作用的东西,也就是说,不再像原因那样,带有对他物发生作用的映现,而是对其自身能够发生作用的东西。——但个别性不可在单纯直接的个别性的意义上来了解,而我们经常按照这种意义谈到个别的事物和个别的人;个别性的这种规定性是在判断中才出现的。概念的每个环节本身都是整个的概念(§.160),但个别性或主体是被设定为总体的概念。

〔**附释1**〕在谈到概念的时候,人们所指的通常仅仅是抽象的普遍性,
Ⅵ,321　于是概念就往往被定义为一种普遍的观念。据此,人们谈到关于颜色、植物、动物等等的概念,而且这些概念据说是这样产生的,即舍弃了使各种颜色、植物、动物等等相互区别的特殊东西,而坚持它们具有的共同东西。这是知性理解概念的方式。感觉在说明这样的概念是空洞的、是单纯的格式和阴影时,是有道理的。但现在概念的普遍东西却不单纯是一种共同东西,在它对面,特殊有其独立的持续存在,相反地,概念的普遍东西是自己特殊化自己的东西,是在自己的他物中明晰清澈地依然存在于自身的东西。无论是对于认识活动,还是对于我们的实践行为,不把单纯的共同东西与真正的普遍东西或共相混淆起来,都具有极大的重要性。常常从感觉的立场出发对一般思维,尤其是对哲学思维所提出的一切责难,以及经常重复的那个据说把思维推勘得太远就有危险的论断,都是由于这种混淆而引起的。此外,具有真正的和广泛的意义的普遍东西就是思想,而关于思想我们必须说,它是费了几千年的时间才进入人的意识的,通过基督教,它才完全得到了承认。在其他方面教养甚高的希腊人既没有意识到上帝的真正普遍性,也没有意识到人的真正普遍性。希腊人的神灵只是一些特殊的精神力量,而具有普遍性的上帝,即各民族共同信仰的上帝,对雅典人来说还是隐蔽的上帝。这样,希腊人也就认为在他们自身与
Ⅵ,322　野蛮人之间存在着一条绝对的鸿沟,而人本身的无限价值和无限权利还没有得到承认。有人曾经提问,在近代欧洲奴隶制度消失的原因何在?他们时而援引这种特殊情况,时而援引那种特殊情况,去解释这类现象。

但在信奉基督教的欧洲之所以不再有奴隶的真正原因,却不应在别的地方去寻找,而只应在基督教的原则本身去寻找。基督教是绝对自由的宗教,只有对基督教徒来说,人才被当作人,具有其无限性与普遍性。奴隶缺乏的是对他的人格的承认,而人格的原则就是普遍性。主人不是把奴隶看作人,而是看作没有自我的物品;奴隶也不把他自己当作自我,反而主人倒是他的自我。——上面提到的单纯的共同东西与真正的普遍东西之间的区别,在卢梭著名的《社会契约论》里有恰当的表述。他说,国家的法律必须产生于普遍的意志或公意(volonté générale),但普遍的意志完全不必因而就是所有的人的意志或众意(volonté de tous)**4**。假若卢梭始终注意到这个区别,他在政治理论方面就会做出更深刻的贡献。普遍的意志是意志的概念,法律就是基于这个概念的意志的特殊规定。

〔**附释 2**〕关于知性逻辑通常对概念的发生和形成所作的研讨,还应该指出,我们丝毫没有形成概念,整个说来,概念完全不可看作某种发生的东西。诚然,概念不仅是存在或直接东西,而且概念也需要中介,但中介就包含在概念本身,概念是由自身得到中介和自相加以中介的东西。　Ⅵ,323
如果以为,首先存在着那些构成我们的观念的内容的对象,然后我们的主观活动才随之而起,它通过抽象和概括各个对象具有共同东西的上述操作,形成这些对象的概念,这种想法则是颠倒了的。倒不如说,概念才是真正第一性的东西,事物之所以为事物,全靠寓于事物之内的、在事物中显示自身的概念的活动。这种情况在我们的宗教意识里是这样出现的:我们说,上帝从无创造了世界,换句话说,世界和有限事物是从圆满的神圣思想和神圣天意里产生出来的。这就承认了一件事实,即思想,并且更确切地说是概念,是无限的形式或自由的、创造性的活动,它要实现其自身,并不需要在自身之外存在的质料。

§.164

概念是完全具体的东西,因为概念的否定性的自相统一作为自在自为地得到规定的存在,是个别性,本身构成概念的自相联系,构成普遍性。就此而言,概念的各个环节是不可能加以分离的;各个反思规定被认为是在各自独立的、与相反的规定分离开的情况下加以理解和发挥效用的;但是,因为在概念里这些规定的同一性已经设定起来,所以概念的每个环节只有根据另一环节,并与另一环节一起,才能直接加以理解。

〔**说明**〕抽象地来看,普遍性、特殊性和个别性就是同一、差别和根据那样的东西。但是,普遍的东西是自相同一的东西,明确地具有这样的意义,即在普遍的东西中同时也包含着特殊的东西和个别的东西。其次,特殊的东西是有差别的东西或规定性,不过也具有这样的意义,即特殊的东西是自身普遍的,并且是个别的东西。同样,个别的东西也有这样的意义,即个别的东西是主体或基础,这基础在自身包含着类和种,本身是实体性的。这就是概念的各个环节在其差别中设定起来的不可分离性(§.160),就是概念的明晰性,在概念中每个差别决不造成纹理中断和状态浑浊,而是同样透明的。

我们听得最频繁的说法,莫过于说概念是某种抽象的东西。这种说法从两方面来看是正确的,一方面构成概念的要素的是一般思维,而不是经验中的具体感性东西,另一方面概念还不是理念。在这种情况下,主观概念还是形式的,但这决不是说,概念总是应该具有或获得一种不同于它自身的内容。——作为绝对的形式本身,概念是一切规定性,但这是在规定性具有真理性的时候。因此,虽然概念是抽象的,但它却是具体的东西,而且是完全具体的东西,是主体本身。绝对具体的东西就是精神(参

VI,324

看§.159"说明"），是概念，因为概念作为概念在把自身与其客观性区别开时是现实存在着的，而这种客观性却不顾这样的区别，依然是概念的客观性。一切其他具体的东西，无论多么丰富，都不是这样密切地自相同一的，因此在其自身都不是这样具体的；人们通常理解的具体事物最不具体，是一种外在地拼凑在一起的杂多性。——一般人所谓的概念，即特定的概念，例如人、房屋、动物等等，是一些简单的规定和抽象的观念，这些抽象的东西从概念中只采纳了普遍性环节，而舍弃了特殊性和个别性，所以没有在这两个环节中得到发展，因而恰好从概念里分离出来了。

§.165

个别性环节首先设定起作为差别的各个概念环节，因为个别性是概 VI,325
念的否定性的自内映现，因而最初是概念的作为第一次否定的自由区分，这样一来，概念的规定性就被设定起来，不过是作为特殊性被设定起来的，这就是说，第一，各个区分开的东西彼此之间只有各个概念环节的规定性，第二，也同样设定起了各个概念环节的同一性，即这一个环节就是另一个环节；概念的这种被设定起来的特殊性就是判断。

〔说明〕通常所说的三类概念，即清楚概念、明确概念和恰当概念，不属于概念的范围，而是属于心理学的范围，因为清楚概念和明确概念是指观念而言，前者指的是一类抽象的、纯然特定的观念，后者指的是这样一类观念，在这类观念中还突出强调了一种标志，即某种用以表示主观认识的符号的规定性。与标志这个令人喜欢的范畴相比，没有任何东西更能标志逻辑学的外在性和衰落。恰当概念比较接近于概念，甚至接近于理念，但仍然不外表示一个概念或观念符合于其客体或外在事物的形式方面。——给所谓下位概念与同位概念奠定基础的，是普遍东西与特殊东西的无概念的差别以及这两者在外在反思中的相互关系。其次,列举出相反概念与矛盾概念、肯定概念与否定概念等各种概念,也不过是对思想的规定性偶有所见,而这些规定性本身属于存在或本质的范围,在那里已经加以考察,并且与概念的规定性本身毫不相干。——也只有在普遍概念、特殊概念和个别概念被外在的反思分开时,它们的真正区别才毕竟构成概念的各个种。——对概念的内在区别和规定存在于判断中,因为作出判断就是对概念的规定。

VI,326

b.判　　　断

§.166

判断是处于自己的特殊性中的概念,作为各个概念环节的作出区别的联系;而各个概念环节被设定为自为存在着的环节,同时也被设定为与自身相同一而不彼此同一的环节。

〔说明〕在提到判断的时候,我们通常首先想到主词和谓词这两个端项的独立性,以为主词是一个独立的事物或规定,而谓词是一个普遍的规定,它存在于那个主词的外面,例如存在于我们的头脑里;然后我们就把它与前一规定联系起来,从而对它作出判断。然而,因为系词"是"陈述出属于主词的谓词,所以,那种外在的、主观的归类就又得到了扬弃,而判断也被当作对于对象本身的规定。——判断的字源学意义在德文里是比较深刻的,它表示概念的统一性是初始的东西,概念的区别是原始的分割[5];这就是真正的判断。

抽象的判断是"个别即普遍"这样的命题。个别与普遍是主词和谓词最初彼此对立地拥有的规定,因为各个概念环节被认为是在它们的直接规定性里或最初的抽象里。("特殊即普遍"和"个别即特殊"这两个命

题属于对判断的进一步规定）。我们看到许多逻辑学书都没有指明一件 Ⅵ,327
事实,即在每个判断中都说出了"个别即普遍",或更确切地说,"主词即
谓词"（例如"上帝是绝对精神"）这样的命题,这种情况必须被看作是观
察力的惊人缺乏。当然,个别性与普遍性、主词与谓词这些规定也有区
别,但是这并不影响每个判断都把它们陈述为同一的这个极为普遍的
事实。

　　系词"是"来源于概念在其外化中自相同一的性质;个别与普遍作为
概念的环节,是两个不能加以孤立的规定性。以前所述的各个反思规定
性在它们的关系中也彼此有联系,但它们的联系只是"有",而不是"是",
即不是被设定为同一性的同一性或普遍性。因此,判断首先是概念的真
正特殊性,因为判断是概念的规定性或区别,而这种规定性仍然是普
遍性。

　　〔**附释**〕判断常常被看作两个概念的结合,甚至被看作各种不同的概
念的结合。这种看法的正确之处在于,概念无疑构成判断的前提,并且概
念在判断中是以差别的形式出现的。但是,说概念有种的不同,却是错误
的,因为概念本身虽然是具体的,但在本质上毕竟只是一个概念,并且概
念中包含的两个环节也不可看作有种的不同。同样,说判断的两个方面
有一种结合,也是错误的,因为在谈到结合时,两个结合起来的方面可以
被设想为即使没有结合也是独立存在的。在人们说到判断是由于把一个
谓词附加给一个主词而产生出来的时候,这种外在的看法就表现得更明 Ⅵ,328
确了。按照这种看法,主词是在谓词之外独立持续存在的,谓词则处于我
们的头脑之内。但系词"是"就已经与这种看法相矛盾。当我们说"这朵
玫瑰花是红的"或"这幅画是美的"时,这并不是说我们从外面把红加给
这朵玫瑰花或把美加给这幅画,而是说红和美是这些对象固有的规定。
形式逻辑通常对于判断的看法的另一个缺点在于,按照这种逻辑,判断一
般只表现为某种偶然的事情,而且从概念到判断的进展也没有得到证明。

但是,概念本身并不像知性想象的那样,自身固定不变,没有发展过程,倒不如说,概念作为无限的形式是完全能动的,仿佛是出现一切生命活动的 punctum saliens〔跳跃点〕[6],因而能够自己分化其自身。这种由概念的固有活动设定的、把概念分化为它的各个不同环节的过程就是判断,因此,判断的意义必须理解为概念的特殊化。虽然概念已经潜在地是特殊,但在概念本身之内,特殊还没有设定起来,而是依然与普遍处于透明的统一性中。例如,像前面(§.160“附释”)所述的,植物的种子虽然已经包含着根、茎、叶这样的特殊,但这种特殊最初只是潜在地存在的,在种子发展开的时候才得到实现,而这可以看作是植物的判断。这个事例也可以用来说明,为什么无论是概念还是判断,都不单纯存在于我们的头脑里,都不单纯是由我们构成的。概念是寓于事物本身的东西,事物之所以为事物,全靠这种东西,因此,把握一个对象也就是意识到这个对象的概念;当我们去评判对象时,并不是我们的主观活动把这个或那个谓词附加给对象,而是我们在对象的概念所发挥出来的规定性中考察对象。

VI,329

§.167

判断通常在主观的意义上被当作一种单纯在得到自我意识的思维中出现的操作和形式。但在逻辑东西里这种区别还不存在,判断被认为是极其普遍的,即一切事物都是判断,这就是说,一切事物都是个别,而个别在自身就是普遍性或内在本性,或者说,是已经个别化的普遍;普遍性和个别性在一切事物中都有区别,但同时又是同一的。

〔说明〕按照那种对判断所作的单纯主观的理解,好像我给一个主词附加了一个谓词,但“玫瑰花是红的”、“黄金是金属”等等判断的客观表述却与那种理解相矛盾,在这种客观表述中并不是我给这些主词附加了

某种东西。——判断不同于命题;命题包含着关于主词的规定,这规定与
主词并没有普遍性的关系,而是关于某种状态、单个行为和诸如此类的东
西的规定;例如,"恺撒某年生于罗马,在高卢进行过十年战争,渡过了鲁
比肯河"等等,就是一些命题,而决不是判断。其次,说"我昨晚睡得很
好"或"举枪!"这样的命题可以被转变为判断的形式,这也是某种极其空
洞的说法。像"一辆马车在走过去"这个命题,只有当我们可能怀疑这个　Ⅵ,330
移动过去的东西是不是一辆马车,或怀疑这个对象是否在移动,而我们观
察对象的立脚点是否不在移动时,才可以算是一个判断,而且是主观判
断;因此,只有当我们所关切的是给一个尚未得到适当规定的观念找到规
定时,那样的命题才是判断。

§.168

判断的观点是有限性,从这样的观点看来,各个事物的有限性就在于
它们是判断,它们的特定存在和它们的普遍本性(它们的躯体和它们的
灵魂)虽然结合在一起——否则,事物就会是子虚乌有——但是,它们的
这些环节既是已经具有差别的,也是根本可以分离的。

§.169

在"个别即普遍"这个抽象判断里,主词作为以否定方式白相联系的
东西,是直接地具体的东西,谓词则是抽象的东西、没有得到规定的东西、
普遍的东西。但因为主词和谓词通过"是"联系起来,所以具有普遍性的
谓词也必定包含主词的规定性,这样,主词的规定性就是特殊性,而特殊

性是主词与谓词的设定起来的同一性;因此,作为对这种形式差别漠不相关的东西,主词的规定性就是内容。

〔说明〕主词在谓词中才有其明确的规定性和内容;因此,主词在孤立的状态下是一种单纯的观念或空洞的名称。在"上帝是最真实的"或"绝对是自相同一的"等等判断中,上帝、绝对是单纯的名称;在谓词中才说到主词是什么。这种判断丝毫没有涉及主词作为具体东西在其他方面还可能是什么。(参看§.31)

〔附释〕如果人们说"主词是陈述某物的东西,谓词是陈述出来的东西",那么,这是某种很琐屑的说法,人们用这种说法得不到关于这两者的差别的任何详细情况。主词就其思想而言,首先是个别,谓词是普遍。在判断的进一步发展中则出现了这样的情形,即主词不单纯是直接个别的东西,谓词也不单纯是抽象普遍的东西;于是,主词获得了特殊东西与普遍东西的意义,谓词获得了特殊东西与个别东西的意义。正是判断双方的意义的这种变换发生在主词和谓词两个名称当中。

Ⅵ,331

§.170

如果谈到主词与谓词的更详细的规定性,那么,主词作为否定性的自相联系(§.163与§.166"说明")是奠定基础的坚实东西,在这种东西中谓词有其持续存在,并且是观念的(谓词包含在主词里);因为主词一般直接是具体的,所以,谓词的特定内容仅仅是主词的许多规定性之一,主词比谓词更加丰富,更加广泛。

反之,谓词作为普遍东西是独立地持续存在的,并且对主词的存在与否漠不相关;谓词超出主词,把主词归属到自己下面,并且在自己方面比主词更加广泛。唯有谓词的特定内容(§.169)构成主词与谓词的同一性。

§.171

主词、谓词以及两者的特定内容或同一性最初是以判断的形式,在它们的联系本身被设定为不同的和相互分离的。但从本质上看,即按概念来说,它们却是同一的,因为主体这个具体总体并不是某种不确定的多样性,而只是个别性,是具有一种同一性的特殊东西和普遍东西,并且这种统一性正是谓词(§.170)。——其次,在系词中主词与谓词的同一性虽然被设定起来,但最初仅仅被设定为抽象的"是"。按照这种同一性,主词也必须在谓词的规定中设定起来,从而谓词也获得主词的规定,并且系词的意义充分发挥出来。这就是判断通过富有内容的系词被不断地规定为推理的过程。最初在判断里对判断的进一步规定,是把起先抽象的、感性的普遍性规定为全体、类和种,规定为得到发展的概念的普遍性。 ⅤⅠ,332

〔**说明**〕对于不断规定判断的过程所得到的认识,给通常作为各种判断而列举出来的东西既提供了一种联系,也提供了一种意义。通常列举各种判断的方法除了看起来是极其偶然的以外,在指明各种判断的差别时还是某种肤浅的、甚至混乱和粗暴的做法;肯定判断、直言判断和实然判断的划分方法,一方面是捕风捉影,一方面是始终模糊不清。各种不同的判断应该看作是必然从一种得出另一种的,是概念的一个不断规定过程[7],因为判断本身无非是得到规定的概念。

相对于前面的存在和本质两个范围,得到规定的概念作为判断是这两个范围的重演,不过是在单纯的概念关系中被设定的。

〔**附释**〕各种不同的判断不仅应该看作是一种经验的多样性,而且应该看作是一种由思维得到规定的总体,而康德的伟大功绩之一就是他首先提出了这个要求。康德根据他的范畴表的格式,把判断划分为质的判 ⅤⅠ,333

断、量的判断、关系判断和模态判断,虽然他所提出的划分一方面由于这些范畴的格式的单纯形式的应用,另一方面也由于它们的内容,而未能被认为令人满意,但给这种划分奠定基础的毕竟是真正的观点,即逻辑理念的普遍形式本身规定了各种不同的判断。据此,我们首先得到了三种主要的判断,它们对应于存在、本质和概念这样三个阶段。在这种情况下,三个主要的种里的第二个与本质的特点、即差别的阶段相对应,又在自身是双重的。这种划分判断的系统的内在根据必须在下列情况中去寻找:既然概念是存在与本质的观念性统一,概念在判断中出现的发展过程也就首先必须以合乎概念的变化方式重演这两个阶段,而概念本身随后也表明自己是能够规定真正的判断的。——各种不同的判断不应认为是以同等价值相互并列起来的,而应认为形成一个阶段发展的顺序,这个发展顺序中出现的差别是建立在谓词的逻辑意义上的。这也见之于通常的意识,因为如果有人常常喜欢只提出这样的判断,如"这堵墙是绿色的","这火炉是炽热的"等等,我们则毫不迟疑地认为他的判断能力很薄弱,反之,如果有人作出的判断涉及某件艺术作品是否美,某一行为是否善等等,我们则说他真正懂得作出判断。在上述第一种判断中,内容仅仅构成一种抽象的质,直接的知觉就足以判定这种质的存在,反之,如果谈到一件艺术作品是美的,或一个行为是善的,则应把所述的这些对象与它们应该是的东西,即与它们的概念加以比较。

VI,334

α.质 的 判 断

§.172

直接判断是关于定在的判断;它的主词是在一个作为它的谓词的普遍性里设定的,这个谓词是一种直接的(因而感性的)质。直接判断是 1.

肯定判断:个别是特殊。但个别并不是特殊;更确切地说,这样的个别的质与主词的具体本性不相符;这样的直接判断就是 2.否定判断。

〔说明〕认为像"玫瑰花是红的"或"玫瑰花不是红的"这样的质的判断可以包含真理,这是最重要的逻辑成见之一。这些判断确实可以是正确的,即在知觉、有限表象与思维的限定范围内是正确的;这取决于内容,而这个内容同样是一个有限的、本身不真的内容。但是,真理是建立在形式上的,即建立在设定起来的概念和符合于概念的实在上的,而这样的真理在质的判断里并不存在。

〔附释〕正确与真理在日常生活里常常被认为意思相同,因此,人们在涉及单纯的正确时,也往往说一个内容有真理。一般说来,正确只是指我们的表象与其内容在形式上的符合,而不管这个内容在其他方面的性状如何。反之,真理则在于对象与其自身、即与其概念的符合。说某人有病或某人偷窃东西,这尽管可以是正确的,但这样的内容却不是真的,因为有病的身体是不符合于生命的概念的,同样,偷窃是一种不符合于人类行为概念的行为。从这类事例可以看出,陈述直接个别事物的抽象的质的直接判断无论怎样正确,都毕竟不会包含任何真理,因为主词与谓词在这种判断中彼此没有实在与概念的关系。——进一步说,直接判断的非真理性也在于它的形式与内容彼此不相符合。当我们说"这朵玫瑰花是红的"时,系词"是"包含的意思是主词和谓词彼此符合。但玫瑰花作为一个具体的东西不仅是红的,而且也发出香味,具有特定的形式和许多其他规定,它们并不包含在"红的"这个谓词里。另一方面,这个谓词作为抽象普遍的东西也不单纯属于玫瑰花这个主词。也还有其他的花和其他的对象,它们同样是红的。因此,主词与谓词在直接判断里仿佛仅仅在一个点上这样相互接触,但它们并不相互吻合。概念判断的情况则与此不同。当我们说"这个行为是善的"时,这就是一个概念判断。我们立刻看到,在概念判断里并不像在直接判断里那样,在主词与谓词之间发生这类

Ⅵ,335

松弛的和外在的关系。如果说在直接判断里谓词是由某种抽象的质构成的，它可以属于主词，也可以不属于主词，那么，与此相反，在概念判断里谓词则仿佛是主词的灵魂，主词作为这个灵魂的躯体是彻底由这个灵魂决定了的。

§.173

在作为第一次否定的这种质的否定中，还保持着主词与谓词的联系，因此谓词是相对普遍的东西，只是它的规定性遭到否定；（"玫瑰花不是红的"这个否定判断的含义是它还有颜色，不过是有另一种颜色，而这又可以成为一个肯定判断。）但个别也不是普遍。因此，3.判断就在自身分裂为两个形式：aa）一个是空洞的、同一的联系，即个别是个别，这就是同一判断；bb）另一个是主词与谓词的完全不符合，这就是所谓的无限判断。

〔**说明**〕无限判断的例子是："精神不是象"、"狮子不是桌子"等等。——这些命题虽然是正确的，但正像同一命题"狮子是狮子"、"精神是精神"一样，是毫无意义的。这些命题虽然是直接的判断、即所谓质的判断的真理，但根本不是什么判断，而只能出现在一种也会坚持不真的抽象东西的主观思维里。——客观地看，这些命题表示存在着的东西或感性事物的本性，即表示这些命题分裂为一种空洞的同一和一种充实的关系，而这种关系是相关的双方在质上的异在，是这双方完全不符合的状态。

〔**附释**〕主词与谓词不再发生任何联系的否定无限判断，在形式逻辑里常常单纯作为没有意义的奇珍异物而加以引用。但实际上，这种无限判断不仅应看作主观思维的一个偶然形式，而且它是作为先前的直接判断（肯定的直接判断和简单否定的直接判断）辩证发展的最近结果得出

VI,336

来的,直接判断的有限性和非真理性都在其中明确地显露出来。犯罪可以看作是否定无限判断的一个客观事例。谁犯了罪,更具体地举例说,谁偷了东西,谁就不仅像在民事诉讼里那样,否定了他人对特定财物的特殊权利,而且否定了他人的一般权利,因此,他不仅被勒令退还他所偷了的财物,而且他还应该另外受到惩罚,因为他违反了法律本身,即违反了一般法律。然而,民事诉讼则是简单否定判断的一个事例,因为在这种诉讼中只是否定了那种特殊权利,从而承认了一般权利。这种情况是与否定判断"这朵花不是红的"一样的,这个判断否定的只是这朵花的这种特定颜色,而不是它的一般颜色,因为它还可以是蓝的、绿的,等等。同样,死亡也是一个否定无限判断,它不同于作为简单否定判断的疾病。在疾病中,受到阻碍或遭到否定的只是这种或那种特殊生命机能,然而如大家经常说的,在死亡中躯体与灵魂则分离开了,即主词与谓词全然隔离开了。

Ⅵ,337

β. 映 现 判 断

§.174

个别作为设定到判断里(即映现到自身里)的个别,具有一个谓词,相对于这个谓词,主词作为自相联系的主词同时仍然是一个他物。——在实存里,主词不再是直接有质的,而是与一个他物,即与一个外在世界,有了关系和联系。因此,谓词的普遍性获得了这种相对性的意义。(例如,有用和危险、重力与酸性以及本能等等,就有这样的相对性。)

〔**附释**〕映现判断不同于质的判断,完全是由于映现判断的谓词不再是直接的、抽象的质,而是有这样的特性,即主词通过谓词表明自身是与他物相联系的。例如,我们说"这朵玫瑰花是红的",我们就是从主词的直接个别性来看主词的,而不涉及他物;反之,如果我们作出判断说"这

Ⅵ,338

个植物是可以治病的”，我们则把主词、即这个植物看作是通过它的谓词、即可以治病的性能而与他物（用这个植物加以治疗的疾病）相联系的。“这个物体是有弹性的”、“这个工具是有用的”、“这个刑罚是有威慑作用的”等等判断，也都是如此。这样一些判断的谓词完全是映现规定，它们虽然超出了主词的直接个别性，但仍然没有指明主词的概念。——通常的形式推理往往特别喜欢运用这种方式的判断。涉及的对象越具体，对象给反思提供的观察角度就越多，但这种反思并不能穷尽对象的独特本性，即不能穷尽对象的概念。

§.175

1.主词，即（在单称判断中）作为个别的个别，是一个普遍东西。2.在这种关系中主词超越了自己的单个性。主词的这种扩大是一种外在的扩大，是主观的映现，首先是没有得到规定的特殊性（即在特称判断中的特殊性，这种判断既直接是否定的，又直接是肯定的；于是个别在自身区别分为二，一方面个别是自相联系的，另一方面个别又与他物相联系）。3.有些特殊性是普遍东西，于是特殊性扩大为普遍性；或者说，这种普遍性通过主词的个别性得到规定，就是全体性（共同性、通常的反思普遍性）。

〔**附释**〕主词在单称判断中被规定为普遍东西时，就超出了自身作为这种单纯个别东西的地位。当我们说“这个植物是可以治病的”时，意思是说，不仅这一个别植物是可以治病的，而且好多或有些这样的植物也是可以治病的，而这就给出了特称判断（“有些植物是可以治病的”、“有些人是有发明能力的”等等）。直接个别的东西通过特殊性丧失了自己独立性，而与其他东西联系起来。人作为这样的人，不再单纯是这一个别的人，而且他是与其他人并存的，从而成了众人中的一个人。但正因为如

VI，339

此,他也就属于他的普遍东西,并由此得到了提高。特称判断既是肯定的,也是否定的。如果只有一些物体有弹性,则其余的物体没有弹性。——于是,在这里又包含着不断向映现判断的第三个形式、即全称判断("所有的人都是会死的"、"所有的金属都是电导体")的进展。全体性是反思经常首先想到的普遍性形式。在反思中,各个个别东西构成基础,正是我们的主观活动把它们概括起来,定义为全体。在这里普遍东西仅仅表现为一种外在纽带,它把各个独立地持续存在的、对它漠不相关的个别东西总括起来。但实际上,普遍东西是个别东西的根据和基础、根本和实质。例如,如果我们考察卡尤斯、提图斯、辛普罗尼乌斯以及一个城市或地区的其他居民,那么,"他们全都是人"这句话说的,并不单纯是他们具有的某种共同东西,而是他们的普遍东西、他们的类,并且所有这些单个的人如果没有他们的这个类,就完全不可能存在。反之,那种表面的、徒有其名的普遍性则是另一种情况,实际上,这类普遍性仅仅是属于一切单个东西的、一切单个东西共同具有的东西。有人说过,人们与动物不同,彼此共同具有耳垂这样的装置。但很明显,如果这个人或那个人没有耳垂,这并不会影响他在其他方面的存在、他的性格、他的才能等等。　VI,340
反之,如果认为卡尤斯不可能是人,却有勇气、有学问等等,这种看法则会是荒谬的。单个的人只有自己首先是人本身,并具有普遍的东西,才是具有特殊的东西的人,而这种普遍东西不仅是某种在其他抽象的质或在单纯反思的规定之外和之旁的东西,而且更确切地说,是贯穿在一切特殊东西之内的、在自身包括一切特殊东西的本质。

§.176

由于主词同样被规定为普遍东西,所以主词与谓词的同一性就被设定为无关紧要的,并且判断的规定本身也因而被设定为无关紧要的。内容就是与主词的那种否定的自内映现相同一的普遍性,内容的这种同一性使判断的联系成为一种必然的联系。

〔附释〕全称映现判断到必然判断的进展,已经见之于我们的通常意识,因为我们常说,属于全体的东西就属于类,因而是必然的。当我们说所有的植物,所有的人等等时,这与我们说植物、人等等是完全一样的。

γ.必 然 判 断

§.177

必然判断作为内容在其差别中的同一性的判断,1.在谓词中一方面包含着主词的实质或本性,包含着具体的普遍东西,即类;一方面由于这普遍东西在自身也包含否定的规定性,所以必然判断在谓词中包含着排他的本质规定性,即种。这是直言判断。

VI,341 2.按照主词和谓词的实质性,必然判断的双方获得了独立现实性的形态,不过双方的同一性仅仅是内在的同一性,因此,一方的现实性同时不是它自己的现实性,而是它的他方的存在。这是假言判断。

3.必然判断双方的内在同一性同时被设定于概念的这种外在化,所以普遍的东西是类,它在自己的排他的个别性里是自相同一的;在以这种普遍东西为其双方的判断中,普遍东西有时是普遍东西,有时则是其排斥自己的特殊化过程的圆圈,而这个圆圈里的非此即彼就像亦此亦彼那样代表着类。这样的判断是选言判断。因此,普遍性最初作为类,进而作为它的两个种组成的圆圈,被规定和设定为总体。

〔附释〕直言判断("黄金是金属"、"玫瑰花是一种植物")是直接的必然判断,在本质范围里对应于实体性关系。所有的事物都是直言判断,这就是说,所有事物都有自己的实体本性,它构成所有事物的固定不变的基础。只有我们从类的观点考察事物,把事物看作是由类必然地决定的,判断才可能开始成为真正的判断。如果"黄金是昂贵的"和"黄金是金属"这样的判断被认为处于同一阶段,则必须把这种看法称为对逻辑修养的缺乏。说黄金是昂贵的,这涉及黄金与我们的偏好和需要、获得黄金的费用等等的外在关系,即使改变或取消这种外在关系,黄金也依然是黄金。与此相反,金属性则构成黄金的实体本性,没有这种本性,黄金以及一切属于黄金的其他性质或关于黄金所能陈述的东西都无法存在。当我们说"卡尤斯是一个人"时,情形也同样如此;我们用这个判断说明,一切能够属于卡尤斯的其他东西只有符合于他作为一个人的这种实体本性,才有价值和意义。——但进一步说,直言判断还是有缺点的,因为在直言判断里特殊性环节还没有得到其应有的地位。例如,黄金固然是金属,但银、铜、铁等等也同样是金属,而且金属性本身表现为对于金属性的各个种的特殊东西是漠不相关的。在这里就包含着从直言判断到假言判断的进展,而假言判断则可以用"如果有 A,则有 B"这样的公式加以表述。我们在这里得到的进展与本质范围里从实体性关系到因果性关系的进展是一样的。在假言判断里内容的规定性表现为得到中介的和依赖于另一内容的,而这正是原因与结果的关系。从根本上说,假言判断的意义是它在普遍东西的特殊化过程中设定了普遍东西,而这样一来,我们便得到了选言判断,作为必然判断的第三个形式。A 不是 B,就是 C 或 D;诗的作品不是史诗,就是抒情诗或戏剧诗;颜色不是黄的,就是蓝的或红的等等[8]。选言判断的双方是同一的;类是它的各个种组成的总体,各个种组成的总体就是类。普遍与特殊的这种统一是概念,并且正是概念现在构成了判断的内容。

VI,342

δ.概 念 判 断

§.178

概念判断是以概念、具有简单形式的总体作为其内容,即以具有完备的规定性的普遍东西为其内容。概念判断的主词,1.最初是一个个别东西,它以特殊的定在到其普遍东西上的映现为谓词,即以特殊的定在与其普遍的东西这两个规定的符合或不符合为谓词;例如,谓词是善的、真的、正确的等等。这是实然判断。

〔说明〕只有像一个对象、行为等等是否善的(或恶的)、真的、美的等等这样的判断,我们也才在日常生活中称为判断;但对于任何一个只知道作出肯定判断或否定判断的人,例如他说"这朵玫瑰花是红的","这幅画是红的、绿的、陈旧的"等等,我们是决不会认为他有判断力的。

实然判断在它要求成为独立有效的时候,在社会中反而被认为是不适当的,但这种判断现在通过直接知识与直接信仰的原则,甚至在哲学里也被发挥为唯一的和重要的学说形式。在主张这条原则的许多所谓的哲学著作里,我们可能千百次读到关于理性、知识、思维等等的保证,因为外在的权威现在毕竟已不再有多大效力,所以这些保证试图通过这同一条原则的无限重复,获得对自身的信仰。

§.179

实然判断在其最初的直接主词里不包含谓词所表达的特殊与普遍的关系。因此,这种判断仅仅是一种主观的特殊性,与这种判断相对立的是

VI,343

一个具有同样理由,或毋宁说同样没有理由的相反的保证;因此,这种判断就立刻仅仅成为2.或然判断。但是,3.当客观的特殊性被设定在主词里,主词的特殊性被设定为主词的定在的性状时,主词就表示客观特殊性与主词的性状的联系,即表示客观特殊性与主词的类的联系,这样一来,也就表示构成谓词内容的东西(§.178),如"这所(直接个别性)房子(类),具有如此这般的性状(特殊性),是好的或坏的";这是确然判断。 Ⅵ,344
一切事物都是一个在具有特殊性状的个别现实性中的类(它们的规定和目的);一切事物的有限性都在于它们的特殊东西可以符合普遍东西,也可以不符合普遍东西。

§.180

这样,主词与谓词中的每一个本身都是整个判断。主词的直接性状最初表明自身为现实事物的个别性与普遍性之间的起中介作用的根据,即判断的根据。实际上被设定起来的是主词与谓词的统一,即概念本身;概念是空洞的"是"这个系词的充实过程,当概念的环节同时被区分为主词与谓词时,概念也就被设定为这两者的统一,被设定为中介这两者的联系;这就是推理。

c.推　　理

§.181

推理是概念和判断的统一。推理是作为这样一种简单同一性的概念,判断的形式差别已经返回到这种同一性;推理也是判断,因为推理同时在现实性中，即在它的各个规定的差别中已经被设定起来。推理是合理的，而且一切事物都是合理的。

〔**说明**〕虽然人们通常习惯于把推理确定为理性思维的形式，但只是确定为一种主观的形式，而不可能指出这种形式与其他合理内容——诸如合理原则、合理行为、理念等等——之间的任何一种联系。整个来看，人们都是经常侈谈理性，诉诸理性，而没有说明理性的规定性是什么，理性是什么，也极少想到理性与推理的联系。实际上，形式推理是用它与理性内容毫不相干这样一种不合理的方式去表述合理的事物的。但是，既然这样的内容只有通过思维赖以成为理性的规定性才能是合理的，那么，这种内容也就只有通过那种成为推理的形式才能是合理的事物。——但像本节所述的，推理无非是设定起来的、（最初在形式上）现实的概念。因此，推理是一切真理的实质性根据。在现在这个阶段，关于绝对的定义是：绝对是推理；或者把这个定义陈述为定理：一切事物都是推理。一切事物都是概念，概念的定在是概念的各个环节的差别，所以，概念的普遍本性通过特殊性，给予自身以外在的实在性，并通过这种实在性，作为否定的自内映现，使自身成为了个别东西。——或反过来说，现实事物是个别东西，它通过特殊性，把自身提高为普遍性，并使自身与自身相同一。——现实事物是各个概念环节的统一，但同样也是各个概念环节的分离，推理就是中介这些环节的循环过程，现实事物经过这个循环过程，把自身设定为统一。

〔**附释**〕像概念和判断那样，推理也常常单纯被视为我们主观思维的一种形式，因此这就意味着推理是论证判断的过程。虽然判断确实是向着推理发展的，但是，并不只是我们的主观活动造成这种进展，而且判断本身设定自身为推理，并在推理中返回到概念的统一。更详细地说，正是确然判断形成向推理的过渡。在确然判断里我们有一个个别东西，它通过它的性状，使自身与它的普遍东西，即它的概念相联系。在这里特殊表现为在个别与普遍之间起中介作用的中项,而这就是推理的基本形式,从形式方面来看,推理的进一步发展在于个别和普遍也占据中项地位,通过这种地位的变化,在后来就形成了从主观性到客观性的过渡。

§.182

直接推理在于各个概念规定作为抽象的概念规定彼此仅仅有外在的关系,所以两个端项是个别性与普遍性,而概念作为联结这两者的中项也同样仅仅是抽象的特殊性。这样一来,两个端项在彼此之间就像对它们的中项一样,被设定为漠不相关地、独立地持续存在的。所以,这种推理是没有概念的理性思维,即形式的知性推理。在这种推理中主词与另一个规定性相联结;或者说,普遍东西通过这个中介,包括了一个对普遍东西外在的主词。反之,理性推理则在于主词通过中介而使自身与自身相联结。这样,主词才成为主词,或者说,主词才在其自身成为理性推理。

〔说明〕在下面所作的考察里,知性推理是按照它的通常流行的意义,用它的主观方式加以表达的,而这种方式是按照我们作出这样一些推理的意义为知性推理所拥有的。实际上,知性推理仅仅是主观推理;但这种推理也有客观意义,即它只表达事物的有限性,不过是使用了形式在这里达到的特定方式。在各个有限事物中,只要它们的普遍性既是事物的单纯的质,是这一事物与其他事物的外在联系,又是这一事物的类和概念,作为物性的主观性就可以同它们的属性、它们的特殊性相分离,也可以同它们的普遍性相分离。 VI,347

〔附释〕按照上文提到的那种把推理视为理性思维的形式的观点,人们也把理性本身定义为推理的能力,而把知性定义为形成概念的能力。给这种观点奠定基础的是把精神看作彼此并列的力量或能力的单纯总和的肤浅观念,撇开这个观念不谈,关于知性与概念、理性与推理的这种联系则必须指出,正像概念不可单纯看作知性规定一样,推理也不可直接看作合理的。这是因为,一方面在形式逻辑的推理学说里经常加以讨论的东西实际上无非是单纯知性推理,而这种推理绝对无权享有被奉为理性思维形式、甚至理性思维本身的荣誉,另一方面概念本身也不是单纯知性形式,所以倒不如说,把概念贬低为单纯知性形式的只是进行抽象思维的知性。因此,有人也就经常把单纯知性概念和理性概念区别开,然而这种区分却不可理解为有两种不同的概念,而是应该理解为:我们的活动或者单纯停留在概念的否定的和抽象的形式上,或者按照概念的真实本性把概念看作同时既是肯定的又是具体的东西。例如,如果把自由看作必然性的抽象的对立面,这就是单纯知性的自由概念,反之,真正的和理性的

VI,348　自由概念则在其自身包含着被扬弃了的必然性。同样,所谓有神论提出的上帝定义也是单纯知性的上帝概念,反之,认为上帝是三位一体的基督教则包含着理性的上帝概念。

α.质 的 推 理

§.183

如前一节所述,第一种推理是定在推理或质的推理。这种推理的形式是 1)E—B—A^9,这就是说,一个作为个别东西的主词通过一种质,与另一个普遍的规定性联结起来。

〔说明〕主词(terminus minor〔小项〕)除了个别性的规定以外,还有其他规定,同样,另一端项(结论里的谓词或 terminus maior〔大项〕)除了仅仅是一个普遍东西以外,也进一步得到规定;在这里我们不考察这种情形,而只考察这些规定或东西由以构成推理的各个形式。

〔**附释**〕定在推理是单纯的知性推理,这是就个别性、特殊性和普遍性在这里彼此完全抽象地对立来说的。所以,这种推理是概念最高的外在化。我们在这里得到一个直接的个别东西,作为主词;在这个主词中突出强调的是某个特殊方面、某个属性,并且个别东西通过这个方面或属性而表明自身是普遍东西。例如,如果我们说"这朵玫瑰花是红的,红是一种颜色,所以这朵玫瑰花是有一种颜色的",情况就是这样。在普通逻辑中经常加以讨论的,主要是推理的这种形态。从前大家把这种推理视为一切知识的绝对规则,而且一个科学论断只有被证明是通过推理而得到中介的,才算是言之成理的。现今大家则几乎只有在逻辑教科书里还能遇到这种推理的各个形式,而且关于这些形式的知识已被视为空洞的书本知识,它无论是在实践生活中还是在科学中,都没有任何更多的用途。对此我们首先要指出,虽然在每个场合都完整地、详细地叙述形式推理可能是多余的、有学究气的,但这种推理的各个形式还是在我们的认识活动中不断地发挥作用。例如,当一个人在隆冬清晨醒后听见街上有马车碾轧声,从而想到昨夜冰冻可能很厉害时,他就以这种方式完成了一种推理操作,而这种操作是我们每天都在形形色色、错综复杂的生活中重复进行的。所以,作为一个能思维的人,明确认识自己的这种日常行为,较之不仅了解我们的有机生命的功能,例如消化、造血和呼吸,而且了解我们周围的自然界的过程和产物,至少不会具有更小的重要性。在这里无疑必须承认,正像为了进行正常的消化、呼吸等等,而不需要顶先研究解剖学和生理学一样,为了作出正确的推理,我们也不必事先研究过逻辑学。——亚里士多德第一个观察和叙述了这种推理的各个形式或所谓的格的主观意义[10],而且作得这样肯定和明确,以致对他达到的研究成果在本质上从来都没有任何进一步的增补。虽然这项成就给亚里士多德带来巨大的荣誉,但他在他的真正哲学的探讨中使用的却决不是知性推理的各个形式,也根本不是有限思维的各个形式(参看§.189"说明")。

Ⅵ,349

Ⅵ,350

§.184

α）这种推理就其各个规定而言是完全偶然的，因为中项作为抽象的特殊性仅仅是主词的任何一个规定性，而主词作为直接的、因而在经验中具体的主词具有许多规定性，因此可以同样与许多其他普遍性结合起来，同样，一个个别的特殊性在自身又可以有许多不同的规定性，因此主词通过同一个 medius terminus〔中项〕就可以与不同的普遍东西联系起来。

〔**说明**〕形式推理之所以不能成立，与其说是由于人们看出了它不正确，并且想用这种方式证明它无用，倒不如说是由于风气使然。这一节和下一节在于指明这样的推理对于求得真理是虚妄不实的。

从这一节指明的方面来看，这样的推理可以像人们提到的那样，证明极其不同的东西。只需选用一个 medius terminus〔中项〕，即可据以过渡到想得到的规定。但用另一个 medius terminus〔中项〕，也可以证明某个不同的、甚至相反的规定。——一个对象愈具体，属于这个对象的、可以用作 medius terminus〔中项〕的方面就愈多。在这些方面中哪一个比另一个更为重要，又必须以一个这样的推理为基础，这个推理坚持着个别的规定性，同样会很容易为这个规定性找到一个方面或角度，而这个规定性便根据这个方面或角度让自身起重要的和必然的作用。

〔**附释**〕虽然在日常生活交往中我们经常很少想到知性推理，但这种推理在其中仍然不断发生作用。例如，在民事诉讼里，辩护律师强调那些对其当事人有利的法律条文，他的工作就是如此。但从逻辑观点来看，这样一种法律条文无非是一个 medius terminus〔中项〕。这类情况也同样出现于外交谈判中，例如，当各个强国都要求占有同一块土地时，在这种争执中，继承权、土地的地理位置、居民的祖籍和语言或任何其他理由都可

Ⅵ,351

作为 medius terminus〔中项〕加以强调。

§.185

β）这种推理由于它所包含的联系的形式，也同样是偶然的。按照推理的概念来说，真理是两个不同的东西通过一个中项的联系，中项就是两者的统一。但两个端项在中项上的联系（两个所谓前提，即大前提和小前提）现在却是直接的联系。

〔说明〕推理的这种矛盾又通过一个无限进展，表现为这样的要求：两个前提中的每一个都同样要求用一个推理加以证明；但这个推理也同样有两个直接的前提，于是这类直接的前提又重复着同样的要求，而且总是有双重的要求，以至无穷。

§.186

在这里（由于经验的重要性）被看出是那个在这种形式中具有绝对正确性的推理的缺点的东西，必定会在推理的不断规定中自己扬弃自己。现在在概念范围里，就像在判断中那样，对立的规定性已经不仅是自在地存在的，而且是设定起来的，所以对于推理的不断规定，也只需选用通过推理本身在每个阶段被设定起来的东西。

通过直接推理 E—B—A，个别东西已经与普遍东西得到中介，并且 Ⅵ,352 在这个结论中被设定为普遍东西。所以，个别东西作为主词，甚至作为普遍东西，现在就是两个端项的统一和中介者；这就给出了推理的第二格：
2）A—E—B。推理的第二格表示第一格的真理，即在这种方式下，发生于个别性里的中介过程是某种偶然东西。

§.187

第二格把普遍东西(它从第一格的结论里,通过个别性而得到规定,过渡到第二格,从而占据直接主词的地位)与特殊东西结合起来。这样,普遍东西就通过这个结论而被设定为特殊东西,因而被设定为两个端项的中介者,而两个端项的地位现在则为其他两项所占据;这就是推理的第三格:3)B—A—E。

〔说明〕所谓推理的各个格(亚里士多德仅仅正确地举出三个格;第四格是近代人的多余的、甚至无聊的附加[11])在对它们所作的通常的阐述中是相互并列起来的,而人们很少想到指出它们的必然性,更没有想到指出它们的意义和价值。因此,无怪乎这些格在后来就是作为空洞的形式加以处理的。但是,它们却具有一种很深刻的意义,而这种意义是以一种必然性为基础,即每个环节作为概念规定本身都会成为整体和起中介作用的根据。——不过,各个命题除此以外还有哪些规定,要在各个不同的格中推演出正确结论,它们应该是全称命题,还是否定命题,这却是一种机械的探讨,它由于具有无概念的机械性和内在的无意义性,而已经理所当然地被遗忘了。——为了表明这样的探讨和知性推理的重要性,人们极少能诉诸亚里士多德。亚里士多德当然描述过这些推理形式以及精神和自然的其他无数形式,考察和指明了它们的规定性;但在他的形而上学概念以及自然事物与精神事物的概念中,他远远未曾想把知性推理的形式当做基础和标准,所以我们可以说,假如他曾经屈服于知性规律,这些概念连一个也不会产生出来或能保存下来。在亚里士多德按照自己的方式从根本上作出的许多描述和报道中,占主导地位的总是思辨概念,并且他没有让他最初很明确地指明的那类知性推理进入思辨概念的领域。

〔**附释**〕推理的各个格的客观意义，根本在于一切合理东西都表明自身是一个三重的推理，具体地说，推理的每个环节既占据端项的地位，也占据起中介作用的中项的地位。哲学科学中的三个环节，即逻辑理念、自然和精神，就尤其是这样。首先，在这里自然是居中的、起联结作用的环节。自然这个直接的总体，把自身发展为逻辑理念和精神两个端项。但精神只有通过自然而得到中介，才是精神。第二，我们当作个体的、能动的东西加以认识的精神也同样是中项，而自然和逻辑理念则是端项。正是精神在自然中认识到逻辑理念，从而把它提高为自己的本质。第三，逻辑理念本身也是中项；逻辑理念是精神和自然的绝对实体，是普遍的东　Ⅵ,354
西，贯穿一切的东西。这就是绝对推理的各个环节。

§.188

既然每个环节都依次取得了中项和端项的地位，它们彼此的确定的差别便得到了扬弃，并且推理首先在它的各个环节的这种无差别形式中把外在的知性同一性或等同性当作它的联系；这就是量的或数学的推理。如果两个东西等于第三个东西，则这两个东西相等。

〔**附释**〕大家知道，这里提到的量的推理在数学中表现为公理，人们像谈到其他公理那样，常常说数学公理的内容是不能加以证明的，而且也不需要这类证明，因为数学公理是直接自明的。但在实际上，这种数学公理无非是一些逻辑命题，它们只要表达特殊的、确定的思想，就可以从普遍的、自己规定自己的思维中推演出来，而这种推演恰恰应该看作是它们的证明。数学中作为公理提出来的量的推理的情形就是如此。量的推理表明自身是质的推理或直接推理的最近结果。——此外，量的推理是完全没有形式的推理,因为在量的推理里,概念所规定的各个环节之间的差别已经得到扬弃。在量的推理里究竟哪些命题应该作为前提,这取决于外在环境,因此,我们在应用这种推理时,就把那种已经在其他地方确立和证明的东西当作前提。

§.189

VI,355

这样一来,首先在形式方面产生出两个结果:1.每个环节都取得中项的规定和地位,因而取得整体的规定和地位,所以就自在地丧失了自己的抽象片面性(§.182 和 §.184);2.中介过程(§.185)已经完成,也同样只是自在地完成的,即只是作为一个由各个互为前提的中介过程构成的圆圈完成的。在推理的第一格 F—B—A 中,两个前提 E—B 和 B—A 还没有得到中介;前一个前提在第三格中得到中介,后一个前提在第二格中得到中介。但这两个格中的每一个,为了使它的前提得到中介,同样预先假定了它的其他两个格。

由此看来,概念的起中介作用的统一不再仅仅须被设定为抽象的特殊性,而是须被设定为个别性与普遍性的得到发展的统一,具体地说,首先须被设定为这两个规定的得到映现的统一,即个别性也同时被规定为普遍性。这样的中项便给出了映现推理。

β.映 现 推 理

§.190

如果中项目前不仅是主词的抽象的、特殊的规定性,而且同时是所有个别的、具体的主词,它们只有与其他规定性一起,也才具有那种抽象的、特殊的规定性,这样的中项就给出了 1.全称推理。但是,以特殊规定性、即 terminus medius〔中项〕为主词的大前提作为全体性,却反而预先设定了本来应该以这个大前提为前提的结论。因此,这大前提是建立在 2.归纳上的,而归纳的中项就是全部的个别东西,诸如 a、b、c、d 等等。但是,直接的经验的个别性总是与普遍性有差别,因而决不能提供列举全部个别东西的完备性,所以,归纳是建立在 3.类比上的,类比的中项虽然是一个个别的东西,但是却具有这个东西的本质普遍性、类或本质规定性的意义。——全称推理为了得到自己的中介,导向归纳推理,归纳推理又导向类比推理;但是,在个别性与普遍性的外在联系的两个形式都经历了映现推理的各个格以后,类比推理也同样要求有一个在自身得到规定的普遍性,或作为类的个别性。 Ⅵ,356

〔说明〕通过全称推理,§.184 指出的那种知性推理的基本形式的缺点得到了纠正,不过这又出现一个新的缺点,即大前提把本来应该是结论的内容假定为一个直接的命题。——"所有的人都是有死的,所以卡尤斯是有死的","所有的金属都是电导体,所以举例说,铜也是电导体"。这些大前提把一些直接的个别东西表述为所有的个别东西,但显然本来是一些经验命题;为了能够说出这些大前提,需要把关于卡尤斯这样的个人、铜这样的个别东西所陈述的命题本身预先已经确证为正确的。——每个人都感到"所有的人都是有死的,卡尤斯也是有死的"这类推理不仅是学究主义,而且是毫无所述的形式主义,这是有道理的。

〔附释〕全称推理导向归纳推理,在归纳推理中许多个别东西构成起联结作用的中项。当我们说"所有的金属都是电导体"时,这是一个经验命题,它是从用所有的个别金属做过的实验中得出来的。我们由此得到归纳推理,它具有如下的形态:

$$B—E—A$$
$$E$$
$$E$$
$$\vdots$$

金是金属,银是金属,铜、铅等等同样是金属。这是大前提。随之产生出
小前提"所有这些物体都是电导体",并由此得出一条结论,即所有的金
属都是电导体。所以,在这里起联结作用的是作为全体性的个别性。这
种推理这时同样又导向另一种推理,〔即归纳推理〕。归纳推理以全部的
个别东西为其中项。这种中项存在的前提就在于观察与经验在某种范围
内是完备无遗的。但这里所涉及的是一些个别东西,所以这就又产生了
无限进展($E,E,E\cdots$)。在归纳中是决不可能穷尽所有的个别东西的。
当我们说所有的金属、所有的植物等等的时候,这仅仅是指我们迄今知道
的所有的金属、所有的植物。因此,任何归纳总是不完备的。虽然我们做
过这样或那样的观察,做过许许多多的观察,但并非所有的情况、所有的
个体都被观察到了。导致类比的正是归纳的这个缺点。在类比推理中,
我们从某个类中的一些事物具有某个属性,推论出同一个类中的其他事
物也具有同一个属性。例如,我们说迄今为止,我们发现一切行星都遵循
这条运动规律,因此,一个新发现的行星也可能是按照这同一条规律运动
的,这就是一个类比推理。类比在经验科学中理应占有重要地位,而且科
学家也已经用这个方法获得了很重要的结果。正是理性的本能使人预感
到,这种或那种在经验中发现的规定是以一个对象的内在本性或类为依
据的,并且这种本能据此进一步作出推理。此外,类比可能很肤浅,也可
能很深刻。例如,有人说"卡尤斯这个人是一位学者,提图斯也是人,所
以他也可能是一位学者",这无论如何是一个很坏的类比,这是因为,一
个人有学问完全不是以他所属的这个类为依据。诸如此类的肤浅类比仍
然屡见不鲜。例如,有人经常这样说,地球是一个天体,并且有居民,月亮

VI,357

VI,358

也是一个天体,所以它也是有人居住的。这个类比丝毫不比前面提到的那个类比更妙。地球上有居民,这并不单纯基于它是一个天体,而且还需要有其他条件,例如,它周围有大气,它上面有水,等等。这些条件就我们现在所知,正是月亮所没有的。在现代人们称为自然哲学的那类东西,大部分是用一些空洞的、外在的类比所作的一种无聊游戏,它们竟然被视为高深玄妙的成果,这就使哲学对自然的考察丧失了应有的信誉。

γ. 必 然 推 理

§.191

必然推理就单纯抽象的规定来看,以普遍东西为中项,就像映现推理以个别性为中项一样;后一种推理具有第二格的形态,前一种推理具有第一格的形态(§.187)。在这里普遍东西被设定为自身在本质上得到规定的。首先,1.特殊东西在特定的类或种的意义上是起中介作用的规定,这就是直言推理的情况;2.个别东西有直接存在的意义,它是起中介作用的,同样也是得到中介的,这就是假言推理的情况;3.起中介作用的普遍东西被设定为自己的特殊化的总体,也被设定为个别的特殊东西或排他的个别性,这就是选言推理的情况。所以,在选言推理的这些规定中包含着同一个普遍东西,而这些规定也不过是同一个普遍东西的差别的形式罢了。

Ⅵ,359

§.192

推理已经按照它所包含的差别得到把握,它的发展过程的整个结果就是在其中产生了这些差别和概念的自外存在的自我扬弃。具体地说，1.每个环节本身都表明自己是各个环节组成的总体，因而表明自己是完整的推理，所以各个环节是自在地同一的；2.这些环节的差别及其中介过程的否定构成自为存在；所以，正是同一个普遍东西存在于这些形式中，从而也被设定为它们的同一性。在各个环节的这种理想性中，推理活动获得了这样一种规定，这种规定就是：推理活动在本质上包含它由以成为过程的那些规定性的否定，以此成为一种通过扬弃中介而进行的中介过程，成为一种主词不与他方，而与被扬弃的他方、即与其自身的结合。

〔附释〕在通常的逻辑学里，它的第一部分、即构成所谓原理论的部分总是以阐述推理学说告终的。接着而来的第二部分是所谓方法论，在方法论里要证明，把原理论中阐述过的思维形式应用于现存的客体，怎么会产生出一整套科学知识[12]。对于这些客体从何而来，客观性的思想究竟是一种什么情况，知性逻辑则没有进一步给予任何答复。在这里，思维被认为是一种单纯主观的和形式的活动，客观东西则与思维相对立，被认为是一种固定不变的和独立存在的东西。但这种二元论并不是真理，而且这样直接假定主观性与客观性两个规定，而不探讨它们的起源，也实在是一种没有思想性的做法。无论主观性还是客观性，两者无论如何是思想，而且是确定的思想，它们必定会表明自身是基于普遍的和自己规定自己的思维。首先从主观性方面来看，在这里就发生过这类情况。主观性或主观概念在自身包含着概念本身、判断和推理，已经被我们认出是逻辑理念的前两个主要阶段、即存在和本质的辩证发展的结果。如果说概念是主观的，并且仅仅是主观的，那么，就它无疑是主观性本身而言，这个说法是完全正确的。其次，判断和推理正像概念本身一样，也是主观的。判断和推理这两个规定以及所谓思维规律（同一律、差异律和根据律）在普通逻辑学里构成所谓原理论的内容。但进一步说，这种主观性以及在这里所述的它各个规定，即概念、判断和推理，却不可视为空洞的框架，它从外部

VI,360

通过独立存在的客体,才能获得自己的充实内容,相反地,正是主观性本身
作为辩证发展的东西,突破自己的界限,通过推理而把自身推导到客观性。

§.193

在概念的这种实现过程中,普遍东西是这个统一的、返回到自身的总
体,它的各个有差别的环节同样是这类总体,并且这类总体通过中介的扬
弃,把自身规定为直接的统一;概念的这种实现过程就是客体。

〔说明〕这种从主体、概念本身,更确切地说,从推理到客体的过渡,
无论初看起来——尤其是在我们只看到知性推理,把推理当作意识活动
的时候——多么令人诧异,我们都不可同时希望通常的观念会觉得这种 VI,361
过渡有道理。我们只能提到,我们关于所谓客体的通常观念是否大致符
合于这里构成客体定义的东西。不过,我们通常不仅把客体理解为抽象
的现存东西,或实存的事物,或一般的现实东西,而且理解为具体的、自身
完备的独立东西;这种完备性就是概念的总体性。客体也是对象,是相对
于一个他物的外在东西,这一点在以后将会明确起来,因为客体把自己设
定为对立于主观东西;在这里,客体最初作为概念从其中介转变成的东
西,仅仅是直接的、自然而然的客体,同样,概念也只有在以后与客体相对
立时,才被规定为主观东西。

其次,客体本身是统一的、还继续在自身不确定的整体,是客观世界
本身、上帝、绝对客体。但这客体同样具有它的差别,在自身分裂为不确
定的多样性(作为客观世界),并且这些业已个体化的东西中的每一个也
都是一个客体,是一个本身具体的、完备的和独立的定在。

正像过去把客观性与存在、实存和现实加以比较一样,现在也可以把
向实存和现实的过渡(因为存在是最初的、完全抽象的直接东西)与向客

观性的过渡加以比较。产生出实存的根据和那种扬弃自身而发展为现实的映现关系,无非是尚未完全设定起来的概念,或者说仅仅是概念的两个抽象方面,即根据是概念的单纯本质性的统一,关系只是两个现实的、只有映现到自身之内才会存在的方面的联系;概念则是两者的统一,并且客体不仅是本质性的统一,而且是自身有普遍性的统一,它不仅把现实的差别包含到自身,而且把这样的差别作为总体包含到自身。

Ⅵ,362

　　此外,很明显,在所有这些过渡里,目的都不单纯在于仅仅一般地显示概念或思维与存在的不可分离性。有人经常说,存在不过是简单的自相联系,在概念中,或者甚至在思维中,反正已经包含了这个贫乏的规定。但这些过渡的意义,不是要承认在概念中单纯包含的各个规定(连上帝存在的本体论证明也是这样做的,因为它认为存在是许多实在中的一个实在),而是要把握首先须被自为地规定为概念的概念——那种对于存在、或者甚至对于客观性的遥远的抽象思维还丝毫不涉及这样的概念——,要到这种概念的规定性唯独作为概念规定性的地方,察看这种规定性过渡到这样一种形式的可能与事实,这种形式是与属于概念并表现在概念中的规定性不相同的。

　　如果把这种过渡的产物,即把客体,与那个按照其独特的形式消失在产物中的概念联系起来,那么,所得的结果就可以这样正确地加以表述:概念或者甚至——如果人们愿意这么说——主观性和客体潜在地是相同的。但是,说概念和客体不相同,也同样正确。既然一种说法与另一种说法同样正确,所以一种说法也就与另一种说法同样不正确;这样的表达方式并不能说明真实的关系。那个潜在的东西是一个抽象的东西,而且比概念本身更加片面,当概念扬弃自身,发展为客体这个相反的片面性时,概念的片面性就完全扬弃了自身。所以,那个潜在的东西也必须通过自身的否定,把自身规定为自为存在。无论如何,思辨的同一不是那种浅薄无聊的同一,即概念和客体的潜在的同一。这个说明虽然我们已经重复过多

Ⅵ,363

遍,但要打算根除对于思辨同一的索然无味、居心叵测的误解,再重复多少
遍也不能说太多;然而,要根除这种误解,使用知性方式又是没有希望的。

此外,如果完全概括地来看概念与客体的统一,而不顾虑其自在存在
的片面形式,那么,大家知道,正是这种统一构成上帝存在的本体论证明
的前提,并且被假定为最完善的东西。安瑟尔谟第一个提出了这种证明
的极其值得注意的思想,他当然在最初仅仅谈到一种内容是否只存在于
我们的思维中。扼要地说,他的原话是这样的[13]:"Certe id,quo maius co-
gitari nequit,non potest esse in intellectu solo.Si enim vel in solo intellectu
est,potest cogitari esse et in re:quod maius est.Si ergo id,quo maius cogitari
non potest,est in solo intellectu:id ipsum,quo maius cogitari non potest,est,
quo maius cogitari potest.Sed certe hoc esse non potest〔毫无疑问,那种不可
设想的无与伦比的伟大的东西不可能仅仅存在于理智中。因为如果它仅
仅存在于理智中,就可以设想它也在现实中存在,并且更加伟大。所以,
如果那种不可设想的无与伦比的伟大的东西仅仅存在于理智中,那么,那
种不可设想的无与伦比的伟大的东西就恰恰是可以设想的无与伦比的伟
大的东西。但这确实是不可能的〕"。按照我们在这里得到的规定,有限
事物在于它们的客观性与它们的思想,即与它们的普遍规定、它们的类和
它们的目的并不一致。笛卡尔和斯宾诺莎等人曾经很客观地说出了概念
与客体的统一;但直接确信或信仰的原则却主要是按照安瑟尔谟的很主
观的方式来了解这种统一的,就是说,认为上帝存在的规定与上帝的观念
在我们的意识中是不可分离地结合起来的。虽然外在有限事物的观念与
实存的规定在直观中已经结合起来,因而这种信仰的原则也把这些事物　Ⅵ,364
的观念理解为它们的意识和它们的存在的不可分离性是正确的;但是,如
果以为实存以这种方式就在我们的意识中已经与那种作为上帝观念的有
限事物观念结合起来,却可以说是最大的无思想性;这也许是忘记了有限
的事物是变化无常与飘忽即逝的,即实存仅仅暂时与有限的事物结合起

来,这种结合不是永恒的,而是可以分离的。因此,安瑟尔谟就撇开有限的事物中出现的这种结合,而只是把那种不仅以主观方式存在的,而且同时以客观方式存在的东西正确地解释为完善的东西。对于所谓的本体论证明和安瑟尔谟关于完善东西的这个规定的一切蔑视都是无济于事的,因为这个规定存在于每个素朴的心灵中,并且在每种哲学中就像在直接信仰的原则中那样,甚至违背着认识和意志而又涌现出来。

安瑟尔谟论证中的缺点,也是笛卡尔、斯宾诺莎以及直接知识原则与这种论证共同具有的。这种缺点在于,那种被陈述为最完善的东西的、或者甚至主观地被陈述为真正的知识的统一,是被预先假定的,即仅仅被当作潜在的。这样一来,正像早已出现的对于安瑟尔谟的批评那样,两个规定的差别立刻就是与这种抽象的同一对立起来的,也就是说,实际上,有限事物的观念和实存是与无限事物对立起来的,因为如前所述,有限事物是这样一种客观性,这种客观性并不同时符合于目的,就是说,不符合于自己的本质和概念,而是与目的不相同的,或者说,有限事物是一种不包含实存的观念、主观东西。这种异议和对立只有这样才能消除,即表明有限事物是不真的东西,表明这些规定是本身片面的和虚妄不实的,因而同一是这些规定本身转变成的、并在其中得到和解的一种同一。

VI,365

B.

客　体

§.194

客体由于对那种在它之内业已得到扬弃的差别漠不相关,因而是直

接的存在,并且在自身就是总体,同时由于这种同一性仅仅是各个环节的
自在存在着的同一性,所以客体同样对自己的直接统一漠不相关;客体是
分裂为各个有差别的事物的过程,其中的每个事物本身都是总体。因此,
客体是各式各样事物的完全的独立性与各个有差别的事物同样完全的非
独立性之间的绝对矛盾。

〔说明〕“绝对是客体”这个定义极其明确地包含在莱布尼茨的单子
论里。单子被认为是客体,但有潜在的表象能力,具体地说,被认为是世
界表象的总体;在单子的单纯统一中,一切差别都不过是观念性的、非独
立的差别。没有任何东西从外部进入单子中,单子在自身是完整的概念,
只不过由于概念自身有更大或更小的发展而有所不同。这个单纯的总体
同样分裂为无穷多的有差别的事物,所以这些有差别的事物是独立的单
子。在一个包括这些单子的单子里,在它们的内在发展的预定和谐里,这
些实体同样又归结为非独立性和观念性。所以,莱布尼茨的哲学代表着
得到充分发展的矛盾[14]。

〔附释1〕如果把绝对(上帝)理解为客体,并且就此止步,那么,这就
像在现代首先由费希特正确强调指出的[15],一般是迷信和奴隶式畏惧的
观点。上帝无疑是客体,并且是绝对的客体,与这种客体相比,我们的特
殊(主观)意见和意愿决没有任何真理性和任何有效性。但是,即使作为
绝对的客体,上帝也不是一种与主观性对立的黑暗的、敌对的力量,而是
把主观性作为重要环节包含到了自身之内。这个道理是在基督教的教义
里表述出来的,它说,上帝愿意所有的人都得到解救,上帝愿意所有的人
都分享极乐。人得到解救,人分享极乐,这是由于人达到了自己与上帝合
一的意识,由于上帝不再对于人是单纯的客体,正因为如此,也就不再是
畏惧和恐怖的对象,像首先对罗马人的宗教意识呈现的那种情况。当后
来在基督教中上帝又被领悟为爱,在那个与上帝合一的圣子中作为这位
单个的人,把自身启示给人们,从而拯救了人们时,这也同样说明,客观性

Ⅵ,366

与主观性的对立已经潜在地得到克服，而我们的事情正在于放弃我们的直接主观性（不做旧式亚当），意识到上帝是我们的真正的和本质的自我，从而分享这种拯救。——正像宗教和宗教崇拜在于克服主观性与客观性的对立一样，科学，更确切地说是哲学，除了用思维克服这种对立以外，也没有任何其他任务。认识活动的目的根本在于排除这个与我们对立的客观世界的生疏性，而使我们像大家经常说的那样，感到进入这个世界就等于把客观东西引回那个是我们最内在的自我的概念。从以上所作的研讨可以得知，把主观性与客观性看作一种固定的、抽象的对立是多么错误。两者其实是完全辩证的。最初纯属主观的概念，不需要外在的物质和材料，就可以按照其固有的活动不断向前进展，达到把自身客观化的境地，同样，客体也不是僵死不变、没有过程的东西，相反地，客体的过程就在于表明自身同时是主观东西，而这就构成了向理念的进展。谁不熟悉主观性与客观性两个规定，而想抽象地坚持它们，谁就会有这样的情况：这两个抽象的规定在他预料不到的时候已经从他的手指间溜走，而他所说的东西正好是他想要说的东西的反面。

〔附释2〕客观性包含力学过程、化学过程和目的关系三个形式。在力学过程中得到规定的客体是直接的、无差别的客体。这种客体虽然包含差别，但各个有差别的东西彼此漠不相关，而且它们的结合对于它们来说也只是外在的。在化学过程中，客体则表明自身有本质的差别，即这些客体只有通过它们彼此的联系，才成为它们所是的东西，并且差别构成它们的质。客观性的第三个形式，即目的论关系，是力学过程和化学过程的统一。目的又像力学过程中的客体那样，是自身封闭的总体，然而通过化学过程中出现的差别原则，得到了丰富，所以目的就把它自身与那种同它对立的客体联系起来了。于是，正是目的的实现构成了向理念的过渡。

VI，367

a. 力 学 过 程

§.195

客体在它的直接性里是单纯潜在的概念,它拥有的概念是主观的、最初在它之外的,并且它的一切规定性都是一种外在地设定起来的规定性。因此,作为各个有差别的事物的统一,客体是复合体,是聚集体,并且一个事物对其他事物的影响也依然是外在的联系。——这就是1.形式的力学过程。——各个客体在这种联系和非独立性中同样都依然是独立的、作出抵抗的和相互外在的。

〔说明〕正像压力和碰撞是力学关系一样,当语词对我们毫无意义,依然外在于感觉、表象和思维时,我们也有机械的、死记硬背的知识;这些语词本身同样是外在的,是一连串没有意义的语词。如果人的行为取决于礼节方面的规矩、道义方面的劝告等等,他自己的精神和意志并不贯注在他的行为里,因而他的行为对他本身是外在的,那么,他的行为、宗教虔诚等等也同样是机械的。

〔附释〕力学过程作为客观性的第一个形式,也是那种在考察客观世界时最初呈现给反思,而反思往往就此止步的范畴。然而,这是一种肤浅的、思想贫乏的考察方式,用这种考察方式,既不足以了解自然界,更不足以了解精神世界。在自然界里,只有那种依然在自身未分解的物质的极其抽象的关系才服于力学作用;反之,所谓狭义物理领域的现象和过程(诸如光、热、磁、电等等现象)则不再单纯能用力学方式(即用压力、碰 撞、微粒移动和诸如此类的作用)加以解释,而且这种范畴在有机自然界的应用和推广也更加不充分,因为这里的问题在于理解有机自然界的特点,例如植物的营养和生长,或者甚至理解动物的感觉。近代自然研究甚至在涉及完全异于和高于单纯力学过程的范畴的范畴时,也仍然违背着呈现给素朴直观的东西,很顽固地坚持单纯力学过程的范畴,并用这种办法阻碍对自然的妥帖认识,这无论如何不能不被看作是近代自然研究的一个很重要的、甚至首要的缺点。——至于谈到精神世界的各个形态,那么,在对它们的考察中力学观点也往往被应用到不适当的地步。例如,说人是由肉体和灵魂组成的,就属于这类情况。在这种说法里,肉体和灵魂被认为都独立地有其存在,而仅仅彼此外在地结合起来。灵魂被视为各个独立地、并列地存在的力量与能力的单纯复合,也属于这类情况。——在一方面,虽然当力学考察方式狂妄地出来占据整个概念认识的地位,把力学过程当作绝对范畴的时候,我们必须断然拒绝这种考察方式,然而在另一方面,我们也必须明确承认力学过程具有一种普遍逻辑范畴的权利和意义,而决不可把力学过程单纯限制在得出这个范畴的名称的自然领域。所以,即使在本来力学的范围之外,尤其是在物理学和生理学里,着眼于力学的作用(诸如重力、杠杆之类的作用),也不可对此提出任何异议;不过不可忽视,在物理学和生理学的范围之内力学过程的规律已不再是决定性因素,而仿佛仅仅居于从属的地位。说到这里,必须紧接着进一步指出,在自然界里,当高级的、尤其是有机的功能的正常作用以这一或那一方式受到干扰或阻碍时,往常居于从属地位的力学过程立即就会显得占有主导地位。例如,患有胃病的人只要吃少量的食品,就会感到胃里有压力,但消化器官健全的人即使吃同样多的食品,也不会有这类感觉。同样,身体健康状况不佳的人也会普遍地感到他的四肢沉重。——即使在精神世界里,力学过程也有其地位,然而它同样仅仅是从属的。大家很正确地谈到机械记忆和各式各样的机械活动,诸如阅读、书写、奏乐等等。特别就记忆来说,机械的行为方式也甚至属于记忆的本质;但近代教育家[16]模糊地热衷于智力的自由发展,忽视了这对青年人的教育常常引起不良后果的情况。那类为了深究记忆的本质,想求助于力学,径直把力学

VI,370

规律应用于心灵的人,也会表明自身是坏的心理学家。记忆中的机械成分仅仅在于某些符号、音调等等可以用它们的单纯外在结合加以把握,并用这种结合加以再现,而不必明确地注目于它们的意义和内在联系。为了认识机械记忆的这种情况,决不需要进一步研究力学,而且这种研究也不可能给心理学本身产生任何促进作用。

Ⅵ,371

§.196

客体之所以有承受力量的非独立性(前节),只是因为它有独立性,并且既然客体是被设定的潜在概念,所以,这些规定中的一个规定就不能在另一规定中扬弃自身,相反地,客体由于对它的否定,由于它的非独立性,而与它自身结合到一起,因此才是独立的。同时,客体与外在性不同,并且能在自己的独立性中否定外在性,因此是否定性的自相统一、中心性和主观性,而在这种统一中客体把自身指向外在东西,与外在东西联系起来。外在东西同样在自身有中心,并且在这个中心里同样仅仅与另一中心相联系,同样在他物中有自己的中心;这就是 2.有差别的力学过程(落体、欲求、社交本能以及类似的东西)。

§.197

这种关系的发展形成这样一种推理,即内在的否定性作为一个客体的中心个别性(抽象中心),通过一个中项,使自己与那些作为另一端项的非独立客体联系起来,而这个中项把各个客体的中心性和非独立性结合于自身,成为相对中心;这就是 3.绝对的力学过程。

§.198

上述推理(E—B—A)是一个由推理组成的三一体。原来包含形式
力学过程的各个非独立客体的单纯个别性,作为非独立性,同样是外在的
普遍性。因此,这些客体也是绝对中心与相对中心之间的中项(推理形
式为 A—E—B);这是因为,由于这种非独立性,绝对中心和相对中心才
彼此分裂,成为两个端项,同时又彼此联系起来。绝对中心性作为纯粹否
定性,同样在自身包括个别性;作为实体性的普遍东西(保持不变的重
力),同样是相对中心与非独立客体之间起中介作用的东西(推理形式为
B—A—E);并且就内在的个别性来说,同样在本质上是能够分裂的,正
如就普遍性来说是同一的协合与宁静的自内存在一样。

〔说明〕例如在实践领域里,像太阳系那样[17],国家是三个推理组成
的系统。1.单个的人(个人)通过他的特殊性(各种物质的和精神的需
要,它们本身进一步得到发展,就产生市民社会)而与普遍东西(社会、权
利、法律、政府)结合起来;2.个人的意志、活动是起中介作用的东西,它使
对于社会、权利等等的需要得到满足,就像使社会、权利等等得到充实和
实现一样;3.但普遍东西(国家、政府、权利)是实体性的中介,个人及其满
足在这个中介里享有并获得它们的得到实现的实在性、中介过程和持续
存在。这些规定中的每个规定在中介过程把它与另一个端项结合起来
时,都恰恰在其中自相结合起来,生产自身,而这种生产就是自我保
存。——只有通过这种结合的本性,通过这种由具有同样的 terminorum
(各项)的推理所组成的三一体,才能真正理解一个整体的组织。

VI,372

§.199

各个客体在绝对力学过程中具有的实存的直接性,自在地得到了否定,因为它们的独立性已经通过它们彼此的联系,因而通过它们的非独立性得到了中介。所以,客体须被设定为在它的实存中是与它的他物有差别的。　Ⅵ,373

b.化 学 过 程

§.200

有差别的客体具有一种内在的规定性,它构成有差别的客体的本性,而且这种客体就是在它之内获得实存的。但是,有差别的客体作为概念的设定起来的总体,却是概念的这个总体与概念的实存的规定性之间的矛盾;因此,有差别的客体就是力求扬弃这个矛盾,使自己的定在符合于概念的过程。

〔**附释**〕化学过程是客观性的一个范畴,在通常情况下人们并不习惯于突出它的地位,而是习惯于把它与力学过程概括到一起,并且在这种概括中以力学关系这个共同的名称,把它与目的性关系对立起来。这种做法的起因可从下列事实找到:力学过程和化学过程当然彼此有共同之处,即两者最初仅仅潜在地是现实存在着的概念,反之,目的则应看作是自为地现实存在着的概念。但进一步说,力学过程与化学过程这时彼此也有很确定的区别,即以力学过程为其形式的客体首先仅仅是漠不相关的自相联系,而化学客体则表明自身完全与他物相联系。虽然力学过程在发展自身的时候,也已经出现与他物的联系,但各个力学客体彼此的联系最初仅仅是外在的联系,所以各个相互联系的客体依然保留着独立性的外貌。例如,在自然界里,构成我们太阳系的各个不同的天体彼此都有运动

VI,374 关系,并表明自身是通过运动而相互联系起来的。但运动作为空间和时间的统一,只是完全外在的和抽象的联系,所以,各个这样外在地相互联系起来的天体即使没有它们的这种相互联系,好像也会是、并且永远会是它们那样。反之,化学过程的情况则不同。各个在化学过程中有差别的客体之所以是它们那样,显然仅仅是由于它们本身有差别性,所以,它们是把自身相互错综复杂地整合起来的绝对冲动。

§.201

因此,化学过程以出自它的两个紧张端项的中性东西为产物,这两个端项也潜在地是中性东西;概念、具体的普遍东西通过各个客体的差别性、特殊化,而与个别性、产物结合起来,并且在这里仅仅与其自身结合起来。同样,在这种过程中也包含了其他推理;个别性作为活动也是起中介作用的东西,就像具体的普遍东西那样,是两个紧张端项的本质,这个本质在产物中达到定在。

§.202

化学过程还作为客观性的映现关系,借助于各个客体的有差别的本性,而同时以各个客体的直接独立性为前提。化学过程是从一个形式到另一形式的反复过渡,这些形式也同时还是外在的。——在中性产物里,

两个端项彼此对立地具有的特定属性得到了扬弃。中性产物虽然符合于概念,但是又返回来沉浸到直接性里,所以在自身不存在分化的激活原则;因此,中性东西是一种可以分离的东西。但是,把中性东西分裂为有差别的端项,并把自己的差别性和对他物的激活作用赋予整个无差别客 VI,375体的判断原则,以及作为紧张分离活动的过程,却都不存在于最初的化学过程之内。

〔附释〕化学过程还是一种有限的、受制约的过程。概念本身最初仅仅是这种过程的内在东西,在这里还没有在概念的自为存在中达到实存。在中性产物中化学过程业已消逝,起刺激作用的东西是在化学过程之外。

§.203

这两个过程——有差别东西之归结为中性东西和无差别东西或中性东西之分化——的外在性,使两个过程表现为彼此相反地独立的,而在过渡到它们于其中得到扬弃的产物的时候则显示出它们的有限性。化学过程反过来把有差别客体的预先设定的直接性表现为一种虚妄不实的直接性。——概念作为客体曾经沉浸到了外在性和直接性当中,现在通过对这种外在性和直接性的否定,概念被设定为对丁这种外在性和直接性是自由的和独立的,即被设定为目的。

〔附释〕从化学过程到目的论关系的过渡包含在化学过程的两个形式的相互扬弃中。由此产生的结果是在化学过程和力学过程中最初仅仅潜在地存在着的概念的解放,随之而来的自为地现实存在着的概念就是目的。

c.目 的 论

§.204

目的是借助于否定直接客观性而达到自由实存的、自为地存在着的概念。目的被规定为主观的,因为对直接客观性的否定最初是抽象的,并且客观性最初也因而仅仅处于对立地位。但主观性的这种规定性与概念的总体相比是片面的,并且是为目的本身而存在的,因为在目的中的一切规定性都把自身设定成了得到扬弃的。所以,对于目的来说,预先设定的客体也仅仅是一种观念的、自身虚妄不实的实在。目的作为它的自相同一对于在它之中设定的否定和对立面的这种矛盾,本身是这样否定对立面的扬弃过程或活动,即它把对立面设定为与它自身同一的。这就是目的的实现过程,在这种过程中目的使自己成为自己的主观性的他方,并客观化自身,从而扬弃了自己的主观性与其他方的差别,把自己仅仅与自己结合起来,并保存了自身。

〔说明〕目的概念一方面被称为多余的,但另一方面也被正确地称为理性概念,而与知性的抽象普遍东西相对立。这种抽象普遍东西仅仅在概括中涉及特殊东西,但在其自身并不包括特殊东西。——其次,作为目的因的目的与单纯致动因、即通常所谓原因的差别,也是极其重要的。原因属于尚未揭示出来的必然性,属于盲目的必然性;因此,它表现为能过渡到它的他方,并且能在过渡中把它的原初性丧失在被设定的存在中;只有就它的潜在性来说,或在我们看来,它在结果中才是原因,并且能返回到自身。反之,目的则被设定为在它自身包含结果的规定性,或在它自身包含结果,而在那里还表现为异在的东西,所以它在它发挥的效用中不是过渡,而是保存自身,这就是说,它仅仅自己给自己造成结果,并且在终点

Ⅵ,376

里就是它曾经在起点或原初性里所是的那种东西；通过这种自我保存，它才是真正原初的东西。——对目的需要作思辨的理解，即把它理解为概念，这种概念在自己的各个规定固有的统一性和观念性中包含着判断或否定，包含着主观东西与客观东西的对立，并且同样也是这个对立的扬弃。　VI,377

谈到目的，我们不可立即想到或单纯想到它在意识中作为一个在观念里存在的规定所采取的形式。康德用内在合目的性的概念[18]，又唤起了一般理念，尤其是生命理念。亚里士多德的生命定义已经包含着内在合目的性[19]，因此远远超出了那种只看到有限合目的性、外在合目的性的现代目的论的概念。

需要和冲动是关于目的的最明显的例证。它们是感觉到的、在生命主体内部发生的矛盾，并且引起活动，去否定这种依然是单纯主观性的否定性。需要和冲动的满足恢复了主体和客体之间的和平，因为那种在依然存在的矛盾（需要）中屹立于主观事物对面的客观事物，通过与主观事物的结合，同样在自己的这个片面性的方面得到了扬弃。——那些侈谈有限事物、即主观事物和客观事物的固定不变性和不可克服性的人们，在任何冲动中都会得到与他们的说法相反的例证。冲动可以说是确信，它肯定主观事物像客观事物一样，仅仅是片面的，没有任何真理性。冲动也是它的这种确信的实现；它完成一项工作，即扬弃这种似乎纯属主观、永远主观的主观事物与那种似乎同样纯属客观、永远客观的客观事物的对立，扬弃主观事物与客观事物的这类有限性。

谈到目的活动，还必须注意，在那种表现目的活动，要通过实现目的的手段而使目的自相结合的推理中，显然出现了对推理的 terminorom〔各项〕的否定；这就是刚才所述的对于在目的本身出现的直接主观性以及对于直接客观性（手段和预先设定的客体）的否定。正是这同一个否定，是在精神上升到上帝的过程中针对世界的偶然事物和自身的主观性完成　VI,378

的;正是这个环节,如本书绪论和§.192提到的,在所谓上帝存在的证明
给这个上升过程提供的知性推理形式中被忽视和舍弃了。

§.205

直接的目的论关系最初是外在的合目的性,在这里概念是与预先设
定的客体对立的。这种目的之所以是有限的,一方面是由于它的内容,一
方面是由于它以一种作为实现它的材料而有待发现的客体为外在条件;
就此而言,它的自我规定只是形式的。更具体地说,目的的直接性意味着
特殊性(作为形式的规定,是目的的主观性)表现为映现于自身的特殊
性,而内容则表现为不同于形式总体、潜在主观性和概念的内容。这种差
别构成目的在其自身之内的有限性。因此,就像客体是特殊的、现成的东
西一样,内容也是同样有限的、偶然的和给定的东西。

〔附释〕在谈到目的时,人们总是仅仅想到外在合目的性。依照这种
考察方式,事物不是在自身具有自己的规定,而仅仅是为了实现自身之外
存在的目的才加以利用和消耗的手段。这根本是有用性的观点,它从前
甚至在科学里都占有重要地位,但后来就遭到了应受的蔑视,被认为不足
以真正认识事物的本性。诚然,我们把有限事物视为并非至极的东西,视
为超出自身之外的,这必定会使有限事物失去其存在的权利。但是,对于
有限事物的这种否定是有限事物固有的辩证法,并且为了认识它们的这
种辩证法,我们必须首先钻研它们的积极内容。此外,因为目的论考察方
式要满足一种善意的兴趣,即揭示那种特别在自然界里显示的神智,所以
还必须指出,人们这样寻求目的,将事物当作达到目的的工具,并未超出
有限事物,而且容易陷于贫乏的反思。例如,有人不仅从葡萄树对人有公
认用途的观点去考察葡萄树,而且联想到用橡树皮切削成的木塞而考察

Ⅵ,379

橡树,以便用木塞封酒瓶,就属于这类情况。在过去整本整本的书籍都是按照这类精神写成的,但很容易看出,这样的方式既不能增进对于宗教的真正兴趣,也不能增进对于科学的兴趣。外在的合目的性直接站在理念的面前,但这样站在门槛上往往恰好是极其不够的。

§.206

目的论关系是一种推理,在这种推理中,主观目的通过一个中项而与那种外在于自己的客观性结合起来,这个中项是两个方面的统一,一方面是合乎目的的活动,另一方面是在目的当中直接设定的客观性,即工具。　　Ⅵ,380

〔**附释**〕目的向理念的发展须经历三个阶段:第一是主观目的,第二是正在完成的目的,第三是业已完成的目的。我们首先得到主观目的,它作为自为地存在着的概念,本身是概念的各个环节组成的总体。其中的第一个环节是自相同一的普遍性的环节,仿佛是最初的中性的水,这水中包含了一切,但是还没有任何东西分离开。第二个环节是这个普遍东西的特殊化,通过特殊化,这个普遍东西获得了特定的内容。当这个特定的内容通过普遍东西的活动而设定起来时,普遍的东西就通过特定的内容返回到自身,并且自己与自己结合起来。因此,当我们在自己面前树立一个目的时,我们就说我们决定做某件事情,从而首先仿佛把自己看作是开放的,可以接受这个或那个规定的。但是同样,我们也说有人决意做某件事情,这就表示主体从它的单纯自为地存在着的内在性走出来,而与那个同它对峙的客观性打交道。这就是从单纯主观的目的到转向外部的合目的活动的进展。

§.207

1.主观目的是一种推理,在这种推理中,普遍的概念通过特殊性而与个别性这样结合起来,即作为自我规定的个别性进行判断,就是说,既把那个尚未得到规定的普遍东西特殊化,使之成为特定的内容,也设定主观性和客观性的对立,并且个别性在其自身也同时是向其自身的回归,因为个别性把概念的那个预先与客观性对立起来设定的主观性同在自身结合起来的总体相比较,规定为有缺陷的东西,因而同时使自身转向外部。

VI,381

§.208

2.这种转向外部的活动,作为在主观目的中与特殊性——它与内容一起也包含了外在客观性——同一的个别性,首先直接地涉及客体,抓住客体,把客体当作工具。概念是这种直接的力量,因为概念是自相同一的否定性,在这种否定性中客体的存在完全被规定为观念性的存在。于是,整个中项这时就是概念作为活动的这种内在力量,客体作为工具直接地与这种力量结合起来,并受这种力量的支配。

〔说明〕在有限的合目的性中,中项是分裂为两个相互外在的环节的东西,一个环节是活动,另一个环节是用作工具的客体。作为力量的目的对于客体的联系和客体对于目的的服从——它是推理的第一个前提——是直接的,因为在作为自为地存在着的观念性的概念中,客体被设定为自身虚妄不实的。这种联系或第一个前提本身成为中项,它同时在自身就是推理,因为目的是通过这种联系,通过依然包含着目的、并且目的在其中依然占支配地位的活动,而与客观性结合起来的。

　　〔**附释**〕贯彻目的是实现目的的间接方式;但目的的直接实现也是同样必需的。目的之所以能直接把握客体,是因为目的是支配客体的力量,在目的中包含了特殊性,在特殊性中也包含了客观性。——有生命的东西具有躯体;灵魂抓住躯体,在其中直接客观化了自身。人的灵魂为了使自己的肉体成为自己的工具,必须做许多工作。人似乎必须首先拥有自己的躯体,以期人的躯体成为人的灵魂的工具。

Ⅵ,382

§.209

　　3.合目的的活动及其工具依然指向外部,因为目的与客体还不是同一的;因此,目的还必须首先用客体加以中介。工具作为客体在这第二个前提中与推理的另一端项,即与预先设定的客观性或材料,是直接联系起来的。这种联系是这时为目的服务的力学过程和化学过程的领域,而目的是这种领域的真理与自由概念。在这两个过程里客观东西相互磨损,相互扬弃,作为支配这两个过程的力量的主观目的则既在它们之外坚持自身,又在它们之内保存自身,这就是理性的狡计。

　　〔**附释**〕理性是有威力的,同样也是有狡计的。理性的狡计一般在于有中介作用的活动,这种活动在它让各个客体按照它们固有的本性相互影响和相互磨损,而它自己并不直接介入这个过程时,却仍然完全实现着它自己的目的。我们可以在这个意义上说,神圣的天意对于世界及其过程是绝对的狡计。上帝让人们放纵其特殊情欲,谋求其特殊利益,但由此产生的结果却是上帝的目的的达成,这个目的不同于那些受上帝利用的人们原初所要达到的目的。

§.210

VI,383　　　所以,实现了的目的是主观事物与客观事物的业已设定的统一。但这种统一根本是这样规定的,即主观事物与客观事物仅仅是按它们的片面性来说才得到中和与扬弃,客观事物则服从于和被当作符合于作为自由概念的目的,因而服从于和被当作符合于支配客观事物的力量。目的之所以能针对客观事物,并在客观事物之内保持自身,原因在于,目的除了是片面的主观事物、特殊东西以外,还是具体的普遍东西,是主观事物与客观事物的自在地存在着的同一性。这种普遍东西作为单纯映现到自身的东西,就是通过推理的所有三个 terminos〔项〕及其运动而依然保持不变的内容。

§.211

但在有限的合目的性里,甚至业已完成的目的也是自身分裂的东西,就像中项和起初的目的那样。由此产生的仅仅是在现成材料上外在地设定的形式,它由于目的的内容受到限制,也同样是一种偶然的规定。因此,已经达到的目的仅仅是一个客体,这个客体又是达到其他目的的工具或材料,如此递进,以至无穷。

§.212

但是,在目的的实现中自在地产生的结果,却是片面的主观性和与这

种主观性对立地存在的客观独立性的映像都得到了扬弃。在把握工具的
过程中,概念把自身设定为客体的自在地存在着的本质;在力学的和化学
的过程里,客体的独立性已经自在地消逝,并且在它们受目的支配的过程
中,客观独立性的映像、对概念的否定东西也得到了扬弃。但在业已完成
的目的仅仅被规定为工具和材料的情况下,这类客体就已经立刻被设定
为一种自身虚妄不实的、纯属观念的客体。这样一来,内容和形式的对立　Ⅵ,384
也就消失了。既然目的是通过形式规定的扬弃而自相结合起来的,那么,
自相同一的形式就已经被设定为内容,以致概念作为形式活动仅仅以其
自身为内容。所以,通过这种过程,那种曾经是目的概念的东西,即主观
事物与客观事物的自在地存在着的统一,现在就被设定为自为地存在着
的,而这就是理念。

　　〔**附释**〕目的的有限性在于,当实现目的时,为此作为工具使用的材
料只是外在地从属于目的,被当作符合于目的。但实际上,客体这时自在
地就是概念,当概念作为目的在客体中得到实现时,这不过是概念固有的
内在东西的显现罢了。所以,客观性仿佛仅仅是一个外壳,其中隐藏着概
念。在有限事物中,我们不可能体察到或看出目的是真正达到的。所以,
无限目的的实现不过是扬弃那种以为目的尚未实现的错觉。善、绝对的
善在世界上永恒地实现着自身,其结果是善已经自在自为地实现,而用不
着期待我们。我们就是生活在这种错觉中,但这种错觉同时也是一种推
动力量,而我们对世界抱有的兴趣是建立在这种力量上面的。理念在其
发展过程里自己造成这种错觉,设定一种与自身对立的他物,而理念的行
动就在于扬弃这种错觉。只有从这种错误中才产生出真理来,而且在这
里包含着真理与错误、无限性与有限性的和解。得到扬弃的异在或错误,
本身就是达到真理的一个必要环节,只有真理把自己当作自己固有的结
果,真理才存在。

VI, 385

C.

理　　念

§.213

理念是自在自为的真理,是概念和客观性的绝对统一。理念的观念性内容无非是概念的各个规定;理念的实在性内容仅仅是概念的表现,概念以外部的特定存在的形式作出这种表现,并把这种形态包括到自己的观念性中,使之受自己的力量的支配,从而把自己包含在自己的表现中。

〔**说明**〕绝对是理念这个定义,这时本身就是绝对的。一切过去的定义都归于这个定义。——理念是真理;因为真理是客观性符合于概念,但不是外在事物符合于我的观念;我这个人拥有的不过是一些正确的观念而已。在理念中涉及的不是这个人,也不是观念,也不是外在事物。——但一切现实事物只要是真的,也就是理念,而且一切现实事物只有通过理念并借助于理念,才有其真理性。个别的存在是理念的某个方面,因此它还需要其他的现实性,而这些现实性同样表现为特别独立地持续存在的;只有在各个现实事物的总和中,在各个现实事物的联系中,概念才得到实现。孤立的个别事物不符合于它的概念;它的特定存在的这种局限性构成它的有限性和它的衰落。

理念本身不可理解为任何某物的理念,正像概念不可单纯理解为特定的概念。绝对是普遍的和唯一的理念,它在进行判断时把自身特殊化为各个特定理念组成的系统,而这些特定的理念只有返回到唯一的理念,返回到它们的真理,才成为系统。从这种判断看,理念最初仅仅是唯一的、普遍的实体,但是,这个实体的发达的、真正的现实性在于,它是主体, Ⅵ,386
所以也是精神。

理念不以实存为其出发点和支撑点,因而常常被当作一种单纯形式的逻辑东西。这个看法必定是基于这样一种观点,对于这种观点来说,现实存在着的事物和所有其他尚未达到理念的规定仍然都算作所谓的实在性和真正的现实性。——同样,以为理念仅仅是抽象东西的观念也是错误的。就一切不真的东西都在理念中消耗殆尽而言,理念诚然是抽象东西;但理念在它自身本质上是具体的,因为它是自由的、自己规定自己的、从而把自身规定为实在性的概念。只有概念作为理念的原则会被当作抽象的统一,而不会如实地被当作概念向其自身的否定性复归和主观性,理念才会是这类形式的、抽象的东西。

〔**附释**〕人们最初把真理了解为我知道某物如何存在。然而,这是仅仅与意识相联系的真理,或者说,是形式的真理,是单纯的正确性。与此相反,意义更加深刻的真理却在于客观性是与概念同一的。例如,当我们谈到一个真的国家或一件真的艺术作品时,我们所涉及的就是真理的这种更加深刻的意义。如果这些对象是它们应该是的东西,即它们的实在性符合于它们的概念,它们就是真的。这样来理解,不真的东西也就是在其他情况下所谓坏的东西。坏人就是不真的人,即他的行为不符合于他的概念或他的使命的人。但是,完全没有概念和实在的同一性,任何事物都不可能存在。甚至坏的和不真的东西之所以存在,也仅仅是因为它的 Ⅵ,387
实在性还以某种方式符合于它的概念。正因为如此,完全坏的东西或完全违背概念的东西就是自身趋于瓦解的东西。唯有通过概念,世界上的各种事物才具有其持续的存在,或用宗教观念的语言来说,各种事物之所以是它们那样,仅仅是由于寓于它们之内的神圣的、因而有创造性的思想。——在说到理念的时候,我们不必把它想象为某种远在天涯海角的

彼岸东西。倒不如说,理念是完全现在的东西,它也同样存在于每个意识
中,即使意识是混浊不清和缺少活力的。——我们把世界设想为上帝创
造出来的伟大整体,而且设想上帝在世界中把自身宣示给我们。同样,我
们也认为世界受神圣天意的主宰,并且这里包含着这样的意思,即世界上
彼此外在的事物永远被复归于产生出世界的统一,并按照这种统一而得
以保持。——哲学的目标从来都无非在于达到对理念的思维认识,而且
一切配称为哲学的学说总是必须以意识到那种只有在知性看来才分离的
东西的绝对统一为自己的基础。——对于理念是真理,并不是现在才要
求提出证明;思维在以前的整个发挥和发展都包含着这样的证明。理念
是这整个过程的结果,但我们不可把这个结果作这样的理解,好像理念是
一种单纯得到中介的东西,即一种通过不同于理念本身的事物得到中介
的东西。倒不如说,理念是理念自身的结果,并且作为这样的结果,既是
得到中介的东西,又是直接的东西。以往考察过的存在和本质以及概念
和客观性这些阶段,在它们的这种差别中都不是固定不变的、以自身为基
VI,388　础的东西,而是它们证明了它们自身为辩证的,并且它们的真理性仅仅在
于它们是理念的各个环节。

§.214

　　理念可以被理解为理性(这是理性的真正哲学意义),也可以进一步
被理解为:主体与客体的统一,观念东西和实在东西、有限事物和无限事
物、灵魂和肉体的统一,那种在自身具有自己的现实性的可能性,那种把
自己的本性只能作为现实存在让人领会的东西,如此等等;因为在理念中
就包含了知性的一切关系,不过是在它们的无限复归和自身同一中包含
了它们的。

〔**说明**〕知性有一件很容易的工作，即指出关于理念所说的一切都是自身矛盾的。但也可以用这样的说法回击知性，或者更确切地说，理念已经做过这样的回击；这件工作是理性的工作，当然不像知性的工作那样容易。——知性指出，理念是自相矛盾的，因为举例说，主观东西仅仅是主观的，客观东西则与主观东西相对立，存在是某种迥然不同于概念的东西，因而不可能从概念推出来，同样，有限事物仅仅是有限的，恰恰是无限事物的对立面，因而不是与无限事物同一的，如此类推，其他一切规定也是这样；当知性这样做时，逻辑则指出了相反的情况，即那种被认为纯属主观的主观东西、纯属有限的有限事物、纯属无限的无限事物以及类似的东西，都没有任何真理性，都在自身有矛盾，都会过渡到自己的反面，因此，这种过渡和那种把得到扬弃的端项作为映现或环节包含在自身的统一就将其自身显示为这些端项的真理。

用自己的方式度量理念的知性，发生了双重的误解。第一，知性对理 VI,389 念的两个端项——可以随意表述它们，只要它们处于它们的统一中——还是按这样的意义和规定了解的，即它们不是处于它们的具体统一中，而依然是处于这种统一之外的抽象。即使在理念的两个端项的关系已经明确设定起来的时候，知性也仍然无视这种关系；例如，知性甚至忽视判断中的系词的性质，但关于作为主词的个别东西，这个系词却表明，个别东西同样不是个别东西，而是普遍东西。第二，知性想到自相同一的理念包含着理念自身的否定东西，包含着矛盾，它以为它的这种反思是一种不属于理念本身的外在反思。但实际上，这并不是知性特有的智慧，相反地，理念本身就是辩证法，辩证法把自相同一的东西与有差别的东西、主观东西与客观东西、有限事物与无限事物、灵魂与肉休永远地区别和分离开，只有这样，辩证法才是永恒的创造、永恒的生命和永恒的精神。当理念甚至是这样过渡到，或更确切地说，转化为抽象的知性时，理念也同样永远是理性；理念是辩证法，辩证法使这种知性的东西、即有差别的东西重新理解它的有限本性,理解它的产物的独立性的虚假映像,并使它们归于统一。这种双重的运动由于不是在时间上,也不是以某种方式分离和区别开的——要不然,这种运动就又会是单纯抽象的知性——,所以是在他物中对其自身的永恒直观;这种运动是概念,它在它的客观性中已经实现了它自身;这种运动是客体,它是内在的合目的性,是本质的主观性。

Ⅵ,390　　　把理念理解为观念东西与实在东西、有限事物与无限事物、同一与差别等等的统一的各种不同方式,都是或多或少地形式的,因为它们都表示特定概念的某个阶段。只有概念本身才是自由的,才是真正普遍的东西;因此,在理念中概念的规定性也同样只是概念本身,是这样一种客观性,概念作为普遍东西把自身进而设定为这种客观性,并且在这种客观性中概念只具有概念固有的、总体的规定性。理念是无限的判断,判断的每个方面都是独立的总体,这恰恰是由于每个方面既把自身完善为总体,也同样过渡到另一方面。除了概念本身和客观性,没有任何其他特定的概念是这种在自己的两个方面臻于完善的总体。

§.215

理念在本质上是过程,因为理念的同一性之所以是概念的绝对的、自由的同一性,仅仅是由于理念是绝对的否定性,因而是辩证的。理念是过程,在这个过程中概念作为一种本身是个别性的普遍性,把自己规定为客观性,规定为这种客观性的对立面,并且这种以概念为其实体的外在性,由于自己的内在辩证法,又使自己回归到主观性。

〔说明〕因为理念是 a)过程,所以,像我们经常指出的,"绝对是有限事物与无限事物、思维与存在等等的统一"这类说法是错误的;因为这种统一表示的是抽象的、静止不动的同一性。因为理念是 b)主观性,所以那类说法也同样是错误的;因为那种统一表示的是真正统一中的自在性东西、实体性东西。按照那类说法,好像无限事物仅仅是与有限事物相中和,主观东西仅仅是与客观东西相中和,思维仅仅是与存在相中和。但是,在理念的否定性统一里,无限事物却统摄了有限事物,思维统摄了存在,主观性统摄了客观性。理念的统一是主观性、思维和无限性,必须由此在本质上与作为实体的理念区别开,就像这种有统摄作用的主观性、思维和无限性必须与理念在作出判断和进行规定时把自身贬低成的片面主观性、片面思维和片面无限性区别开一样。 Ⅵ,391

〔**附释**〕理念作为过程,在自己的发展中经历三个阶段。理念的第一个形式是生命,即在直接性的形式中的理念。第二个形式是中介性或差异性的形式,这就是作为认识的理念,而认识又表现在理论理念和实践理念这种双重形态中。认识过程以恢复那种通过差别而得到丰富的统一为其结果,这就给出了第三种形式,即绝对理念;逻辑发展过程的这个最后阶段同时证明自身是真正最初的东西,是完全通过自身而存在着的东西。

a.生　命

§.216

直接的理念是生命。概念作为灵魂在肉体里得到实现,从肉体的外在性来看,灵魂是直接的、自相联系的普遍性;灵魂同样是肉体的特殊化过程,所以,肉体除了表示肉体里的概念规定过程以外,就不表示任何其他差别;最后,灵魂是作为无限否定性的个别性。这就是肉体的相互外在地存在的客观性的辩证法,这种客观性从独立的持续存在的映象被引回到主观性,所以肉体的一切环节都互为暂时的目的,也互为暂时的手段,而生命既是开始的特殊化过程,也作为否定的、自为地存在着的统一产生 Ⅵ,392

出来,并在具有辩证法的肉体中仅仅与其自身相结合。——所以,生命在实质上是活生生的东西,并且就其直接性而言,是这一单个的活生生的东西。在生命范围里,有限性的规定在于,由于理念的直接性,灵魂和肉体是可以分离的,这就构成了生物的死亡。但是,只有在生物死亡时,理念的这两个方面,即灵魂和肉体,才是不同的组成部分。

〔附释〕肉体的各个环节只有通过它们的统一,并且与它们的统一相联系,才是它们那样。例如,一只从肉体上割下来的手,虽然按照名称来说仍然是手,但按照事实来说却不是手,这是亚里士多德已经说过了的[20]。——人们从知性的观点出发,常常把生命视为一种神秘的东西,并且一般视为不可理解的。但这样一来,知性也就完全承认了自己的有限性和虚妄不实性。实际上生命并不是一种不可理解的东西,所以倒不如说,我们在生命中看到了概念本身,并且更确切地说,看到了作为概念而现实存在着的、直接的理念。于是,这也就立刻说出了生命的缺陷。这种缺陷在于,概念和实在在生命中彼此尚未真正符合。生命的概念是灵魂,这个概念以肉体为其实在。灵魂仿佛贯注到它的肉体里,因此灵魂仅仅在最初是有感觉能力的,但还不是自由的自为存在。于是,生命的过程就在于克服那种还束缚着生命的直接性,而且这个本身又有三重性的过程是以判断形式存在的理念、即作为认识的理念为其发展的结果。

§.217

生物是推理,它的各个环节在它们自身又是一些系统和推理(§.198,§.201,§.207),但它们是一些能动的推理、过程,而且在生物的主观统一中仅仅是一个过程。所以,生物是其自相结合的过程,这种结合又经历三个过程。

§.218

1.第一个过程是生物在其内部的过程,在这个过程中生物在其自身发生分裂,把自己的肉体当作自己的客体、自己的无机自然界。这无机自然界作为相对外在的东西,在其自身发展为自己的各个环节的差别和对立,这些环节相互牺牲,相互同化,在自己生产自己的过程中保持下来。但各个环节的这种活动仅仅是主体的一种活动,各个环节的产物都返回到这种活动中,所以,在各个环节的生产过程中只是主体被生产出来,这就是说,主体仅仅再生产着自身。

〔**附释**〕在自然界里,生物在其自己内部的过程有三重形式,即感受性、应激性和再生产[21]。作为感受性,生物是直接简单的自相联系,即灵魂;灵魂到处弥漫在自己的肉体中,肉体的相互外在的东西对于灵魂来说没有任何真理性。作为应激性,生物表现为在自身经过分裂的;作为再生产,生物从自己的各个环节和器官的内在差别中,不断地恢复自身。生物仅仅是在生物自己内部的这种不断更新自己的过程。

§.219

2.但概念的判断作为自由的东西,不断发展到把客观东西作为一种独立总体从自身释放出去的地步,并且生物对自身的否定性联系作为直接的个别性,构成了与生物对立的无机自然界的前提。因为生物的这种否定东西同样是生物本身的概念环节,所以,这种否定东西作为一种缺陷就存在于生物中,存在于同时也有具体性的普遍东西中。客体作为自身

Ⅵ,394

虚妄不实的东西据以扬弃自己的辩证法,是确定其自身的生物的活动,这样一来,生物就在这种与无机自然界对抗的过程中保持了自身,发展和客观化了自身。

〔**附释**〕生物与无机自然界相对立,表现为主宰它的力量,并把它加以同化。这个过程的结果不像在化学过程里那样,是中和的产物,在中和的产物里,相互对立的两个方面的独立性都得到了扬弃,而是生物表明自身能够统摄它的他物,而它的他物则不能抵抗它的力量。被生物所征服的无机自然界之所以能忍受这种征服,是因为自在的无机自然界与自为的生命是同样的东西。所以,生物在他物中仅仅与自身相结合。在灵魂离开肉体以后,客观性的各种基本力量就开始发挥自己的作用。这些力量可以说是在不断地准备着飞跃,以期在有机肉体里开始自己的过程,而生命则不断地与这些力量作斗争。

§.220

3.因为有生命的个体在它的第一个过程里在自身表现为主体和概念,通过它的第二个过程同化了它的外在客观性,从而在自身设定起实在的规定性,所以,有生命的个体现在自在地是类、实体性的普遍性。类的

VI,395　特殊化是一个主体与其类中的另一个主体的联系,而判断则是类与这些如此相互得到规定的个体的关系;这就是性别。

§.221

类的过程使类成为自为存在。因为生命还是直接的理念,所以这个

过程的产物分裂为两个方面。一方面,整个有生命的个体最初被假定为直接的,现在则是作为得到中介的、被产生的东西出现的;但另一方面,有生命的个别性虽然由于最初有直接性而对普遍性持否定的态度,现在却沉没在这种作为支配自己的力量的普遍性里。

〔**附释**〕生物会死亡,因为它是这样的矛盾:它既自在地是普遍性、类,但又仅仅直接地作为个别东西而现实存在着。在死亡中,类表明自身是支配直接的个别东西的力量。就动物来说,类的过程是动物生命力的顶点。但动物并不能在自己的类中成为自为的,而是屈服于支配自己的类的力量。直接的生物在类的过程中自相中介,从而使自己君临于自己的直接性之上,不过这仅仅是为了又不断地返回来沉陷到直接性里。因此,生命在最初仅仅是流于无限进展的单调无限性。但从概念来看,生命过程产生的结果却是扬弃和克服那种依然束缚着作为生命的理念的直接性。

§.222

但这样一来,生命理念不仅摆脱了某个(特殊的)直接的具体生命,而且摆脱了整个最初的直接性;这样,生命理念就达到了它自身,达到了它的真理性;与此同时,生命理念就此作为自为的、自由的类而进入了实存。那种单纯直接的、个别的生命力的死亡是精神的诞生。

VI,396

b.认　　识

§.223

理念自由地、自为地现实存在着,因为理念以普遍性为其实存的要素,或者说,因为客观性本身是作为概念存在的,理念以其自身为对象。理念的被规定为普遍性的主观性是在理念内部的纯粹划分,是坚持在这种同一的普遍性里的直观。但是,理念作为特定的划分则是进一步的判断,在这种判断中理念把自己作为总体从自身排除出去,并且在最初把自己预先设定为外在的宇宙。这是两个判断,它们虽然自在地是同一的,但还没有被设定为同一的。

§.224

所以,这两个自在地具有同一性或作为生命具有同一性的理念的联系,是相对的联系,而这就在认识范围里构成有限性的规定。这两个理念的相对联系是映现关系,因为理念在其自身内的划分仅仅是最初的判断,预先的设定还不是一个设定,因此,对于主观理念来说,客观理念是现成的、直接的世界,或者说,是那种作为个别实存现象中的生命的理念。同时,在一个判断里,只要这个判断是在理念自身之内的纯粹划分(参看上节),理念就自为地是理念本身,又是理念的他物;所以,理念确信这个客观世界与理念有自在地存在着的同一性。——理性出现在世界上,具有绝对信心,能设定这种同一,能把自己的确信提高为真理,并且具有内在冲动,要把那种在理性看来自身子虚乌有的对立也设定为子虚乌有的。

§.225

这种过程概括地说是认识。在统一的认识活动中,主观性的片面性与客观性的片面性的对立自在地得到扬弃。不过,这种扬弃在最初仅仅是自在地发生的;因此,这种过程本身直接带有认识范围的有限性,并分裂成理性的内在冲动的双重的、被设定为不同的运动。一种运动在于把存在着的世界纳入理念的主观性之内,纳入主观的表象和思维之内,借以扬弃理念的主观性的片面性,并且在于把这种被承认为真的客观性当作内容,借以实现理性的内在冲动的抽象确信;另一种运动则相反,在于扬弃客观世界的片面性,使客观世界在这里反而仅仅被认为是映像,是偶然事物与本身子虚乌有的形态的聚集,并且在于凭借主观事物的内在东西去规定客观世界,想象客观世界有这种内在东西,而这种东西在这里被认为是真正存在着的客观事物。前者是认识真理的内在冲动,即认识本身或理念的理论活动,后者则是实现善的内在冲动,即意志或理念的实践活动。

α. 认　　识

§.226

认识的普遍有限性存在于一个判断中,存在于对立面的前提中(§.224),认识的行动本身就包含了与这个前提的矛盾,这种普遍的有限性在认识固有的理念中更确切地规定自己,以至认识的两个环节获得了彼此不同的形式,并且这两个环节都是完整的,因而都彼此有映现关系,而无概念关系。因此,把材料作为给予的东西加以同化,就好像是把材料接纳到各个依然同时在材料之外的概念规定中,而这些概念规定同样显得　Ⅵ,398
彼此不同。这种认识就是作为知性进行活动的理性。因此,这种认识达到的真理同样仅仅是有限的真理,概念的无限真理则被确定为一个单纯自在地存在着的目标,即一个对这种认识来说远在彼岸的东西。但是,这种认识在自己的外在行动中也受概念的指导,概念的各个规定构成了认识进展的内在线索。

〔**附释**〕认识的有限性在于假定一个现成的世界,并且认识的主体在这个时候显得是一块 tabula rasa〔白板〕**22**。有人认为这种看法出自亚里士多德,虽然恰恰除了亚里士多德以外,没有任何人离这种外在的认识观点更远。有限的认识还不知道自己是概念的活动,这种认识仅仅自在地,而非自为地是概念的活动。概念的行动在这种认识本身看来似乎是被动的,但实际上是主动的。

§.227

有限的认识在把那个与自己区别开的东西假定为现成的、与自己对立的存在着的东西——在外部自然界与意识里的各种各样的事实——时,1.首先给自己活动的形式预先假定了形式的同一性或抽象的普遍性。因此,这种活动在于分解给定的具体东西,把其中的各个有差别的东西孤立起来,赋予它们以抽象普遍性的形式,或者说,在于使具体东西作为根据,通过抽象作用,舍弃那些显得不重要的特殊东西,提取出一种具体的普遍东西,即类或力和规律。这就是分析方法。

〔**附释**〕人们常常这样谈到分析方法和综合方法,好像遵循这种或那
VI,399 种方法只是属于我们的所好的事情。然而,情况却决不是这样,相反地,在上述两种从有限认识的概念得出的方法中应该应用哪一种,这取决于所要认识的对象本身的形式。认识最初是分析的;客体对于认识具有个别化的形态,分析认识的活动旨在将自己面前的个别东西归结为普遍东西。思维在这里仅仅有抽象作用或形式同一的意义。这就是洛克和一切经验派所采取的立场。许多人说,认识活动除了把各个给予的具体对象分解为它们的许多抽象成分,然后再孤立地考察这些成分之外,就不再会

有任何工作可做。但我们立刻看到,这是把事物弄颠倒了,那种想如实把握事物的认识活动在此陷入了自相矛盾的境地。例如,化学家取一块肉放在他的蒸馏器上,把它多方加以肢解,然后他告诉人说,他发现这块肉是由氮、碳、氢等等组成的。但这些抽象的物质已经不再是肉了。当经验派心理学家把一个行为分解为许多不同的方面,对它们加以考察,并坚持它们的分离状态时,情况也是如此。用分析方法研究的对象在这里似乎可以看作是一棵葱,人们把它的皮一层又一层地剥掉了。

§.228

这种普遍性也是 2.一种得到规定的普遍性;认识活动在这里是通过概念的各个环节进展的,概念在有限认识中没有达到自己的无限性,它是知性的、特定的概念。把对象接纳到概念的各个形式中,就是综合方法。

〔**附释**〕综合方法的运动过程恰好与分析方法的运动过程相反。如 Ⅵ,400 果说分析方法的运动过程是从个别东西出发,进展到普遍东西,那么,在综合方法的运动过程中普遍东西(作为定义)则构成经过特殊化(在分类中)而进展到个别东西(定理)的出发点。因此,综合方法表明自身为概念的各个环节在对象中的发展。

§.229

aa)如果对象被认识活动首先带入特定概念的一般形式中,以至于对象的类和对象的普遍规定性被设定起来,那就是定义。定义的材料和论证是通过分析方法(§.227)得来的。然而,规定性则被认为仅仅是一个标志,就是说,被认为仅仅是为了对象之外的、单纯主观的认识活动的目的。

〔**附释**〕定义本身包含着概念的以下三个环节:普遍东西,作为最近的类(genus proximum);特殊东西,作为类的规定性(gualitas specifica);个别东西,作为被定义的对象本身。——在定义中首先发生一个问题,即定义从何而来,对于这个问题一般是这样回答的,即定义是用分析方法产生的。但这也就立刻引起了关于所提出的定义的正确性的争论,因为这里的问题在于我们从什么知觉出发,我们采取什么观点。所要定义的对象越丰富,即它可供考察的不同方面越多,关于对象提出的定义也就往往越不相同。例如,关于生命、国家等等就有许多不同的定义。与这种情况相反,几何学则很容易下定义,因为几何学的对象、即空间是一种很抽象的对象。——其次,就被定义的对象的内容来说,这时根本没有什么必然性。人们只须承认有空间,有植物、动物等等,而要指出这些对象的必然性并不是几何学、植物学等等的事情。由于这种情况,分析方法和综合方法都不适用于哲学,因为哲学首先必须证明自己的对象的必然性。在哲学中也曾经有过许多运用综合方法的尝试。尤其是斯宾诺莎就是从定义开始的,例如他说,实体是 cau sa sui〔自因〕[23]。他的许多定义凝结着最有思辨的东西,不过采取了保证的形式。谢林的情况也是这样[24]。

VI,401

§.230

bb)陈述概念的第二个环节,即陈述作为特殊化的普遍东西的规定性,是按照某个外在观点进行分类。

〔**附释**〕对于分类的要求是它必须完备,而这就需要一种原则或分类根据,这种根据具有这样的性质,即建立在这种根据上的分类包括了定义所整个表示的领域的全部范围。更确切地说,分类的要求在于从所要分类的对象自身的本性中得出分类的原则,从而使分类成为自然的,而不是单纯人为的,即任意的。例如,在动物学里对哺乳动物进行分类,主要是把牙齿和趾爪作为分类根据,这个做法是有深刻意义的,因为哺乳动物本身就是通过它们身上的这些部分相互区别开的,而且在这些部分也可以追溯科目不同的哺乳动物的普遍原型。——整个说来,真正的分类应该看作是由概念规定的。就此而言,分类首先是分为三个部分;但是,特殊性表现为双重的东西,因此分类也就发展为四分法。在精神领域里占支配地位的是三分法,而且促使人们注意到这种情况,属于康德的功绩**25**。

Ⅵ,402

§.231

cc)在具体的个别性中,当定义里的简单规定性被理解为一种关系时,对象就是各个不同规定的综合联系;这是一个定理。这些规定是不相同的,所以它们的同一性是经过中介的同一性。提供构成中介环节的材料,就是构造,而给认识产生出那种联系的必然性的中介过程本身则是证明。

〔说明〕按照关于综合方法和分析方法的区别通常所作的陈述,人们要使用哪种方法,好像完全是随意的。如果把那种按照综合方法业已表现为结果的具体东西作为前提,那就可以从这种具体东西中分析出一些作为结论的抽象规定,而这些规定构成证明的前提和材料。曲线的代数学定义是几何学推理中的一些定理;所以,甚至毕泰戈拉定理作为直角三角形的定义来看,也会通过分析得出一些定理,而这些定理在几何学中是为了得出毕泰戈拉定理早已得到证明的。选择方法的随意性是基于两种方法都以一个外在前提为出发点。就概念的本性来说,分析方法是最初

Ⅵ,403

的方法,因为这种方法首先把给予的具体经验材料提高为一般抽象概念的形式,然后这些抽象概念才能作为定义在综合方法中被提到前面。

这些方法无论在它们特有的领域里如何重要,如何成效辉煌,都对哲学认识没有用处,这是不证自明的事情,因为它们都有前提,而且认识活动在其中表现为知性,表现为遵照形式同一性的进展。斯宾诺莎主要是应用了几何学方法,并且是用以表达思辨的概念的,在他那里这类方法的形式主义很引人注目。沃尔夫哲学把几何学方法发挥到了学究气的顶点[26],就其内容而言,也是知性形而上学。——过去在哲学和科学中滥用了这些方法的形式主义,在现代代之而起的是滥用所谓的构造。康德曾经使得一种认为数学必当构造自己的概念的看法流行起来[27];这无非是说,数学研究的不是任何概念,而是感性直观的抽象规定。于是,那种绕开概念去陈述感性的、从知觉捡来的规定的做法,那种给哲学对象和科学对象依照假定的图式——此外,也依照任意和所好——去列表分类的进一步的形式主义做法,也就都被称为概念的构造。虽然在这种做法的背后存在着关于理念、关于概念与客观性的统一以及关于理念是具体的这个意思的模糊观念,但所谓的构造这种把戏却远未表达概念和客观性的统一,而只有概念本身才是这种统一,并且直观中的感性具体东西也不是理性和理念中的具体东西。

VI,404

顺便指出,因为几何学研究的是感性的、但又抽象的空间直观,所以它能毫无阻碍地把一些简单的知性规定在空间中固定下来;因此,唯有在几何学里有限认识的综合方法才达到其完满性。然而,颇为值得注意的是,几何学在其进程中最后遇到了不可通约数和无理数,在这里它如果想在规定活动中继续前进,就会被迫超出知性原则[28]。甚至在这里也像在其他场合经常看到的那样,出现了术语的颠倒,即被称为合理的东西是知性的东西,被称为不合理的东西反而是合理性的开端和踪迹。其他科学并不研究空间或数这类简单的对象,因此当它们在它们的知性进展的极限上遇到对它们必然出现、并且经常出现的东西时,它们很容易渡过难关。它们截断知性进展的后继过程,而从外面,从表象、意见、知觉或其他什么地方,接纳来它们需要的东西,甚至常常接纳来一种与知性进展的先行过程相反的东西。这种有限认识没有意识到自己的方法的本性,没有意识到这类方法与内容的关系,这就使有限的认识既认不出自己在通过定义、分类等等所作的进展中是不断地受概念规定的必然性的指导的,也认不出自己的界限在哪里,并且在超越了自己的界限以后,更不知道自己正在处于这样一个领域,在这个领域里知性的各个规定已经不再有效,但有限的认识仍然在那里很粗鲁地使用这些规定。

§.232

有限认识在证明中得出的必然性最初是一种外在的、仅仅为了主观见识而得到规定的必然性。但在真正的必然性里,有限认识本身则放弃了自己的前提和出发点,放弃了自己内容中的那种现成东西和给予的东西。真正的必然性自在地是自相联系着的概念。所以,主观理念自在地达到了自在自为地得到规定的东西,即非给予的东西,因而达到了同一种作为主体的内在东西,并且过渡到意志理念。

〔**附释**〕认识通过证明达到的必然性是构成认识的出发点的东西的反面。认识在自己的出发点里曾经得到一种给予的和偶然的内容;但现在,认识在自己的运动过程的结尾则知道这种内容是必然的内容,而且这种必然性是经过主观活动得到中介的。同样,主观性在最初曾经是完全抽象的,是一块单纯的 tabula rasa〔白板〕,反之,主观性现在则证明自身是进行规定的。但在这里就有从认识理念到意志理念的过渡。更确切地说,这种过渡在于,普遍东西在其真理性中必须被理解为主观性,被理解为自己运动的、能动的和设定各个规定的概念。

β.意　　志

§.233

主观理念作为自在自为地得到规定的东西和自身等同的、简单的内容，就是善。这种主观理念实现其自身的内在冲动具有与认识真理的理念相反的关系，要按照自己的目的反过来去规定现成的世界。——这种意志一方面拥有对于预先设定的客体的虚妄不实性的确信，另一方面它作为有限东西则同时把善的目的预先设定为单纯主观的理念和客体的独立性。

§.234

因此，意志活动的有限性是一种矛盾，即在客观世界的各个自相矛盾的规定里，善的目的既是得到实现的，也是没有得到实现的，既被设定为非本质的，也同样被设定为本质的，既被设定为现实的，同时又被设定为单纯可能的。这种矛盾表现为善的实现的无限进展，善在这个无限进展中仅仅被确定为一种应当。但在形式方面，这种矛盾的消逝却在于，活动扬弃目的的主观性，从而扬弃客观性，扬弃那个使主观性与客观性两者成为有限的对立，并且不仅扬弃这个主观性的片面性，而且扬弃整个的主观性；另一个这样的主观性，即对立的一个新产物，不同于那个在以前被认为是主观性的主观性。这种向自身的回复同时也是内容对自身的回忆，这个内容就是善，是主观性与客观性两个方面的自在存在着的同一；这种

VI,406

向自身的回复也就是对理论态度的前提（§.224）的回忆，即客体是在其自身有实体性和真理性的东西。

〔**附释**〕当理智仅仅致力于如实地把握世界时，意志则与此相反，旨在使世界成为它应该是的那样。直接的东西、现成的东西对于意志不能算是固定不变的存在，而只能算是映像，是本身虚妄不实的东西。在这里出现了人们在道德观点上徘徊于其中的一些矛盾。这在实践方面一般是康德哲学的观点，甚至也是费希特哲学的观点。善应该得到实现；人们必 ⅤⅠ,407 须致力于实现善，而且意志只是实现着自己的善。但是，假如世界是它应该是的那样，这就会取消意志的活动.。因此，意志本身要求它的目的尚未得到实现。这正确地说出了意志的有限性。但在这种情况下也不可停留在意志的有限性里，而且正是意志过程本身使这种有限性和其中包含的矛盾得到扬弃。这种和解在于，意志在自己的结果中返回到认识过程的前提，因而返回到理论理念和实践理念的统一。意志知道目的是属于自己的，理智把世界视为现实的概念。这就是理性认识的真正态度。虚妄不实、倏忽即逝的东西仅仅构成表面的东西，而不能构成世界的真正本质。世界的真正本质是自在自为地存在着的概念，所以世界本身就是理念。如果我们认识到世界的最终目的既是不断实现的，也是业已实现的，不满足的追求就会消逝。一般说来，这是成年人的态度，而年轻人则以为这个世界糟透了，首先必须加以彻底改造。反之，宗教意识认为世界受神圣天意的主宰，因而符合于它应该是的那样。但是，存在与应当的这种符合并不是一种僵死的、没有过程的符合；因为善、世界的最终目的之所以存在，仅仅是因为它在不断地实现其自身，并且在精神世界和自然界之间也仍然存在着差别，即在自然界仅仅不断地返回自身时，在精神世界中则无疑出现了进步。

§.235

因此,善的真理被设定为理论理念与实践理念的统一,在这个统一

VI,408　中,善自在自为地实现了自己,而客观世界自在自为地是理念,正如理念

同时不断地把自己设定为目的,并通过活动产生出自己的现实一

样。——这种从认识的差异性和有限性返回到自身的、通过概念活动变

得自相同一的生命,就是思辨理念或绝对理念。

c.绝 对 理 念

§.236

理念作为主观理念与客观理念的统一,是理念的概念。这个概念以

理念本身为对象,对于这个概念来说,理念就是客体[29],全部规定都塌缩

到了这个客体中。因此,这种统一是绝对的和全部的真理,是自己思维自

己的理念,而且在这里理念是作为能思维的、逻辑的理念思维自己的。

〔**附释**〕绝对理念首先是理论理念和实践理念的统一,因此同时也是

生命理念和认识理念的统一。在认识中我们得到处于差异性形态中的理

念,而认识过程给我们产生的结果就是这种差异性的克服和那种在其直

接性中最初本身是生命理念的统一性的恢复。生命的缺陷在于它仅仅是

自在地存在着的理念,另一方面,认识也同样片面的是仅仅自为地存在着

的理念。这两者的统一和真理是自在自为地存在着的理念,因此是绝对

理念。——我们迄今都是以经过不同发展阶段的理念为我们的对象,但

现在理念则以其自身为对象。这就是 νόησις νοήσεως〔对思想的思

想〕**30**,亚里士多德已经称之为理念的最高形式。

§.237

　　绝对理念是自为的,因为它没有任何过渡,也没有前提,并且完全没　Ⅵ,409
有那种似乎不流动、不透明的规定性,而是概念的纯粹形式,这形式将其
内容直观为其自身。绝对理念自身是内容,因为它是它自己与自己在观
念上的区别,并且区别开的两个方面中的一方是自相同一性,但在这种同
一性中包含了形式的总体,作为各个内容的规定组成的系统。这种内容
是逻辑东西的系统。在这里作为形式给理念留下的,无非是这种内容的
方法,即对理念的各个环节的价值的特定认识。

　　〔附释〕在说到绝对理念时,人们可以认为,在这里才将出现真正的
东西,在这里必定会得出一切。关于绝对理念,人们无疑可以海阔天空地
信口说许多毫无内容的空话;但绝对理念的真正内容不是别的,而正是我
们迄今考察过其发展过程的整个系统。按照这种看法,也可以说绝对理
念是普遍东西,但这个普遍东西不单纯是与作为他物的特殊内容相对立
的抽象形式,而且是绝对形式,一切规定、即通过这个形式设定的全部充
实内容,都复归到了这个形式中。在这方面,可以把绝对理念比做老人,
老人讲的那些宗教真理,小孩也会讲,可是对于老人来说,这些宗教真理
包含着他的全部生活的意义。即使小孩也懂宗教的内容,可是对小孩来
说,这种内容仅仅是这样一种东西,在这种东西里尚未包含全部生活和整
个世界。——同样,人的整个生活和构成这种生活的内容的各个事迹也
是如此。所有的工作都仅仅指向一个目的,在达到这个目的时,人们不禁
诧异,他们得到的不是任何别的东西,而正是他们曾经希求的东西。理念
的意义在于理念全部的运动过程。当一个人追溯他的生活经历时,他会　Ⅵ,410

觉得他的目的很狭隘,但囊括到其中的正是他的全部 decursus vitae〔生活经历〕。——所以,绝对理念的内容也就是我们迄今得到的绝对理念的全部经历。最后得到的结论认为,理念的全部展开过程构成理念的内容和意义。——进一步说,哲学的见识在于,一切孤立起来看显得有局限的东西,之所以能获得自己的价值,是因为它们都属于整体,都是理念的环节。由此可见,我们已经得到理念的内容,我们还会得到的就是认识到这内容是理念的活生生的发展,而且这种单纯的回顾已经包含在理念的形式里。迄今考察过的任何一个阶段都是绝对的一种形象,不过最初是在有限方式下的形象,所以,任何一个阶段都不断力求达到整体,而这个整体的展开过程就是我们称为方法的那种东西。

§.238

思辨方法的各个环节是:α) 开端,它是存在或直接东西;它是自为的,简单的理由在于它是开端。但从思辨理念来看,存在是思辨理念的规定自身的活动,这种活动作为概念的绝对否定性或运动过程进行判断,把自己设定为其自身的否定东西。所以,对开端本身来说表现为抽象肯定性的存在,反而是否定、被设定的存在、得到中介的一般存在和预先假定的存在。但是,概念在自己的异在中完全自相同一,并且是其自身的确实性,作为这样的概念的否定,存在就是尚未被设定为概念的概念或自在的概念。——因此,存在既是尚未完全得到规定的概念,即仅仅自在地或直接地得到规定的概念,也同样是普遍的东西。

〔说明〕在直接存在的意义上,开端是从直观与知觉那里得到的——这是有限认识的分析方法的开端;在普遍性的意义上,开端则是有限认识的综合方法的开端。但是,因为逻辑东西既直接地是普遍的东西,又是存在着的东西,既是被概念预先假定的东西,又直接地是概念本身,所以逻辑东西的开端既是综合的开端,又是分析的开端。

〔**附释**〕哲学方法既是分析的,也是综合的;但这并不是说,有限认识的这两种方法是单纯并列使用的或单纯交替使用的,而是说哲学方法把这两者作为得到扬弃的方法包含到自己内部,因而在自己的每个运动过程中都同时把自己表现为既是分析的,又是综合的**31**。就哲学思维仅仅接受自己的对象,即理念,对它听其自然,仿佛只是静观它的运动和发展而言,哲学思维采取的方法是分析的。在这种情况下,哲学思维是完全被动的。但哲学思维也同样是综合的,并表明自身是概念本身的活动。而哲学思维要做到这一点,就需要作出努力,从自身扫除那些想不断冒出来的古怪的偶想与奇特的意见。

§.239

β)进展是理念的被设定起来的判断。直接的普遍东西作为自在的概念,是在这种东西自身把它的直接性和普遍性降低为一个阶段的辩证法。这样就设定起了开端的否定东西或具有自己的规定性的最初东西。这个最初的东西是为一个东西而存在的,这是区别开的东西的联系,是映现的阶段。

〔**说明**〕这种进展是分析的,因为内在的辩证法仅仅设定起直接概念中包含了的东西;这种进展又是综合的,因为在这种概念中这种差别在过去尚未设定起来。 Ⅵ,412

〔**附释**〕在理念的进展中开端表明其自身是开端自在地所是的东西,即设定起来的和得到中介的东西,而不是存在着的和直接的东西。只有对于本身直接的意识来说,自然才是开端的和直接的东西,精神才是通过自然得到中介的东西。但实际上,自然是由精神设定起来的东西,正是精神本身使自然成为精神的前提。

§.240

进展的抽象形式在存在范围里是一个他物和向一个他物的过渡,在本质范围里是在对立面中的映现,在概念范围里是个别东西与普遍性的差异,普遍性本身把自身延续到与自己有差别的东西中,并且是与这种东西的同一性。

§.241

在第二个范围里,最初自在地存在着的概念达到了映现,因此自在地就是理念。这个范围中的发展变为向第一个范围的回归,正如第一个范围中的发展是向第二个范围的过渡一样;只有通过这种双重的运动,差别才取得自己应有的地位,因为两个区别开的东西中的每一个就其自身来看,都把自己成全为总体,并在总体中实现自己与另一个区别开的东西的统一。只有两者在它们自身自己扬弃自己的片面性,才能使它们的统一不成为片面的。

§.242

第二个范围把两个区别开的东西的关系发展为这种关系最初所是的

东西,发展为这种关系本身中的矛盾,这种矛盾表现在无限进展中,消解于 γ 终端中,在终端中有差别的东西被设定为它在概念中所是的东西。有差 別的东西是最初的东西的否定,并且作为与最初东西的同一,是其自身的 否定;这样,终端就是统一,在这种统一中这两个最初的东西是观念性的东 西,是得到扬弃的、即同时得到保存的环节。所以,概念在这样从自己的自 在存在出发,以自己的区分及其扬弃为中介,把自己与自己结合起来时,就 是业已实现的概念,即在其自为存在中包含其规定的被设定的存在的概 念;这样的概念就是理念,对于这个同时(在方法中)作为绝对最初的东西 的理念来说,这个终端是映像的消失,而在映像里开端好像是一个直接东 西,理念好像是一个结果;这样的概念是对于理念之为唯一总体的认识。

VI,413

§.243

这样,方法就不是外在的形式,而是内容的灵魂和概念,方法与内容 之所以不同,仅仅是由于概念的各个环节也在它们自身以它们的规定性 表现为概念的总体。因为这种规定性或内容是与形式一道返回理念的, 所以理念表现为系统的总体,这个总体仅仅是唯一的理念,它的各个特殊 环节既自在地是同一个理念,又通过概念的辩证法得出理念的简单自为 存在。这样,科学就以把握其自身的概念,将其自身作为以理念为对象的 纯粹理念而告终了。

§.244

自为地存在着的理念,从它的这种自相统一来看,就是直观;直观着的理念是自然。但作为直观的理念是通过外在的映现,在直接性或否定性的片面规定中被设定的。不过理念的绝对自由在于,理念不单纯过渡到生命,也不单纯作为有限的认识,让生命映现到自己之内,而且以其自身的绝对真理性,决意把自己的特殊性或最初的规定活动和异在的环节,把作为自己的反照的直接理念,自由地从自身外化为自然。

Ⅵ,414

〔**附释**〕我们过去从理念开始,我们现在则返回到了理念的概念。这种向开端的返回同时也是一种进展。我们过去作为开端的东西是存在,是抽象的存在,我们现在则达到了作为存在的理念,但这种存在着的理念就是自然。

译 者 注 释

哲 学 全 书

前　　言

1. 即《逻辑学》（Wissenschaft der Logik），其第一部分"客观逻辑"的第一分册"存在论"出版于 1812 年春季，第二分册"本质论"出版于 1813 年春季，第二部分"主观逻辑"出版于 1816 年秋初。第一部分于 1931 年经过修订，出过第二版。——第 001 页

2. 主要是指伊曼努尔·康德（Immanuel Kant 1724—1804）的批判哲学。黑格尔对它的概括评价，见《哲学全书》§.60 中的"说明"；对它的详细评价，见《哲学史讲演录》第四卷（北京 1995 年）第 254—308 页。——第 002 页

3. 出自约翰·沃尔夫冈·歌德（Johann Wolfgang Goethe 1749—1832）《浮士德》，上卷，煎制魔药的巫婆厨房，第 2509 行。——第 006 页

4. 弗利德里希·威廉·约瑟夫·冯·谢林（Friedrich Wilhelm Joseph von Schelling 1775—1854）早期哲学体系的名称。黑格尔对它的详细评价，见《哲学史讲演录》第四卷第 340—372 页。——第 007 页

5. 弗利德里希·奥古斯特·哥特罗伊·扎鲁克（Friedrich August Gottreu Tholuck 1799—1877），德国神学家，著有《东方神秘主义选集》（柏林 1825 年）、《论罪恶学说》（第二版，汉堡 1825 年）和《晚期东方的三位一体思辨学说》（柏林 1826 年）。——第 008 页

6. 16 世纪兴起的教派。它承认耶稣体现上帝，但认为耶稣仅为凡人，他具有神的职能而无神性，从而否定三位一体教义。它起源于意大利。由莱留斯·索齐尼（Laelius Socinus 1525—1562）首创，他的观点经过其侄子福斯图斯·索齐尼（Faustus Socinus 1539—1604）而发展成为索齐尼主义。它盛行于波兰，至 19 世纪初还流传于特兰西瓦尼亚、荷兰与德国，后来销声匿迹。——第 009 页

7. 5 世纪由贝拉基（Pelagius 约 354—418 以后）等人首倡的基督教异端教义。它强调人性本善，人有自由意志。贝拉基力称，上帝赋予人选择善恶的自由，犯罪是人根据自己的意愿去违抗上帝的法律。他的门徒塞莱斯提乌斯进而否认原罪教义，并宣称没有必要为婴儿施洗礼。俩人于 418 年迦太基会议上受到谴责，被判极刑。——第 009 页

8. 黑格尔对别内狄克特·斯宾诺莎（Benedictus Spinoza 1632—1677）的详细评论，见《哲学史讲演录》第四卷第 94—131 页。——第 009 页

9. 黑格尔指的是哥特霍尔德·埃弗拉姆·莱辛（Gotthold Ephraim Lessing 1729—1781）在 1780 年 6 月 7 日与弗利德里希·亨利希·雅可比（Friedrich Heinrich Jacobi 1743—1819）的谈话。莱辛在这次谈话中说，"要知道人们谈起斯宾诺莎时总是像谈死狗一样。"（《雅可比全集》，莱比锡 1819 年，第 Ⅳ 卷第 1 编第 68 页）——第 010 页

10. 黑格尔认为，约翰·雅可布·布鲁克尔（Johann Jakob Brucker）所著《批判的哲学史》（五卷本，莱比锡 1742—1744 年；新版 1766 年）是"一个笨重庞大的无用物"；他对这部哲学史著作的评论，见《哲学史讲演录》第一卷（北京 1995 年）第 46—47 页与第 111 与 193 页。——第 010 页

11. 荷马《伊利亚特》，I—401，II—813，XIV—290，XX—74。——第 011 页

12. 雅可布·波墨（Jakob Böhme 1575—1624）的这个说法出自他的《论真正的平静》第二章第九节至第十节和《论神圣实体的三个原则》第十章第四十二节。黑格尔对它的评论，见《哲学史讲演录》第四卷第 41—42 页。——第 012 页

13. 弗兰茨·冯·巴德尔（Franz von Baader 1765—1841），德国天主教神学家与哲学家。他反对康德的批判哲学，而认为认识与意志的本原均与上帝有关，任何认识都是基于上帝的所知，人的知识是在良知中与神的知识同在的知识，人的创造行

动是对神的创造活动的分有。——第 014 页

14. 关于黑格尔对雅可比的这种信仰的评述,可参看《哲学史讲演录》第四卷第 243 页以下。——第 014 页

15. 坎特伯雷的安瑟尔谟(Anselmus von Canterbury 1033—1109),中世纪经院哲学家、神学家和极端的实在论者。他在其《书稿·为什么上帝与人同形?》(1099 年)里讲了他的赎罪论,认为基督之死是为了给世人的罪恶作出赔偿。——第 014 页

16. 原文为 Elohim,古代希伯来文中的词汇,表示神灵的名称之一。在冯·巴德尔的《论我们时代的一些反对宗教的哲学命题》里,它是表示由上帝赋予全权去创造物质的理性元素。格奥尔格·拉松(Georg Lasson)所加的编者注释为:"弗兰茨·冯·巴德尔的观点显然认为,统一体产生这些元素,而这些元素又产生物质"。(黑格尔《哲学全书纲要》,莱比锡 1923 年,第 20 页)——第 016 页

17. 黑格尔对柏拉图(Plato 公元前 427—347)理念论的详细评述,见《哲学史讲演录》第二卷(北京 1995 年)第 177 页以下。——第 017 页

18. 黑格尔对亚里士多德(Aristoteles 公元前 384—322)关于理念的规定的详细评述,见《哲学史讲演录》第二卷第 285 页以下。——第 017 页

19. 见斯宾诺莎《伦理学》(北京 1958 年)第 75—76 页。——第 017 页

20. 这是罗马作家西塞罗(Cicero 公元前 106—43)在其图斯库兰(罗马东南部的古城)的别墅里写成的一部通俗哲学著作。黑格尔的引文出自该书第 II 卷第 4 页。——第 019 页

21. 黑格尔于 1829 年在《科学评论年鉴》上宣布,他要写书评,评论五本研究他的哲学的著作。他发表了两篇书评,即:《评 Chr.E.科尔曼著〈论黑格尔的学说〉(莱比锡 1829 年)》;《评 K.E.舒巴特与 L.A.卡冈尼科著〈论一般哲学,尤其是黑格尔哲学全书〉(柏林 1829 年)》。其他三篇书评则未写出来在这个刊物上发表。——第 020 页

22. 1830 年关于宗教问题的争论。争论的一方是《福音派教会报》,另一方是哈雷大学神学系的若干代表。——第 020 页

23. 这里颂扬的是但丁(Dante 1265—1321)的《神曲》。——第 020 页

24. 即约翰·哥特利伯·费希特(Johann Gottlieb Fichte 1762—1814)的哲学,更具体地说,是费希特耶拿时期的宗教哲学思想。参看《费希特著作选集》卷三(北京1997年)第381—510页。——第020页

25. 德国诗人尤斯廷·克尔耐尔(Justinus Kerner 1786—1862)在其《普雷沃斯特的女先知》(1829年)里表现了强烈的神秘主义倾向,黑格尔嘲笑过他,并打算撰写一篇抨击此书的文章。——第021页

26. 宗教赞美诗中的一句话;黑格尔在《哲学全书》§.11中又引证了这句话,然而语形有所改变。——第023页

27. 见亚里士多德《形而上学》第XII卷第7章,1072ᵇ。参看《亚里士多德全集》,中文版,第VII卷第277—278页。——第023页

柏林大学开讲辞

1. 黑格尔关于现实性与合理性的论点的详细阐述,见《法哲学原理》(北京1982年)"序言"第11页。恩格斯对这个论点的评论,见《路德维希·费尔巴哈和德国古典哲学的终结》(《马克思恩格斯全集》第21卷,北京1965年,第306—307页)。——第026页

2. 费希特在其《对德意志民族的演讲》(柏林1808年)中说,"德意志人说的是一种在最初由天然力量迸发出来时就一直活生生的语言"(第325页),而这个"拥有活生生的语言的民族会勤奋努力和严肃认真,对任何事情都不辞劳苦"(第337页)。——第027页

3. 由此往下,是对康德的批判哲学所作的批判。——第027页

4. 彭蒂·彼拉多(Pontius Pilatus? —36以后),于罗马皇帝提比略在位期间担任犹太巡抚(26—36),主持对耶稣的审判,并且下令把耶稣钉死在十字架上。——第027页

5. 黑格尔在1816年10月28日海得堡大学开讲辞中也最后讲过这段话。见《哲学史讲演录》第一卷第3页。——第029页

导　论

1. 黑格尔在《精神现象学》里认为"熟知的东西不是真正知道的东西"。所以,真正

的知识把矛头指向熟知的东西,探讨它是怎么来的,而不像非哲学的知识那样,把某种东西假定为熟知的,就不再去管它了。(中译本,上卷,北京 1979 年,第 20 页)——第 030 页

2. 对于非哲学的意识的这种批评,可参看费希特《施米特体系与知识学的比较》(耶拿 1795 年)。费希特在批评那种没有能力驰骋于纯粹概念领域的思维方式时,以著作家或布道士写的或讲的一些早已被大家记得烂熟的内容为例,指出了这一事实:"这类听众或读者心里想,这是一个多么伟大的人呵! 好像我在聆听自己讲的,阅读自己写的"。(《费希特著作选集》卷二,北京 1994 年,第 247 页)——第 034 页

3. 恩格斯在《自然辩证法》中记下"论制鞋"三字,用这个比喻批评路·毕希纳(L. Büchner 1824—1899)妄图非难社会主义和经济学。见《马克思恩格斯全集》第 20 卷第 546 页。——第 035 页

4. 见《法哲学原理》,中译本,北京 1982 年,第 11 页。——第 035 页

5. 见《逻辑学》下卷,北京 1976 年,第 192 页以下。——第 036 页

6. 关于近代哲学的这一原则,费希特在《明如白昼的报道》(柏林 1801 年)中也有这样的概括:"人除了经验以外,不具有任何其他东西,人只能通过经验,通过生活本身,得到他所得到的一切东西。人的一切思维,无论是自由的或科学的,是平常的或抽象的,都来自经验,而且又要回到经验中"。(《费希特著作选集》卷四,北京 2000 年,第 140 页)——第 037 页

7. 黑格尔指的是荷兰政治家与法学家胡果·格劳秀斯(Hugo Grotius 1583—1645)于 1625 年发表的法学巨著《战争与和平法》,它确立了国际法的标准。——第 038 页

8. 托玛斯·汤姆生(Thomas Thomson 1773—1852),英国化学家,他编的这个刊物出版于 1813—1826 年。——第 038 页

9. 1825 年匿名出版于伦敦。——第 038 页

10. 亨利·彼得·布鲁厄姆(Herry Peter Brougham 1778—1868),英国律师,辉格党政治家,英国大法官兼上院议长(1830—1834 年)。——第 038 页

11. 利物浦伯爵第二(Liverpool, 2nd earl of 1770—1828),1812—1827 年任英国首相,

因瘫痪而被迫退休。——乔治・坎宁（George Canning 1770—1827），英国政治家，当时为政府的决策人物，1827 年受命组阁，不久去世。——查理・朗爵士（Sir Charles Long）的生卒年月不详。——第 038 页

12. 这个命题最初出现于西塞罗的《论界限》（第 I 卷第 19 章），被当作是伊壁鸠鲁的，后来经过托马斯・冯・阿奎那（Thomas von Aquin 1225—1274）的《论真理》（第 II 卷第 3 章）而流传下来；哥特弗里德・威廉・莱布尼茨（Gottfried Wilhelm Leibniz 1646—1716）在《人类理智新论》（第二卷第一章）里给它加了一个限定："但理智本身除外"。——第 039 页

13. 在《哲学全书》第三部分《精神哲学》§.442 中，黑格尔以思辨哲学的观点解释了这个命题的含义。——第 039 页

14. 卡・莱・赖因霍尔德（K. L. Reinhold 1758—1823）在其《人类表象能力新论》（1789 年）中已经开始试图把康德哲学发展为一门严密的、统一的体系，以克服理论理性与实践理性的分离；在《关于基本哲学的原理》（1790 年）中把意识命题假定为这种统一的基础。怀疑主义者戈・恩・舒尔策（G.E. Schulze 1761—1833）在其《埃奈西德穆》（1792 年）里击中了这一尝试的缺陷。参看费希特《评〈埃奈西德穆〉》对于把意识命题假定为哲学开端的评论。（《费希特著作选集》卷一，北京 1990 年，第 426 页）——第 041 页

15. 见柏拉图《斐多篇》，施泰封版，第 89 页；在这里，苏格拉底反驳了当时那种要把人类理性能力的不完善与某个推理部分的失误混淆到一起的错误倾向。——第 042 页

16. 这里指的是谢林的同一哲学，见《精神现象学》上卷（北京 1979 年）第 10 页与第 11 页。——第 044 页

17. 恩格斯在《自然辩证法》中引用这个事例，批评那种割裂普遍东西与特殊东西的辩证关系的观点。见《马克思恩格斯全集》第 20 卷，第 578—579 页。——第 045 页

18. 总体或具体概念是黑格尔逻辑学的中心范畴。关于这个范畴的地位，可参看张世英在他的《论黑格尔的逻辑学》（上海 1981 年，第 100—109 页）中所作的批判的考察和研究。——第 046 页

哲学全书·第一部分

逻　辑　学

绪　论

1. 所罗门(Solomon),大卫之子,以色列国王(约公元前 961—922 在位),曾作为传道者说:"凡事都是虚空。人的一切劳碌,即他在日光之下的劳碌,有什么益处呢?"(《旧约全书》"传道书",第 1 章第 2—3 段)——第 055 页

2. 恩格斯肯定了黑格尔与当时物理学的见解相反,坚持原子概念的立场。见《马克思恩格斯全集》第 20 卷,第 547—548 页。——第 058 页

3. 康德的原话是:"我思必然能够伴随着我的一切表象。"(《纯粹理性批判》第二版,第 131 页)费希特从这个观点出发,发展了康德的先验唯心论;见《答赖因霍尔德教授先生》,《费希特著作选集》卷四,北京 2000 年,第 242 页以下。——第 060 页

4. 参看《新约全书》"马太福音",第 6 章第 33 段。黑格尔的引文与原文有出入。——第 061 页

5. 康德在谈到知识与对象的符合时说:"自在之物本身(若不考虑它们由以刺激我们的表象)会是怎样的,这完全在我们的知识范围以外。现象虽然不是自在之物本身,但也毕竟是能被给予我们去认识的唯一东西,因此我应该说明,现象本身的多种多样东西在时间上有一种什么样的联系,而关于这类东西的表象在领悟中却永远是前后相继的"。(《纯粹理性批判》第二版,第 235 页)——第 064 页

6. 黑格尔关于符合真理的信念与不符合真理的信念的对立的评论,可参看《法哲学原理》(北京 1982 年)第 140 节,第 152—160 页。——第 065 页

7. 独立思维或独立思考也是费希特在其以自我为最高原理制定的早期知识学中发出的呼声。可参看《纠正公众对于法国革命的评论》(《费希特著作选集》卷一,第 175 页以下)、《向公众呼吁》(《费希特著作选集》卷三,第 418 页以下)和《六年以来》(《费希特著作选集》卷四,第 134 页)。——第 065 页

8. 亚里士多德《形而上学》，第 I 卷第 2 章，982ª。参看《亚里士多德全集》，中文版，第 VII 卷，第 30 页。——第 066 页

9. 谢林在 1800 年初发表的《先验唯心论体系》中认为，"自然的僵死的和没有意识的产物只是自然反映自己的没有成效的尝试，不过所谓僵死的自然总的来说还是一种不成熟的理智，因而在它的现象中仍然无意识地透露出理智特性的光芒"。（中译本，北京 1983 年，第 7—8 页）这个论点最初见于他在 1797 年发表的《自然哲学观念》。1800 年 4 月他在他主编的《思辨物理学杂志》上发表的《动态过程的一般演绎》里又概括地写道："自然是一种仿佛与其全部感觉和直观一起僵化的理智。"（《谢林全集》，卡·弗·奥·谢林版，第 IV 卷第 77 页）——第 066 页

10. 关于作为绝对总体的自我，费希特在他 1794 年 5 月提出的哲学纲领《论知识学的概念》里说，"在这个总体中，一本导出万殊，万殊归于一本"。（《费希特著作选集》卷一，第 470 页）针对在这个问题上出现的曲解，他随后给雅可比写信说："我的绝对自我显然不是个人；受到冒犯的宫廷侍从和恼羞成怒的哲学家们作出那样的解释，是为了把可鄙的实践利己主义学说栽到我头上。但是，个人却必定是从绝对自我推导出来的。"（《费希特全集》第 III 辑第 2 卷，第 392 页）——第 068 页

11. 黑格尔在《哲学全书》第二部分《自然哲学》§.248 里说："自然哲学在物理学使它达到的立脚点上接受物理学从经验中给它准备的材料，并把这种材料重新加以改造，而不把经验作为最终的证明，当成基础。因此物理学必须帮助哲学工作，以便哲学能把提供给它的知性认识的普遍东西译成概念，因为哲学将指明这种普遍东西何以会作为一个内在必然的整体，从概念中产生出来"。（中译本，北京 1980 年，第 14—15 页）——第 070 页

12. 关于普通逻辑与思辨逻辑的不同，费希特在把知识学当作一门新式逻辑的意义上也说过："在知识学中内容与形式必然结合在一起，逻辑学则应制定与内容相分离的单纯形式"；所以，"不是知识学被逻辑学所制约和规定，而是逻辑学被知识学所制约和规定"。（《费希特著作选集》卷一，第 477 页）——第 070 页

13. 《新约全书》"马太福音"，第 18 章第 3 段："我实在告诉你们，你们若不回转，变得

像小孩子那样,肯定不得进天国。"——第 074 页

14. 《旧约全书》"创世记",第 3 章第 22 段。——第 075 页

15. 恩格斯在给康拉德·施米特的信中指出,"在绪论中您会看到,首先是第 26 节等批判沃尔夫对莱布尼茨的修改(历史意义上的形而上学),其次是第 37 节等批判英、法经验主义,再其次是第 40 节及以下各节批判康德,最后是第 61 节等批判雅可比神秘主义"。(《马克思恩格斯全集》第 38 卷,北京 1972 年,第 202 页)——第 077 页

16. 普罗丢斯(Proteus)是希腊神话中的一位海神,它变化无穷,被视为创造世界的本原的象征。黑格尔在《自然哲学》中谈到,"当我们看到自然界的过程和变化时,我们就想把握它的单纯的本质,强使这位普罗丢斯停止他的变化,在我们面前显现自身和说明自身"。(中译本,第 5 页)——第 079 页

17. 黑格尔在《宗教哲学讲演录》中谈到用"一"作为表达上帝的谓词时说,在这里"我们有主词上帝和一个谓词,除此以外,上帝也还可以有其他的谓词";"但最初也只有根源,因为关键问题不在于给这个一附加多少精神性的谓词(诸如智慧、仁慈和怜悯),而在于这个一有何作为和实际如何"。(《黑格尔全集》格罗克纳版,第 16 卷第 14—15 页与第 50 页)据统计,在《旧约全书》"出埃及记"中给上帝附加的谓词有十三个,在《古兰经》中给安拉附加的谓词有九十九个。——第 081 页

18. 关于命题在何种意义上不适合于表示思辨东西的发展过程,在何种意义上又是这个过程的组成部分,可参看《精神现象学》中的论述(中译本,上卷,第 42—45 页)。 第 083 页

19. 原文为 absolute Aktuosität。托马斯·冯·阿奎那在其《神学大全》(第 I 集第 1 部,第 3 题第 2 条)中说,"上帝是纯粹的活动"。黑格尔在自己的《宗教哲学讲演录》里也说:"上帝是精神,是纯粹知识的活动,是独立存在着的活动。特别是亚里士多德曾经以抽象的活动范畴理解上帝。纯粹的活动是知识活动(在经院哲学时期就是:actus purus〔纯粹的活动〕)。"(《黑格尔全集》,格罗克纳版,第 16 卷第 228 页)因此,这个拼写法奇特的词汇 Aktuosität 似应按拉丁文 actus、即德文 Tätigkeit 的语义译为中文。——第 087 页

20. 一种基督教神学观点认为,依靠"益臻完善的感性东西",人类理智可以得到上帝出现于我们面前的一点闪光;在这里,上帝被认为是有限世界的原因,但上帝是无限的,因此,用以表达上帝的属性的一切东西都必须被认为是日益趋于无限的感性东西,但是在此留下一个广阔而永远不可及的范围,它只能用各种否定加以填补。这种观点是由法兰西神学家圣普尔坎的迪朗杜(Durandus de Saint—Pourçain 1270—1343)倡导的。"益臻完善的感性东西"是斯宾诺莎诘难的主题(《书信集》第 6 封);莱布尼茨在《神正论》前言中采纳了这个主题。——第089 页

21. "自然界没有飞跃"这个说法,最早见于法国雅克·蒂索(Jacques Tissot)的《对生命的真正探讨》(里昂 1613 年,第 247 页),后来见于莱布尼茨的《人类理智新论》(巴黎 1704 年;北京 1982 年,上册第 12 页)和林奈(Linnaeus)的《植物哲学》(斯德哥尔摩 1751 年,第 27 页)。——第 093 页

22. 约翰·沃尔夫冈·歌德《浮士德》第一部分,第 1938—1941 行。黑格尔引用时有所改动。——第 095 页

23. 黑格尔 1802 年 3 月在《哲学评论杂志》第 I 卷第 2 期发表了论文《怀疑论与哲学的关系》。关于他对古代怀疑论与近代怀疑论所作的比较,还可以参看《哲学史讲演录》第三卷第 123 页以下。——第 098 页

24. 费希特在他的《全部知识学的基础》(1794 年)里完成了从纯粹自我出发,推演一切思维范畴的课题。他后来写道,康德"决没有把他制定的那些范畴证明为自我意识的条件,只不过说它们应该是这样的条件罢了;时间和空间,以及在原始意识中与这两者不可分割的、充实这两者的东西,更没有作为这样的条件被推演出来"。(《费希特著作选集》卷二,第 709—710 页)黑格尔也在《哲学史讲演录》里就此说过,"费希特哲学的最大优点和重要之点,在于指出哲学必须是从最高原则出发,以必然性推演出一切规定的科学"。(中译本,第四卷第 311 页)——第 102 页

25. 康德说:"我思必定能够伴随着我的一切表象;因为否则,某种完全不可能被思考的东西就会在我里面被表象出来,而这等于说,表象要么是不可能的,要么至少对我是无。在一切思维之先能被给予的表象,叫作直观。所以,直观中的一切多

种多样的东西在发现它们的同一个主体里就与我思有一种必然的联系。但这个
表象是一个主动性的活动，就是说，它不能被视为属于感性。我把它称为纯粹统
觉，以将它与经验统觉区别开，或者也把它称为原始统觉，因为它是这样一个自
我意识，由于这个自我意识产生出一个表象我思，而这个表象必定能够伴随着所
有其他表象，并且在一切意识中都是同一个表象，所以这个自我意识决不能被任
何其他表象所伴随。我也把这种统一叫作自我意识的先验统一，以表明从中产
生出 a priori〔先天〕知识的可能性。"（《纯粹理性批判》，第二版，第 131—132
页）——第 103 页

26. 关于康德在知性与理性之间作出的这种区别（见《纯粹理性批判》，第二版，第
356 页以下），黑格尔在《哲学史讲演录》里还作了这样的概括："理性是根据原则
来认识的能力，通过概念在普遍中认识特殊。知性则不是这样，知性是通过直观
而认识到特殊的，而范畴本身就是某种特殊的东西。理性原则一般是共相、思
维，这是就它以无条件者和无限者作为它的对象来说的。理性的产物是理念，康
德把理念了解为无条件者、无限者。"（中译本，第四卷第 275 页）——第 106 页

27. 黑格尔在《逻辑学》（1812—1816）中对二律背反的讨论主要是在这部著作的第一
部分"客观逻辑"里进行的。——第 111 页

28. 斯宾诺莎在《伦理学》第二部分中说："思维是上帝的一个属性，换言之，上帝是能
思维的东西"（命题Ⅰ），"广延是上帝的一个属性，换言之，上帝是有广延的东西"
（命题Ⅱ），而"能思维的实体与有广延的实体是有时从这个属性去了解，有时从
那个属性去了解的同一个实体"（命题Ⅶ）；在第一部分中说："一切存在的东西
都存在于上帝之内，没有上帝就不能有任何东西存在"（命题ⅩⅤ）。（见中译本，
北京 1958 年，第 42—46 页；第 14 页）——第 116 页

29. 这是斯宾诺莎在其《伦理学》第一部分的定义Ⅰ中的用语。见中译本，第 3
页。——第 118 页

30. 参看弗利德里希·席勒（Friedrich Schiller 1759—1805）《美育书简》（1795 年）第
18 封与第 25 封。——第 122 页

31. 语言学家哥特弗利德·赫尔曼（Gottfried Hermann 1772—1848）《音韵学教程》，莱
比锡 1799 年。——第 127 页

32. 费希特在《全部知识学的基础》第三部分第二定理中说:"生命和意识的原则,生命和意识所以可能的根据,当然都包含在自我之中,然而只表明它存在于自我之中,还产生不出时间中的现实生活、经验生活,而一种不在时间中的、非现实的、非经验的生活对我们是绝对不可思议的。要说这样一种生活是可能的,那就还需要非我对自我的一种特殊障碍"。"自我仅仅被这种相反的东西推入运动,以便有所作为,有所行动"。"然而对于这个推动者,除了说它是一个推动者,一种本身也只是被感觉到的对立力量之外,再也没有其他什么可说了"。(《费希特著作选集》卷一,第701—702页)——第129页

33. 即雅可比的直接知识观点。他在通讯体小说《沃尔代玛》(1781年)中说,"凡属绝对本身真的东西,都决不是用推理和比较的方法得到的;我们的直接知识(我在)和我们的良知这两者是某种秘密的东西的活动,在这种活动中心灵、知性和感觉是结合起来的"。(《雅可比全集》第V卷,第122页)——第130页

34. 雅可比《论斯宾诺莎的学说——致门德尔松的书信》初版发表于1785年,在1789年再版时增加了八篇附录。他在第七篇附录里说:"科学只是各个彼此关联的认识的系统记录,而在这个系列里是没有起点和终点的"。(《雅可比全集》第IV卷,前言,第XXX页)——第130页

35. 约瑟夫·雅罗迈·拉朗德(Joseph Jérôme Lalande 1732—1807),法国天文学家。《雅可比全集》第II卷第55页援引了他的这句话。——第131页

36. 参看《雅可比全集》第II卷第9页与第61页;第III卷第6页、第32页与第206页。——第131页

37. 参看《雅可比全集》,第IV卷第1编,第211页。——第132页

38. 雅可比本人也明确否认他的信仰与基督教的信仰是完全相同的。见《雅可比全集》,第IV卷第1编,第210页。——第133页

39. 亨利希·古斯塔夫·霍陀(Heinrich Gustav Hotho 1802—1873),黑格尔的学生,1829年任柏林大学美学教授,其博士论文为《笛卡尔哲学》(柏林1826年)。——第134页

40. 黑格尔从勒内·笛卡尔(René Descartes 1596—1650)那里引用的三句拉丁文,均见《形而上学沉思录》中译本,北京1996年,第144页。——第135页

41. 黑格尔完成了康德要求把概念和直观、间接知识和直接知识结合起来的课题；关于这个课题的解决，见《精神现象学》上卷，第45—48页。——第136页

42. 西塞罗《论神性》第 I 卷第 16 节与第 II 卷第 4 节。雅可比亦说："关于真和善的普遍意见必定拥有相当于理性的权威性"。(《雅可比全集》第 VI 卷第 145 页)——第140页

43. 约翰·罗斯(John Ross 1777—1856)爵士，著有《作出发现的航行——为了开发巴芬湾的目的》(伦敦 1819 年)；威廉·爱德华·帕里(William Edward Parry 1790—1855)爵士，写过许多游记。——第141页

44. 系指以巫术为业的俾格米人(Pygmy)。因为他们的身材矮小，被希罗多德称为侏儒。见希罗多德《历史》，中译本，北京 1959 年，第 290 页。——第141页

45. 歌德在他的《自然与艺术》里写道："谁想取得伟大成就，谁就必须聚精会神；在限定中才显示出大师的非凡，只有规律才能给我们提供自由。"见《歌德全集》第一版，第 II 卷第 268 页。——第149页

46. 关于黑格尔对柏拉图辩证法的详细评论，见《哲学史讲演录》第二卷，第199—223页。——第153页

47. 关于黑格尔对苏格拉底的辩证方法的详细评论，见《哲学史讲演录》第二卷，第52—62页。——第153页

48. 古代罗马的谚语，例如，它出现于西塞罗的《论职责》(第 I 卷第 10 节与第 33 节以下)。——第154页

49. 塞克斯都·恩披里可(Sextus Empiricus 鼎盛期在 3 世纪初)所著《皮罗学说要旨》以悬搁(Epoche)理论为纲，详细阐述了埃奈西德穆的十个比喻，系古代怀疑论代表作。黑格尔对此书的详细评述，见《哲学史讲演录》第三卷，第115—148页。——第154页

50. 黑格尔的这个论点得到了恩格斯的肯定：就两种思维的区别说，"黑格尔所规定的这个区别是有一定的意思的"；就研究两种思维的科学说，辩证逻辑与形式逻辑的关系相当于高等数学与初等数学的关系。见《马克思恩格斯全集》第 20 卷，第 565 页与第 545 页。——第516页

第一篇　存在论

1. 黑格尔在这里评论的是费希特和谢林在他们的早期哲学里制定的体系的开端。费希特在《全部知识学的基础》里说，"这里可以展示出某种东西，一切范畴本身都是从它推导出来的，这东西就是自我、绝对主体"；"我们是从命题'A＝A'出发的"，但"不是命题'A＝A'充当命题'自我存在'的根据，倒不如说是反过来，命题'自我存在'充当命题'A＝A'的根据"。(《费希特著作选集》卷一，第508—509页)谢林在《先验唯心论体系》里说，"我们知识中所有单纯客观的东西的总体，我们可以称之为自然；反之，所有主观的东西的总体则叫作自我或理智"；"在知识活动本身，客观东西和主观东西是统一在一起的，以致我们不能说二者当中何者居先"；"两者同时存在，而且是一个东西。在我打算说明这种同一性时，我必定已先把它扬弃"；因此，"整个哲学都发端于、并且必须发端于一个作为绝对同一体而完全不客观的本原"。(中译本，第6页与第273页)——第162页

2. 关于黑格尔对爱利亚学派的详细评价，见他的《哲学史讲演录》第一卷，第252—294页。——第163页

3. 此话出自两个残篇：普罗克洛(Proklos)《柏拉图〈蒂迈欧篇〉注释》第29页；辛普里丘(Simplicius)《亚里士多德〈物理学〉注释》第25页。黑格尔在援引时作了语形方面的改变。——第164页

4. 黑格尔在《宗教哲学讲演录》里谈到佛教哲学时说，在这种哲学中，"只有无拥有真正的独立性，一切其他的现实性、一切特殊东西都不具有任何独立性。万物产生于无，复归于无。"(《黑格尔全集》，格罗克纳版，第15卷第403页)——第165页

5. 例如，亚里士多德曾经从偶性方面和潜能与现实的关系方面指出了这些原理否认有产生。参见他的《物理学》，中译本，北京1982年，第38—40页。——第170页

6. 这句话引自柏拉图在《克拉底鲁篇》(施泰封版第40页)中给赫拉克利特的中心思想所作的概括。黑格尔对赫拉克利特体系的详细评论，见《哲学史讲演录》第一卷，第299—317页。——第171页

7. 见第尔斯和克兰茨编《苏格拉底以前学派残篇》，德谟克利特，B 156。——第 171 页

8. 谢林在他的《论作为哲学的根本的自我》(1795 年)中已经从规定性不断丰富的角度把存在与特定存在区分开。他说，"存在显然表示纯粹的、绝对的设定的存在，而特定存在从词源学说则是指一种有条件的、被限定的设定的存在"。(《谢林全集》，卡·弗·奥·谢林版，第 I 卷，第 209 页)——第 172 页

9. 黑格尔关于芝诺(Zenon 鼎盛年约在公元前 460—457 年)否定运动的四个论证的详细评论，见《哲学史讲演录》第一卷，第 272—294 页。——第 172 页

10. 《斯宾诺莎书信集》，第 I 卷第 50 封，第 634 页。——第 174 页

11. 柏拉图《蒂迈欧篇》，施泰封版，第 34—35 页。参看黑格尔《哲学史讲演录》第二卷，第 232 页。——第 176 页

12. 柏拉图《斐莱布篇》，施泰封版，第 23—38 页。参看黑格尔《哲学史讲演录》第二卷，第 215—216 页。——第 180 页

13. 黑格尔把留基波(Leukippos 鼎盛年约在公元前 423 年左右)与德谟克利特(Demokritos 鼎盛年约在公元前 420 年左右)的原子概念解释为他的自为存在概念；关于他对他们的原子论哲学的评述，见《哲学史讲演录》第一卷，第 327—342 页。——第 185 页

14. 伊萨克·牛顿(Isaac Newton 1642—1727)在其《自然哲学的数学原理》里是这么说的："凡是不从现象中推导出的任何说法都应称为假说，而这种假说无论是形而上学的或物理学的，无论是属于隐蔽性质的或力学性质的，在实验哲学中都没有它们的地位"。(《牛顿自然哲学著作选》，H.S.塞耶编，上海 1974 年，第 53 页)——第 185 页

15. 康德在其《自然科学的形而上学基础》里说，"通过单纯的吸引力而没有排斥力，物质是不可能的"，"正像吸引力属于物质的本质一样，排斥力也属于物质的本质，所以在物质概念里是没有任何一种力能够与另一种力分离并开的"。(《康德全集》，普鲁士皇家科学院版，第 IV 卷，第 511 页)——第 185 页

16. 亚伯拉罕·哥特海尔夫·克斯特纳(Abraham Gotthelf Kästner 1719—1800)，德国数学家与哲学家，在哥廷根大学任教达 44 年之久。——第 186 页

17. 黑格尔有误。这句话不是亚里士多德援引的,而是辛普里丘援引的;见他的《亚里士多德〈物理学〉注释》,第 306 页。——第 196 页

18. 关于质和量的进展过程的单调无限性与真正无限性,恩格斯接受了黑格尔在这里阐述的观点,见《马克思恩格斯全集》第 20 卷,第 51、57、578、580—581 页。——第 196 页

19. 原文为 endlich,然而从上下文来看,似应为 unedlich,威廉·瓦拉士(William Wallace)已改译为 infinite,即无限。——第 196 页

20. 见《斯宾诺莎全集》,沃伦特与兰德版,第 II 卷,第 40 页以下。——第 196 页

21. 阿尔布莱希特·冯·哈勒尔(Albrecht von Haller 1708—1777),瑞士医生、自然科学家与诗人。这里的引文出自他的《未完成的永恒颂》(入《瑞士诗集》,伯尔尼 1732 年)。康德在其《纯粹理性批判》第二版第 641 页也谈到这首诗。——第 196 页

22. 黑格尔对毕泰戈拉(Pythagoras 鼎盛年约在公元前 532—529 年)的哲学的详细评论,见《哲学史演讲录》第一卷,第 202—252 页。——第 197 页

23. 亚里士多德说:"在那些最初从事哲学思考的人间,多数人都是只把物质性的始基当作万物的始基"。见《形而上学》第一卷,第 3 章,第 983^b 页;参看《亚里士多德全集》,中译本,第 VII 卷,第 33 页。——第 198 页

24. 参看《旧约全书》,"诗篇"第 74 篇与第 104 篇。——第 202 页

25. 纳美西斯(Nemesis),希腊神话中的女神之一,代表伦理观念的命运之神,掌握尺度,惩治破坏正常秩序者、过度享乐者与过度傲慢者。——第 202 页

26. 恩格斯在《反杜林论》与《自然辩证法》中将这种变化定为量转化为质的规律,并应用自然科学知识加以发挥;见《马克思恩格斯全集》第 20 卷,第 48—50、137—141、401—407、602—603 页等处。——第 203 页

27. 狡计(List)概念在黑格尔那里最初出现于他在耶拿写的《现实哲学》第二部(手稿,1805—1806 年)第 199 页。它的意思是说,绝对(或理念)躲在背后,利用特殊的东西或人们的激情实现自己的目的。他在《历史哲学讲演录》"导论"中谈到历史上的伟大人物时说:"特殊的东西同特殊的东西相互斗争,终于大家都有些损失。普遍的理念并不卷入对峙和斗争中,卷入是有危险的。它始终留在后方,

在背景里不受骚扰,也不受侵犯。它驱使激情去为它工作,激情从这种推动中发展了自己的存在,因而受了损失,遭到祸殃,这可以叫作理性的狡计"。(见中译本,北京 1956 年,第 72 页)——第 203 页

第二篇　本质论

1. 黑格尔在这里用德文动词 sein(存在)和它的过去分词 gewesen 的语形学关系与语义学关系,来解释他在本质论里所说的这种从存在范畴到本质范畴的过渡。——第 209 页

2. 这里的 Wesen 是在它的概括的意义上说的,它所指的是本质或存在者,例如说,人是一种有限的本质或存在者,上帝是一个最高的本质或存在者,而黑格尔强调的是它作为本质的有限性。——第 210 页

3. 莱布尼茨在谈到"一种内在的区别原则"时说,"虽然有同类的许多事物,却的确没有任何两件事物是完全一样的"。见《人类理智新论》上册,北京 1982 年,第 233 页。——第 217 页

4. 关于这段轶事,莱布尼茨是这么写的:"我记得一位聪明睿智的伟大王后有一天在她的花园里散步时说,她不相信有两片树叶是完全一样的。和她一起在散步的一位精明绅士相信他很容易就能找到两片;但他虽然找了很久,终于凭他亲眼所见,深信永远能看到其中是有区别的。"见《人类理智新论》上册,第 235 页。——第 218 页

5. 谢林在其《论世界灵魂》(1798 年)中说:"在整个自然界里把握两极性和二元性,是一种哲学的自然学说的首要原则","两极性的规律是一条普遍的世界规律"。(《谢林全集》,卡·弗·奥·谢林版,第 II 卷第 459 页与第 489 页)劳伦茨·奥铿(Lorenz Oken 1779—1851)随后又在其《自然哲学体系教程》(三卷本,1809—1811 年)里说,"由两个原则构成的一种力量叫作两极性"(§.76),"两极性是在世界里有其表现的首要力量"(§.77),"初始的运动是初始的两极性的 个结果"(§.81)。——第 221 页

6. 谢林在其《先验唯心论体系》(1800 年)里说:"对立在每一时刻都重新产生,又在每一时刻被消除。对立在每一时刻这样一再产生又一再消除,必定是一切运动

的最终根据"。(见中译本,第 148 页)费希特在其《知识学阐述(1801—1802
年)》里谈到贯串于绝对知识的矛盾时也说:"只熟习逻辑的思想家们能够把自
己轻而易举地提高到所有其他的点上,但提高不到这一点上。他们在谨防矛盾。
但他们那个断言大家决不可能设想任何矛盾的原理究竟怎么可能成立呢?因为
他们必定已经用某种方式把握到了矛盾,因为他们甚至正在陈述矛盾"。(《费希
特全集》,第Ⅱ辑第 6 卷,第 184—185 页)——第 223 页

7. 关于根据律,莱布尼茨起先是这么说的:"决定性理由的原则讲的是,从来都没有
任何一个事物是在它没有一个原因,或至少没有一个决定性理由时发生的,也就
是说,某个可以当作理由的东西能够不以任何其他方式而 a priori〔先天地〕说明
它为什么存在。这个伟大的原则在一切发生的事情中都是有效的"。(《莱布尼
茨哲学著作集》,爱尔德曼版,第 515 页)后来又进一步表述为:"充足理由的原则
讲的是,凭着这个原则,我们认为,任何一件事如果是真实的或实在的,任何一个
陈述如果是真的,就必须有一个为什么这样而不那样的充足理由,虽然这些理由
常常是不能为我们所知道的"。(同上书,第 707 页)。——第 227 页

8. 关于探讨目的因,莱布尼茨在最初谈到,"目的因不仅在伦理学与神学里有道德
价值和宗教价值,而且甚至于在物理学里对于探索深刻的真理也是有用的"。
(《莱布尼茨哲学著作集》,第 155 页)后来在《人类理智新论》(中译本,上册,第
216 与 224 页)里也谈到要区分致动因和目的因,并进而追溯后者。——第
227 页

9. 恩格斯在《自然辩证法》里肯定了黑格尔对于这种虚构质料及其细孔的理论的批
评,见《马克思恩格斯全集》第 20 卷,第 547 页。——第 234 页

10. 黑格尔在其《自然哲学》里又谈到这个问题:"动物性物质和植物性物质属于一种
迥然不同的系统;它们的本质很少能从化学过程加以理解,以致它们在化学过程
中反而遭到毁灭,只有它们死亡的方法得到了理解"。见中译本,第 365
页。——第 234 页

11. 关于在作者与读者之间的这些对话,见《费希特著作选集》卷四,北京 2000 年,第
218—219 页。——第 240 页

12. 约翰·哥特弗里德·赫尔德尔(Johann Gottfried Herder 1744—1803)在雅可比与

门德尔松论战时发表《上帝——关于斯宾诺莎体系的谈话》（1787 年），在书中认
为，"上帝是最高的和唯一的意义上的力，就是说，是一切力的原始力，是一切灵
魂的灵魂"（第 63 页）；反过来说，"最高的力只能是最高的善与智、永生与永动"
（第 200 页）。——第 246 页

13. 恩格斯认为，黑格尔的这种理解已经从物质的形式交换中得到了证明。见《马克
思恩格斯全集》第 20 卷，第 624 页。——第 246 页

14. 出自阿尔伯莱希特·冯·哈勒尔的《人的德行的虚伪》（入《瑞士诗集》，伯尔尼
1732 年）。原诗第三句为：wenn sie noch die äussre Schale weist〔如果她还表现出
外壳〕；黑格尔把它改为：wenn er nut die äussre Schale weisst〔他只要了解她的外
壳〕。——第 251 页

15. 歌德的这首诗发表于《论自然科学〔形态学〕》第 I 卷第 3 分册，1820 年，第 304
页，原标题为"友好的呼吁"。——第 251 页

16. 黑格尔在其《自然哲学》里又谈到，"上帝有两种启示，一为自然，一为精神，上帝
的这两个形态是他的庙堂，他充满两者，他呈现在两者之中"。见中译本，第 18
页。——第 252 页

17. 见柏拉图《斐德罗篇》247ª 和《蒂迈欧篇》29ᵉ；亚里士多德《形而上学》第 I 卷第 2
节 983ª。——第 252 页

18. 《新约全书》"马太福音"，第 7 章第 16 段。——第 253 页

19. 歌德在他的《准则与反省》里说，"对于别人的巨大优点，除了表示爱慕以外，决没
有任何补救办法"。（《歌德全集》第一版，第Ⅲ卷第 203 页）——第 254 页

20. 康德《纯粹理性批判》第二版，第 266 页："各个模态范畴在自身都有一个特点，那
就是它们并不能使它们作为谓词被附加给的概念，作为客体的规定有丝毫增加，
而是只表示概念对认识能力的关系。"——第 258 页

21. 黑格尔关于必然性与偶然性的论述在恩格斯那里得到了高度评价。见《马克
思恩格斯全集》第 20 卷，第 562 页。——第 263 页

22. 谢林在其《先验唯心论体系》中说，"整个历史都是绝对不断启示、逐渐表露的过
程"，而"我们可以假定绝对把自己启示出来的过程有三个时期，命运和天意这两
个对立面给我们提供了做出这种划分的根据，在这两者中间有自然界，它构成从

命运到天意的过渡阶段"。(中译本,第252—253页)他在《布鲁诺》(1802年)里又说,"我已经在另一处(在《先验唯心论体系》里)说明,我们必须假定历史发展有三个时期,即自然的、命运的和天意的时期。这三个观念表示同样的同一性,但方式不同。命运也是天意,但这是在现实领域认识到的;天意也是命运,但这是在理想领域直观到的。永恒的必然性在与天意有同一性的时期显示为自然"。(《谢林全集》第V卷,第290页)——第266页

23. 按照拉松本,在此增补"到另一个环节"(in ein anderes Moment)。——第271页

24. 关于黑格尔对斯宾诺莎的实体原则的详细评述,参看《哲学史讲演录》,第四卷第98—101页。——第271页

25. 雅可比特别强调根据(Grund)与原因(Ursache)的区别,认为前者是形式的,后者则使我们进入实在。见《雅可比全集》第III卷,第452页。——第274页

26. 斯宾诺莎认为,从对于上帝的某个属性的形式本质的观念出发,可以进而达到对于事物本质的正确认识,而这种知识就叫作直观知识(scientia intuitiva);从这种知识必然产生出对于上帝的理智的爱,因为从这种知识必然产生出伴随着上帝观念而来的、以上帝观念为原因的至乐。见《伦理学》,中译本,第74页与第241页。——第280页

第三篇　概念论

1. 康德在他的《判断力批判》(§.81)里把当时盛行的先成论分为两种形式。一种是个体的先成论,它把每一个从先行的同类有机物产生出来的有机物视为析出物(Edukt);另一种是种属的先成论,也往往被叫作套入论(Einschachtelungstheorie),它把每一类以种属预成的方式产生出来的有机物视为生出物(Produkt)。(见《康德全集》,普鲁士皇家科学院版,第V卷,第422—423页)——第285页

2. 参看《新约全书》,"约翰福音",第1章第15—18段,第3章第33—35段。——第285页

3. 关于黑格尔《逻辑学》第三篇里的概念、判断和推理的辩证发展,可参看周礼全在他的《黑格尔的辩证逻辑》(北京1989年)中所作的批判的考察和研究。——第287页

4. 卢梭在其《社会契约论》里说，"众意和公意之间经常总有很大的差别；公意只着眼于公共的利益，而众意则着眼于私人的利益，众意只是个别意志的总和"。(见中译本，北京 1997 年，第 39 页)他对两者的详细论述，见此书第 I 卷第 6 章、第 II 卷第 3 章和第 III 卷第 15 章。——第 289 页

5. 黑格尔认为，在德文里 Urteil(判断)的前缀 Ur(原始)与从 teilen(分割、分开)变来的词干 teil，恰好表示判断的本意，即对于作为原始统一的概念的原始分割。——第 292 页

6. 亚里士多德在其《动物志》(561ᵃ)中谈到鸟类从卵中生成时说，"心脏出现在卵白中，恰如一滴血点大小。这血点分明搏动着、跳跃着，宛如赋予生命似的"。(见《亚里士多德全集》，中译本，第 IV 卷第 197 页)黑格尔的这个用语即由此而来。——第 294 页

7. 恩格斯从发展的观点高度评价了黑格尔的这个划分判断的方法。见《马克思恩格斯全集》第 20 卷，第 566—568 页。——第 297 页

8. 黑格尔以这个选言判断维护的是歌德的颜色理论。他后来在《自然哲学》里说，"决没有任何一位画家是牛顿派这样的傻瓜；画家们拥有红色、黄色和蓝色，由此制造出其他颜色"。见中译本，北京 1980 年，第 279 页。——第 305 页

9. 在黑格尔的思辨逻辑以及整个体系里，E 是个别(Einzelnes)的缩写，B 是特殊(Besonderes)的缩写，A 是普遍(Allgemeines)的缩写。——第 310 页

10. 见亚里士多德《前分析篇》第 I 卷与第 II 卷。——第 311 页

11. 文艺复兴时期的学者查巴雷拉(Zabarella)在其《论三段论四个格》里推测，第四格是由盖伦(Galen 129—200)附加的，但这个传统的看法现在已被认为无法成立。见威廉·涅尔与玛莎·涅尔著《逻辑学的发展》，北京 1985 年，第 237—239 页。但究竟是何人附加的，仍为悬案。——第 314 页

12. 康德《纯粹理性批判》作为知识学也是这么安排的，其第一部分是先验原理论，第二部分为先验方法论。——第 320 页

13. 这段引文出自安瑟尔谟《宣讲》第二章。黑格尔在《哲学史讲演录》第三卷，第 291—294 页也评述了安瑟尔谟的这个论点。——第 323 页

14. 关于黑格尔对莱布尼茨的单子论的详细评述，见《哲学史讲演录》第四

卷,第 168—184 页。——第 325 页

15. 参看费希特的《知识学第一导论》和《向公众呼吁》。他在前一篇论著里说,"每一个彻底的独断论者必然是一个宿命论者"。(《费希特著作选集》,卷二第 663 页)他在后一篇论著里说,"我认为,上帝是一个完全摆脱一切感性和感性附加物的存在者,因此,我从来都不会把那种唯独对我能适用的感性存在概念赋予上帝。我认为,上帝纯粹是超感性世界的统治者。我否定他们的上帝,并像谨防人类堕落的畸形产物一样,谨防他们的上帝"。(《费希特著作选集》,卷三第 426 页)——第 325 页

16. 这里指的是约·弗·赫尔巴特(J.F.Herbart 1776—1841)在其《关于把力学应用于心理学的可能与必要》(1822 年)里贯彻的思路。——第 328 页

17. 关于太阳系是三个推论组成的系统,参看黑格尔在其《自然哲学》§.269 里所作的解释。——第 330 页

18. 康德在其《判断力批判》中严格区分了两种目的性,说"外在的目的性是一个事物对其他事物的适应性",而"内在的目的性是属于作为自然对象的事物本身的";(§.63)并且他给内在的目的性下了这样的定义:"如果一个事物同时是原因而又是它自己的结果(即令是在双重的意义上),它就是作为自然目的存在的"。(§.64)恩格斯就此写道:"早在康德和黑格尔那里,内在的目的就是对二元论的抗议了。"(《马克思恩格斯全集》第 20 卷,第 550 页)——第 335 页

19. 黑格尔这里指的是,亚里士多德在其《论灵魂》第二卷第二节说到"把生命作为有灵魂的东西"(413ᵃ),在第二卷第四节说到"灵魂是有生命躯体的原因和本原"(415ᵇ)。(见《亚里士多德全集》,中译本,第 III 卷第 33 页与第 39 页)——第 335 页

20. 亚里士多德在其《论动物生成》第一卷第十九节里说,"手或躯体的任何一个部分假如离开了灵魂或其他某种能力,就不再是手或躯体的任何一部分了,只是同名而已"(762ᵇ)。(见《亚里士多德全集》,中译本,第 V 卷第 235 页)——第 348 页

21. 谢林在其《自然哲学体系初步纲要》里认为,"感受性、应激性和发育欲这三种有机力量,都仅仅是唯一的力量的分支"。(《谢林全集》,卡·弗·奥·谢林版,第 III 卷,第 207 页)这种发育欲作为感受性与应激性交互规定的综合,也就是再生

产。——第 349 页

22. 这个概念的历史开始于埃斯库罗斯(公元前 525—456),他谈的是把历史事件刻到纪事牌上。后来柏拉图在《泰阿泰德篇》(191^c 以下)里用蜡板比喻记忆,亚里士多德在《论灵魂》(430^a)里用写字板比喻思维,说写字板能记载一切可以思维的东西。而"白板"这个词汇最初出现在阿弗罗狄西亚的亚历山大(Alexander von Aphrodisias,约公元前 200 年),直到洛克(《人类理智论》,第 II 卷第 1 章第 2 节),它才成为表示灵魂是没有任何观念的白纸的述语,而莱布尼茨(《人类理智新论》,第 I 卷第 1 章第 3 节与第 II 卷第 1 章)批评了洛克的这种观点。——第 354 页

23. 斯宾诺莎《伦理学》,第一部分,定义 I:"自因(causa sui),我理解为这样的东西,它的本质(essentia)在自身包含着存在(existentia)";定义 III:"实体(substantia),我理解为在自身内并通过自身而被认识的东西"。(中译本,第 3 页)——第 356 页

24. 谢林《我的哲学体系的阐述》:"我称理性为绝对理性,或者,就它被设想为主观东西与客观东西的绝对无差别性而言,称它为理性。"(《谢林全集》,第 IV 卷第 114 页)——第 356 页

25. 关于康德按照先验综合统一的要求在精神领域作出的三分法,见《判断力批判》导论第九节中的最后一个脚注。(《康德全集》,普鲁士皇家科学院版,第 V 卷第 179 页)——第 357 页

26. 关于沃尔夫的这种学究气,黑格尔曾从他的《建筑原理》和《城防原理》中举出两个例证,予以嘲笑。见《逻辑学》第二卷(1816 年)第三编第三部分第二章(《黑格尔全集》,格罗克纳版,第 V 卷第 316 页;即《逻辑学》,下卷,中译本,第 519 页)——第 358 页

27. 康德在《纯粹理性批判》里说,"数学知识是从概念的构造得来的理性知识。构造一个概念,意即 a priori〔先天地〕提出与这个概念对应的直观"。(1781 年第一版第 713 页,1787 年第二版第 741 页)在《未来形而上学导论》(1783 年)里说,"数学必须以纯粹直观为根据,在纯粹直观里它才能够具体地,然而却是 a priori〔先天地〕把它的一切概念展现出来,或者像人们所说的那样,把这些概念构造出

来"。(参见中译本,北京 1982 年,第 39 页)——按照这一观点,谢林在其《关于科学研究方法的演讲》(1802 年)里也说,"数学知识既不是关于一种单纯抽象东西的知识,也不是关于一种具体东西的知识,而是关于在直观中展现的理念的知识。而展现普遍东西与特殊东西的统一,整个来说,就叫作构造"。(《谢林全集》第 V 卷,第 252 页)——第 358 页

28. 关于数学家被迫超出知性思维方式,在自己的专业领域里采取辩证思维方式的情况,恩格斯亦有类似的论述;见《马克思恩格斯全集》第 20 卷,第 545 页。——第 358 页

29. 谢林在《哲学体系的进一步阐述》(1802 年)里写道,"任何特殊对象在其绝对性中都是理念,因此,理念也是绝对对象本身,就像绝对观念的东西也是绝对实在的东西一样"。(《谢林全集》,第 IV 卷第 405 页)——第 362 页

30. 见亚里士多德《形而上学》,第 XII 卷第 9 章,1074ᵇ;参看《亚里士多德全集》,中译本,第 VII 卷第 284 页。——第 363 页

31. 马克思在自己的政治经济学研究中批判地采纳了黑格尔所说的这种既是分析的又是综合的辩证逻辑方法。见《马克思恩格斯全集》第 12 卷,第 733—759 页。——第 365 页

译　后　记

　　1981年8月12日在北京成立了一个以王子野为主任委员、汝信和高崧为副主任委员的"黑格尔全集编译委员会";9月10日,这个委员会作出决定,由我修订贺麟先生所译的《小逻辑》,作为全集第11卷首先出版;并将这个安排发表于《人民日报》。我接受这个任务以后,试改了书中的第1—15节;商务印书馆把我的试改稿打印出来,分发给各位编译委员,征求意见。1982年5月10日,编译委员会在人民大会堂山东厅召开工作会议,讨论这个试改稿;由于意见分歧,又进一步决定,贺先生的译本仍入全集,梁存秀继续迻译此书,将它作为单行本发表。从这个时候起,到1984年年底止,我不敢懈怠,认真地执行了会议的决定,克服种种困难和阻挠,完成了此书的重译工作。但我最后发现,这个编译委员会是一个徒有空名而不办实事的官僚机构;于是,我于1985年6月退出了这个编译委员会,把自己的工作转移到了编译《费希特著作选集》方面。因此,尽管这个编译委员会以课题组的形式,于1986年从国家社科基金申请到一大笔资助,召我返回去参加它的工作,我也没有再加以考虑。1992年以后,许多同事都鼓励我重操旧业,把这项工作做完;尤其是,王太庆先生还把他完成的第1—15节重译稿作为一份宝贵的礼物送给我,供我参考。但是,我当时正忙于编译费希特著作,根本不可能顾及此事。直到2001年6月,在我结束了自己在费希特课题组里承担的编译和研究任务以后,我才得以返回来修订这本在 20 年前手写的译稿。当我现在把修订稿交给人民出版社的时候，我感到自己总算没有辜负我的老师们和同事们对我的期望，而是尽自己的所能，继承和推进了贺先生开创的翻译这本古典著作的工作；同时我们也可以预料，随着德国古典哲学研究者的素质的提高，总会有一位或几位有志者在已经做出的工作的基础上，推出一个更加完善的中译本。

关于我提供的这个中文译本，我想作出四个方面的说明。

一、书名问题。黑格尔的这本著作是他在世的时候发表的《哲学全书纲要·第一部分·逻辑学》（Enzyklopädie der philosophischen Wissenschaften im Grundrisse · Erster Teil · Die Wissenschaft der Logik）。系讲授提纲，只包括"正文"和"说明"，因而篇幅不大。黑格尔逝世后，友人们在给他编辑全集时，把《哲学全书纲要》更名为《哲学体系》，给其中的三个部分，即逻辑学、自然哲学和精神哲学，增加了大量听课笔记和遗著，作为"正文"的"附释"。这样，这本著作的书名就变成了《哲学体系·第一部分·逻辑学》（System der Philosophie · Erster Teil · Die Logik），并且那三个部分也被分别编为三本书，即《黑格尔全集》第 VI 卷《逻辑学》、第 VII 卷第 1 分册《自然哲学》和第Ⅶ卷第 2 分册《精神哲学》。但大家知道，黑格尔在 1812—1816 年已经发表过一部两卷本巨著《逻辑学》（Wissenschaft der Logik）。于是，德国哲学界将那前一本逻辑学著作俗称为"小逻辑"，而将这后一部逻辑学著作俗称为"大逻辑"，以示区别。例如，恩格斯在 19 世纪后半期也把前者称为"小逻辑"（见《马克思恩格斯全集》第 38 卷第 203 页），而把后者称为"大逻辑"（见《马克思恩格斯全集》第 38 卷第 202 页）。这种俗称后来便逐渐流传于其他国家。因此，贺先生的译本也沿用了"小逻辑"这个俗称。然而，出于对学术规范的考虑，我认为应把这本著作的中译书名改为《哲学全书·第一部分·逻辑学》，而且新俄文译本（莫斯科 1974 年）就是这么做的。这样解决书名问题,既可以在文字上把《哲学全书》里的逻辑学著作与《哲学全书》外的逻辑学巨著区别开,也不妨碍在口头上仍然使用那类俗称,而最重要的是恢复了黑格尔发表的原版著作的书名。

二、版本问题。在《自然哲学》(北京 1980 年)的"译后记"里,我曾经向我国的读者讲过,黑格尔哲学研究家早已发现,《黑格尔全集》米希勒版(即死者友人版)所加的那些"附释"是有问题的:有些材料出自黑格尔本人,属于不同时期的手稿;有些材料出自黑格尔学生的听课笔记,并不完全准确可靠。所以,在 20 世纪上半期《哲学全书》先后出版了三个经过考订,但不包括那些"附释"的版本,即拉松本(1923 年第 3 版)、荷夫迈斯特本(1949 年第 5 版)和尼柯林与鲍格勒尔本(1959 年第 1 版)。尽管如此,由于增补了那些"附释"的米希勒版言简意赅和比较易懂,所以又出现两个以它为底本的版本,即:格罗克纳编《黑格尔全集》纪念版,其第 I 卷至第 XIX 卷为米希勒版的重印,第 VIII 卷为《哲学体系·第一部分·逻辑学》(1955 年第 3 版);莫登豪艾尔与米谢尔编《黑格尔全集》理论版,第 VIII 卷为《哲学全书·第一部分·逻辑学》(1970 年第 1 版)。大家知道,马克思和恩格斯使用过的是米希勒本,贺先生依据的瓦拉士英译本也是从这个版本译出的;所以,我现在这个译本依据的也是这个版本,并且为了便于查考,用边码注明了米希勒版的卷数与页码。当然,我也参考过其他德文版本,校正了米希勒本上的一些错字。至于那些"附释"中存在的问题,我们则可以预期,在莱茵-威斯特法伦科学院版《黑格尔全集》把著作、遗著和可靠的听课笔记分辑出齐以后,就会逐步得到解决。

三、译名问题。这类问题难度最大。在黑格尔全集编译委员会 1982 年举行的那次工作会议上,曾经有过激烈的争论;争论结束时,王太庆先生诙谐地说,"全部问题都在于如何翻译作为开端的 Sein,这是一个大祸根"。近几年来,关于如何理解和翻译 Sein 的问题,我们的学者已经提出一些改进意见。但这里的情况是牵一发而动全身的,看来还得继续加以研讨。在这样的情况下,我只能、并且也应该沿着贺先生开辟的途径前进,并在若干地方作出改进和修正。就我继承了贺先生的译名而言,主要有:Sein(存在)、Dasein(特定存在、定在)、Grösse(大小)、Quantum(特定的量、定量)、Existenz(现实存在、实存)、Scheinen(映现)和 Paralogismus(背理论证);其他没有争议的译名就不再一一提及了,例如贺先生首创的译名"反思"(Nachdenken)现在已经通用,当然无可争议。我改进了的译名有:1.Reflexion－in－sich,原译"自身反映",现译"自内映现",即在自身内的映现;Reflexion－in－Anderes,原译"他物反映",现译"他内映现",即他物内的映现。2.Reflexion,原来"一律"译为"反思",现在"分别"译为"映现"和"反思",前者是表示"本体论的"关系的,后者是表示"认识论的"关系的。3.Totalität,原译"全体",现译"总体",系指各个环节构成的系统。4.Beziehung auf sich,原译"自身联系",现译"自相联系",即与自己相联系;Beziehung auf Anderes,原译"他物联系",现译"与他物的联系"。5.Mechanismus、Chemismus 与 Teleologie 原来分别译为"机械性、化学性"与"目的性",现在分别译为"力学过程、化学过程"与"目的论"。我修正了的译名有:1.die schlechte Unendlichkeit。这里的schlecht 具有einfach 的意思,在现代已演变为 schlicht;过去把这个词汇译为"坏的无限"或"恶无限性"是错误的,应改译为"单调的无限"。2.der Schein。确有假像的意思;但黑格尔在本质论里讲的却不是这个意思,而是指本质映现出来,形成表现本质的映像。因此,在这里不应把它翻译为"假像";杨一之先生在黑格尔《逻辑学》下卷(北京 1976 年)里已经把它翻译为"映像"。3.Der Anstoss von aussen。这个词汇在费希特《全部知识学的基础》里指的是自我必须不断克服的"外来障碍";他在以后写的知识学著作里改用 die Hemmung(阻碍)来表示这层意思。所以,把它译为"外来的刺激"是不妥当的。4.die Seligkeit。这个术语表示的是理性主义者所追求的超凡脱俗的"极乐境界",它与幸福主义者谋求的那种尘世的"幸福"(die Glückseligkeit)是对立的。康德在《实践理性批判》里谈到过这两者的对立。因此,把Seligkeit译为幸福,就把意思译反了。

四、注释问题。贺先生的译本加了一部分中译脚注,这当然有助于阅读这本古典著作,但毋庸讳言,还是不能完全满足我国读者的要求。为了解决这个问题,我参考了1950年瓦拉士英译本和1974年俄译本的注释,吸取了其中对我们有用的部分。就前者的注释来说,它虽然是针对19世纪末和20世纪初英语国家的读者写的,而且也表现了瓦拉士自己的哲学取向,但是在涉及黑格尔的逻辑学与欧洲哲学史、尤其是与德国古典哲学史的关系方面,编写得比较翔实。就后者的注释来说,它的内容虽然不够丰富,但在标明黑格尔的逻辑学与马克思、恩格斯的哲学思想的关系方面,它有它的长处。同时,我在编写注释时也添加了自己掌握的资料,贯彻了自己想要贯彻的原则,这原则就是:第一,尽量把黑格尔的逻辑学与他的《哲学史讲演录》结合起来,揭示他与从柏拉图、亚里士多德到康德、费希特、谢林的大哲学家的关系,当然重点还是放在他对这后三位哲学家的继承和批判的关系方面;第二,在遇到有助于理解黑格尔逻辑学中的典故与轶事、诗歌与谚语、概念与命题的时候,尽量注明出处或提供参考文献。我自己深知,现在编写出来的注释也还会有许多不足之处,而这就有待于听取批评和建议,对它作进一步的增订了。

今年9月20日是贺先生的百年诞辰,这本译著就是我献给他的祭礼。我从1951年9月考入北京大学哲学系以来,就一直是他的学生。他给予我的教诲和支持、鼓舞和资助,令人难以忘怀。在这里我想回忆几件关于学习和讲解、翻译和研究黑格尔逻辑学的往事。首先,从1955年9月至1956年7月,他以单兵教练的方式指导我学习《小逻辑》(1954年三联版),我每隔两周去他在燕东园的寓所汇报我学习的情况,他都详细地解答了我遇到的难题,并指明需要注意的论点,让我感到每次请教都获益匪浅。不仅如此,贺先生还鼓励和支持我学习德文。无论我在北京大学时期向 Tom Marie 女士学习,还是在中国科学院时期跟 Wilhelm Zeisberger 先生学习,都是他通过时任西语系主任的冯至先生促成的;这样,我就经过努力,有了进一步自习德文的基础。第二,从 1956 年 9 月至 1957 年 5 月,贺先生响应中宣部提出的"开放唯心主义"的号召,赴人民大学哲学研究生班讲授黑格尔哲学,我听了他讲的课,并遵嘱整理出《黑格尔(小逻辑)讲演笔记》。他在给我布置这项任务时态度很民主。他对我说:"马克思主义经典作家对这本书的评论,如果我讲得有遗漏,你可以补充;关于用自然科学知识解释黑格尔的辩证法,你有什么研究心得,也可以写进去"。这件事情在接着而来的"反右派"斗争中,既变成了他的罪状,也变成了我的罪状。那些"左派们"指责贺先生说:"瞧,这就是你的学生!他已成为右派";同时又批判我说:"你崇拜资产阶级教授,已堕落为唯心主义的俘虏!"但贺先生并不嫌弃我,1958 年春季他在家中讲授《精神现象学》导言,仍然要我前往听课,而我也紧紧地跟随着他,没有改变研究黑格尔哲学的初衷。第三,1959 年 4 月,我在中国科学院居庸关绿化队劳动改造,贺先生怕我业务荒疏,以西方哲学史组组长的身份,征得领导小组组长姜丕之的同意,把我调回这个研究组,钻研《大逻辑》,协助杨先生翻译此书。谁都看得出来,这一调动对我在学术上的成长起了决定性的作用。最后,1978 年贺先生要我协助他修订了《小逻辑》第 19—130 节的译文。对于我完成的这件工作,他表示很满意,所以在赵中立同志邀请他到中国科技大学研究生院讲《小逻辑》时,便把我推荐给了他们。正是经过贺先生的提携,我才开始在一些大学里走上了讲解这本古典作品的讲坛。从这些往事足以看出,我现在所以能完成这个译本,是与贺先生对我的长期培养分不开的。在他的祭坛前,我可以默默地表示:我虽然在政治上受到迫害,在专业上遭到排挤,但仍然在您走过的道路上推进着您开创的工作。贺先生说过,"我可以与老婆离婚,但不能与黑格尔离异"。他这种对专业的执著追求就是告诫我们,即使世上暴力肆虐和物欲横流,也不可改变学术方向,仍应坚定地致力于探索真理的事业。

*　　　　*　　　　*

我的老师、以研究黑格尔著称的张世英先生为本书写了简明扼要的译序;我的夫人沈真译审在我感到有疑难的地方替我查阅了俄译本;李理依据德文原本,审读了三篇序言;沈真审读了 §.1—83 译文,苏晓离审读了 §.84—159 译文,诸葛殷同和张尚水审读了 §.166—193 译文;我多年的合作者薛华先生对我迻译此书始终给予真诚的关切、支持和协助——我要在此对他们各位致以衷心的谢意。

梁志学

北京,2002 年 5 月

责任编辑:张伟珍
封面设计:吴燕妮
责任校对:梁　悦

图书在版编目(CIP)数据

哲学全书·第一部分·逻辑学/[德]黑格尔 著;梁志学 译. —北京:
　人民出版社,2017.4(2021.1 重印)
ISBN 978－7－01－017301－6

Ⅰ.①哲…　Ⅱ.①黑…②梁…　Ⅲ.①逻辑学　Ⅳ.①B

中国版本图书馆 CIP 数据核字(2017)第 019892 号

哲学全书·第一部分·逻辑学
ZHEXUE QUANSHU DIYI BUFEN LUOJIXUE

[德]黑格尔 著　梁志学 译

人民出版社 出版发行
(100706　北京市东城区隆福寺街 99 号)

北京汇林印务有限公司印刷　新华书店经销

2017 年 4 月第 2 版　2021 年 1 月北京第 3 次印刷
开本:710 毫米×1000 毫米 1/16　印张:26
字数:330 千字　印数:6,001-9,000 册　插页:2

ISBN 978－7－01－017301－6　定价:68.00 元

邮购地址 100706　北京市东城区隆福寺街 99 号
人民东方图书销售中心　电话 (010)65250042　65289539